1968년 1·21사태 때 체포된 김신조, 그는 오로지 살고 싶어서 투항했으며, 그 이상의
다른 말은 불필요하다고 했다.

현재 평양 대동강가에 전시된 첩보선 푸에블로호. 반미 전시시설로 활용되고 있다. 작고 볼품없는 배이지만 전파 탐지용 안테나가 도처에 있고, 가운데 정보실에는 각종 첨단장비가 있다.

1968년 2월 북한에 나포되어 원산항에 끌려온 푸에블로호 선원들. 이들은 거의 1년 동안 억류되었다가 같은 해 12월 23일 마침내 판문점에서 풀려나 크리스마스를 가족과 함께 보낼 수 있었다.

푸에블로호 사건 후 한국정부의 대북 보복 주장을 무마하기 위해 1968년 2월 방한한 미대통령 특사 밴스. 뒤쪽에 이후락 당시 대통령 비서실장이 보인다. 밴스는 미국으로 돌아가 존슨 대통령에게 박정희 대통령이 술을 많이 마시고 위험해 보이며 다소 불안정하다고 보고했다.

1969년 8월 쌘프란시스코에서 열린 박정희-닉슨 정상회담 광경. 이 회담에서 닉슨 대통령은 박정희 대통령에게 주한미군을 감축할 의사가 없다고 했으나 3개월 만인 같은 해 11월 주한미군 감축을 휘하 관료들에게 지시했다.

베이징 방문 첫날 닉슨 대통령과 마오쩌둥 주석이 만났다. 이날 마오는 자신은 서방국가에서 우익이 권력을 잡을 때 더 행복하다고 했다.

———

닉슨과 키신저. 키신저는 닉슨에게 역사적으로 보면 중국이 소련보다 더 무서운 나라라고 했다. 키신저는 향후 20년 후 미국 대통령이 당신처럼 현명하다면 그때 미국은 소련과 손을 잡고 중국을 견제하게 될 것이라고 말했다.

1972년 10월 평양에서 열린 제3차 남북적십자 본회담 광경. 이 회담부터 실질 의제에 대한 토론에 들어갔고, 양측은 현저한 견해 차이를 확인하였다.

남북적십자 예비회담을 취재하는 남북의 여기자들. 한복과 양장 차림이 대비되지만 양쪽 모두 엘리뜨 직장여성으로 총명하고 활력있어 보인다.

서울에 와서 취재하는 북한 기자. 열심히 사진을 찍었지만 남쪽에서 촬영한 사진은 북측 언론에 거의 실리지 않았다.

1973년 8월 하계 유니버시아드 대회에 참여하기 위해 모스끄바로 떠나는 남한 선수단. 당시 한소관계는 비록 참사관급이지만 스톡홀름에서 비밀리에 정기적인 외교관 접촉을 할 정도로 상당한 진전이 있었다.

판문점에 온 『뉴욕타임즈』 쏠즈베리 기자. 쏠즈베리는 1972년 5월 북한을 방문하여 김일성과 인터뷰를 했다. 김일성은 이 인터뷰에서 미국은 큰 나라들과만 관계를 개선할 것이 아니라 응당 작은 나라들과도 관계를 개선해야 한다고 말했다.

1972년 5월 이후락의 방북 때 처음 남북 직통전화가 가설되었다. 북한 외무성 관리는 동구권 외교관에게, 유신선포 전날인 1972년 10월 16일 남측이 이 전화를 통해 북측 관리를 판문점으로 불러내 유신체제는 자주통일을 추구하기 위한 것이라고 설명했다고 전했다.

1976년 8월 판문점 도끼살해 사건 광경. 이 광경은 모두 촬영되어 전세계에 보도되었다.

판문점 도끼살해 사건을 규탄하는 반공 궐기대회. "미친개는 몽둥이로"가 당시의 구호였다.

분단의 히스테리

분단의
히스테리

홍석률 지음

창비
Changbi Publishers

책머리에

이 연구를 시작한 것은 1999년 미국 국립문서관(National Archives)
에서 당시 막 공개되어 나온 미국 외교관계 문서들을 뒤져보면서부
터였다. 처음에는 1970년대 초 남북대화와 한미관계에 대한 연구로
출발하였다. 그러나 관련 문서들을 보니 미국과 중국의 관계 개선
이 남북대화와 예상했던 것보다 훨씬 밀접하게 연결되어 있었다. 또
한 이때에도 북한과 미국의 관계가 한반도 문제의 중요한 변수였다
는 것을 알 수 있었다. 수집한 사료를 정리해가며 2001년부터 논문들
을 하나씩 써서 발표하기 시작했다. 이러한 작업 중에도 계속해서 관
련 문서가 추가적으로 공개되었고, 이에 미국 국립문서관에도 다시
수차례 방문하여 사료를 수집했다. 2000년 남북정상회담 이후 한반
도 상황도 급변했다. 이에 대한 연구도 많이 나와 연구 내용과 범위
가 계속 넓어졌다. 새로운 사료와 연구를 섭렵하여 보완하는 작업은
이 책을 집필하던 중에도 계속되었다. 필자가 이미 발표한 관련 논

문들은 이 책의 밑바탕이 되었지만 새로운 체계 속에 대폭 수정·보완되어 재구성되었고, 새로 쓴 부분도 많다. 그러하기에 책의 내용은 필자가 이미 발표한 논문과 비교해볼 때 사실관계 서술은 물론 평가와 분석에 있어서도 차이가 난다. 그러나 아무튼 이것이 현재까지 필자의 최종적인 연구 결과물이다. 책을 발간하니 오랫동안 필자의 책보퉁이를 떠나지 못했던 무거운 숙제를 일단 내려놓은 느낌이다. 그동안 학술적, 현실적 필요에 대응하기 위해 한국현대사 관련 다른 주제에 대해 연구도 하고 글도 발표했지만, 과거 10여년 동안 이 숙제는 내 책상 주변을 떠나지 않았다. 게으름과 무능함 때문에 너무 오래 끌었는데 결실을 보아 너무나 다행스럽다.

원고를 준비하면서 가끔 머리를 식힐 때면 집안 거실 책장에서 소설책을 끄집어내 읽곤 하였다. 조지 오웰(George Orwell)의 소설 『1984』의 내용이 새롭게 다가왔다. 『1984』에 그려진 세계는 오세아니아, 유라시아, 동아시아라는 세개의 초국가로 삼분되어 있다. 이들은 변방의 국경지역을 둘러싸고 항상 전쟁을 벌인다. 세 나라의 동맹관계는 수시로 바뀌고, 그러할 때마다 과거의 기록들이 조작된다. 전쟁은 초국가들 사이의 전면전으로 진행되는 것이 아니라 항상 한정된 지역에서만 치러지는 국지전 양상이다. 그 누구도 결정적인 승리를 기약할 수 없고, 사실 바라지도 않는 것 같다. 계속해서 전쟁상태의 적대감과 공포가 유지되고, 빅 브라더는 이를 활용하여 사람들을 철저하게 통제한다.

많은 사람들이 소설 『1984』에 등장하는 감시와 통제의 도구인 텔레스크린에 주목하고, 현대 정보통신기술이 전체주의적 사회통제에 활용될 위험성을 경계한다. 그런데 이 치밀한 감시와 통제를 가능하게 만드는 상황, 즉 끊임없는 국지전 상태에 주목하는 사람은 그리 많지 않은 것 같다. 조지 오웰은 냉전체제가 막 형성되어가던 시점인 1949년에 이 책을 출간했다.

한반도는 조지 오웰이 『1984』에서 설정한 국지전이 벌어지는 지역과 같은 곳이라 할 수 있다. 휴전상태로 남북분단이 장기지속하며 다양한 차원의 군사적·외교적·정치적 긴장이 계속되는 곳이다.

한국전쟁 때 한반도에서 격돌했던 미국과 중국은 1970년대 초 관계개선에 나서고, 이와 맞물려 분단 이후 최초로 남북대화가 시작되었다. 이는 한반도 분단상황을 개선 또는 해결할 수 있는 중요한 기회였다. 그러나 비록 성과가 전혀 없지는 않았지만, 남북대화는 얼마 못 가 중단되고, 두 분단국가의 주도세력은 당시 유동적이었던 국제관계와 남북관계를 활용하여 과거보다 더 억압적인 정치체제를 형성하였다. 그후로도 한반도 문제 해결을 위한 남북대화와 국제적 협상은 계속 가다 서다를 반복하는 양상이다. 이 책은 남북대화의 첫 순환주기를 분석하면서 한반도 분단구조를 부분적으로나마 좀더 다차원적으로, 또한 구체적으로 그려보고자 시도하였다.

한반도의 분단상황은 내외적으로 여기에 관여된 주체들에게 과도한 흥분, 분노, 공황 상태를 항시적으로 조장하는 경향이 있다. 그야말로 히스테리한(hysterical) 반응을 불러일으킨다. 내외적 차원이 상응하여 한반도에 조성된 독특한 역관계를 차분하고 총체적으로 인식하여, 한반도 주민들의 삶을 여러 차원에서 변덕스럽게 훼방하는 분단체제를 제어해가며 그 극복의 방향을 찾아보자는 것이 이 책의 취지이다. 이제 남북대화가 다시 재개되면 이번에는 중단되지 않고 한반도의 평화정착과 남북통합이 진전되는 방향으로 쭉 뻗어나가기를 희망한다.

연구자료들을 정리하다 연구실 서가 한쪽 귀퉁이에 있던 고(故) 리영희(李泳禧) 선생의 『전환시대의 논리』를 꺼내 보게 되었다. 1970년대 전반 한반도와 그 주변 국제관계를 당시 시점에서 분석한 평론집으로 대학생 시절의 필독서였는데, 군데군데 줄이 쳐져 있었다. 형광펜으로 다시 줄을 쳐가며 이제는 교양도서가 아닌 당대의 지식인의 현실인식을 보여주는 사료로 읽었다. 리영희 선생은 "이제는 말할수 있다"고 하는 지식인을 비판하며, 당장에 전개되는 현실에 대해 사람들에게 정확히 알리고, 필요한 발언을 해야 한다고 주장한다. 표현의 자유가 지극히 억압된 상황에서, 극히 한정된 정보만을 얻을 수 있는 조건에서, 전환시대의 한복판에서, 당면한 현실에 날카롭게 마주서며 무엇이 우상이고 무엇이 이성인지를 갈라 지적해야 했던 지사적 지식인의 사명감이 느껴졌다. 그럼에도 불구하고 이 책 서문에서 리영희 선생은 자신이 '해설자' 이상을 자처해본 적이 없다고 했다. 필자는 비슷한 주제에 대해 이미 그 결과를 아는 상황에서, 당시에 1급 비밀로 철저히 감추어졌던 문서까지 활용할 수 있었지만 과연 얼마나 더 새로운 깨달음을 독자에게 줄 수 있을지 두렵다. 필자는 어디를 보아도 우상과 이성을 가를 수 있는 지사적 지식인은 아니고, 감히 '해설자'라고도 자처하지 못하겠다. 다만 오랜 시간이 지나 공개된 사료들의 편린을 보고 나서, 사람들에게 "우리가 살아가는 분단된 한반도는 이런 상황인 것 같아"라고 말해주는 이야기꾼으로 자처하고자 한다.

이 책은 학술적 연구를 통해 집필되었지만, 한반도 분단 문제에 관심이 있는 독자라면 누구나 수월하게 이해할 수 있도록 서술하려고 노력하였다. 책의 구성도 사건의 전개과정을 먼저 서술하고, 나중에 배경과 원인, 그 의미에 대한 분석과 평가가 이어지도록 했다. 이야기꾼의 서사구조는 대체로 이러한 방식인데, 연구자들에게도 이 방식이 나름대로 유용한 측면이 있다고 생각한다. 특히 역사 서술에서는 말이다. 혹 연구자가 아닌 독자라면 서론의 '시작하는 질문들'만 읽어보고, 곧바로 1장부터 읽기 시작하라고 권하고 싶다.

    이 책을 집필하는 과정에서 신세진 분들이 많아 일일이 거명하지 못함에 양해를 구한다. 저자가 관계했던 한국역사연구회, 역사문제연구소, 세교연구소, 한독비교사 연구회, 냉전사 연구모임의 선후배 학자들에게 감사를 표한다. 그곳에서의 교류와 소통으로 많은 것을 얻었다. 이 책에서 다루는 주제와 직접 관련된 국제 세미나에 필자를 초청해준 경남대학교 북한대학원대학교 교수님들께도 감사를 표한다. 미국 국립문서관에서 자료수집에 도움을 주신 분들께도 고마움을 표한다. 그리고 여기서 다루는 주제에 대한 세미나 발표나 학회지 논문 발표 때, 또한 책의 집필과정에서 귀중한 논평을 주신 분들께도 감사드린다. 많은 도움을 얻었음에도 불구하고, 이 책에 오류가 있다면 그것은 모두 필자의 책임이다. 책의 출간을 맡아준 창비사 관계자들과 저술의 진행상황에 항상 관심을 갖고 독려해준 창비 인문사회 출판부의 염종선 국장, 그리고 부족한 원고를 말끔하게 정리해준 박영신씨에게도 고마움을 표한다.
    성신여대 사학과의 교수님들, 그리고 점심시간 때 등나무 벤치에서 커피 한잔의 여유를 함께하며 지루한 내 이야기를 잘 들어주었던 동료 교수님들께 고마움을 전한다. 그들과의 유쾌한 시간이 없었다면 필자는 길고도 힘들었던 작업을 마무리하기 어려웠을 것이다. 그리고 자료 수집과 정리에 큰 도움을 준 제자 송지윤, 안정희, 김다미, 탁민정, 정유진 석사에게 감사를 표하고 언제나 필자에게 자부심과 보람을 안겨주는 사학과 현대사팀 학생들과 강의실에서 영감을 주는 질문과 발언을 해준 성신여대 학생들에게도 고마움을 전한다.

역사를 공부하는 것은 확실히 즐겁고 재미있는 일이다. 특히 문서관에서 서류박스를 뒤적이며 흥미로운 사료를 찾는 맛이 있다. 십여 년 전 미국에서 이 작업을 시작할 때 아내와 아들이 저녁이면 나를 데리러 낡은 차를 몰고 문서관 건물 앞으로 오곤 했다. 돌아가는 차 안에서도 필자는 가끔씩 새로 찾은 문서에서 본 내용을 이야기하는 경우가 많았는데 돈 한푼 벌지 못하는 남편의 한가로운 이야기, 아버지의 뜬금없는 이야기에 가족들은 무척 괴로웠을 것이다. 그때 유치원생이었던 아들은 자기가 날마다 본 문서관 건물을 도화지에 그리기도 했다. 함께 살아주고 힘이 되어준 아내와 아들, 딸에게 고마움을 표한다. 이 책을 춘천에 있는 서점에서 책을 팔며 필자를 후원해주신 부모님께 바친다.

2012년 3월
수정관 연구실에서
홍석률

차례

서론 "
:
>

한반도 매듭 풀기

1. 시작하는 질문들

한반도는 변덕스러운 곳이다. 2010년 11월 23일, 이 책을 준비하기 위해 한창 막바지 자료정리 작업을 할 때였다. 온종일 자료를 보며 빨간색 싸인펜과 파란색 형광펜으로 밑줄을 긋고, 컴퓨터 앞에서 고개를 좌우로 돌리며 내용을 요약했다. 뻐근해지는 오후, 가끔 그러하듯 학교에 있는 피트니스센터로 갔다. 그날도 무심코 텔레비전을 보며 달리기를 했다. 화면에 포탄 연기기둥이 피어오르고 있었다. 이라크나 아프가니스탄 관련 보도려니 했다. 그런데 화면에 동양인의 얼굴이 보이고, 자막에 연평도라는 단어가 나왔다. 북한¹군이 연평도를 포격하고 있다는 놀라운 소식이었다. 지금 내가 있는 곳과 지척에서 포격전이 진행되고 있었다. 번쩍이며 터지는 포탄의 섬광, 포화를 피해 허둥지둥 뛰어가는 사람들, 시커먼 화약 연기, 이를 담는 CCTV의

흔들림이 화면으로 전달되었다. 갑자기 허공을 달리는 듯했다. 믿어지지 않았다. 언론들은 한국전쟁 이후 최대의 군사적 도발이라 했다. 평온한 일상과 전쟁의 문턱은 이렇듯 아주 가깝게 놓여 있었다.

남북대화는 왜 가다 서다를 반복하나?

내가 사는 한반도는 이런 곳이다. 전쟁도 평화도 아닌 휴전상태가 이제 거의 환갑을 맞이하려 한다. 남북관계는 좀 개선되는 듯하다가 중단되고, 다시 위기상황이 발생하는 것이 반복된다. 언제는 남북의 두 정상이 손을 잡고 술잔을 나누며 「우리의 소원은 통일」이라는 노래를 부르더니, 이제는 포탄이 오고 간다. 천안함 사건, 연평도 사건이 일어난 서해 5도 해역을 북한이 본격적으로 분쟁지역화한 것은 이미 1973년 12월부터고, 이 사건들은 이 책에서 다루려는 데땅뜨(détente, 긴장 완화)기 미중관계와 남북관계의 전개와 관련이 있다. 연구를 진행하면서 이같은 사실을 알게 되었는데, 결과를 예측할 수 없는 상태에서 현재진행형의 역사를 서술해야 하는 현대사 연구자의 난감함이 느껴지는 순간이었다.

도대체 남북관계는 왜 이토록 진전이 없고, 한반도는 좀처럼 휴전상태를 벗어나지 못하는 것일까? 이는 분단상황을 장기지속시키는 한반도 내외의 역학과 구조는 무엇인지에 대한 질문이 된다. 사실상 이 연구의 핵심적인 질문이다.

확실히 한반도의 분단상황을 보면 독일이나 베트남의 경우와는 달리 분단이 하나의 체제를 형성하여 분단상태를 유지하며 한반도 주민의 삶과 의식을 제약하고 있다는 '분단체제론'이 나올 만한 상황이다. 백낙청(白樂晴)은 '분단체제'를 "현존 자본주의의 세계체제가 한반도를 중심으로 작동하는 구체적인 양상"이라고 본다.[2] 자본주의 세계체제가 한반도 분단체제를 거쳐, 남북한 두 분단국가의 운영원리로 작용한다는 설명은 한반도 분단 현실을 총체적으로 파악하는 데 매우 유용한 틀을 제공한다.[3] 한반도 분단 문제를 총체적으로 파악하려면 '전지구적 차원' '한반도적 차원' '분단국가 내부적 차원'을 연결해서 사고할 필요가 있다. 이 연구는 이 점에 유념하면서 1970년대 전반의 미중관계와 남북관계의 개선, 남북한 내부의 정치변동이 교차하고 연계되는 상황을 분석하려 한다. 이 책은 1968년 1·21사태에서 시작되어 1976년 판문점 도끼살해 사건으로 끝난다. 즉 '위기 → 남북 화해국면 → 위기'를 반복했던 남북관계의 첫 순환주기를 분석해보려는 것이다.

물론 이 책에서 다루는 데땅뜨, 미중관계 개선 등의 국제관계는 전지구적 차원에서 작동하는 것이지만 이것이 곧 세계체제를 의미하는 것은 아니다. 자본주의 세계체제는 이것보다는 더 큰 틀을 뜻한다. 그리고 분단체제는 단지 휴전체제만을 의미하는 것은 아니며, 남북 두 분단국가의 체제도 유일체제, 유신체제 같은 정치적 차원으로 한정되는 것은 아니다. 그러나 여기서는 이러한 문제들을 세가지 차원의 시각에서 다루면서 분단체제가 작동하는 양상을 부분적으로나마 좀더 구체화하고자 한다.

미국과 중국은 한반도 문제를 어떻게 다루나?

최근 중국은 미국과 함께 이른바 G2로 부상하고 있고, 한반도가 다시 미국과 중국 사이에 끼이는 것 아니냐는 우려도 있다. 닉슨(Richard M. Nixon)의 베이징 방문으로 상징되는 1970년대 초 미중관계 개선은 중국이 오늘날처럼 미국에 비견되는 강대국으로 부상하는 중요한 전환점이었다. 중국은 미국과의 관계개선으로 국제적 고립을 탈피했고, 이후 1980년대에 개혁과 개방에 나섰다. 그리고 이제는 규모 면에서 일본을 능가하는 경제대국이 되었다.

미국과 중국은 한반도 분단 문제에 있어 가장 중요한 두 강대국이다. 물론 한반도는 미국과 소련 사이에서 분단되었지만 한국전쟁 때 100만이 넘는 군대를 파견하여 미국과 싸운 것은 중국이었다. 흔히 한미관계를 '혈맹(血盟)'이라 하지만 북한과 중국도 서로를 혈맹이라 부른다. 따라서 1970년대 초 미국과 중국의 관계개선 과정에서 한반도 문제는 당연히 하나의 의제가 될 수밖에 없었다. 최근 미국 정부기록들이 공개되면서 이제 우리는 미국과 중국 사이에 어떠한 이야기가 오갔는지 '이제는 알 수 있다'. 내가 독자들에게 꼭 중계방송을 해주고 싶은 내용이다.

이 책에서는 한반도 주변 4대 강대국 중에 미국과 중국을 주로 다룬다. 소련과 일본 또한 한반도 분단 문제를 이야기할 때 빼놓을 수 없는 강대국임엔 분명하다. 그러나 이 책에서 소련 및 일본 문제는 미중관계, 남북관계와 직접 관련되는 부분만을 다룬다. 이는 미국과 중국이 더 중요하고, 핵심적인 나라이기 때문만은 아니다. 가장 큰 이유는 한 저작에서 4강 관계 모두를 분석의 구체성을 담보해가며 다루기 어렵기 때문이다. 이 부분에 대해서는 다른 전문가들의 구체적인 연구를 기대한다. 또한 필자가 이 연구를 위해 주로 활용한 자료는 미국 정부문서이니만큼 중국과 관련된 내용은 미국 자료에 비친 중국의 대외정책일 뿐이라는 지적도 가능하다. 향후 중국정부도 자료를 공개해서 중국 관련 전공자들이 그 자료로 다시 한반도 문제를 살펴본다면 충분히 다른 이야기가 나올 수 있다. 그것 역시 기대한다.

분단상황에서 남북의 두 국가권력은 내외적으로 어떻게 행동하나?

남북의 집권세력은 분단상황하에서 서로 대립만 하는 것이 아니라 적대적이지만 서로 의존하거나 공모하는 측면이 있다는 주장이 있다.[4] 1970년대 초 남북대화가 진행되면서 남쪽에 유신체제가 수립되고, 북쪽에서도 사회주의헌법이 채택되어 유일체제가 강화되는 양상은 '적대적 공모'를 가장 노골적으로 보여주는 사례라 할 수 있다. 그런데 이러한 남북의 정치변동은 당시 데땅뜨 국제정세와 미국과 중국의 관계개선, 남북관계와 밀접한 관련이 있다. 이는 분단상태하에서 남북 두 국가권력이 내외적으로 보여준 다양한 행동 속에서 종합적으로 분석될 필요가 있다.

또한 한반도를 둘러싼 국제외교관계는 주변 강대국 사이의 관계만 있는 것이 아니다. 강대국과 남북한 사이의 관계, 특히 한미동맹관계와 북중동맹관계가 중요하다. 그런데 1970년대 초 데땅뜨 국면부터는 이와같은 동맹관계와는 전혀 다른 차원의 남북한과 강대국 사이의 관계도 존재했다. 북미관계, 한중관계 같은 적대적 강대국과의 관계도 모색되기 시작한 것이다. 이 점도 매우 중요하다.

2. 반토막 사고방식의 극복을 위하여: 분단형 이분법

분단된 한반도에는 이분법적 역사의식이 횡행한다. 선(先)경제개발 후(後)민주화, 선건설 후통일, 선성장 후분배 등의 논리가 그것이다. 나아가 선선진화 후통일이 주장되기도 한다.[5] 그런데 어떤 요소들을 선후관계로 정립하려면 이는 불가피하게 양자가 완전히 분리된 상태를 상정할 수밖에 없다. 여기서 문제의 핵심은 무엇이 먼저고 나중이냐가 아니라 이러한 분리가 가능하냐이다. 즉 근대를 이야기하며 산업화와 민주주의를 분리할 수 있으며, 경제를 이야기할 때 성장과 분배의 문제를 완전히 떼어놓고 말할 수 있느냐는 것이다.[6] 극단적인 이분법적 인식들을 편의상 '반토막 사고방식(mentality)' 또는 간단하게 '반토막 정신'이라 부르기로 하자. 반토막 정신은 특히 직접적으로 한반도 분단 문제를 이야기할 때 사람들의 의식을 더욱 심하게 제약하는 경향이 있다.

체제 선택과 경쟁 논리

통일문제를 자본주의체제와 공산주의체제의 우월성 경쟁과 선택의 차원에서 이야기하는 경우가 많다. 그런데 일단 지적할 것은 남북의 체제경쟁 논리는 한반도 주민들이 더 나은 체제하에 사는 데 기여한 것이 아니라 오히려 반대의 작용을 했다는 것이다. 남북의 체제경쟁 논리는 항상 남북의 주류 집권세력들이 각자의 체제가 지닌 문제점을 은폐하거나 합리화하는 데에 활용되었다. 그 결과 남북의 기존 체제를 더 좋지 못한 방향으로 인도하였다. 남북 체제경쟁이 강화되면서 수립된 유신체제와 유일체제는 둘 다 남북이 각자 표방하던 정치체제(민주주의, 사회주의)의 이상으로부터 이탈하고 멀어진 체제였다. 체제경쟁의 이분법은 남북의 주민들을 더 좋지 못한 체제하에 살도록 인도하였던 것이다.

또한 체제경쟁 논리는 한반도 사람들의 의식과 시각을 협소한 냉전적 시간에 묶이게 하였다. 좀더 큰 맥락에서 보면 자본주의나 공산주의 모두 근대의 쌍생아라 할 수 있다. 냉전시기에 국가사회주의 국가와 자본주의 국가 들이 있었지만 전지구적 차원에서 보면 모두 근대 자본주의 세계체제하에 놓여 있었다. 그안에서 형성된 소련 등의 국가사회주의체제는 자본주의 세계체제를 완전히 바꾸어 새로운 세계질서를 구축한 것도 아니었고, 자본주의 세계체제로부터 완전히 이탈하는 데 성공한 것도 아니었다.[7] 현재 중국 같은 나라는 여전히 공산당이 지배하는 국가사회주의 정치체제를 갖추고 있으나 사회·경제적으로는 여타 대부분의 나라들과 마찬가지로 자본주의적이다. 자본주의냐 공산주의냐 하는 이념적 이분법으로 현실을 재단하는 논리는 복잡한 현실을 설명하는 데 부적합하다.

내인론과 외인론

한국현대사, 특히 분단문제를 이야기할 때 이른바 내인론(內因論)/외인론(外因論) 논쟁이 있다. 일부는 한반도가 분단되고 그것이 장기적으로 유지되고 있는 원인을 강대국의 작용 때문이라 하고(외인론), 일부는 한반도 내부의 좌우대립 또는 남북 두 분단국가의 대립 때문이라고 한다(내인론). 한반도의 분단은 기본적으로 내인과 외인을 딱 잘라 구분하기가 아주 어려운 복합형이라 생각한다.[8] 한국전쟁도 애초부터 국제전적 내전, 내전적인 국제전으로서의 성격을 가질 수밖에 없었다.[9]

분단이 장기지속되는 과정도 마찬가지다. 표면적으로 한반도 분단은 강대국의 대립으로 시작되었지만, 시간이 갈수록 남북 두 분단국가의 체제경쟁이 분단을 유지하는 중요한 동력이 되어갔다고 할 수 있다.[10] 특히 이 책에서 다루는 1970년대 전반기는 한반도의 분단이 국제적 분쟁에서 남북한의 문제로 내재화되어가는 중요한 전환점을 이룬다고 할 수 있다. 그러나 지금도 한반도 문제가 쟁점화될 때마다 4자회담, 6자회담이 거론되는 것을 보면 한반도 분단의 내재화는 아직 완벽하게 이루어졌다고는 할 수 없다. 또한 분단의 내재화가 완벽하게 된다 하더라도 강대국의 영향력이 완전히 사라진 상태가 아니라 두 분단국가가 강대국의 영향력을 완전히 자기규율화하여 내재화한 상태가 되기 쉽다고 생각한다. 분단된 상태에서 강대국의 한반도에 대한 영향력이 쉽게 사라지기도 어렵고, 남북한 또한 강대국과의 비대칭적 동맹관계를 쉽게 파기하기 어렵기 때문이다.

한반도에서 내인과 외인을 구분하기 어려운 상황을 직유하자면 '뫼비우스의 띠'와 같다고 할 수 있다. 뫼비우스의 띠는 수학 교과서에도 나오고, 조세희(趙世熙)의 소설 『난장이가 쏘아올린 작은 공』에도 나온다. 기다란 종이테이프를 중간에 한번 돌려 비틀어서 양 끝을 붙여놓은 원형의 띠가 뫼비우스의 띠다. 여기에 선을 그어보면 그 선은 바깥에 있다가 안쪽으로 들어가고, 다시 밖으로 나와 안쪽으로 들어가는 상황을 반복하며 순환한다. 겉과 속을 분리하기 어렵다. 한반도의 역사에서 외인과 내인은 이렇듯 분리할 수 없는 것일 뿐만 아니라 구분하기도 어려운 측면이 있다. 특히 분단 문제에 관해서는 더욱 그러하다.

평화공존 대(對) 통일

통일보다는 평화공존을 추구하자는 주장이 있다. 통일은 그 과정에서 폭력이 수반되거나 남북의 차이가 위계적인 질서를 형성하는 방향으로 가기 쉽다고 보기 때문이다.[11] 그런데 과연 한반도에서의 평화정착이라는 문제가 남북의 통합 문제와 분리되어 양자택일의 문제로 될 수 있을까? 물론 평화정착은 한반도 분단 문제 해결에 가장 핵심적인 문제고, 우선순위를 부여받을 수 있는 문제다. 한반도의 분단은 전쟁을 통해 고착화되었고, 아직도 휴전상태에 머무르며 전쟁은 공식적으로 종결되지 못했다. 그런데 왜 한반도에서 전쟁이 발발하였을까?

한반도에서 전쟁이 일어난 근본적인 요인은 분단 때문이라 할 수 있다. 한반도가 분단되던 시점에서 한반도의 수많은 지식인들은, 민족분단은 필시 전쟁을 유발할 것이라고 경고하였다.[12] 실제로 한반도의 분단은 한반도 주민 내부의 민족해방 및 사회개혁을 둘러싼 갈등을 진정시킨 것이 아니라 더욱 증폭시켜 전쟁으로 폭발하게 하는 상황을 만들었다. 휴전으로 전면전쟁 상태는 봉합되었지만 남북한은 지금까지 각기 주변국가들과 군사적 동맹을 맺고 휴전선에서 대치를 계속하고 있다. 따라서 한반도에서 근본적인 평화정착을 이루려면 남북통합 문제의 해결이 필요하다고 생각한다. 분단상태에서의 평화공존론이 갖는 문제점은 통일보다는 평화를 중시하는 데 있는 것이 아니라 한반도의 '평화' 문제를 너무 피상적으로 생각하는 데 있다. 이 글에서 구체적으로 분석하겠지만 한반도에서의 '평화'는 냉전적 국제질서, 한반도 분단질서의 타파를 통해 확보할 수 있는 것이지 분단상태의 '현상유지'를 통해 달성할 수 있는 것이 아니다.

이는 동아시아, 유럽 등 다른 지역에서도 마찬가지라 생각한다. 동아시아는 과거 냉전시기에 구축된 군사동맹관계와 이를 바탕으로 한 냉전적 대립구도가 아직도 존재한다. 또한 한·중·일 사이에 영토분쟁도 존재하고, 역사의식을 둘러싼 갈등도 심각하다. 이러한 갈등을 풀기 위하여 많은 이들이 동아시아의 통합을 이야기한다. 유럽은 20세기 초 1, 2차 세계대전의 진원지이자 전쟁터였으나 2차 대전 이후 유럽 국가들은 점진적으로 유럽통합을 이루어냈다. 그리하여 지금은 영국, 프랑스, 독일이 서로 싸울까봐 두려워하는 사람은 별로 없다. 적대했던 집단들이 평화롭게 지내는 가장 확실한 방법은 서로 이해관계를 공유하고, 협력하는 단위로 통합하는 것이다. 칸트(I.

Kant)가 영구적인 평화의 가능성을 생각하며, 세계공화국을 이야기했던 것도 같은 맥락이라 할 수 있다.[13]

물론 모든 형태의 통합이 평화를 가져오는 것은 아니다. 무력통합 같은 것은 당연히 긴장을 더 고조시킨다. 한반도에서의 남북통합은 동서독과 같이 한꺼번에 일민족(一民族), 일국가(一國家), 일체제(一體制)의 단일화된 형태를 이루기는 어렵다고 생각한다. 이러한 단일화된 방식의 통일은 군사력이든 경제력이든 어느 한쪽이 다른 쪽에 굴복하여 흡수될 때 가능하다. 한반도의 분단국가는 서로 전쟁을 했고, 오랫동안 적대적 대치를 계속해왔다. 단일화된 통일은 필연적으로 폭력 또는 엄청난 사회갈등을 동반한다. 이에 남북한 정부 모두 현재 공식적으로는 단일화된 통일이 아닌 '국가연합' 또는 '연방제'를 주장하고 있다. 즉 남북 모두 자기 영역에서 독자성과 자결권을 가지면서 통합을 추진해가자고 표방한다. 분단체제론자들은 이러한 맥락에서 남북 국가연합을 바탕으로 한 '복합국가(複合國家, compound state)'를 이야기한다.[14] 백낙청은 남북의 국가연합은 어떠한 면에서는 유럽연합보다도 더 느슨해야 할 것이라고 주장하기도 한다.[15]

현실적으로 한반도 상황에서는 평화정착도 남북통합도 어느 순간에 갑자기 목표점에 도달하기는 어렵다고 본다. 평화정착도 점진적으로 그 질과 수준을 높여나가는 방식으로 진행될 것이고, 남북통합도 마찬가지다. 여기서 평화정착과 남북통합은 무엇이 먼저 되고 나중 되는 선후관계라기보다는 서로 상승작용을 하며 함께 진행해야 양자 모두가 가능한 관계라 할 수 있다.

민족주의와 탈민족주의

근대 국민국가의 이데올로기인 민족주의를 벗어나자는 탈민족주의론이 있다.[16] 탈민족론자들의 분단 문제에 대한 주장은 통일보다는 평화공존을 강조한다는 공통분모는 있으나 아직 그다지 구체화된 것은 없다.

탈민족론은 한반도에서의 '국민국가'와 민족주의 문제에 대한 구체적이고 현실적인 분석에서 아직 미흡한 측면이 있다. 한 나라의 민족주의라도 시대의 변천에 따라, 내부의 정치·사회집단에 따라 다양한 '민족주의들'이 존재할 수밖에 없다. 특히 식민지와 분단을 겪은 한국사회의 민족주의 지형은 결코 단순하지 않다.[17] 탈민족주의가 가능하려면 한반도에서 민족주의가 형성된 과정과 그 특성에 대한 정밀하고도 구체적인 분석이 필요하다. 그래야만 단순히 민족주의에 반대하는 차원이 아니라 민족주의의 실체와 문제점을 심층적으로 분석하고 해체하여 이를 넘어서는 작업이 가능할 것이다. 그러나 현재까지 탈민족주의를 둘러싼 논의가 이러한 방향으로 가고 있는지에 대해서는 회의적이다.[18]

또한 탈민족론자들은 한국사회에서의 민족주의의 역할과 비중을 너무 과장하여 강조하는 경향이 있다. 한반도의 분단국가는 내적으로 국민을 강력하게 억압하고 통제하는 악성 국가주의를 갖고 있었다. 그러나 외적으로는 외세의 간섭과 영향력에 취약한 국가들이었다. 한국의 국가권력이 동원한 민족주의는 억압적이기는 했지만 그 헤게모니는 그리 강하지 않았다.[19] 한편 한국의 주류집단은 자신의 지배를 위해 민족주의 논리를 내세웠지만, 또 한편으로는 지역주의, 가족주의를 조장하기도 했다.[20] 한국사회에서 민족주의는 '거인'이 아니라 '풍차'였는지도 모른다.

탈민족론의 대표 논객인 임지현(林志弦)은 분단체제의 극복이 "유일한 해법으로서의 통일에 갇혀 있다면, 미래의 복합적 정치공동체에 대한 상상력의 빈곤을 초래하지 않을까 우려"된다고 주장한다.[21] 국민국가를 벗어나 미래의 새로운 정치공동체를 모색한다고 할 때에도 남북의 통합이 여기에 반하는 것이라 생각하기는 어렵다. 한반도 분단은 동아시아 및 세계의 평화와 통합에 장애를 일으키는 한 요인이기 때문이다. 탈민족론자들은 근대 국민국가를 벗어나자고 주장하지만 그렇다고 이를 넘어선 동아시아 공동체나 전지구적 차원의 공동체 형성을 강조하거나 구체적인 관심을 보이는 것은 아니다. 오히려 국가와 시민의 관계에 주목하여 다양한 정체성을 가진 국가 내부집단, 또는 국가와 구분되는 지방사회의 자치성에 훨씬 더 주목하는 경향이다. 이러한 소지역, 소집단의 자립성과 독자성을 높이는 방향에서 민족주의를 내파(內破)하는 방식을 상정한 것이라 보인다. 그러나 다양한 소지역과 소집단으로 결집된 개인들이 그 차원에서 고립되고 파편화되지 않으려면 더 큰 차원에서 자발적인 공동체적 연대가 필요할 것이다. 그러할 때 이를 가능하게 해줄, 국민국가를 대체할 단위가 무엇인지가 여전히 질문으로 남는다.

조한혜정(趙韓惠貞)은 "분단적 정체성을 극복하자는 것은 무엇을 반대함으로써 정체성을 갖는 형태의 이분법적이고 대립적인 사유의 방식 내지 주체 형성에서 벗어나는 것을 뜻한다"고 주장한다.[22] 분단된 한반도에서 '반공주의' '반제국주의' 같은 것이 전형적으로 이러한 분단적 정체성을 반영한 것이라 할 수 있다. 그런데 한국사회의 탈민족주의론은 아직까지는 국민국가와 민족주의에 대한 복합적이고 정밀한 분석은 없고, 민족주의의 위력을 과도하게 강조하며, 국민국가를 넘어선 대안을 마련하는 데 있어 방향설정이 명확하지 않다.

탈민족주의론은 '민족주의'로부터 벗어나기보다는 "민족주의는 반역이다"라는 구호에서 나타나듯 민족주의에 강하게 반대하는 정서를 동원하는 차원에 머무르고 있다고 생각된다.

탈민족론자들이 남북통합에 부정적이거나 유보적인 태도를 보이는 것은 역설적으로 그들이 분단 문제를 민족주의 문제로 너무 단순화하기 때문이다. 국민국가와 민족주의가 문제가 된다고 했을 때 그것에 규정력을 미치는 외적 환경에 대한 고려도 부족하다. 또한 그들의 논리는 동아시아와 세계적 차원은 물론이고, 한반도적 차원에서도 이에 대한 고려가 부족하다. 탈민족주의자들이 강조하는 국민국가에서 국가와 시민의 관계도 그 내부에서만 결정되지는 않는다. 아무리 강대국이라 해도 국제질서로부터 완전히 자립적이고 독립적일 수는 없다. 다른 국가와의 관계 속에서, 세계체제 또는 세계질서의 규정력 속에서 국가권력이 존재하고, 그 행동방식이 결정된다. 분단된 한반도의 경우엔 분단상황 및 남북관계도 당연히 영향을 미친다. 아직까지 탈민족주의자들의 논의는 이에 대한 고려가 전반적으로 부족하다.

3. 한반도 분단상황의 총체적·다차원적 인식

헝클어지고 매듭진 한반도

분단이라 하면 장벽과 철조망으로 명확하게 갈라지고 격리된 상태를 연상하기 쉽다. 그러나 한반도 분단상황은 장벽과 철조망 같은 명료한 선이 확실하게 보이는 모습은 아니라고 생각한다. 또한 주변 강대국이든 남북한이든 한반도 분단에 관여하는 특정 국가나 특정 정치집단 때문에만 분단이 형성되고 유지되는 것도 아니다. 여기에는 다양한 행위자들이 개입되어 있으며, 이들 행위자들이 관계하는 방식이 분단체제를 유지시킨다. 여기에 개입하는 손들은 다양하다.

한반도의 분단상황을 비유하자면 여러개의 굵고 가는, 형형색색의 전깃줄이 헝클어지고 이리저리 얽이어 매듭이 여럿 진 상태라 할 수 있다. 게다가 강력한 전기도 흐르고 있다. 엉킨 전깃줄을 여러 손들이 팽팽하게 쥐고 있는 상태다. 지구적 차원에서 또는 한반도적 차원에서, 나아가 분단국가 내부에서 어떤 동요가 있을 때마다 엉킨 전깃줄은 히스테리한 반응을 보이며 흔들리며, 가끔 피복이 취약한 가는 전선 사이에서는 불꽃이 튀는 상황이다.

매듭을 푸는 방식은 여러가지로 상정할 수 있다. 우선, 매듭을 후련하게 한칼로 내리쳐 끊어버릴 수 있다. 이른바 알렉산더 방식이다. 이러한 시도가 과거에 있었다. 1950년 북한은 남한을 침공하여 한칼에 분단의 매듭을 끊으려 했다. 전쟁 중 유엔군도 38선 이북으로 북상하여 역시 같은 시도를 했다. 남북한뿐만 아니라 미국, 중국 등 여러 나라가 일전(一戰)을 치렀으나 문제는 풀리지 않았다. 오히려 매듭이 더 많아지고 복잡해졌을 따름이다.

한편 매듭의 한쪽 끝을 쥐고 있는 중요한 손, 북한이라는 국가가 붕괴하면 매듭은 자연스럽게 풀릴 것이라는 기대도 가능하다. 매듭을 쥐고 있는 한쪽 손이 사라졌으니 이쪽의 전깃줄을 그대로 연장하여 깔아놓으면 매듭은 자연스럽게 해소될 것 같다. 이른바 흡수통일 방식이다. 그러나 매듭을 쥐고 있는 손은 북한정권만은 아니다. 여기에는 중국, 러시아 같은 손도 존재한다. 그리고 이들 강대국 사이의 역관계라는 복잡한 상황까지 개입되어 있다. 또한 전쟁을 치렀고, 상호 적대감이 높은 상태에서 북한 주민이 남한에 흡수되는 방식의 통일에 순순히 응할지도 의문이다.

실현 가능성도 문제지만 흡수통일이 된다 하더라도 그것이 한반도의 상황을 안정시키고 더 좋은 상황을 만들기보다는 그 반대방향으로 가기가 쉽다. 팽팽하게 매듭진 전깃줄을 어느 한 손이 놓아버리면 엄청난 동요가 발생하게 된다. 그 결과가 어떠할지 아무도 장담할 수 없다. 물론 모든 변화의 과정에는 유동적인 국면이 존재하며, 의외의 결과를 가져올 수 있는 위험성이 도사리고 있게 마련이다. 이러한 유동성과 위험성 때문에 변화 자체를 거부해야 한다는 논리는 성립하지 않는다. 그런데 유동적인 국면이 바람직한 결과를 창출하려면 변화의 주체가 되는 사람들 자신들이 원하는 방향으로 변화를 끌고 갈 수 있어야 한다. 즉 변화를 이룩할 주체들이 자기결정권을 강화하고, 자신들이 원하는 방향으로 상황을 이끌어가야 유동성 속에서 새로운 체제가 마련될 수 있다. 그러나 북한의 급속한 붕괴는 한반도 문제에 대한 한반도 주민들의 주도권과 자기결정권을 강화하는 것이 아니라 그 반대방향으로 가기 쉽다.

한국전쟁 때 한국정부는 새로 점령한 38선 이북의 영토를 얻게 되었다. 이른바 '수복지구'라 한다. 당시 미국과 유엔은 38선 이북 지역에 대한 대한민국의 통치권을 인정하지 않았다. 수복지구의 관할권은 전쟁이 끝나고도 1년이 지난 1954년 11월에야 유엔군사령부로부터 대한민국으로 이양되었다. 그때 유엔군사령부는 법률적인 차원(de jure)의 통치권은 유보하고 실질적인 차원(de facto)의 행정권만을 이양했다.[23] 북한이 붕괴되면 남한의 영토가 북으로 자동 확장되고, 남한이 모든 것을 처리할 수 있을 것이라는 생각은 너무 낙관적이다. 북한체제가 갑자기 붕괴하면 미국과 중국이 한반도 문제 처리의 중요한 결정권을 쥐고, 남한은 북한 붕괴에 따르는 제반 사회갈등을 감당하고 비용만 부담하는 상황이 올 수도 있다.

또한 전쟁 없이 흡수통일이 된다 하더라도 분단을 야기했던 모든 갈등들이 곧바로 해소되는 것은 아니다. 한반도의 분단은 주변 강대국의 대립, 두 분단국가의 대립 속에서만 발생한 것이 아니라 한반도 주민들 사이에 존재했던 다양한 정치·사회적 갈등과 결부되어 형성되고 유지되었다. 분단을 일으킨 갈등은 국가적 차원도 있었지만 사회적 차원도 존재했다. 분단국가 중의 어느 한쪽이 한반도를 석권하면 국가적 차원의 문제는 혹시 해결될는지 몰라도, 분단을 불러온 갈등들이 남쪽 사람들과 북쪽 사람들 사이에, 여러 다양한 정치·사회 집단 사이에 스며들어 내재화되는 상황을 가져올 수도 있다. 겉은 멀쩡해졌지만 속은 더 골병이 드는 상황이 올 수도 있는 것이다.

한반도의 매듭 풀기

분단의 매듭은 결국 이것을 이완시켜 하나하나 점진적으로 풀어나가는 방법밖에 없다고 생각한다. 매듭을 풀기 위해서는 두 손으로 줄을 당겨 풀어야 한다. 남북의 협력, 국제적 협력이 모두 필요하다. 복잡하게 엉켜버린 매듭을 풀 때 어느 한 매듭을 먼저 완전히 풀고 다른 매듭을 푸는 방식으로는 결코 성공할 수 없다. 자신이 가장 불편해하는 매듭을 먼저 풀겠다고 한 매듭만 잡고 줄을 당기다보면 이와 연결된 다른 매듭들은 더 단단하게 조여진다. 북한은 북미관계라는 매듭이 풀리면 모든 것이 풀릴 것이라는 기대를 하는 것 같다. 여기에 우선순위를 두고 핵 개발 및 실험, 미사일 발사 등을 하면서 이것만 극단적으로 세게 잡아당기려 한다. 하지만 그럴수록 남북관계라는 매듭은 더욱 조여지고, 미중관계도 경색된다. 북미관계를 풀려고 여기에 모든 것을 집중시키며 모든 힘을 투여해보지만 매듭은 풀리지 않고, 오히려 북한을 더 심하게 조여가고 압박하고 있다.

반면 남한은 과거에는 남북간의 교류협력 문제를 먼저 풀려고 했다. 그런데 최근 이명박정부는 북한 핵문제 해결을 남북 교류협력을 위한 선결조건으로 내걸고 있다. 핵문제만 해결되면 북한의 1인당 국민소득을 3천달러 수준으로 올려주겠다고 하며, '북한 핵'이라는 매듭만 세게 잡아당겼다. 그로 인해 남북관계라는 매듭은 다시 경색되고, 이 과정에서 미중관계도 미묘해지고, 한미관계, 한중관계, 북중관계의 매듭도 더욱 꼬여만 갔다. 그리고 다시 헝클어진 매듭에서 불꽃이 튄다.

헝클어지고 매듭이 많은 줄을 풀려면 먼저 한 매듭을 조금 이완시켜놓고, 다른 매듭들도 연쇄적으로 조금씩 조금씩 이완시키는 작업을 반복해야 전체적으로 줄이 느슨해지면서 매듭을 풀어갈 수 있다. 사정이 이러하기에 분단문제를 해결하려면 한반도 분단상황에 대한 총체적이고 다차원적인 인식이 필수적이다. 체제경쟁론, 내외인 우선론, 평화공존과 통일의 양자택일론 등으로는 문제를 풀 수 없다. 한반도 분단 문제는 민족주의 지상 논리를 강조하거나, 반대로 "민족주의는 반역이다"라고 선언하는 것으로 해결될 문제가 아니다. '반토막 정신'은 분단의 매듭을 푸는 것이 아니라 그 매듭을 더욱 크고 단단하게 만드는 정신적 동력이다. 좀더 다면적이고 다차원적이며 구체적인 현실을 직시하는 접근이 필요하다.

4. 미중관계 개선과 한반도, 그리고 분단체제

1970년대 전반 한반도 데땅뜨의 흥망에 대한 다차원적 접근

이 책은 가다 서다를 반복했던 남북관계의 첫 순환주기를 분석해보려 한다. 이와 관련해 한반도 데땅뜨의 흥망(興亡, rise and fall)에 대해 분단 문제를 둘러싼 세가지 차원의 관계, 즉 국제외교관계, 남북관계, 남북한 내부의 정치적 관계를 모두 교차시켜 다차원적인 접근을 해나갈 것이다.

이 연구는 주로 국가들의 문제, 즉 국가들 사이의 관계, 그리고 각 나라의 내부 정치를 주로 다룬다. 민간통일운동이나 시민사회의 남북대화에 대한 반응, 이와 결부된 다양한 정치·사회집단의 국제 문제 및 분단 문제에 대한 인식과 논의, 남북대화와 관련된 사회문화적 변동 등은 별도의 작업을 기약한다.

미중관계, 남북관계, 남북한 내부 정치관계를 교차하여 분석할 때 세가지 영역 사이에 어떤 위계적인 층위(instance)를 설정해놓고 접근하지는 않는다. 즉 미중관계로부터 남북관계가 파생되고, 이것이 내부 정치에도 영향을 미치는 방식의 일방향적인 서술은 지양한다. 어떤 위계가 있어서 어느 한 방향으로 영향력이 관철되는 것이 아니라 각 영역들이 기본적으로 상호작용하는 양상을 살펴볼 것이다. 물론 미국과 중국은 강대국이고 남북한은 약소국이니 국제관계에서 일정한 위계가 존재한다고 할 수 있다. 그러나 아무리 강대국이고 압도적인 영향력을 행사한다고 해도 남북한은 기본적으로 한반도 문제의 당사자이며, 가장 중요한 행위자다. 또한 1970년대의 상황은 해방 직후나 한국전쟁기와는 큰 차이가 난다. 그러므로 어떤 위계적인 층위를 놓고 설명하면 남북관계와 남북한 내부 정치 문제는 부차화되고, 주변화될 수밖에 없다. 이는 다차원적인 접근을 추구하는 이 연구의 방식과도 배치된다.

또한 세가지 영역을 모두 다루면서 어떤 것이 더 결정적인 역할을 했다고 확정하는 방식의 서술도 지양한다. 이른바 '사회과학'에서 주로 사용하는 '독립변수' '종속변수'를 나누어 원인에 어떤 서열을 부여하는 방식은 역사를 설명하는 데 부적합하다. 냉전사가 개디스(John L. Gaddis)가 지적한 것처럼, 실제 역사의 전개과정에서 다른 것에 영향을 받지 않고 독립적으로 작용하는 독립변수란 존재하기 어렵다. 모든 변수들은 서로 연결될 수밖에 없다. 원인의 서열 정하기가 아니라 각 변수들이 연결되고 상호작용을 해나가는 과정을 분석하는 것이 역사의 실상을 더 잘 드러내줄 것이다.[24]

1970년대에 진행된 미국과 중국의 관계 개선은 단지 냉전체제의 구도 및 역학 변화만을 의미하지는 않는다. 중국이 미국과 함께 G2로 부상하는 상황에서 최근 이는 동아시아 및 세계 역사의 전환을 가져온 사건으로 의미를 부여받고 있다.[25] 이와같은 대전환 속에서 한반도에서도 분단 이후 처음으로 남북대화가 성사되고, 이 과정에서 남북 모두 내부 정치적으로 현저한 변화가 있었다. 이 시기는 분단체제가 완숙단계로 접어들어 그 정점에 이르는 시기라 할 수 있다. 그와 맞물려 분단체제가 자신의 모습을 가장 왕성하게, 노골적으로 드러낸 시기이기도 했다. 따라서 1970년대 전반 한반도 내외의 상황을 심층적으로 분석하는 작업은 분단체제의 작동 양상을 살펴보는 데 있어 여러 시사점을 줄 것이다.

관련 연구현황과 자료

1970년대 초 남북대화에 대해서는 냉전시기(1970~80년대)에도 많은 연구가 이루어졌다.[26] 이들 연구들도 당시 남북대화가 미중관계 개선, 남북한 내부의 정치변동과 맞물려 진행되었다는 것을 이미 지적하였다. 그러나 당시에 공개된 사실 이상의 것에 접근하기 어려웠기 때문에 미중관계 개선 과정에서 한반도 문제가 어떻게 논의되었고, 그것이 남북대화와 어떻게 연결되었는지를 구체적으로 규명하기는 어려웠다.

그러던 중 최근에 1970년대 초에 작성된 한국정부와 미국정부의 정부기록들이 일부 공개되었다. 특히 미국무부 문서가 공개되어 남북대화에 대해 더 많은 사실을 알게 되자, 이를 활용한 연구들이 많이 쏟아져나왔다.[27] 이들 연구들은 주로 한미동맹관계를 다루고 있다. 당시 한미관계와 남북대화가 어떻게 연결되었는지를 주로 분석한 것이다. 그러나 미중관계와 남북대화가 연결되는 상황에 대한 분석은 간략하거나 구체적이지 못해 아쉬움이 있다. 다행히 2006년과 2007년 미국무부에서 1970년대 중국과의 관계개선을 다룬 『미국 외교관계 문서집 1969~1976』 17, 18권을 발행하여,[28] 어느정도는 이를 보완할 수 있게 되었다. 이 문서집에는 키신저(Henry A. Kissinger)와 저우언라이(周恩來)가 한반도 문제에 대해 어떤 논의를 했고, 이것이 남북대화와 어떻게 연결되었는지를 보여주는 문서가 다수 포함되어 있다. 또한 탈냉전으로 말미암아 중국(中華人民共和國)측 자료도 접근이 가능해졌다. 최근 이러한 자료들을 통해 북한과 중국의 관계를 규명하는 이종석, 최명해, 이상숙의 깊이있는 연구도 나왔다.[29] 이들 연구들로부터 많은 도움을 받았다.

한편 최근의 탈냉전과 남북관계 개선으로 말미암아 남북한 정부

자료들을 연구자들이 더 쉽게 접할 수 있게 된 것도 큰 도움이 되었다. 대한민국 외교부도 관련 문서를 이미 공개하였고 남북대화에 종사했던 사람들도 좀더 자유롭게 증언할 수 있게 되었다. 이에 새로 발굴된 사실과 증언을 바탕으로 1970년대 초 남북대화의 전개과정을 좀더 심층적으로 분석한 김지형 등의 연구들이 나왔다.[30] 이러한 업구에 힘입어 필자는 이 시기 남북대화의 일반적인 전개과정에 대해서는 간략하게만 다루고, 다만 이것이 국제외교관계, 내부 정치 문제와 어떻게 연관되는지를 집중적으로 다룰 수 있었다.

이 연구에서 주로 활용한 자료는 최근 공개된 미국 정부문서들이다. 대부분 미국무부 문서들인데, 국무부의 일반 문서를 주제와 숫자로 분류하여 편제한 주제-숫자 분류 파일(Subject-Numeric Files)과 국무부 각 기관이 특별히 관리하고 있다가 별도로 공개한 이른바 특수문서 파일(Lot Files)을 주로 활용하였다. 닉슨 대통령 관련 문서 등도 일부 활용하였다. 미국 정부기록들은 한미관계와 미국의 대한(對韓)정책만을 보여주는 것은 아니다. 한국·중국·일본 등 동아시아 국가들은 모두 미국과 양자관계를 맺고, 이를 기축으로 서로 관계하는 양상이 있다. 브루스 커밍스(Bruce Cumings)가 지적했듯이 동아시아 국가들은 냉전기간에 미국과의 쌍무적 군사동맹 또는 외교관계에 묶여 있었다. 그래서 미국을 매개로 하여 상호 의사소통을 하는 경향이 있었다.[31] 따라서 미국 정부자료는 미중관계는 물론이고 북한의 대외정책, 남한의 외교정책, 북중관계, 북일관계 등 동북아 외교관계 전체를 조망할 수 있는 문서들이 다수 있다. 한편 2010년 미국무부는 1970년대 초 한국 관련 외교문서를 선별하여 『미국 외교관계 문서집 1969~1976』 19권을 발행하였다.[32] 우드로윌슨센터(Woodrow Wilson International Center)도 산하에 북한문서 관련 프로젝트를 운영하면서 1960년대 말 한반도 군사위기와 1970년대 초 남북대화에 대한 관련 문서 자료집을 잇달아 발행하였다.[33] 이들 문서집에 수록된 자료들은 대부분 미국무부 문서들로 필자가 이미 미국 국립문서관에서 수집한 자료들과 겹친다. 연구의 편의를 위해 필자가 이미 미국 국립문서관에서 수집한 문서라 하더라도 이들 자료집에 수록되어 있으면 대부분 확인하여 자료집을 활용하여 인용하였다. 다만 이들 자료집에 없는 문서들은 문서관 씨스템에 따라 인용하였다.

제 1 장

불꽃 튀는 한반도, 불타는 베트남

수상한 사람들이 나타났다. 모두 31명이나 되는 단단해 보이는 남자들이 깜깜한 밤중에 불쑥 세검정 근처 거리에 모습을 드러냈다. 차림새가 이상했다. 일본제 버버리코트를 입었는데, 흙 묻은 검은색 농구화를 신었다. 코트 안에 무언가 감춘 듯 코트 자락이 불룩했다. 안에 군복을 입은 사람도, 신사복을 입은 사람도 있었지만 모두 차림새가 어설펐다.

그날은 1968년 1월 21일 일요일 밤이었다. 하루 전에 서울시내에는 이미 비상경계령이 내려져 있었다. 수상한 사람들은 경찰에 의해 즉각 탐지되었고, 자하문 근처에서 형사 두 명이 이들을 검문했다. 신분증을 요구하자 자신들은 방첩대(防諜隊) 요원들로 특수임무 중이니 건드리지 말라고 했다. 이들은 저지하는 형사들을 무시하고, 청와대 쪽을 향해 자하문고개를 내려갔다. 형사들은 이러지도 저러지도 못하고 대열을 뒤쫓아갔다.

그들은 자하문고개 내리막길을 따라 내려가 경복고등학교 후문 근처에 이르렀다. 거기서 조금만 더 내려가 왼쪽으로 틀면 대통령 관저 청와대 입구였다. 이때 연락을 받고 출동한 종로경찰서장 최규식(崔圭植)이 지프를 타고 나타났다. 30대의 젊은 경찰서장 최규식은 대열을 멈춰 세우려고 단호하게 권총을 뽑아들었다. 그러자 곧바로 총탄이 날아왔고, 최서장은 즉사했다.

청와대 바로 앞에서 무장간첩들과 경찰 사이에 교전이 일어났다. 날카로운 총성이 고요하고 차가운 일요일 밤의 서울시내를 갈랐다. 감기약을 먹고 일찍 잠자리에 든 박정희(朴正熙) 대통령도 잠에서 깨어났다. 경복궁에 주둔하며 청와대 외곽을 경비하던 수경사 30대대가 즉각 출동하였다. 이 부대의 대대장은 전두환(全斗煥) 중령이었고, 그 휘하의 작전주임은 장세동(張世東) 소령이었다. 한편 당시 효자동에 있던 방첩대 대장은 윤필용(尹必鏞)이었다.[1]

서울 북부지역 여기저기서 총소리가 나고, 야광탄이 밤하늘을 환하게 비추었다. 이날 밤은 꼭 조용히 지내야 할 밤이었다. 그 다음날인 1월 22일은 전국 49개 전기대학의 입학시험이 있는 날이었다. 그 때도 대학 입학시험(본고사)은 치열한 경쟁 속에 치러졌다. 수업생들이 수험표를 가방에 챙겨넣고 잠자리에 들 무렵, 부모와 다른 가족들도 일찌감치 즐겨 듣던 라디오를 끄고 조용히 숨죽이던 그때에 서울시내는 아수라장이 되었다. 22일 아침에도 서울시내 곳곳은 대간첩작전으로 말미암아 교통이 차단되었다. 일부 대학은 시험시간을 늦추었지만, 다행히 대규모 지각사태 없이 대학입시가 치러졌다.[2]

무장간첩 중 한사람인 김신조(金新朝)가 생포되었다. 기자들이 그에게 남파 목적을 묻자 거침없이 그는 "청와대를 까러 왔수다"라고 대답했다. 김신조는 후일 발표된 회고록에서 자신은 생포된 것이 아니라 투항한 것이라고 밝혔다. 또한 당시 언론의 보도처럼 산속에서 휘황찬란한 서울의 야경을 보고 남한은 헐벗고 굶주렸다는 북한의 선전에 속은 것을 깨닫고 심경의 변화를 일으켜 투항한 것은 아니었다고 말했다. 그 당시엔 평양도 전쟁기간 중 완전히 파괴되었다가 복구되었기 때문에 나름대로 빌딩도 많고, 야경도 괜찮았다는 것이다. 그는 투항한 이유로 당시 자신은 스물일곱의 청춘이었고, 그래서 살고 싶어 투항했다고 했다. 그것 외에 "무슨 치장이 필요한가, 사람이니까, 그 정도의 이유면 충분한 것이다"라고 했다. 투항의 순간 그의 머릿속에는 사상적인 선택을 할 여유도, '자유'는커녕 가족 생각도 나지 않았다고 한다.[3]

1968년은 새해 벽두부터 이렇듯 한반도에 엄청난 불꽃이 튀고 있었다. 1·21사태 이틀 후에는 미군 첩보함 푸에블로(Pueblo)호가 원산 앞바다에서 나포되었고, 같은 해 11월에는 울진·삼척지구에 100명이 넘는 북한 무장간첩이 남파되는 사건도 발생하였다. 1960년대 말 한반도는 심각한 군사적 긴장상태와 위기를 경험했다. 한 해에 수백명이 목숨을 잃을 정도였다. 이는 베트남전쟁과 관련이 있었다. 1960년대 말 베트남에는 불길이 타오르고 있었고, 이와 연루되어 한반도에는 불꽃이 튀고 있었다. 그리고 한반도의 전쟁위기는 1970년대 초 한반도에 데땅뜨 국면이 조성되는 중요한 배경이 되었다. 남북한이든 강대국이든, 한반도에 조성된 군사적 긴장을 일단 진정시킬 필요가 있었던 것이다. 그리고 이러한 군사적 위기과정에서 나타난 남북한과 주변 강대국의 행태와 사고 들은 1970년대 미중관계 개선 및 남북대화 국면에도 큰 영향을 미쳤다.

1. 1968년 한반도의 군사적 위기와 베트남전쟁

1·21 청와대 습격 미수사건과 베트남 케산기지 공방전

1968년 1월 21일 밤 서울시내에 침투한 사람들은 북한의 124군 부대원들이었다. 124군 부대는 대남 침투를 목적으로 1967년 4월경에 창설된 특수부대로 황해북도 연산군에 본부를 두고 있었다. 이 부대의 정예요원들은 1967년 12월경 124군 부대 6기지장 이재형으로부터 처음으로 자신들의 공격목표가 '청와대'라는 말을 들었다. 1968년 1월 9일, 최종적으로 이들은 사리원에 있는 황해북도 인민위원회 건물을 습격하는 훈련을 했다. 인민위원회 건물을 지키던 안전원(경찰)과 노동적위대 대원들은 영문도 모르고 124군 부대원들에게 저항하다가 12명이나 사망했다. 이 사건은 북한 당국에 의해 남한의 특공대가 한 것으로 위장되었다.[4]

북한 특수부대원들은 1월 16일 124군 본부가 있는 연산군을 출발하여 개성을 거쳐 17일 밤에서 18일 새벽 사이 미군 2사단이 지키고 있던 철책을 뚫고 침투하였다. 첫날은 철책선에서 얼마 떨어지지 않은 곳에서 숙영을 하고, 18일 날이 저물자 다시 행군을 시작하여 임진강을 건너 파주 법원리 파평산에서 2차 숙영을 했다. 이들을 처음 탐지하여 당국에 신고한 것은 나무꾼들이었다. 1996년 9월 강릉 근처 해안선에 침투한 북한 잠수함을 택시운전사가 발견하여 신고했듯이 말이다. 즉각 군과 경찰에 비상령이 내려졌고, 서둘러 저지선이 구축되었다. 북한 특수부대원들은 한밤중에 산길을 시속 10km라는 놀라운 속도로 주파하였다. 이들의 행군 속도가 초인적으로 빨랐기 때문에 국군이 저지선을 만들었을 땐, 이들은 이미 지나가버린 후였다. 1월 20일 새벽, 이들은 서울 비봉 북쪽 기슭 진관사 근처에서 숙영하였다. 하룻밤 만에 파주 파평산에서 서울 비봉까지 170리(약 68km)나 되는 거리를, 그것도 산을 타면서 주파했던 것이다.[5]

1월 20일 저녁 9시경 북한 특수부대원들은 청와대 북쪽에 있는 북악산으로 향하였다. 21일 일요일 새벽 북악산에 도착한 후 낮 동안 숙영을 하고, 그날 밤 청와대를 습격할 예정이었다. 그러나 이들은 20일 밤 북악산을 향해 행군에 나선 후 곧바로 길을 잃고 만다. 21일 아침 이들이 도착한 곳은 북악산이 아니라 비봉 남쪽 승가사 우측 지역이었다. 밤새도록 걸었지만 비봉 북쪽에서 겨우 산기슭 하나를 돌아 비봉 남쪽에 도착했던 것이다. 1시간에 10km 넘게 간다는 특수부대 요원들로서는 있을 수 없는 일이었다. 그도 그럴 것이 이들이 가져온 비상식량은 찹쌀가루와 깨를 넣은 엿 그리고 오징어 정도였다. 이것만 먹고 나흘 동안 혹독한 야간산행을 하고 낮에는 바위틈에서 쪼그리고 잤으니 아무리 초인적인 훈련을 받았다 하더라도 육체적으로나 정신적으로나 정상일 수 없었다.

1월 21일 오후 8시경 북한 특수부대원들은 숙영지를 떠나 세검정으로 나와 대로를 활보하면서 청와대로 향했으나 최규식 서장의 저지를 받아 교전이 벌어졌다. 1월 21일 밤부터 서울 북부지역에서는 난리가 났다. 산속으로, 민가로 도주하는 북한 특수부대원들과 국군 및 경찰이 교전하는 총소리가 그치지 않았다. 1월 22일부터 자정에 시작되던 통행금지가 밤 10시로 앞당겨졌다. 일주일 넘게 서울 북부와 경기 북부의 야산에서 추격전이 계속되었고, 그 과정에서 많은 인명이 희생당했다. 1월 26일 대간첩본부 발표에 따르면 군인 전사자 22명을 포함해 경찰 2명, 민간인 8명 등 사망자가 모두 32명이나 되었다.[6] 한편 남쪽으로 침투한 북한 특수부대원들은 31명 가운데 29명이 죽고, 1명은 투항하여 생존하였다. 나머지 1명은 놀랍게도 북으로 귀환하는 데 성공했다고 한다.

같은 날인 1968년 1월 21일 일요일 새벽, 남북 베트남을 가르는 북위 17도선 군사분계선 서남쪽에 위치한 케산(Khe Sanh)기지에서 전투가 시작되었다. 당시 베트남은 남북으로 분단되어 남쪽에는 미국이 후원하는 베트남공화국이, 북쪽에는 공산국가 베트남민주공화국이 있었다. 1960년대 초부터 남베트남 지역에서 북베트남의 후원을 받는 '남베트남 해방전선'이 주도하는 게릴라 활동이 계속되자 1965년 미국은 남베트남의 게릴라를 소탕하기 위해 대규모 지상군 병력을 파병했다. 한국군도 5만 병력을 파병했다.

베트남전은 고정된 전선이 없는 전쟁이었다. 당시 미군은 주로 산정상이나 언덕 위에 요새화된 기지를 구축해놓고, 그곳을 거점으로 게릴라를 소탕하는 작전을 전개했다. 그중 한 곳인 케산기지에는 3500여명의 미해병대와 2100여명의 남베트남 특수부대원들이 주둔하고 있었다. 1월 21일 새벽, 북베트남 정규군 2개 사단이 케산기지에 은밀하게 다가와 기지를 포위하고 대대적인 공격을 시작했다. 2개 사단 중 하나인 북베트남 304사단은 그 유명한 '디엔비엔푸' 전투를 승리로 이끌었던 바로 그 부대였다.

1954년 프랑스 군대는 호찌민(胡志明)이 이끌던 북베트남군과 전투를 하고 있었다. 프랑스군은 북베트남 지역과 라오스의 경계선에 위치한 전략적 요충지 디엔비엔푸에 요새를 구축하고 있었다. 그해 3월 프랑스군의 요새는 보응우옌잡(武元甲) 장군이 이끄는 북베트남의 정규군과 농민, 게릴라 부대의 포위공격을 받았다. 포위당한 프랑스 군대는 항공 보급에 의존하며 필사적으로 싸웠지만, 5월 7일 결국 처참하게 패배하고 항복하였다. 이 전투를 계기로 제네바 정치회의

(1954년)가 열리고, 프랑스는 마침내 베트남땅에서 떠났다.

케산전투는 디엔비엔푸의 암울한 기억과 더불어 1950년 12월 한국전쟁 당시 장진호(長津湖) 부근 산악지역에서 중국군에 포위되었던 미해병대 1개 사단의 전투를 연상시켰다.

한국전쟁 때 위기에 처한 미해병대의 전투상황을 미국 신문들이 대대적으로 보도했던 것처럼, 미국의 텔레비전 방송들은 포위되어 기지 안에 꼼짝없이 갇혀 있는 미해병대 병사들의 우울한 모습을 방영했다. 북 베트남군의 포위공격은 1월 21일부터 4월 7일까지 77일 동안 계속되었다. 그러나 디엔비엔푸 때와 달리 케산기지는 함락되지 않았다.[7]

푸에블로호 사건과 베트남 '구정'공세

1968년 1월 23일 오후, 엄청난 사건이 또다시 발생했다. 이날 원산 앞바다에는 승무원 83명을 태운 미국의 첩보함 푸에블로호가 작전을 수행하고 있었다. 바로 그때, 느닷없이 나타난 북한의 쾌속정과 어뢰정 들이 순식간에 푸에블로호를 에워싸고 기관총 사격을 해왔다. 북한의 미그기도 상공에 나타났다. 북한 해군과 해병대는 푸에블로호를 장악하여 원산항으로 나포해갔다. 그 시각 남쪽의 서울 근교와 경기도 북부 산악지역에서는 1·21사태 때 침투한 무장간첩과 이를 추격하는 국군 사이에서 교전이 계속되고 있었다. 엎친 데 덮친 격으로 이틀 간격으로 대규모 위기사태가 발생한 것이다.

푸에블로호는 1968년 1월 8일 일본의 사세보항을 떠나 1월 10일 북한과 소련의 접경해역에 도착한 이후 북한의 해안선을 따라 남하하며 작전을 벌이고 있었다.[8] 작전의 주요 목적은 먼 거리에서 탐지 불가능한 북한의 저출력 통신을 탐지하고 녹음하는 것이었다. 푸에블로호는 배의 크기며 무장, 속도 등 모든 면에서 볼품이 없었다. 그러나 배 안에는 넓은 정보실과 각종 첨단장치들이 갖춰져 있어 적의 통신을 탐지하여 녹음하고, 이를 다시 암호로 만들어 워싱턴에 있는 국가안전국(National Security Agency, NSA)으로 전송하는 임무를 수행하였다. 푸에블로호는 미 태평양함대 소속이었지만, 실제 정보업무는 NSA가 직접 관할하였다. 미국 중앙정보국(CIA)이 주로 인적자원을 활용하여 정보수집을 하는 기관이라면, NSA는 인공위성이나 항공 정찰 등 기계장치를 활용하여 정보수집을 한다. NSA는 CIA보다 훨씬 예산도 많이 쓰고, 더 비밀스럽게 운영된다. 그래서인지 NSA의 머리글자를 딴 "그런 기관은 없다"(No Such Agency)라는 별명을 갖고 있었다.

푸에블로호의 작전임무는 북한의 무력침투 공세로 긴장이 조성되던 한반도의 상황과 관련이 있었다. 그러나 이 배가 이미 출항하여 작전에 들어간 상태에서 1·21사태가 발생했고, 부커 함장은 나포될 때까지 1·21사태가 터진 사실에 대해 전혀 모르고 있었다고 한다. 83명이나 승선한 미국의 해군 함정이 나포되었으니 당연히 위기사태가 발생할 수밖에 없었다. 미해군 함정이 나포된 것은 1815년 프레지던트(President)호가 뉴욕 해안에서 영국군에 의해 나포된 후 처음 있는 일이라 했다.[9] 푸에블로호는 현재 평양 대동강가에 놓여 있고, 반미 전시물로 활용되고 있다.

푸에블로호 사건이 발생하자 미국정부는 한반도 지역에 군사력을 급속히 증강하였다. 항공모함 엔터프라이즈(Enterprise)호가 원산 앞바다에 나타났고, F-105 1개 비행대, F-102 2개 비행대를 비롯해 당시로서는 최신예 전투기인 F-4D 팬텀기 4개 비행대가 곧바로 남한 내 공군기지에 도착했다. 사건 발생 5일 만인 1월 28일, 항모에 있는 비행기를 포함하여 154대의 전투기를 한반도 지상과 해역에 추가로 배치하는 작업을 마쳤다.[10] 이로써 한반도는 제2의 한국전쟁이 우려되는, 휴전 이후 최대의 군사적 위기 국면에 돌입했다.

1·21사태와 푸에블로호 사건으로 한반도에서 위기가 한창 치솟고 있던 1968년 1월 30일은 음력으로 1월 1일, 즉 설날(당시에는 '구정舊正'이라고 불렀다)이었다. 역사와 문화가 한국과 비슷한 베트남도 설날(Tet)은 큰 명절이다. 베트남인들은 설 전날인 29일 밤 폭죽을 터뜨리며 밤늦게까지 축제를 즐기다 집으로 돌아갔다. 30일 설날, 새벽이 밝아오자 수도 싸이공을 비롯한 남베트남 주요 도시에 게릴라들이 나타났다. 농촌지역에서 활동하던 게릴라들이 명절날 도시를 일제히 공격한 것이다. 베트남에 있는 한국군 기지도 공격을 받았다. 이른바 '베트남 구정공세'(Tet Offensive)로 불리는 이 전투는 10여일쯤 지나서 대부분 진정되었다. 그사이 남베트남 23개 도시가 게릴라에 의해 일시 함락되었으나, 군사작전 면에서 그리 성공적인 것은 아니었다. 게릴라들의 인명피해만 3만 7천여명에 이르러 피해가 너무 컸던 것이다.[11]

그러나 구정공세는 미국 국민과 여론에 큰 충격을 주었고, 전쟁의 지를 크게 감퇴시켰다. 텔레비전에 방송된 시가전은 교착상태에 빠져 있던 전쟁의 공포와 불안을 미국인들의 거실로 전달하였다. 특히 싸이공 경찰간부가 현장에서 게릴라 혐의자의 머리에 권총을 쏘아 즉결처단하는 모습은 전쟁의 명분에 대해 심각한 회의감을 던져주었다. 미국 내 반전시위가 더 격렬해졌다. 1968년은 유럽과 미국에서 학생들을 중심으로 반전운동·반체제운동이 격렬하게 전개되던 때이다(68혁명). 또한 1968년은 미국의 대통령선거가 치러진 해로, 베트남 문제가 미국 내 선거운동의 최대쟁점이 되었다. 1968년 3월 31

일, 베트남전의 교착으로 정치적 생명을 잃고 몰라보게 수척해진 존슨(Lyndon B. Johnson) 대통령이 텔레비전에 나와 북베트남에 대한 공습을 제한할 것이며 평화협상을 통해 전쟁의 종결을 모색하겠다고 선언했다. 그리고 존슨 자신은 차기 대통령선거에 출마하지 않겠다고 약속했다. 그로부터 두달 후인 1968년 5월, 빠리에서 베트남전쟁 종결을 위한 평화협상이 시작되었다.[12]

울진·삼척지구 무장간첩 침투사건

1968년 봄이 되자 한반도는 두차례의 큰 위기에도 불구하고 얼마간 안정을 되찾는 듯했다. 푸에블로호 선원들이 여전히 북한에 억류되어 있고, 송환협상이 길어지고 있었지만 긴장은 다소 수그러들었다. 북한의 대남 침투활동도 전년(1967년)에 비해 오히려 줄어들었다.[13] 그러나 겨울의 문턱으로 접어들 즈음 다시 한번 대규모 사건이 발생했다.

1968년 10월 30일부터 11월 2일 사이 수차례에 걸쳐 북한은 울진군 북면 고포(姑浦)에 대규모 특수부대원을 상륙시켰다. 15명을 한 조로 편성하여 모두 8개조, 약 120명의 무장간첩을 수일에 걸쳐 연속적으로 한 지점에 침투시킨 것이다. 해안을 경비하던 국군은 수차례 침투가 이루어진 11월 2일에야 이들을 처음으로 탐지했다. 한편 11월 3일에는 북한의 소대급 병력이 남하하려고 기도하여 비무장지대에서 총격전이 벌어졌다. 침투가 진행되고 있던 동해안으로부터 국군의 관심을 분산시키기 위한 조치였다.[14]

8개조의 북한 무장간첩들은 강원도와 경상북도에 걸쳐 있는 태백산 일대 산간마을로 들어갔다. 이들은 특이동향을 보였다. 정찰활동이나 습격, 파괴활동이 아니라 빨치산처럼 행동했다. 침투한 8개조

무장간첩 조장들은 대부분 한국전쟁을 전후하여 태백산 지역에서 빨치산 활동을 한 사람들이었다. 북한 무장요원들은 산간 농촌마을에 잠입하여 주민들을 모아놓고 위조지폐를 나누어주며 선전·선동 활동을 벌였다. 그리고 주민들로부터 조선로동당 가입 서약서 등을 받아가기도 했다. 북의 방송들은 일제히 남쪽 태백산 지역에서 벌어지고 있는 사건을 "남조선 인민의 유격투쟁"이라 선전했다. 이들의 남파목적은 농촌을 이른바 '혁명화'하는 것으로, 성격상 군사작전보다는 정치공작에 가까운 것이었다. 그러나 이 무렵 북한의 대남공작은 군사주의가 압도하고 있었다. 대부분의 무장간첩들은 124군 부대 등 특수부대 요원들이었다. 이들은 주민들을 모아놓고 선전·선동활동을 하다가 비협조적인 주민이 있으면 폭행하고 심지어 죽이기까지 했다.[15] 울진·삼척지구 대규모 무장간첩 남파 사건은 군사모험주의의 가장 극단적인 사례였다. 한반도는 베트남이 아니었다. 또한 한국전쟁기의 상황과 그때의 상황도 달랐다. 주민의 동요나 호응 같은 것은 거의 없었다.

국군의 대응은 신속했다. 5천 병력이 며칠 만에 해당지역에 투입되었고, 최고 5만 병력이 긴급동원되어 무장간첩을 추적해 소탕하였다.[16] 이 사건은 1·21사태, 푸에블로호 사건에 비해 상대적으로 큰 동요 없이 마무리되었다. 1968년 12월 30일 『동아일보』 보도에 따르면 무장간첩 110명이 사살되고, 5명이 생포되었으며, 2명이 자수하였다. 또한 이 사건으로 47명의 국군장병이 사망했고, 민간인 사망자도 23명이나 발생했다.[17]

남한의 대북 침투와 보복공격

이 무렵 남한도 북한의 대남 무력공세에 대응하여 북쪽에 침투하여 보복공격을 하였다. 이른바 '대북 특수부대'의 활동이 있었던 것이다. 1968년 2월 태평양사령관이 합동참모부에 보고한 바에 따르면, 주한미군은 1963년까지 남한이 대북 침투공작을 할 때 정보지원을 하였다고 한다. 그러나 대북 침투공작은 실패율이 50%가 넘었다. 희생자가 속출하자 주한미군은 정보지원을 중단하였다. 그러다가 1964년 말 한미합동작전이 다시 시작되는데, 실패율은 약간 줄었지만 미군 정보에 의하면 3년 동안 북한지역 깊숙이 침투하는 데 성공한 적은 단 한번밖에 없었다고 한다.[18]

남쪽의 대북 침투작전은 대부분 정보수집이 그 목적이었던 것으로 보인다. 그러나 1966년 말부터 북의 대남 무력공세가 강화되자 이를 보복하고 응징하는 차원의 침투활동도 있었다. 미국 정부자료에 의하면 1966년 10월 전방지역에서 소대 규모의 한국군 부대가 북한군을 공격하여 30여명의 사상자를 발생시켰다고 한다. 그 사건이 있은 직후 11월 1일에 존슨 대통령이 한국을 방문하게 되는데, 그의 방문기간 중인 11월 2일 비무장지대에서 미군 수색대원들이 북한군의 공격을 받아 사망하는 사건이 발생했다. 미국 관리들은 10월에 있었던 한국군의 대북 공격이 이 사건을 유발하였다고 보았다. 또한 1967년 8월과 9월에 남한의 특수부대원들이 북한에 침투하였고, 이 가운데 한번은 북에 50명가량의 사상자를 발생시키는 큰 피해를 주었다고 한다.[19]

1967년 9월의 대북 침투작전에 대해서는 미대사관도 미국무부에 보고한 바 있다. 그에 따르면 한국군 고위장성이 미군 장성에게 9월 3일 한국군 첩보팀이 북에 침투하여 북한의 군사시설을 공격한 사실이 있음을 알려주었다고 한다. 한국군 장성은 이 일로 국군 한명이 실종되고 북한도 심각한 사상자가 발생하였다고 말하며, 북의 보복공격이 있을지 몰라 미국측에 미리 알려주는 것이라 했다고 한다. 1967년 11월에는 12명으로 구성된 남한 특수부대원들이 북한에 침투하여 북한군 사단본부를 폭파시켰다는 정보도 있었다. 푸에블로호 사건 때 미대통령 특사로 한국을 방문했던 밴스(Cyrus R. Vance)는 존슨 대통령에게 1967년 10월 26일부터 12월까지 남한 특수부대원들의 대북 침투와 공격이 11차례 있었다고 보고했다.[20]

당시 한반도의 군사적 긴장을 의도적으로 조성한 것은 북쪽이었다. 그러나 남한의 보복성 침투와 공격은 불에 기름을 붓는 격으로 긴장을 상승시키는 작용을 했다. 1968년의 여러 사건들은 이러한 상황에서 발생한 것이었다.

피 흘리는 분단

1960년대 말 한반도의 상황은 이토록 끔찍했다. 1966년 말부터 북한의 대남 무력공세가 강화되면서 한반도에는 크고 작은 무력분쟁이 끊이지 않았다. 한국전쟁 이후 현재까지 남북의 군사적 충돌이 가장 빈번했던 때가 1960년대 말이었다. 그리고 1968년은 그 최고 정점에 있었다. 1968년 한 해 동안 북의 대남 무장침투 및 공격 사건은 무려 573회에 달했다.

사상자도 엄청났다. 1967년에 북한의 무력침투 및 공격 과정에서 사망한 남한의 군인과 경찰은 115명에 달하고, 민간인도 22명이나 희생되었다. 16명의 주한미군도 목숨을 잃었다. 한편 대남 침투를 하다 죽은 북한 요원들의 숫자는 무려 228명이나 되었다. 1968년에는 그 피해가 더 컸다. 남측 군인과 경찰 145명이 사망했고, 35명의 민간인이 사망했다. 주한미군 사망자는 18명이었다. 침투공작을 하다가 죽은 북한 요원은 321명이나 되었다.[21]

1960년대 말 남북의 무력충돌 과정에서 발생한 사상자 숫자를 이야기할 때 대북 침투공작 중에 사망하거나 행방불명된 남한의 북파공작원도 빼놓을 수 없다. 연도별 통계는 없지만 국군정보사령부가 밝힌 자료에 의하면 1960년부터 1972년 7월까지 북파공작 활동을 하다 사망한 사람이 153명, 행방불명자는 1053명이나 된다.[22] 물론 이들의 대북 활동 중에 발생한 북한군과 북한 민간인 사상자의 수는 알수 없다.

1968년 한 해 동안 남쪽에서 발생한 사망자 숫자만 500명이 넘는다. 수백 명이 죽어나가는 상황이었다. 한반도의 분단은 이처럼 피 흘리는 분단이었다. 베트남은 불타오르고, 한반도에서는 엄청난 불꽃이 튀고 있었다.

2. 북한의 대남 무력공세의 배경과 원인

공산 진영의 공모?

1968년에 베트남과 한반도에서 동시다발적으로 일어난 사건들은 어떠한 연관성이 있을까? 공산주의 진영이 한덩어리가 되어 공모한 것은 아니었을까? 공모가 있었다면 일단 소련과 중국 두 강대국이 배후에서 작용했을 가능성을 상정해볼 수 있다. 푸에블로호 사건이 발생했을 때 일부 미국 관리들은 물론 이런 의구심을 가졌다. 로스토우(Walt W. Rostow) 같은 사람은 푸에블로호 나포에 대응하는 조치로 남한 해군으로 하여금 소련 배 하나를 나포하도록 하자고 제안할 정도였다.[23]

그러나 최근 공개된 소련 및 동구권 자료를 볼 때 그 가능성은 희박하다. 당시 소련은 한반도에서 전쟁이 터지거나 군사적 긴장이 높아지는 것을 우려했고, 북한에 대해 자제를 촉구했다.[24] 중국 지도부가 남한이 베트남에 파병하자 불편한 심기를 드러내며, 북한에게 남쪽에서 게릴라전투를 펼치는 등 베트남 파병에 대응하는 행동을 보일 것을 촉구하기는 했다.[25] 그러나 1966년 문화대혁명 과정에서 중국 홍위병들이 김일성(金日成)을 직접적으로 비난하고 나서면서 북중관계는 심각하게 악화되었다. 서로 대사(大使)를 장기간 소환할 정도였다. 당시 심각하게 악화된 북중관계로 볼 때 중국이 북한에 무력 공세를 사주하거나 협조했을 가능성은 상정하기 어렵다. 미국 정보기관들도 "북한과 중국의 긴장된 관계로 보았을 때 양측이 서로 협조해서 푸에블로호 사건을 일으켰다고 생각되지 않는다"고 평가하였다.[26]

1960년대 말 북한의 일련의 무력공세는 소련과 중국의 사주라기보다는 북한이 독자적으로 한 행동이라 할 수 있다. 다만 북베트남과 북한이 중·소의 개입 없이 공모를 했을 가능성은 생각해볼 수 있다. 사실 북한은 북베트남과 밀접한 관계를 맺고 있었다. 북베트남의 제1서기였던 레주언(黎筍)이 1964년 중국을 방문하기에 앞서 비밀리에 북한을 방문한 바 있고, 1964년 11월 김일성은 비밀리에 베이징과 북베트남의 하노이를 방문하였다.[27] 미국 CIA는 북한이 30명의 조종사와 10대의 MIG-21 전투기를 북베트남에 보냈다고 파악하고 있었다.[28] 그러나 지금까지 밝혀진 자료로는 1·21사태와 푸에블로호 사건의 와중에 북한과 북베트남 사이에 어떤 이야기가 오갔는지 알기 어렵다. 설사 공모가 있었다 하더라도 북한과 북베트남의 관계는 대등할 수밖에 없으므로 외부의 사주와는 무관하다고 할 수 있다.

한반도, 베트남전쟁의 제2전선?

북한이 대남 무력도발을 유례없이 강화하기 시작한 것은 1966년 10월 열린 제2차 '조선로동당 대표자회'부터다. 이 회의 직후 1966년 말부터 북한의 대남 침투와 군사적 도발이 비약적으로 증가하였다. '로동당 대표자회'는 당 차원의 중요한 노선전환이 있을 때 소집되는 회의다. 이후 대표자회는 오랫동안 열리지 않다가 최근 2010년 9월 3차 대표자회가 열렸다. 이 회의에서 김정일(金正日)의 아들 김정은(金正恩)이 등장했는데, 2011년 12월 김정일이 사망하자 김정은이 그 권력을 승계하였다.

제2차 조선로동당 대표자회에서 김일성은 「현정세와 우리 당의 과업」이라는 장문의 보고를 했다. 이 보고에서 김일성은 베트남전쟁에 대한 지원과 조속한 '남조선 혁명' 및 '조국통일'을 강조했다.[29] 베트남전쟁에 대한 지원과 '남조선 혁명(통일)'은 북의 논리구조상 서로 연결될 수밖에 없는 문제였다. 당시 북한은 "세계의 도처에서 미제의 각을 뜨자"는 구호를 내걸고 있었다. '남조선 혁명(통일)'은 남쪽에서 미국을 몰아내는 것이었고, 이는 당연히 베트남전쟁을 지원하는 것이었다.

북의 제2차 조선로동당 대표자회는 당시 북이 처한 대외적인 상황과 밀접한 관련이 있었다. 김일성은 이날 보고에서 1960년대 남한에서 벌어진 일련의 사건들, 즉 5·16쿠데타·근대화정책·한일협정 타결을 모두 군사적인 측면, 다시 말해 북한의 안보문제와 연관지어 해석했다. 5·16쿠데타로 남한의 군비증강이 이루어졌고, '근대화'정책은 경제의 군사화정책이라고 해석했다. 이러한 위기의식에서 1960년대 북한은 군사·경제건설 병진노선을 채택하고, 그전보다 훨씬 더 많은 예산을 군사비에 투여하였다. 그러나 이는 북한의 경제를 더욱 어렵게 만들었고, 이로 인하여 7개년 경제계획이 3년이나 지연되기도 했다.

중소 분쟁도 문제였다. 북한 입장에서는 미국과 일본은 단합하여 자신을 압박해오는데, 사회주의권은 중소 이념분쟁에 휘말려 분열되어 있으니 더욱 위기의식을 가질 수밖에 없었다. 이에 베트남전쟁에 대한 적극적인 지원을 통한 사회주의권의 단결을 촉구하고 나선 것이다. 북한이 베트남전쟁을 지원할 수 있는 방법은 남한에 대한 무력도발을 강화하여 국군의 추가파병을 막고, 미국의 힘을 분산시키는 것밖에 없었다. 이른바 제2전선의 구축이었다.

남한이 베트남에 군대를 파견하면 북한은 베트남을 돕기 위해 대남 무력공세를 강화할 수 있다는 것은 충분히 예측 가능한 일이었다. 미국무부는 1965년 3월, 남한이 베트남에 파병하면 북한이 대남 군사도발을 강화할 가능성이 있다고 예측했다.[30] 북한의 대남 무력공세가 막 시작되던 시점인 1966년 11월 국회 국정감사 과정에서 민중당의 서범석(徐範錫) 의원은 국방부장관에게 "최근 점증하고 있는 북괴 도발은 한반도에서 제2전선을 개설하기 위한 전초전이 아니냐"고 질문하기도 했다.[31] 실제로 1966년 10월 제2차 조선로동당 대표자회를 계기로 북한은 대남 무력공세를 강화하면서 한반도에서 제2전선을 구축할 의도를 명확히 하였다.

박정희 대통령은 베트남 파병을 하면서 베트남 전선과 한반도의 전선은 서로 연결되어 있다고 강조했다. 만약 베트남전에서 공산측이 승리하게 되면 그 여파가 반드시 한반도에도 미친다는 것이었다. 이에 박정희는 "베트남전은 우리의 제2전선"이라는 말을 자주 하였다.[32] 박정희는 베트남이 남한을 방위하는 제2전선이라 했는데, 북은 한반도에 제2전선을 만들려 했던 것이다.

그러면 북한은 이른바 '제2전선'을 어떠한 방식으로 구축하려 했을까? 북한이 의도한 한반도 제2전선의 모델은 과거 한국전쟁 유형이 아니라 베트남전쟁 유형이었다.[33] 즉 외부로부터의 전면 침공이 아니라 남한 내에서 '혁명운동'을 양성하고, 게릴라투쟁을 일으키는 것이 목표였다.

북한은 1961년 제4차 당대회부터 남한 내 지하정당을 조직하여, 이른바 '남조선 혁명'을 일으켜 '조국통일'을 달성한다는 통일전략을 피력하였다. 이후 다수의 대남공작원을 남파하여 남한 내에 지하정당을 구축하려고 했다. 이같은 상황에서 1960년대 중반 남쪽에서 이른바 '통일혁명당'이 만들어졌다. 이 조직의 핵심인물이었던 김종태(金鍾泰), 최영도(崔永道) 등은 애초부터 남쪽에서 살던 사람들로 해방 직후부터 좌파 정치활동을 한 사람들이었다. 이들은 1964년경부터 북의 정치공작원과 연결되었고, 수차례 비밀리에 북을 방문하였으며, 자금지원도 받았다. 김종태는 서울에서 각종 공개·반공개 조직을 활용하여 일부 지식인그룹을 결집하였다. 통혁당은 대중적 기반이 거의 없었고, 남쪽 내부에 존재하는 과거 좌파집단이나 급진세력을 광범위하게 망라하여 조직한 것도 아니었다. 통혁당 조직은 1·21사태 이후인 1968년 8월 중앙정보부에 의해 발각되어 관련자들이 대거 체포되었다. 그럼에도 북은 1968년에 붕괴된 조직은 통일혁명당 서울시당 창당준비위원회에 불과하고, 나머지 조직은 남아 있다고 선전했다. 1969년에는 통혁당이 창당되었다고 선언하였고, 1970년부터 '통혁당 목소리'라는 라디오방송이 남쪽 전역에 전파되기 시작했다. 이 방송은 남쪽에서 내보내는 것으로 위장되었지만, 실제로는 북한 해주에서 송출되었다.[34]

1960년대 말 북한 지도부들은 "우리 세대 안의 통일"을 자주 강조했다.[35] 이는 남한이 급속히 경제성장을 해나가고, 한·미·일 동맹이 강화되어감에 따라 북한 지도부들이 느끼는 초조감을 반영한 것이었다. 그들은 시간이 흐를수록 북한이 원하는 방식의 통일은 어려워지리라는 생각을 하고 있었던 것이다. 그러나 남쪽의 지하혁명세력이 남베트남에서처럼 강해져 게릴라투쟁을 한다는 것은 사실상 한반도에서 상정하기 어려웠다. 평양에 있던 북베트남 사람들도 김일성과 북한은 남쪽에서 혁명운동과 무장투쟁을 실질적으로 일으킬 능력이 없다고 보았다.[36] 당시 북한은 이를 혁명운동의 방식이 아니라 남한에 대한 모험주의적 무력공세를 강화하여 군사적으로 주입하는 방식으로 달성하려 했던 것이다.

군부 강경파의 등장과 군사모험주의

북한의 모험주의적 군사행동은 외부적 문제만이 아니라 북한 내부의 정치문제와도 관련이 있었다. 제2차 당대표자회를 계기로 대남 무력공세가 강화되면서 북한사회는 더 급격하게 군사화되고 더 강력한 동원체제로 재편되어갔다.[37] 특히 1967년 5월 4일부터 8일까지 열린 조선로동당 제4기 제15차 전원회의는 북한 내부 정치에 커다란 변동을 가져왔다. 이 회의는 대부분의 북한 연구에서 조선로동당의 유일사상으로 김일성의 주체사상이 확립되고, 이를 바탕으로 한 유일체제가 수립되는 전환점이 된 회의로 이야기된다. 이 회의에서 이른바 갑산파 숙청이 단행되었다. 당의 조직 및 사상 분야에서 일했던 박금철(朴金喆), 김도만(金道滿), 허석선(許錫宣)과 대남총국 책임자(대남총책) 이효순(李孝淳) 등이 숙청당했다. 그리고 숙청의 배후에는 김일성의 동생 김영주(金英柱)와 아들 김정일 등 김일성 가계집단의 부상이라는 정치적 변화가 깔려 있었다.[38]

박금철과 친했던 이효순이 '대남총책'에서 물러남에 따라 북의 대남정책 주도자들도 교체되었다. 이효순을 대체하여 새로운 대남총책으로 등장한 인물은 군 출신 인사 허봉학(許鳳學)이다. 그외에 민족보위상 김창봉(金昌鳳), 정찰국장 김정태(金正泰) 등 군부 강경파 인물이 대남정책을 주도하게 되었다.

박금철 등 갑산파는 크게 보면 항일 빨치산파 인물들이었다. 그런데 이들은 일제시대 만주에서 무장투쟁을 했던 사람들이 아니라 국내에서 '갑산공작위원회' 등을 만들고 주민들 사이에서 정치공작을 했던 사람들이다. 이들이 당에서 퇴출되고, 군부 지도자들이 부상하는 상황은 북의 대남정책에도 큰 변화를 가져올 수밖에 없었다. 즉 정치보다는 군사가 더 앞세워질 수밖에 없었다. 그동안의 게릴라활동 준비(제2전선 구축)가 내적이고 정치적인 혁명운동에 중점을 두는 것이었다면, 이제부터는 외부로부터 군사적으로 주입되는 방식(군사모험주의)에 힘이 실리게 된 것이다.

군부 강경파의 대두는 또한 북한 내부의 정치적 문제, 특히 후계문제와 밀접한 관련이 있는 것으로 이야기되고 있다. 요컨대 김창봉 등 군부 강경파 세력이 당시 후계자로 떠오르던 김영주를 견제하고 당권을 장악하려 했고, 이를 위한 공명심에서 모험주의적 군사행동을 추동했다는 것이다.[39] 그런데 1968년 울진·삼척지구에 대한 대규모 침투사건이 있을 무렵부터 군부 강경파 인물들은 이미 김일성으로부터 의심을 받고 있었다. 1968년 10월경부터 김창봉, 허봉학 등 군부 강경파 지도자와 각 군 사령관에 대한 이른바 '검열'이 시작되었다. 일례로 민족보위상 김창봉의 경우 10월 이후로는 『로동신문』에 그 이름이 나타나지 않았다.[40] 울진·삼척지구 대규모 침투사건은 이와같은 상황에서 발생하였다. 북의 군부 강경파들이 수세에 몰린 자신들의 정치적 입지를 만회하기 위해 아주 무리한 작전을 감행했던 것이다.

사실 남쪽의 한국군과 미군은 사건 발생 1년 전인 1967년부터 북이 강원도, 경상북도 산악지역에 게릴라 근거지를 만들려고 한다는 것을 이미 파악하고 있었다. 1967년 6월 미대사관은 북한이 지속적으로 남쪽에 무장간첩을 침투시키고 있는데, 이들은 노동자·농민을 선발하여 세포조직을 심어놓는 등 남한에서 게릴라 기지를 구축하려는 것 같다고 국무부에 보고하였다. 그리고 북한의 이러한 활동이 삼척과 춘양 등 강원 남부와 경상북도 북부 지역에서 주로 활발하게 진행되고 있다고 덧붙였다.[41] 울진·삼척지구 사건 때 국군이 신속하게 대응할 수 있었던 것도 북의 의도를 1년 전부터 미리 파악하고 준비를 갖추어놓고 있었기에 가능했던 것이다. 결국 울진·삼척 침투공작이 실패한 후 북의 군부 강경파들은 1969년 1월 모두 숙청되었다.

3. 푸에블로호 위기와 북미 단독협상의 기원: '이상한 공식'의 출현

1968년 한반도에는 3건의 심각한 무장충돌 사태가 겹쳐졌다. 1·21사태, 푸에블로호 나포 사건, 울진·삼척지구 대규모 무장간첩 남파. 모두 심각한 사건들이다. 이중에서 특히 제2의 한국전쟁을 우려하게 만든 위기사태를 불러온 것은 푸에블로호 사건이었다. 1·21사태는 비록 미수에 그쳤지만 북이 남한의 최고지도자를 살해하려 한 중대한 사건이었고, 울진·삼척 사건도 100명이 넘는 무장요원을 침투시킨 대형 사건이었다. 사상자도 푸에블로호 사건보다는 두 사건이 훨씬 많았다. 그럼에도 불구하고 푸에블로호 사건이 더 큰 위기를 초래한 이유는 무엇이었을까? 이는 한반도 분단의 특성을 잘 말해주고 있다.

냉전시기 한반도에서 전쟁과 평화의 문제는 남북한에 의해서만 결정되는 것이 아니었다. 한국전쟁 때에도 스탈린(Iosif V. Stalin)이 김일성의 남침계획을 승인하고, 무기를 지원한 것이 전쟁 발발의 배후에서 중요하게 작용했다.[42] 물론 남북한 사이의 무력분쟁도 걷잡을 수 없이 확산되면 전쟁을 발생시킬 수 있다. 그러나 한반도는 4대 강국의 이해관계가 교차하는 곳이다.

휴전 이후 한반도에는 크게 세번 정도 전쟁 재발이 우려되는 위기 사태가 있었다. 1968년 푸에블로호 사건, 1976년 판문점 도끼살해 사건, 1994년 북한 핵위기 국면이 그것이다. 공교롭게도 이들 사건은 모두 강대국 미국이 직접 당사자로 결부되어 있었다. '위기'라고 하는 것은 어떤 객관적인 지표에 의해 발생하기보다는 인식적인 문제와 관련이 있다. 즉 분쟁의 당사자들과 그것을 지켜보는 사람들이 어떤 사태를 '위기'라고 인식하고 규정할 때 위기가 발생한다. 그런데 이러한 인식의 형성은 현실의 역관계를 반영한다. 전쟁을 실제 결정하고, 수행하는 데 더 큰 힘을 가진 강대국이 직접 당사자로 연루될 때 당연히 위기감은 더 커진다. 1968년 한반도의 군사적 긴장은 이러한 양상을 잘 보여주고 있다.

푸에블로호 선원 송환을 위한 북미 단독 비밀협상의 시작

푸에블로호 사건이 일어났을 때 미국정부는 경악했다. 나포 직후인 1월 24일, 아침부터 늦은 밤까지 대통령을 비롯한 국무장관, 국방장관, CIA 국장 등 고위관리들이 참여하는 대책모임이 네차례나 있었다. 일부 관리들은 무력보복 등 강경론을 피력하였으나, 국무차관 카첸바크(Nicholas D. Katzenbach)는 신중론을 펼쳤다. 맥나마라(Robert S. McNamara)의 뒤를 이어 3월 1일자로 국방부장관에 취임할 예정이던 클리포드(Clark M. Clifford)도 선원 83명 때문에 한국전쟁을 재개할 수는 없다고 했다.[43]

미국정부는 무력행사와 협상이라는 두가지 가능성 모두를 가늠하면서 1월 말까지 일단 한반도에 군사력을 대대적으로 증강하였다. 이는 군사적 해결을 위해서도 필요하지만, 상대방을 협상에 끌어내기 위해서도 필요했다. 미국은 먼저 소련과 접촉해 푸에블로호 사태를 논의하였다. 그러나 소련은 이 사건은 자기 나라와 무관하다며 발을 뺐다.[44]

한반도에서 평화를 유지하는 유일한 제도적 장치는 휴전협정이다. 휴전체제와 그 기구들에 대해서는 후술하게 될 북미 단독 비밀협상의 성격을 이해하기 위해, 또한 이 책의 전반적인 내용을 이해하기 위해서라도 얼마간의 설명이 필요하다. 1953년 7월 체결된 휴전협정은 나름대로 정교한 기구와 장치 들을 갖추고 있었다. 그중 군사정전위원회(군정위)가 가장 중요한 기구라 할 수 있는데, 군정위는 군사분계선과 비무장지대를 관리하고, 양측 사이에 분쟁이 발생할 경우 이를 논의하는 기구다. 군정위는 유엔군측과 공산측, 각기 5명씩의 장교들로 구성된다. 유엔군측에서는 미군 장성이 수석대표가 되고, 2명의 미군 장성과 영국군 장성 1명, 한국군 장성 1명이 참여하는 것이 관례이다. 반면 공산측에서는 북한군 장성이 수석대표가 되고, 나머지 위원은 북한군 장성과 중국군(중화인민지원군) 장성으로 구성된다. 푸에블로호 사건 당시에는 북중관계가 악화되었기 때문에 중국군 장성은 군정위에 없었다.

반면 중립국감독위원회(중감위)라는 기구도 있다. 휴전협정 13조 ㄷ항과 ㅁ항에는 휴전 이후 양측이 한반도 외부로부터 새로운 병력과 장비를 추가적으로 도입하지 못하도록 하는 규정이 있었다. 군사적 균형이 깨져 전쟁이 재발할 위험을 방지하기 위해서다. 이를 감시하기 위해 유엔군측은 스위스와 스웨덴의 장교를, 공산측은 체코와 폴란드의 장교를 지명하여 도합 4개국 대표로 중감위를 만들었다. 원래 중감위 산하에는 4개국의 장교들로 구성된 중립국 시찰소조가 따로 있었다. 이들은 애초 남북한 주요 항구에 주둔하면서 병력과 무기의 도입 여부를 감시하는 역할을 하기로 되어 있었다. 그러나 중감위 시찰소조의 활동은 양측 모두의 비협조로 말미암아 여러 분란만 일으키고 성과를 거두지 못했다. 결국 1956년부터 양측의 합의 아래 중립국 시찰소조는 남북한 각 항구에서 철수하였다. 이에 실질적인 중요 업무의 수행은 중단된 채 중감위 기구만 판문점에 남게 되었다. 중감위는 공동경비구역 안의 독립된 건물을 사용하는데, 푸에블로호 북미 비밀협상은 이 건물에서 진행되었다.[45]

휴전체제에서 분쟁이 발생하면 군정위에서 이를 논의하여 해결하는 것이 원칙이다. 이에 따라 군정위는 어느 한쪽이 3일 전에 소집을 요청하면 열리도록 되어 있었다. 1·21사태가 발생하자 유엔군사령부는 즉각 군정위 소집을 요청하였다. 1월 24일 제261차 군정위 회의가 열렸다. 그런데 이 회의가 개최되기 바로 전날 푸에블로호 사건이 일어났다. 24일 군정위 회의에서 유엔군측 수석대표 스미스(John V. Smith)는 1·21사태에 대해 강력하게 항의하고, 푸에블로호 사건에 대해서도 언급했다. 그러나 공산측 수석대표 박중국(朴重國)의 반응은 냉랭했다. 그는 "우리 속담에 미친개가 달을 보고 막 짖는다는 말이 있는데, 그같은 격언은 지금 제멋대로 떠드는 당신과 같은 사람을 두고 하는 것 같다"고 했다. 그러고는 원색적인 어조로 존슨 대통령에 대한 비난을 퍼부었다.[46] 군정위 회의는 통상 그런 식이었다. 군정위 회의는 공개진행이 원칙이다보니, 기자들이 모인 자리에서 상대방의 군사적 도발혐의에 대해 강력하게 항의하는 것으로 시작해 온갖 비난과 선전전이 교차하다가 결론 없이 끝나는 경우가 일반적이었다. 여기서 어떤 실질적인 문제가 논의되고 해결되기는 어려웠다.

미국 항공모함 3척이 동해에 진주하는 등 한반도가 극도의 긴장상태에 있던 1968년 1월 27일, 푸에블로호 사건 발생 나흘 만에 북한이 판문점을 통해 신호를 보내왔다. 1월 27일 밤늦게 군정위 공산측 수석대표인 인민군 소장 박중국이 체코와 폴란드 중감위 대표를 개성으로 불러 미국 쪽에 보내는 공식 메시지와 비공식 메시지를 중감위 스위스, 스웨덴 대표들에게 전달해달라고 부탁하였다. 공식 메시지의 내용은 미국이 무력을 사용한다면 북도 무력으로 대항할 것이고, 그렇게 되면 승무원들의 생명을 보장할 수 없다는 위협과 함께 미국이 "포로들을 돌려받는 통상적인 협상을 할 용의가 있다면 이 사건을 해결할 수 있을 것이다"라는 내용이었다. 협박도 했지만 협상의 의사를 밝힌 것이다. 그리고 비공식 메시지에는 선원들의 건강상태는 양호하며, 부상당한 선원들은 치료를 받고 있고, 사망한 1명의 시체는 잘 보관 중이라고 했다.[47]

1월 27일 밤 10시에서 11시 사이에 북한의 메시지를 전달받은 체코, 폴란드 중감위 대표들은 이를 28일 새벽 중감위 스위스 장교에게 전달했다. 이는 곧바로 유엔군사령부 수석대표에게 전달되었고, 백악관 안보담당 보좌관 로스토우가 이 소식을 존슨 대통령에게 즉시 전했다. 로스토우는 대통령에게 이 소식을 전달하며 "이것은 돌파구(break)입니다. 문제는 어떻게 최대한 위신을 지키고 이 일을 하느냐입니다"라고 했다. 또한 로스토우는 한국정부의 반발을 의식하여 추가적인 군사원조로 "한국정부를 조용하게 만드는 것"이 필요하다고 대통령에게 건의하기도 했다.[48]

유엔군측 수석대표 스미스는 1월 29일 저녁, 역시 중감위 장교들을 통해 북한측에 응답 메시지를 보냈다. 이 메시지에서 스미스는 쌍방 군정위 수석대표의 만남을 제안했다. 정식 군정위 회의를 해서는 풀릴 것 같지 않으니 두 수석대표만의 단독 비밀회담을 제안한 것이었다.[49] 북미간의 비밀메시지 교환 끝에 1968년 2월 2일 마침내 군정위 유엔군측 수석대표 스미스 제독과 공산측 수석대표 박중국이 만났다(1차 회담). 한국군, 영국군, 중국군 장성들은 배제된 북미 단독 비밀회담이었다. 회담장소도 정전위 건물이 아니라 중감위 건물이었다.

그런데 당시 북미 사이에는 판문점과는 다른 채널도 가동되었던 것으로 보인다. 1월 28일 최규하(崔圭夏) 외무장관은 주한미국대사 포터(William J. Porter)에게 미국이 폴란드 바르샤바에서 북한 대표와 직접 접촉하고 있다는 풍문이 있다며 항의하였다.[50] 바르샤바는 1950년대 중반부터 미국대사가 공산화된 중국정부의 대사와 접촉하며 회담(바르샤바 회담)하는 곳이었다.

한국정부의 정보력도 나름대로 대단하였다. 바르샤바가 이 무렵 북미간의 의사소통 채널이 된 것은 사실이었다. 이는 1968년 1월 29일 평양의 동독대사관이 동독 외무부에 보낸 전문에서 확인할 수 있다. 이 전문에서 평양 주재 동독대사관 대리대사는 평양 주재 체코대사에게 들은 정보를 전달하였다. 그 내용은 바르샤바 주재 미국대사가 폴란드 외무차관과 접촉해서 푸에블로호 문제를 협의해왔으며, 폴란드 외무차관은 폴란드 주재 북한대사와도 만나 이 문제를 논의했다는 것이다. 한편 동독대사관은 평양 주재 폴란드대사도 이같은 정보가 정확한 것이라 확인해주었다고 보고했다.[51] 즉 폴란드 외무차관을 매개로 미국과 북한 사이에 간접적인 의사소통이 있었던 것이다.

미국의 푸에블로호 사태에 대한 인식과 북미협상 의도

무력보복 주장이 제기되었음에도 당시 미국정부가 협상을 통해 푸에블로호 문제를 해결하기로 한 데에는 이유가 있었다. 한가지 이유는, 한반도와 같이 양측이 첨예하게 대치하고, 강대국의 이해관계도 미묘하게 교차하는 지역에서 제한적인 차원이나마 무력보복을 하는 것은 쉽지 않은 일이라는 데 있다. 자칫 전면전쟁으로 비화될 가능성을 그 누구도 배제하기 어렵기 때문이다. 또 한가지는, 1960년대 말 북한의 대남 군사공세 의도에 대한 미국의 분석과도 밀접한 관련이 있다.

당연한 이야기지만 미국 관리들은 한반도 문제를 한반도에 한정하지 않고 자신들이 주도하고 있는 전세계적인 냉전 대립 차원에서 사고할 수밖에 없다. 그러다보니 청와대 습격이나 푸에블로호 나포 등 북한의 무력공세 동기를 베트남전쟁과 관련지어 사고할 수밖에 없었다. 당시 CIA 국장은 푸에블로호 사건 발생 직후 북한의 동기에 대해, 첫째 국군이 베트남에 가는 것을 방해하고, 둘째 미국이 베트남전을 수행하는 것을 방해하기 위해서라고 분석했다. 존슨 대통령도 사건 발생 직후 이를 베트남 문제와 연결시켜 이야기했다.[52] 푸에블로호 사건 직후 베트남에서 구정공세가 시작되자 이는 더 설득력이 있어 보였다.

미국 관리들은 북한의 의도를 이처럼 베트남전쟁에 대한 지원과 관련지어 파악하였다. 따라서 군사적 보복행동을 하여 사태를 키우는 것은 북한의 의도에 말려들어가는 것이라 보았다. 동일한 맥락에서 당시 한 미국무부 관리는 아일랜드 독립운동가들이 만든 신페인(Sinn Fein)당이 영국에 대해 무력활동을 시작했을 때 이들의 주요 목적은 무력행동을 통한 승리라기보다는 아일랜드 문제에 대한 대내외적 관심을 끌기 위해 "긴장 자체를 조성하는" 것이었음을 지적하였다. 그러면서 "한국인들은 극동의 아일랜드인이라 불린다"고 언급하였다.[53]

1968년은 또한 미국인에게 어느 때보다도 복잡했던 해였다. 베트남 반전운동이 격화되고, 흑인 민권운동 지도자 마틴 루서 킹(Martin L. King Jr.) 목사가 암살당했는가 하면, 그뒤를 이어 로버트 케네디(Robert F. Kennedy) 후보의 암살사건이 일어났다. 미국의 여론도 북한과의 무력대결을 회피하고 있었다.[54]

북한, 미국과 정부 차원의 협상 시도

막상 북미 비밀회담이 시작되자 북한은 여기에 아주 큰 의미를 부여했다. 1968년 2월 2일 첫 회담이 열렸을 때 박중국의 태도는 그리 타협적이지는 않았다. 그러나 군정위 회담 때와는 현저히 다르게 격렬한 언사는 없었고, 실무적인 태도를 보였다.

1968년 2월 4일 2차 북미회담에서 박중국은 아주 의미심장한 발언을 했다. 그는 1차 회담 때 스미스가 "푸에블로호는 유엔군사령부 소속이 아니다"라고 한 발언을 상기시켰다. 이는 스미스가 과거에 헬기가 북한 영공을 침공한 사건들과 푸에블로호 사건은 차이가 있다는 점을 이야기하기 위해 무심코 한 발언이었다. 물론 이는 실제 사실이었다. 푸에블로호는 유엔군사령관이 통제하는 배가 아니었다. 그런데 박중국은 푸에블로호가 유엔군사령관 휘하의 배가 아니므로 이 문제와 관련된 회담은 휴전협정을 이행하는 군정위 소관사항이 아니라고 주장했다. 그러면서 푸에블로호 문제는 군정위 회의와는 다른 차원의 미국 정부대표와 북한 정부대표 사이의 협상이 되어야 한다고 주장했다.[55]

주지하다시피 휴전협정은 유엔군 사령관과 조선인민군 사령관 및 중화인민지원군 사령관 사이에 체결되었다. 여기에 서명한 사람들은 국가를 대표해서가 아니라 군대를 통솔하는 사령관 자격으로 서명했고, 그 이행책임도 군사령관이 지는 것이었다. 휴전협정은 어디까지나 군사령관 사이의 협정이지 국가와 국가 차원의 협정은 아닌 것이다. 이것이 휴전협정과 이 책에서 자주 언급될 '평화협정'의 근본적인 차이다. 평화협정은 전쟁의 당사국들이 전쟁의 종결을 확인하면서 향후 평화유지를 위해 국가적 차원에서 협정을 맺는 것을 의미한다. 만약 북의 논리대로 북미 판문점 비밀협상이 양측 사령관 대표가 아니라 국가적 차원의 대표들 사이의 협상이 된다면, 이는 미국이 북한이라는 나라의 국가적 실체를 인정하고, 국가 차원에서 협상을 하는 선례가 될 수 있었다. 이는 아주 예민한 문제였다.

미국 관리들은 물론 북한의 의도를 간파했고, 가급적 북미회담의 성격을 모호하게 처리하기 위해 노력했다. 스미스 제독은 2월 5일 열린 3차 회담에서 자신이 모든 권한을 이임받고 미국정부를 실질적으로 대표하고 있으니 미국은 특별대표를 따로 지정할 필요가 없다고 했다. 이날 박중국은 푸에블로호 사건이 "두 국가 사이의 문제이며 스미스가 미국정부를 대표한다"는 말을 거듭 확인하였다. 그리고 2월 7일 열린 4차 회담에서 박중국은 이 회담을 북한과 미국 두 정부 간의 '공식회담'(formal or official meeting)이라 규정하고, 회담의 참여자를 확대하여 양측이 모두 보조대표를 두고, 통역과 속기사를 추가로 배치할 것을 제안했다.[56] 스미스는 북한이 이 회담을 '공식회담'이라 부르고 추가적인 보조인원을 두는 것을 반대하지 않을 것이나 자신들은 현재의 보조요원만으로도 충분하다고 했다.[57] 이에 박중국은 이 모임을 양국 대표 사이의 공식회담으로 하는 것에 대해 미국이 동의하는 것으로 간주하겠다고 하고, 회담의 성격을 둘러싼 논의를 종결지었다. 이에 2월 15일 6차 회담부터 북한과 미국은 선원 송환문제에 대한 본격적인 협상에 들어갔다.

미국정부는 회담의 성격에 대한 북한의 논리를 정면으로 반박하지는 않았으나, 북미협상이 국가적 차원의 협상으로 격상되는 것은 피하려 했다. 미국정부는 회담의 성격을 모호하게 처리해서 가급적이면 군정위 틀 안에 위치시키려고 했다. 이는 미국 관리들이 이 모임을 군정위 대표간의 사적 회담(private meeting) 또는 비밀회담(closed meeting)이라 부른 데서도 알 수 있다. 변형되기는 했지만 어디까지나 군정위의 연장이라는 것이었다.

흥미로운 사실은 그럼에도 불구하고 미국 정부기관 중 외교를 다루는 국무부가 배후에서 협상을 진행했다는 것이다. 판문점 북미회담에는 군정위 유엔군측 수석대표 스미스와 이후 그의 지위를 계승한 우드워드(Gilbert H. Woodward) 소장이 참여했다. 그러나 군정위 수석대표→유엔군사령관→합동참모본부로 이어지는 통상적인 지휘라인을 따르지 않고, 국무부가 군정위 수석대표 뒤에서 실질적으로 회담을 지휘하고 진행하였다. 즉 군정위 수석대표→주한미국대사→국무부 라인을 따라 회담이 진행되었던 것이다.[58] 그래서 회담 관련 자료들도 모두 국무부 쪽 문서그룹(RG 59)에 남아 있다.

미국이 북미회담을 가급적 군정위의 연장선으로 성격규정을 한

이유는 물론 한국정부의 반발을 고려해서였다. 나아가 미국정부 자체도 이 회담이 양국 대표들의 공식회담으로 규정되어 미국이 북한이라는 국가의 실체를 인정하는 사례가 되는 것을 매우 꺼려했다. 미국 내 강경파의 반발도 고려하지 않을 수 없었다. 국무부는 이 회담이 정부 차원의 대표들이 진행하는 모임이 되어 북한정부를 인정하는 것은 절대로 불가능하고, 어디까지나 양국 군사령부 대표들의 모임이 되어야 한다고 강조했다.[59] 미국과 북한 사이에 정부 차원의 본격적인 외교협상이 이루어진 것은 사실상 북한 핵문제를 둘러싸고 1993년에야 처음 시작되었다고 할 수 있다. 그때에도 미국의 강경파는 외교협상을 통해 북한이라는 나라를 공식적으로 인정하는 것에 대해 심각하게 반대했다.[60]

푸에블로 협상의 타결과 '이상한 공식'의 출현

1968년 2월 15일 6차 회담부터 선원 송환문제가 본격적으로 거론되었지만, 양자의 입장차이는 컸다. 북한은 푸에블로호가 단순한 정보수집선이 아니라 첩보활동(espionage)도 하는 배로 북한의 영해를 6차례 이상 침범했고, 북한 영해에서 나포되었다고 주장했다. 북한은 미국에게 이를 인정하고 사과하라고 요구했다. 미국은 당연히 이러한 주장을 인정할 수 없었다. 회담은 1968년 내내 교착되었다.

교착상태에 있던 푸에블로 협상은 1968년 11월 미국의 대통령선거가 공화당 후보 닉슨의 승리로 끝나면서 타결점을 찾기 시작했다. 마침내 1968년 12월 23일 마지막 29차 북미회담이 열렸다. 이날 유엔군측 수석대표 우드워드 소장은 북한측이 작성해온 문서의 내용을 인정하는 것은 아니지만 선원들을 위해 인도적 견지에서 불가피하게 서명한다고 구두로 언급하고, 북한이 작성해온 문서에 서명했다.

이 문서에는 미국이 선원들의 고백내용을 인정하며, 영해 침범을 시인하고, 다시는 이러한 사태가 재발되지 않도록 하겠다고 다짐하는 내용까지 들어 있었다.

그런데 북한이 작성해 인쇄하고, 우드워드가 서명한 문서에는 "조선민주주의인민공화국 정부 앞"이라는 제목이 붙어 있었다. 또한 문서 내용에는 'U.S.'라는 약칭이 아닌 '미합중국 정부'(Government of the United States of America)라는 미국정부의 정식 국호가 굳이 정부(Government)라는 단어까지 사용하면서 두번이나 사용되었다. 한편 '조선민주주의인민공화국'(Democratic People's Republic of Korea)이라는 북한의 정식 국호는 약칭이나 대명사로 표기되는 일 없이 제목을 제외하고도 1장가량의 문서에 7번이나 반복적으로 사용되었다. 행운의 숫자 7에 맞추었는지는 모르겠다. 그리고 서명란에는 "다시 미합중국 정부를 대표하여"라고 명시하였으며, 서명자 우드워드 소장의 직함도 유엔군사령부 수석대표가 아니라 "미국 육군 소장"(Major General, United States Army)이라 인쇄하여놓았다.[61] 이처럼 북한은 판문점 북미회담의 성격을 미국과의 국가적 차원의 협상으로 규정하려고 세심하게 노력하였다.

1960년대 말 북한은 대남 무력공세를 강화하면서 어느 때보다도 미국에 대해 적대적인 태도를 보이며 반미 선전공세를 강화하고 있었다. 그럼에도 불구하고 북한은 위기 국면을 활용하여 미국과 협상을 하고, 미국정부로부터 자신의 국가적 실체를 인정받는 기회로 활용하였다. 어쩌면 모순되어 보이는 이러한 현상을 지금의 독자들에게 굳이 길게 설명할 필요는 없을 것이다.

현재까지 진행되고 있는 북한 핵협상에서도 북은 미국에게 자신의 국가적 실체를 승인하고, 정식 국교를 수립할 것을 요구하고 있다. 북은 자신을 위협하는 가장 중요한 세력을 미국이라 생각한다. 미국이 북한의 국가적 실체를 인정하고 관계개선을 한다면, 북한의 안보를 확보하는 데 확실히 도움을 줄 것이다. 또한 이것은 이념적으로나 내부 정치적으로도 의미가 있다. 미국이 북한을 인정하는 것은 북의 논리에 따르면 자신의 승리로 선전될 수 있었다. 북한은 한국전쟁의 휴전을 자신의 승리로 이야기한다. 따라서 그 논리대로라면 그토록 말살하려고 했던 북한을 미국이 마침내 인정했다고 하면서 반미투쟁의 성과로 이야기할 수 있는 것이다.

일반적으로 말할 때 적대적이었던 국가가 서로를 인정하려면 대화와 협상, 화해와 협력의 분위기가 필요하다. 그러나 분단된 한반도에 있는 북한은 위기를 고조시키는 방법으로 미국과 직접 접촉과 대화를 하려 한다. 사실 이 방법 이외에 다른 뚜렷한 방법도 없는 형편이다. 미국정부도 북한의 이러한 의도를 잘 알고 있어 쉽게 협상에 나서려 하지 않는다. 남한과의 관계도 문제지만 자국 내의 북한에 대한 반감을 고려하지 않을 수 없고, 무엇보다도 북한의 의도에 말려들지 않기 위해 북한과의 직접적인 접촉을 꺼린다. 그러다보니 위기가 고조되어 어쩔 수 없이 협상을 할 수밖에 없는 상황이 되어야 불가피하게 대화에 나선다. 여기서 적대적인 위기상황을 창출해야 대화가 시작된다는 북미관계의 '이상한 공식'이 출현하는 것이다.

그러나 우리가 지금 목격하듯 이상한 공식은 정말 이상하고 짜증나는 것이다. 적대감의 고조로 협상을 성사시킨다고 하더라도 상호신뢰를 구축하기는 어렵다. 그러니 대화는 곧잘 중단되고, 어쩌다 유의미한 합의가 나와도 끊임없이 그 실행을 둘러싸고 갈등이 재연된다. 그리고 이러한 일들이 자꾸 반복되면 적대감과 불신은 더욱 쌓여가고 일은 더욱 어렵게 꼬여간다. 푸에블로 북미협상은 이와같은 '이상한 공식'의 기원이 되는 사건이었다.

4. 한국과 미국의 갈등과 협상: 연루와 방기

한국정부의 대북 보복 주장

존슨행정부 시절(1964~68년) 한미관계는 어느 때보다도 좋았다. 박정희정권과 존슨행정부가 밀월(蜜月, honeymoon)에 접어들었다는 낯뜨거운 표현이 자주 사용될 정도였다. 이유는 물론 베트남전쟁 때문이었다. 한국은 남베트남에 2개 사단과 1개 여단, 도합 5만 병력을 파병하였다. 당연한 결과지만, 베트남 파병은 한미관계에 지각변동을 일으켰다. 이전까지 한미관계에서 미국은 항상 주는 입장(patron)이었고, 한국은 늘 받는 입장이었다(client). 그러나 베트남 파병 이후 사정이 달라졌다. 미국 대통령이 한국 대통령에게 부탁할 일이 생긴 것이다. 한반도에서 군사적 위기가 고조되었던 1967년과 1968년에도 존슨 대통령이 계속해서 한국군의 베트남 증파를 요구하는 상황이었다.[62]

그러나 1968년 대규모 위기사태 발생으로 말미암아 한미관계도 동요하였다. 이른바 연루(連累, entrapment)와 방기(放棄, abandonment) 우려가 교차하는 동맹게임의 양상이 아주 전형적으로 나타났다. 연루와 방기는 스나이더(Glenn H. Snyder)가 동맹관계에서 나타나는 딜레마를 설명하는 개념이다. 그에 따르면, 한 국가가 다른 국가와 동맹관계를 형성하면 한편으로는 이익을 얻지만 행동의 자유는 불가피하게 제약을 받게 된다. 즉 동맹관계 때문에 원치 않는 분쟁에 연루될 가능성이 생기는 것이다. 또한 동맹을 맺은 나라들은 동맹관계에 자신의 안보를 의존하는 상황이 되면서 동맹을 맺은 국가로부터 방기되지 않을까 우려하기도 한다. 이에 동맹을 형성한 국가들은 연루와 방기 우려 사이에서 갈등하며 동맹게임을 벌이게 된다는 이야기다.[63]

당시 미국정부는 한반도에서 군사적 긴장이 걷잡을 수 없이 고조되고 무력충돌이 발생하자 여기에 연루되지 않을까 우려했다. 베트남전쟁으로 홍역을 치르고 있던 미국으로서는 정말 끔찍한 일이었다. 한편 한국정부는 1·21사태와 푸에블로호 사건에 대처하는 미국의 미온적이고 타협적인 태도를 보며 미국이 동맹국 한국을 방기하지 않을까 의심하였다. 닉슨행정부 때 주한미군 감축을 둘러싼 한미 갈등도 알고 보면 1968년 위기 국면에서부터 시작된 것이었다.

1·21사태와 푸에블로호 사건은 공교롭게도 이틀 간격으로 발생하였다. 한국의 관리들과 군장성들은 유엔군사령관과 미국정부가 1·21사태가 일어났을 때는 별다른 조치를 취하지 않다가 푸에블로호가 나포되자 당장 전투기를 보내오는 등 현저하게 차별적 대응을 하는 것에 분개하였다.[64] 그와 동시에 대북 보복공격을 주장하였다. 푸에블로호 사건 직후 박정희 대통령은 포터 대사에게 당장 보복 군사행동을 하지는 않겠지만 북이 다시 한번 도발하면 보복공격은 불가피하다고 말했다.[65] 박대통령은 북한의 대남 군사도발이 강화되던 1967년 10월경부터 이미 대북 보복공격의 필요성을 포터 대사에게 주장해왔다. 당시 박정희는 만약 지금 보복하지 않으면 '내년(1968년)에' 더 심각한 사태가 발생할 것이라고 경고했다.[66] 사태는 결과적으로 그의 예언대로 된 셈이었다.

1968년 2월 2일부터 미국과 북한의 판문점 비밀회담이 시작되자 사태는 더욱 미묘해졌다. 이날 양측 군정위 수석대표들이 중감위 건물에서 비밀리에 만났지만, 비밀이 완전히 유지되기는 어려웠다. 판문점은 기본적으로 기자들이 자주 왕래하는 곳이다. 그 다음날인 2월 3일부터 한국의 언론들은 일제히 미국과 북한 장성이 판문점에서 단독 비밀협상을 했다고 보도했다. 언론들은 미국이 청와대 습격 사건은 부차화하고, 미국 선원들의 송환을 위해 북한과 비밀협상까지 하는 것에 대해 불쾌감을 피력했다. 2월 5일 『동아일보』 사설은 북미 비밀협상에 대해 이렇게 언급했다.

북괴 무장공비 침입사건이라는 뚜렷한 휴전협정 위반사건에 대한 어떤 결정적인 조치도 없이 '푸'호(號) 내지 그 승무원의 송환만으로 사태해결을 보려는 추세라면 한국민의 좌절감 곁들인 대미 불신감은 결코 경시할 수 없을 정도가 될지도 모른다는 점을 우리는 거듭 경고한다.[67]

존슨과 박정희는 서한을 주고받으며 의견을 교환했다. 존슨은 북한이 북베트남을 돕기 위해 한반도에서 일부러 군사적 긴장상태를 조성하는 것이니 여기에 말려들 이유가 없다고 했다. 반면 박정희는 "오늘과 같은 사태는 북괴의 휴전협정 위반사실들을 응징하지 않고 그냥 방치해온 결과에서 연유된 것"이라면서 단호한 대응을 강조했다.[68] 또한 박정희는 존슨에게 북이 다시 한번 도발하면 보복공격을 하겠다고 공개적으로 경고해야 한다고 주장했다.[69]

박대통령의 강경한 태도는 그 전후 맥락을 볼 때 2월 2일 북미 비밀회담 이후 미국의 태도에 대한 한국 내 강한 불만여론으로 인해 더 증폭된 경향이 있었다. 또한 한국군 장성들의 반발과 강경론도 작용했던 것으로 보인다. 특히 전방에 있던 젊은 한국군 사단장들은 1·21

사태와 푸에블로호 사건으로 비상대기 상태가 계속되고 있는데도 미국이 아무런 행동도 취하지 않아 크게 불만이었다고 한다.[70]

한반도적 시각과 세계적 시각

당시 한미 두 정부의 의견차이는 북한의 무력공세 의도에 대한 근본적인 시각차이와 관련이 있다. 당시 미국은 북의 의도를 베트남전쟁 지원을 위한 것으로 파악했다. 그러나 한국은 한반도의 운명당사자로서 한반도 문제에 초점을 둘 수밖에 없었다. 한국은 북한의 무력공세 의도를 남한을 무력 '적화통일'하기 위해 분위기를 조성하기 위한 것으로 해석했다.

당시 한국정부의 정세판단과 시각은 국방부장관 김성은(金聖恩)이 2월 2일 사직하면서 미상원의원 등 미국 정계의 중요 인사들에게 보낸 서한에서 잘 드러난다. 이 서한에서 그는 북한이 1967년에 남한 해군의 56함(당포호)을 침몰시키는 등 군사적 도발로 국군의 태세를 실험해보고, 1968년과 1969년에 대대적인 무력공세로 남한을 베트남 상황으로 몰아간 다음, 1970년에는 마침내 적화통일을 달성하려 한다고 주장하였다.[71]

한미 양국의 시각차이는 세계질서 속에서 미국과 한국이 차지하는 기본적인 위상 차이에서 발생하는 것이었다. 미국은 전세계 문제를 다루는 헤게모니 국가로서 한반도 문제를 전세계적으로 벌어지고 있는 상황 속에서 바라볼 수밖에 없다. 그러다보니 주로 베트남전쟁과 결부시켜 한반도의 상황을 분석하고 여기에 맞추어 대응한다. 반면 남한은 한반도의 운명당사자로서 이 문제를 한반도 상황에 초점을 두고 볼 수밖에 없다. 사실상 이와같은 시각 차이는 해방 직후부터 현재까지 한미관계에서 늘 있어왔다. 따라서 이는 지도자의 성향이나 구체적인 상황판단의 차이에서 비롯된 일시적이고 우연적인 문제만은 아니었다. 한미간의 시각차이는 1·21사태와 푸에블로호 사건이 공교롭게도 이틀 간격으로 발생한 우연에 의해 촉발되었지만, 사실상 한반도를 둘러싼 국제관계의 본질과 구조를 선명하게 드러내고 있었다.

밴스 특사의 방문

존슨 대통령은 한국정부의 불만이 심각하다고 파악하고 이를 무마하기 위해 밴스를 대통령 특사로 한국에 보냈다. 밴스는 1968년 2월 11일 한국에 도착했다. 그의 내한은 박대통령의 위신과 체면을 세워주기 위한 것으로, 1953년 한국전쟁 휴전 무렵 이승만(李承晩) 대통령이 휴전협정 체결에 극렬하게 반대하자 미국정부가 로버트슨(Walter S. Robertson) 차관보를 특사로 보낸 것을 연상케 했다. 이렇듯 미국은 한국전쟁 휴전 때에도 그러했듯이 한편으로는 북한 또는 공산측과 협상하며, 또 한편으로는 여기에 반발하는 남한과도 협상을 전개해야 했다. 이와같은 남한·북한·미국의 삼각관계는 1976년 판문점 도끼살해 사건 때에도, 최근의 북한 핵문제를 둘러싼 위기 국면에서도 반복적으로 재현되고 있다.

존슨 대통령이 특사를 파견한 가장 중요한 목적은 남한의 보복공격을 막고, 한반도의 군사위기가 더 확대되어 미국이 연루되는 것을 방지하기 위해서였다. 당시 미국 관리들은 박정희 대통령을 비롯한 한국 고위관리들의 무력보복 주장을 심각하게 생각했다. 포터 대사는 "박대통령의 북진에 대한 욕망은 그의 적(북한)만큼이나 첨예하다"고 보고했다. 그는 양쪽이 봄이나 여름에 격전을 치를 준비를 하고 있으며, 통일교 총재 문선명(文鮮明)이 합동결혼식 주례에서 40일간의 금욕을 당부한 것을 예로 들면서 "이처럼 성격이 강한 박대통령을 비롯한 한국인들을 제어하는 것은 대단히 어려운 일"이라고 했다.[72] 한편 밴스 특사는 남북 양쪽을 막론하고 한국인종(ethnic Koreans) 중에는 "'백조'도 별로 없고 '매'도 별로 없으며, 대부분 '호랑이' 같아 보인다"고 했다.[73] 베트남전쟁과 1960년대 후반 한반도의 극단적인 군사적 대치상황 속에서 한국인들에게 투여된 인종적 이미지는 '호랑이'였다.

1968년 2월 12일 밴스 특사는 박정희 대통령을 방문하고 무려 5시간 30분 동안 회담을 가졌다. 회담 중 박대통령은 북한이 다시 도발하면 보복하겠다는 경고를 공개적으로 하자고 주장했고, 밴스 특사는 이를 만류했다.[74] 결국 2월 15일 발표된 공동성명서에는 "만약 이런 침략이 계속된다면 양국은 대한민국과 미합중국 간의 상호방위조약하에서 취하여야 할 행동을 즉시 결정할 것이라는 데 합의하였다"는 정도의 구절만 들어갔다. 북한에 대한 보복을 명백하게 경고하는 구절은 삽입되지 않았다.[75]

박정희-밴스 회담과정에서 미국측은 존슨 대통령이 푸에블로호 사건 직후 이미 공표한 1억달러에 대한 추가 군사원조 조치를 다시 확인하고 약속하였다. 또한 한미간의 원활한 군사협력을 위해 양국 국방장관이 연례안보회의를 개최할 것과 향토예비군에 대한 무기공급 문제도 향후 협의해나가기로 합의하였다. 현재까지도 계속되고 있는 한미 연례안보회의는 바로 이때부터 시작된 것이었다.[76] 밴스 특사의 방문 이후 한미간의 갈등 국면은 표면적으로는 진정되는 것처럼 보였다. 또한 1968년 4월 박정희, 존슨 양국 대통령이 호놀룰루에서 만나 정상회담을 갖고 우의를 과시하기도 했다.

여기서 주목할 만한 사실은, 당시 미국정부가 한국에 군사원조를 확대하기로 한 것은 푸에블로 협상과정에서 북한을 압박하기 위한 하나의 수단이기도 했다는 것이다. 1968년 1월 29일 맥나마라 국방장관은 남한에 대한 미국의 군사원조 확대 결정을 공개적으로 발표할 것이라고 하면서 "이는 북한이 이 사건으로 치르게 될 댓가가 무겁다는 것을 보여줄 것"이라고 했다.[77] 이는 확실히 효과를 발휘했다. 김일성은 1968년 5월 소련 부총리를 만난 자리에서 남한이 푸에블로호 사건을 빌미로 삼아 미국으로부터 추가 군사원조를 얻어내는 데 성공해, 조만간 남한이 미국으로부터 신형 전투기를 원조받을 것 같다며 우려를 표명했다.[78]

미국의 한반도 분쟁 연루 우려와 개입 축소 정책

1968년 위기 국면에서 무력보복까지 언급하며 강경함을 보인 박정희 대통령의 태도는 미국으로부터 추가 군사적 지원을 받아내는 데 효과를 발휘했다고 할 수 있다. 그러나 이는 어디까지나 단기적이고 표면적으로 진행된 사태만 두고 봤을 때의 이야기이다. 좀더 장기적으로, 그 이면에서 일어났던 일까지 놓고 보면 상황은 달리 평가된다.

한국 정부요인들이 푸에블로호 위기 사태 때 보복공격을 이야기하며 대단히 감정적인 반응을 보인 것은 역효과를 불러왔다. 당시 미국은 베트남전쟁을 치르는 상황에서 한반도에서까지 또다른 분쟁에 연루될까봐 두려워했다. 한국정부의 보복공격 주장 등 강경론은 이와같은 우려를 더욱 증폭시켰고, 한국정부에 대한 신뢰를 약화시켰다. 밴스 특사는 한국방문을 마치고 워싱턴으로 돌아가 존슨 대통령을 만난 자리에서 박대통령은 "감정적이고(moody), 변덕스러우며(volatile), 술을 심하게 마셨다. 그는 위험하고 다소 불안정하다"고 보고했다.[79] 포터 미국대사도 박대통령에 대해 "우리는 갈수록 억제시

키고 가두기 힘들어지는 호랑이를 키워왔다"고 한 바 있다.[80]

미국정부는 위기에 직면하여 단기적으로는 한반도의 군사적 지원을 강화했으나, 그 이면에서는 한반도 분쟁에 연루될 위험성을 줄이기 위해 장기적 차원에서 미국의 대한(對韓) 군사적 개입과 지원을 축소하는 방향으로 나아갔다. 존슨 대통령은 푸에블로호 사건 직후 미국의 대한정책 전반을 재검토해보는 작업이 필요하다는 밴스 특사의 건의를 받아들였다. 이에 국무부·국방부 등 유관기관은 부서간 고위관리 모임(SIG, Senior Interagency Group)을 구성하여 미국의 대한정책을 재검토했고, 그 결과 1969년 6월 18일 「미국의 대한정책」(U. S. Policy Toward Korea)이라는 문서가 작성되었다. 이 문서에는 한국에 대한 미국의 군사적 개입을 축소하기 위해 베트남 주둔 한국군이 돌아오기 시작하면 그에 상응하여 주한미군을 감축한다는 계획이 연도별로 명시되어 있다. 요컨대, 1970 회계연도에 한국군 1개 사단이 베트남에서 귀환하기 시작하면 원조를 감축하기 시작하고, 1971 회계연도에 나머지 한국군 사단이 돌아오면 그동안 미국이 군사원조를 해왔던 항목을 한국정부로 이전하며(MAP Transfer), 1972 회계연도에는 주한미군 2사단을 철수시키고 비상시를 제외한 평시에는 유엔군사령관이 보유한 한국군 작전지휘권을 한국정부에 넘겨주며, 1973 회계연도에는 주한미군 7사단을 철수시키고, 1974 회계연도에는 잉여농산물원조(PL480)를 종결하며, 1975년에는 한국군 현대화계획을 종결한다는 것이었다.[81] 닉슨행정부 때인 1970년에 시작된 주한미군의 단계적 철수정책은 이처럼 존슨행정부 말기부터 구상된 것이었다.

물론 미국이 한반도 군사개입 축소 정책을 취하게 된 배경은 복합적이다. 원래 미국정부는 1960년대 초 주한미군과 한국군의 감축을 추진하였으나 한국군의 베트남전 참전으로 일단 중단되었다.[82] 이후 1968년 3월 존슨 대통령이 협상을 통해 베트남전쟁을 마무리짓기로 결정함에 따라 한반도 군사개입 축소 논의가 다시 시작되었다. 전쟁이 마무리되어 베트남의 한국군이 돌아오게 되었으니 주한미군 감축 논의가 다시 재개될 수 있었던 것이다. 그러나 이러한 정책이 결정되는 전후 맥락을 볼 때 미국이 1968년의 한반도 위기를 겪으면서 한반도 분쟁에 연루될 가능성을 우려한 것도 중요한 원인이었다. 특히 한국정부가 무력보복을 주장하며 강경한 태도를 보이자 미국의 연루 우려는 더욱 증폭될 수밖에 없었다. 한국정부가 대북한 무력보복을 주장하며 '강력 대응' 외교를 펼친 것은 미국의 지원을 얻어내는 데에 단기적으로는 유리했으나, 장기적으로는 오히려 반대의 결과를 가져오고 말았다. 여기서 '장기적'이란 10년 정도의 긴 시간이 아니라, 오늘 당장이 아닌 2~3년 정도의 미래에 불과하였다. 미국정부는 1970년에 주한미군의 감축을 결정하고 단행하였던 것이다.

1968년 안보위기를 겪으면서 박정희 대통령을 비롯한 한국 정부 요인들도 미국의 태도에 배신감을 느끼고, 미국의 안보공약에 의구심을 갖게 되었다. 동맹국 미국으로부터 방기될 위험성을 느끼기 시작한 것이다. 이 무렵부터 박대통령은 "자주국방" "국방의 주체성"을 강조하기 시작하였다.[83] 1968년의 안보위기가 1970년대에 한국정부가 자주국방을 위해 중화학공업화를 추진하고, 핵무기 개발을 시도하는 배경이 되었던 것이다. 1968년의 위기 사태는 한미 두 정부 사이에 우려와 긴장이 발생하는 중요한 계기가 되었던 것이다.

제 2 장

미국과 중국의 관계 개선, 한반도는?

1971년 7월 9일 이른 새벽, 미국 대통령 안보담당 보좌관 키신저는 해도 뜨지 않았는데 썬글라스에 모자까지 눌러쓰고 파키스탄 차클랄라(Chaklala) 공항에 몰래 나와 비행기를 탔다. 행선지는 미국의 적국이자 '세계혁명의 진원지'를 자처하던 중화인민공화국의 수도 베이징이었다. 아주 극비리에 진행된 방문이었다.

키신저는 베이징 방문을 위해 2박3일, 74시간 동안 몰래 증발해 있어야 했다. 당시 미국과 중국 사이에서 메신저 역할을 했던 야히야 칸(Yahya Khan) 파키스탄 대통령과 키신저는 사전에 각본을 짰다. 1971년 7월 8일 파키스탄을 공식 방문한 키신저는 평소와 달리 좋은 식성에도 불구하고 배가 아파야 했다. 그날 저녁 환영만찬 중에 칸 대통령은 산속에 있는 자신의 별장에서 요양할 것을 권하고, 키신저는 그곳에서 2박3일 동안 요양하는 척하면서 비밀리에 베이징에 다녀온다는 계획이었다. 기밀유지를 위해 파키스탄 주재 미국대사관에도 비밀로 했다. 오직 대사 한명에게만 이 사실을 알리고 계획이 어그러지는 일이 없도록 만반의 조치를 취하게 했다. 치밀하게 짜여진 각본에 따라 미국대사는 대사관 주치의를 멀리 출장 보냈다. 키신저가 아프다고 하면 주치의가 치료하겠다고 달려올 것이기에 미리 따돌린 것이다. 심지어 미국대사관 부공관장(DCM), 국제개발처(AID) 책임자 모두를 일부러 출장 보냈다. 그런데 키신저의 경호원들은 이런 사정도 모른 채 만찬 중 키신저와 칸 대통령이 하는 대화만을 엿듣고 즉시 요원 한사람을 산속의 별장으로 보내 사전답사를 하도록 했다. 밤길을 달려 별장에 도착한 부지런하고 책임감있는, 그러나 눈치 없고 운이 나쁜 그 경호원은 키신저의 명령을 받은 파키스탄 사람들에 의해 2박3일 동안 감금되어 있어야 했다.[1]

키신저 일행을 태운 비행기는 1971년 7월 9일 낮 12시 15분에 베이징 교외에 있는 군용 비행장에 도착했다. 중국 군사위원회 부주석 예젠잉(葉劍英) 장군 등이 마중을 나와 그를 영빈관으로 안내하고 오찬을 베풀었다. 음식의 가짓수와 양이 놀라웠다. 오후 4시 30분 저우언라이가 영빈관으로 찾아와 그날 저녁 11시 30분까지, 첫날부터 7시간 동안 대화를 나누었다.

두사람은 녹색 천이 덮인 테이블을 사이에 두고 키신저의 표현을 빌리면 "옛날 피서지에서나 볼 수 있던 커다란 등나무 의자"에 앉아 대화를 나누었다. 키신저가 먼저 말문을 열었다. 그는 이 회담에 이르기까지 미중관계의 역사를 이야기하며, "많은 방문객들이 이 아름답고 또 우리에게는 신비로운(mysterious) 땅에 왔습니다"라고 했다. 동양을 신비롭고 낭만적으로 묘사하며 서양과는 다른 곳으로 타자화하는 오리엔탈리즘에 반박이라도 하듯 곧바로 저우언라이는 손을 번쩍 들고 이렇게 말했다. "귀하는 이 땅이 신비롭지 않다는 것을 알게 될 것입니다."² 그러나 두사람의 만남은 누구도 쉽게 예측하지 못했고, 이후 어떠한 결과를 가져올지 모른다는 면에서 문자 그대로 신비(神秘)로운 것이었다.

두사람의 만남이 갖는 의미를 동아시아 데땅뜨의 서막, 냉전체제의 지각변동 등으로 한정하기는 어렵다. 이 만남을 통해 1972년 2월 닉슨의 베이징 방문이 성사되었고, 미중관계는 급속히 개선되었다. 물론 정식 수교까지는 꽤 많은 시간이 걸렸다. 포드(Gerald R. Ford Jr.) 행정부를 거쳐 카터(Jimmy Carter) 행정부 때인 1979년 1월 1일에야 미국과 중국의 정식 수교가 이루어졌으니 말이다. 아무튼 미중관계 개선으로 중국은 국제적 고립을 탈피하였고, 이를 바탕으로 1980년대 초부터는 본격적으로 개방과 개혁에 착수하였다. 그로부터 30년이 지난 2010년부터 우리는 'G2'라는 단어를 자주 듣게 된다.

중국의 부상이 가져올 세계사적 변화는 아직도 그 결과를 가늠하기 어렵다. 2차 세계대전 이후 지속되어온 팍스 아메리카나(Pax Americana) 체제가 중국의 부상으로 근본적인 변화를 맞이하게 될 것인지, 서구 중심의 세계체제가 근본적으로 바뀌게 될 것인지, 아니면 혹시 미국과 부상하는 중국 사이에 신냉전이 다시 시작될 것인지 예측하기 쉽지 않다. 그리고 여전히 분단된 한반도는 이러한 지각변동 속에서 어떻게 될 것인지, 이 또한 쉽게 말하기 어렵다.

그때만 해도 중국은 지구상에서 가장 빈곤한 국가 중 하나였다. 그러나 당시에도 미국의 핵심 지도자들은 중국의 잠재력을 의식하고 경계하였다. 1972년 2월 베이징 방문을 앞두고 닉슨과 키신저는 백악관에서 대화를 나누었다. 워터게이트 사건 때 알려진 바대로 닉슨은 자신과 참모들이 백악관에서 나눈 대화를 모두 녹음해놓았다. 이때 키신저는 닉슨에게 중국은 역사적으로 보면 소련보다 더 "무서운"(formidable) 나라라고 했다. 그는 지금은 미국이 소련을 견제하기 위해 중국과 손을 잡지만, 향후 20년 뒤 미국의 대통령이 닉슨처럼 현명하다면 "소련에 기대어 중국을 견제하게 될 것이다"라고 했다.[3] 그러나 소련은 20년을 버티지 못하고 붕괴하였다.

냉전의 최전선에서 항시 유동적인 상황에 놓여 있는 한반도에서 강대국 관계의 변동은 그것이 아무리 사소한 것일지라도 "급변하는 국제정세"가 된다. 그리고 "한반도의 운명은?"이라는 상투적인 문구가 따라붙으며 히스테리한 반응을 불러일으킨다. 특히 미국과 중국은 한국전쟁 당시 한반도에서 격돌했던 나라다. 한국전쟁 때 서로 싸운 미국과 중국이 손을 잡게 되면, 남한과 북한은 어떻게 해야 할까?

1971년 7월 키신저의 베이징 비밀방문 직후 남북한은 상대방에 대한 정책을 급속하게 변경하였다. 1971년 9월, 이산가족 문제를 논의하기 위한 남북적십자 예비회담이 열렸다. 분단 이후 최초로 공식적인 남북대화가 시작된 것이다. 제2의 한국전쟁이 우려되던 1968년의 상황에서 3년밖에 지나지 않은 시점이었다. 한반도의 변덕스러움을 잘 보여주는 사건이다. 이후 탈냉전이 되었지만 한반도는 현재도 여전히 분단되어 있고, 게다가 여전히 휴전상태다. 그리고 미국과 중국의 관계가 세계의 국제적 역학구도에서 차지하는 비중은 최근 들어 더욱 결정적으로 커지고 있다. 이제 G2라고 한다. 사람들은 미중관계의 귀추를 주목하며 또다시 물을지도 모르겠다. "한반도의 운명은?" 그러나 필자가 말하고자 하는 바는 한반도 주변 국제관계와 남북관계를 너무 숙명론적으로, 결정론적으로 이야기할 필요는 없다는 것이다.

1. 미국과 중국의 관계 개선

미중관계 개선의 과정

1949년 10월 장제스(裝介石) 군대가 타이완으로 패주하고, 중국 본토에 공산국가 중화인민공화국이 출범하였을 때 미국무부 관리들은 이를 불가피한 일로 받아들였다. 타이완에 대해서도 거의 포기하는 분위기였다.[4] 아마도 한국전쟁이 없었다면 미국과 중국은 훨씬 일찍 관계 개선을 했을 것이다. 그러나 한국전쟁 중 양국이 한반도에서 격돌함으로써 미중관계는 완전히 적대적 관계로 고착되었다. 1955년부터 폴란드의 수도 바르샤바에서 미중 양국 대사들 사이에 회담(바르샤바 회담)이 시작되어 양국관계의 여러 현안을 논의했지만 큰 진전은 없었다. 반면에 미국과 소련은 1963년 꾸바 미사일 위기 사건을 계기로 장기적 공존상태로 접어들었다. 중국정부는 미국 및 서방진영과의 공존을 추구하는 소련의 태도를 수정주의라 비난하며, 소련이 패권을 위해 제국주의 국가 미국과 공모하고 있다고 비난하였고, 이는 중소 분쟁의 원인이 되었다. 중국은 제3세계 민족해방운동의 진원지를 자처했고, 제3세계 국가를 결집하여 소련에 대항하였다. 또한 대내적으로는 1966년부터 기존 체제와 제도·의식·규범에 극단적으로 도전하는 문화대혁명의 소용돌이에 빠져들기 시작했다. 그 속에서 반제국주의 민족해방 논리가 어느 때보다도 강조되었다. 한편 1960년대 미국은 베트남전쟁의 늪에 빠져들었고, 중국과 소련은 직간접적으로 북베트남을 지원하였다. 이로써 미중관계는 개선의 실마리를 찾기가 더욱 어려워졌다.

중국과 미국이 관계 개선의 조짐을 보인 것은 닉슨행정부가 출범한 1969년부터이다. 어느 쪽이 먼저 했다고 말하기 어려울 정도로 양쪽 모두 거의 동시에 상대방에게 신호를 보내기 시작했다.

닉슨 대통령은 정치적 배경으로 보자면 공화당 강경파에 속하는 전형적인 냉전의 전사였다. 공화당 아이젠하워(Dwight D. Eisenhower)행정부(1953~60년)에서 8년 동안 부통령을 지낸 그는, 1960년 민주당 후보 케네디(John F. Kennedy)와 대통령선거에서 경합하였으나 아깝게 낙선하였다. 그리고 1961년 캘리포니아 주지사에 다시 출마했으나 역시 낙선하였다.

1960년대의 닉슨은 거듭된 선거패배로 정치적 미래가 불투명한 정치인이었다. 그러나 그는 외교적으로 경험이 풍부한 사람이었고 또한 아시아에 관심이 많은 사람이었다. 그는 야인생활을 하며 1960년대에 아시아 여러 나라를 여행하였다. 그때 닉슨은 이미 자신을 영접하는 미국대사관 관리들과 나눈 개인적인 대화에서 중국과의 관계 개선의 필요성을 주장했다고 한다.[5] 사실 닉슨은 1966년 9월 한국도 방문했다. 그러나 박정희 대통령을 비롯한 한국의 정부요인들은 닉슨을 재기 가망성이 없는 퇴물 정치인이라 생각했다. 박정희는 닉슨을 만나기는 했으나 점심도 같이하지 않고 그저 커피 한잔 마시는 것으로 끝냈다. 이를 두고 당시 외무장관이었던 이동원(李東元)은 "우리의 사람 대접은 어제와 내일이 없는 오늘뿐인 단견으로 점철되어왔었다"고 자평하기도 했다.[6]

닉슨은 아시아 여행경험을 바탕으로 1967년 『포린 어페어즈』(*Foreign Affairs*)에 「베트남 이후의 아시아」라는 글을 발표했다. 이 글에서 그는 "장기적으로는 중국이 세계혁명의 진원지가 아니라 위대하고 발전하는 국가로서 세계공동체에 다시 귀환하도록 해야 한다"고 주장하며, 중국에 대한 "고립 없는 봉쇄"를 주장하였다.[7]

1968년 11월 닉슨은 민주당 후보를 누르고 대통령에 당선되었다. 그는 취임 초부터 중국과의 관계 개선을 염두에 두고 단계적인 조치를 취해나갔다. 1969년 7월과 12월 두차례에 걸쳐 중국에 대한 여행과 무역 제재를 일부 완화하였고, 같은 해 여름에는 로저스(William P. Rogers) 국무장관까지도 중국과의 관계 개선을 희망한다고 공개적으로 언급하였다.[8] 나아가 군사적 조치도 취하면서 관계 개선의 신호를 중국에 보냈다. 당시 미국의 구축함들은 타이완해협을 정기적으로 순찰하고 있었다. 닉슨 대통령은 1969년 11월 26일 미국 구축함의 타이완해협 순찰활동을 중단시켰다. 그리고 홍콩에 주재하는 미국 관리들을 통해 이러한 정보를 중국측에 일부러 흘려보냈다.[9]

중국도 거의 동시에 행동에 나섰다. 중국은 닉슨이 대통령에 당선될 무렵부터 미국과의 관계 개선 가능성을 타진하고 있었다. 가장 먼저 중국 수뇌부는 외교관리들에게 1967년에 닉슨이『포린 어페어즈』에 발표한 논문을 잘 검토해보라고 지시를 내렸다. 또한 아주 이례적으로, 1969년 1월 중국의『런미르바오(人民日報)』는 마오쩌둥(毛澤東)의 지시에 따라 중국과의 대화 가능성을 모호하게 암시한 닉슨의 취임연설문 전문을 그대로 번역하여 게재하였다.[10] 한편 중국 수뇌부는 이 무렵부터 전략상 미국과의 관계 개선이 필요하다고 여기고, 바르샤바에서 진행되던 양국의 대사급 접촉을 넘어 장관급 접촉을 시도하기로 기획하였다.[11]

군사적 조치도 뒤따랐다. 중국은 베트남전쟁 과정에서 공식적으로 전투병력을 보내 참전하지는 않았다. 그러나 도로공사, 방공(防空), 철도 유지 등을 위해 많은 인원을 북베트남에 보내 지원했고, 무기 및 경제 원조도 하고 있었다. 그런 중국이 1969년 2월부터 1970년 2월까지 32만명에 달하는 중국 지원부대를 베트남에서 철수시켰다.

그리고 1969년에는 무기원조를 전해(1968년)에 비해 반으로 줄였다.[12] 미국정부는 아마도 이러한 사실을 정보활동을 통해 알았을 것이다. 1969년 미국이 취한 일련의 대중국 유화조치는 사실상 중국의 이와같은 조치들에 상응하는 차원에서 취해진 면이 있었다. 미국도 닉슨행정부 출범 이후 베트남 주둔 미군을 대거 철수시키기 시작했고, 1970년에는 주한미군도 감축하기로 결정했다.

이러한 상황 속에서 1969년 11월부터 1970년 2월까지 세계의 여러 도시에서 미중 외교관의 비밀 막후접촉이 10번 정도 이루어졌다.[13] 마침내 1970년 1월 20일 바르샤바 회담이 2년 만에 재개되었다. 이는 미중관계 개선의 조짐을 보여주는 것으로 당시부터 세계의 주목을 받았다. 이 회담 중에 미국대사는 미국정부가 양국관계의 개선을 위해 중국에 특사를 보내거나 중국의 특사를 미국으로 초청할 의사가 있음을 은밀하게 중국측에 전달했다. 중국은 이미 미국과의 고위급 접촉을 희망하던 터였다. 그러나 미국이 베트남전쟁을 확대하여 캄보디아를 침공함에 따라 바르샤바 회담은 또다시 무기한 연기되었다.[14]

바르샤바 회담은 중단되었지만 파키스탄의 야히야 칸 대통령을 메신저로 삼아 두 나라는 비밀접촉 채널을 구축하는 데 성공하였다. 1970년 10월부터 1971년 1월까지 파키스탄을 매개로 미중 수뇌부 사이에 메시지가 오고 갔다. 루마니아도 양국의 매개자 역할을 했다. 두 채널을 통해 중국은 미국의 특사는 물론 닉슨 대통령의 중국방문도 환영하겠다는 의사를 전달했다.[15]

닉슨과 키신저는 비밀리에 중국과 메시지를 주고받는 한편, 공개적으로도 중국과의 관계 개선 의지를 표명하였다. 1971년 3월 25일 발표된 닉슨의 외교백서에서 미국정부는 공식문서에서는 처음으로

"중화인민공화국"이라는 정식 호칭을 사용했다. 특정 국가의 존재를 승인하는 과정에서 이루어지는 첫 단계의 상징적인 조치를 취한 것이다. 아울러 3월 15일 미국무부는 중국여행 제한을 모두 폐지한다는 대통령의 결정을 발표했다. 그리고 1971년 4월에는 미국 탁구선수단이 베이징을 방문하여 중국 대표팀과 친선경기를 가졌다. 이 사건은 완연한 미중의 관계 개선 분위기를 전세계에 알리는 상징적인 사건이 되었다.

마침내 1971년 4월 27일, 역시 파키스탄 채널을 통해 대통령 특사 또는 닉슨 대통령의 베이징 방문을 환영한다는 중국의 비망록이 백악관에 전달되었다. 닉슨 대통령은 5월 10일 그의 특별보좌관 키신저를 파키스탄을 통해 보내겠다는 회신을 중국에 보냈다. 이렇게 해서 키신저의 베이징 비밀방문이 성사된 것이었다.[16]

키신저의 베이징 비밀방문이 성사되는 과정은 당시 공개되어 드러난 것만을 본다면 여행 및 무역 제한조치 완화, 미국 탁구팀 베이징 방문(스포츠 교류) 등 경제·문화적 교류가 먼저 이루어지고, 마침내 대통령 특사 파견으로 정치적 대화가 시작된 것처럼 보인다. 그러나 비공개적으로 진행된 그 이면의 내용도 함께 보면 사정이 다르다. 미중 양국은 베트남에서 병력을 철수시키고, 아시아에서 미군을 감축하고, 타이완해협에 대한 정찰활동을 중단하는 등 군사적 조치도 함께 취했다. 이를 통해 관계 개선에 대한 양측의 의지를 서로 확인할 수 있었다. 이는 이 무렵 진행된 남북대화를 살펴보는 데에도 시사하는 바가 크다.

미중관계 개선의 동기와 의도
중국과 소련의 갈등은 1960년대 말에 이르면 무력충돌로 발전되어, 심지어 전면전까지 우려되는 상황으로 악화된다. 1969년 3월 중소 국경지대에 있는 우수리강의 전바오다오(珍寶島, 소련명 다만스끼섬) 지역에서 중소 양국 군대가 충돌해 다수의 사상자가 발생했다. 포사격까지 동반된 전투가 수차례 벌어진 것이다. 당시 중국 지도부는 1960년대 중반부터 소련을 미국과 똑같이 자신들의 안보를 위협하는 가장 큰 적으로 보았다. 또한 중국이 소련과 미국으로부터 협공을 받을 가능성을 두려워했다.[17] 키신저는 최근 저서에서 중국 수뇌부가 "오랑캐를 활용하여 오랑캐를 제압하고(以夷制夷)" "먼나라와 동맹을 맺고 가까운 나라를 공격한다(遠交近攻)"는 전통적인 전략 개념을 적용하여 미국과 관계 개선에 나섰다고 분석했다. 즉 소련으로부터 공격받을 가능성이라는 "전략적 긴급성"(strategic imperative) 때문에 미국에 접근했다고 본 것이다.[18]

미국의 경우 중국과의 관계를 활용해서 소련으로 하여금 미국에 좀더 타협적으로 나오게 만든다는 차원에서 중국에 접근했다. 중국과의 관계 개선을 대소협상의 지렛대로 사용한 것이다. 이는 1970년 12월 키신저가 김종필(金鍾泌)과 만나 나눈 대화에서 잘 드러난다. 김종필은 한일회담 반대운동 때 외유에 나서 1964년 7월 당시 하바드대학 교수로 있던 키신저가 이끄는 국제정치 관련 세미나에 참석한 적이 있었다. 키신저는 1970년 12월 김종필을 다시 만난 자리에서 간단하고 명료하게, 그리고 놀랍도록 솔직하게 미·중·소 삼각관계의 본질을 다음과 같이 설명했다. 마치 세미나에 나온 교수처럼 말이다.

우리는 중국에 대해 환상을 갖고 있지는 않다. 우리는 중국을 적으로 생각한다. 그러나 우리는 두개의 적이 있는데, 소련과 중국이며, 두 나라는 서로 싸우게 되었다. 상당히 솔직하게 말하자면, 그래서 우리는 하나의 적을 다른 하나의 적에 대항하여 활용할 수 있는지 알아보려고 시도하고 있다.[19]

당시 미국은 베트남전쟁으로 인해 국제적 위신과 신뢰도가 급속히 추락하고 있었다. 또한 1970년대 초는 1950~60년대의 세계적인 호황 국면이 지나가고 불황 국면에 접어든 시기로 미국경제도 심각한 위기에 직면해 있던 때였다. 이에 닉슨은 달러화의 금태환을 중지시키는 조치를 취하기도 했다.[20] 미국이 중국과의 관계 개선을 소련과의 관계에 활용하면 추락한 국제적 지위와 영향력을 회복하는 데 큰 도움이 될 수 있었다. 또한 엄청난 영토와 인구를 갖고 있는 중국을 자본주의 세계시장에 적극적으로 편입시킨다면 세계경제, 미국경제에도 많은 도움이 될 터였다. 이에 키신저는 최근 저서에서 미국에게 중국과의 관계 개선은 자신의 "대외정책과 국제적 리더십을 재정립"하는 것이었다고 평가했다.[21]

중국과의 관계를 소련과의 관계에 활용하는 미국의 이른바 연계정책(linkage policy)은 실제 큰 효과를 발휘했다. 1972년 2월 닉슨은 중국을 방문했지만, 5월에는 또한 소련을 방문했다. 그리고 소련 방문길에 오랫동안 논의되어오던 전략무기제한협정(SALT I)을 타결하는 데 성공했다. 소련은 미중관계를 의식하지 않을 수 없었고, 그로 인해 미국에 더 타협적으로 나올 수밖에 없었다. 결과적으로 미국은 중소 양자 모두와 관계를 맺고, 이를 활용해 자신의 국제적 영향력을 유지할 수 있었다.[22]

물론 미국이 애초 추구했던 것은 중소 모두와의 관계를 진척시킨다는 등거리 외교이지, 소련에 대항하기 위해 중국과 동맹을 맺는 것은 아니었다. 그러나 미중관계가 진척될수록 미국의 정책은 사실상 중국과 군사적 동맹관계를 맺는 방향으로 나아갔다.[23] 중국도 마찬가지로 처음부터 미국과 군사동맹 관계까지 가는 것을 원하지 않았다. 그러나 미중관계가 진척되면서 중국의 지도부들도 점차 자신들이 실질적으로 미국과 동맹하는 상황으로 빠져들고 있음을 깨닫게 되었다. 중국학자 리지에(Li Jie)의 연구에 따르면, 1973년 11월 저우언라이-키신저의 베이징 회담 직후 마오쩌둥이 저우언라이를 비판하였다고 한다. 중국이 미국과 군사동맹을 맺는 방향으로 가서는 안된다는 것이었다. 그리고 이러한 정책적 오류가 나타나게 된 데는 저우언라이뿐만 아니라 자신의 잘못도 있음을 시인하였다고 한다.[24]

소련은 미국이 중국, 일본과 손을 잡고 자신을 압박하고 있음을 느낄 수밖에 없었다. 이에 군비를 증강하고, 대외관계에서 더욱 공격적으로 나아갔다. 그러는 가운데 소련의 아프가니스탄 침공이 발생했다. 이로 말미암아 소련은 국제적으로 더욱 고립되었으며, 군비증강으로 경제적으로도 큰 타격을 입게 되었다. 이는 소련이 몰락하게 된 중요한 이유가 되었다. 러시아학자 꼬지레프(Vitaly Kozyrev)는 이러한 맥락에서 미국은 다극화된 국제관계를 잘 인식하고 대응했지만, 소련은 그렇지 못했다고 평가하였다.[25]

다른 한편으로, 중국은 미국과의 관계 개선을 통해 타이완 문제를 해결하려 했다. 즉 미국으로부터 타이완은 중국의 일부라는 '하나의 중국' 원칙을 확실하게 인정받으려 했던 것이다. 이 점에 대해서는 1979년 1월 정식 수교가 이루어질 때까지 조금도 후퇴하지 않았다. 반면 미국은 중국과의 관계 개선을 베트남전쟁의 조속한 종결을 위해 활용하려 했다. 1972년 2월, 역사적인 베이징 방문을 앞두고 닉슨은 잠시 하와이에서 휴식의 시간을 가졌다. 이때 닉슨은 협상의 기본

구도를 정리하며 간단한 메모를 작성하였다. 그는 미국이 협상을 통해 원하는 것들을 다음과 같이 적었다.

우리가 원하는 것들
1. 인도차이나
2. 중국 공산주의 세력이 아시아에서 확장되는 것을 막는 것
3. 미래의 중국이라는 초강대국(super power)과의 대결을 줄이는 것[26]

베트남전쟁 문제는 세계전략이라는 큰 틀에서 보자면 미·중·소 강대국 관계보다는 하위에 놓일 수 있다. 그럼에도 닉슨이 중국과의 관계 개선을 통해 추구하는 첫번째 목표로 베트남전쟁을 꼽은 것은 흥미롭다. 베트남전쟁의 명예로운 종결은 닉슨의 선거공약이자 당시 미국정치의 최대쟁점이었다. 게다가 1972년은 미국 대통령선거가 있는 해였다. 미국이 중국과 관계를 개선하고, 이를 소련과의 관계에 활용하면 베트남전쟁을 조기에 종결시키는 데 당연히 도움이 될 것이었다. 중국과 소련이 북베트남에 대한 군사·경제 원조를 줄이고, 빠리평화협상에서 더 타협적으로 나오도록 압박하는 것이 가능해지기 때문이다.

그러나 실제 미중관계 개선은 베트남전쟁 종결에는 그다지 즉각적인 효과를 발휘하지 못했다. 미국이 베트남 문제를 깊이있게 의논하려 할 때마다 저우언라이는 "우리는 베트남 사람이 아니오"라고 말했다. 다른 나라의 내정에 간섭할 수 없다는 것이었다. 그리고 1970년대 전반 미중관계 개선과정에서 중국의 북베트남에 대한 군사·경제 원조는 줄어들기는커녕 오히려 다소 늘어나는 양상이었다.[27]

미국과 중국이 관계 개선을 위해 협상을 시작하면 두 강대국과 동맹을 맺은 약소국들은 이를 우려하게 된다. 동맹을 맺은 강대국이 다른 강대국과의 관계를 위해 자신을 방기할까봐 우려하는 것이다. 그러나 협상에 나선 나라들은 협상을 자신에게 유리하게 전개하기 위하여 힘의 우위 또는 균형을 유지하려 한다. 약소한 나라들과의 동맹관계라 할지라도 이는 강대국의 힘을 유지하는 데 상당히 중요하다. 특히 냉전시기에는 더욱 그러하다. 따라서 강대국들은 협상과정에서 자신의 협상력을 유지하기 위해서라도 기존 약소국과의 동맹관계를 소홀히 할 수는 없다. 강대국들의 협상에서 자신의 약소한 동맹국들과의 관계를 조율하는 작업은 결코 단순하지 않다. 이 점 또한 닉슨 대통령은 잘 알고 있었다. 닉슨 대통령이 베이징으로 향하기 직전 쓴 메모 마지막 부분에는 이런 내용이 나온다.

또한

타이완＝베트남＝트레이드 오프(trade off)

1. 당신 쪽 사람들은 타이완에 대한 행동을 기대하고

2. 우리 쪽 사람들은 베트남에 대한 행동을 기대한다.

어느 쪽도 즉각 행동할 수는 없다. 그러나 양자 모두 불가피하다. 우리 모두 서로 당황스럽게 하지 말자.[28]

당시 많은 한국인들은 한반도 문제가 타이완 문제와 연계되어 미중 사이의 흥정의 대상이 될까봐 우려했다. 그러나 위의 메모에서 확인되듯 타이완 문제와 연계된 것은 베트남 문제이지 한반도는 아니었다. 그런데 닉슨은 타이완과 베트남 문제는 서로 연계될 수밖에 없지만 미국과 중국이 즉각적으로 이 문제에 대해 노골적으로 흥정을 하거나 행동을 취하기는 어렵다고 보았다. 미중관계 개선을 통해 중국인들은 타이완 문제를, 미국인들은 베트남 문제를 해결하기 원하고, 양자 모두 궁극적으로 불가피하게 해결되어야 하지만, 너무 조급하게 행동하면 서로 당황스러운 처지에 빠지게 된다는 생각이었다. 즉 각자의 약소국과의 동맹관계에도 이상이 생기고, 국내적으로도 큰 반발이 일어날 것이기 때문에 양국의 관계 개선도 어려워질 수 있다는 계산이었다. 그러니 양자의 이해관계의 핵심이 되고 있는 두 문제는 시간을 끌면서 미중관계가 개선되고, 국제환경이 구조적으로 변화하면서 점진적으로, 자연스럽게 일정한 균형과 타협점을 형성해 가는 방식으로 풀 수밖에 없다는 것이었다.

실제 미중관계 개선은 좀더 장기적이고 구조적인 차원에서 보면 베트남전쟁을 해결하는 데 결과적으로 기여하였다. 미국은 한국전쟁 때의 학습효과 때문인지 베트남전쟁 과정에서 북위 17도선 이북의 북베트남 영토를 지상군으로 공격하지 않았다. 그렇게 하면 한국전쟁 때처럼 중국이 개입할 우려가 있었기 때문이다. 북베트남 지역은 폭격만 하고, 폭격대상 지역도 일정한 한계선을 두어 너무 북쪽으로 가지 않았다. 그러나 이제 중국과의 관계 개선으로 중국이 베트남전에 개입할 가능성은 거의 사라졌다. 더욱 과감한 군사작전을 펼칠 수 있게 된 것이다. 1972년 2월 닉슨이 베이징을 방문한 직후 베트남 전투는 더욱 치열해졌다. 미국은 북위 20도선 이북 지역으로까지 폭격을 확대했으며, 북베트남의 하이퐁 항구를 봉쇄했다. 이렇게 군사적 압박을 강화하면서 결국 이듬해 1973년 1월 빠리평화협정을 체결시켰다.[29] 중국과의 관계 개선을 베트남전쟁의 조기 종결을 위해 활용한다는 미국의 의도는 좀더 장기적이고 구조적인 맥락에서 볼 때 실제 효과를 발휘하였던 것이다.

2. 키신저의 베이징 비밀방문과 한반도 문제 토의

키신저와 저우언라이의 한반도 문제에 대한 대화

1971년 7월 9일부터 11일까지 2박3일 일정으로 베이징을 방문한 키신저는 무려 17시간 동안 저우언라이와 회담을 했다. 한반도 문제도 거론되었다. 7월 9일 처음 열린 회담 서두에서 키신저는 자신이 생각하고 있는 국제문제에 관한 의제들을 거론하였으나 한반도 문제는 언급하지 않았다.[30] 당시 미국의 대한반도 정책 기조는, 후술하겠지만 현상유지 정책이었다. 미국이 한반도 문제를 중국 쪽에 굳이 먼저 꺼낼 이유가 없었던 것이다. 한반도 문제를 거론한 것은 저우언라이였다. 7월 9일 회담이 시작되자 키신저와 저우언라이는 타이완 문제를 먼저 논의했고, 다음으로 베트남 문제를 논의했다. 그다음이 한반도 문제였다. 저우언라이는 인도차이나 문제를 논의하다가 베트남에서 미국이 군대를 철수할 때 베트남 주둔 한국군도 반드시 함께 철수시켜야 한다고 주장했다. 키신저는 여기에 대해 "예스"라고 간단히 대답했다. 그러자 곧바로 저우언라이는 주한미군도 또한 철수해야 한다고 주장했다. 자신들은 한국전쟁 때 참전한 중국군을 1958년에 한반도에서 모두 철수시켰으니 당연히 미군도 철수해야 한다는 논리였다. 키신저는 주한미군 문제에 대해 "때로는 올바른 일이라 하더라도 점진적으로 성취해야 한다"면서 이렇게 답변하였다.

만약 우리 두나라의 관계가 예상대로 잘 진전되고, 베트남전쟁이 종결되어 한국군이 돌아오면, 닉슨 대통령의 다음 임기가 끝나기 전에 전부는 아니더라도 대부분의 미군이 한국에서 철수하는

것을 상당히 상정해볼 수 있다(quite conceivable).[31]

미중관계 개선 그리고 베트남전쟁 종식과 연계시키고 모호하게 표현했지만 주한미군 병력 대부분의 점진적 감축이 가능하다는 것이었다. 한국 정부요인들이 당시 키신저가 이러한 이야기를 했다는 것을 알았다면 대단히 분개했을 것이나 당시 미국의 대한정책을 볼 때 충분히 나올 수 있는 이야기였다.

키신저는 저우언라이가 주한미군 문제를 계속 거론하자 만약 일본군이 남한에 주둔하게 되면 당신들은 더 걱정하게 될 것이라고 응수했다. 그러자 저우언라이는 중국은 원칙적으로 한반도에 외국군이 주둔하는 것을 반대하며, 그 누구의 군대든 같은 입장이라고 말했다.[32] 저우언라이는 모든 외국군대는 철수해야 한다는 원칙을 거듭 강조했다. 그러나 주한미군은 물론 타이완 주둔 미군의 철수를 이야기할 때에도 철수시한을 못박거나 이를 강요하지는 않았다. 다분히 점진적인 철수를 양해하는 분위기였다.

7월 10일 둘째 날 회담에서도 한반도 문제가 거론되었다. 저우언라이는 이날 일본군이 타이완과 남한에 진주할 가능성에 대해 우려를 피력했다. 1969년의 닉슨-사또오[佐藤榮作] 성명을 언급하면서 일본의 재무장화를 경계하는 발언을 했다.[33] 한편 한반도평화협정 문제도 제기했다. 저우언라이는 한반도는 아직도 휴전상태이며, 계속해서 무력충돌이 발생한다고 지적하였다. 그는 북한이 한반도의 긴장이 완화되기를 바라고 있다고 전하면서, '평화협정'은 1954년 제네바 정치회의에서 결론이 나야 했지만 당시 덜레스(John F. Dulles) 미국무장관이 반대하여 결실을 보지 못했다고 지적하고, 북한은 평화협정이 체결되지 않아 불안해 한다고 했다.[34]

'평화협정' 문제는 이후 미국과 중국의 관계 개선과정은 물론 남북 대화에서도 거론되는 사항이다. 그런데 여기서 주목해야 할 것은 평화협정 문제가 북한의 입장과 우려를 전달해주는 차원에서 거론되었다는 것이다. 저우언라이가 키신저가 예상했던 것보다 한반도 문제를 비중있게 거론한 것은 중국 자체의 이해관계도 있었지만 북한의 입장을 미국에 전달하거나 대변하기 위한 것이었음을 알 수 있다.

7월 11일 오전 키신저는 베이징을 떠나기 직전에 저우언라이와 약 1시간 20분 동안 회담을 했다. 짧은 시간 진행된 최종 회담이었으니 핵심적인 사항, 양측이 꼭 이야기하고 확인해야 할 것들만 논의할 수밖에 없었다. 이날 저우언라이는 한반도 문제와 관련해 두가지를 이야기했다. 모두 아주 구체적인 이야기였다.

하나는 주한미군 철수과정에서 휴전선 서부지역을 담당할 한미 합동군단의 창설에 관한 것이었다.[35] 키신저는 한미 합동군단은 미군의 철수를 용이하게 하기 위해 창설한 것이지 미국의 대한 군사공약을 강화하기 위한 것은 아니라고 해명했다. 저우언라이는 북한이 여기에 반대하고 있으며, 중국도 반대한다고 했다. 또 하나는 일본과 남한의 군사협력 문제였다. 저우언라이는 일본 자위대가 매달 사복 요원들을 남한에 보내고 있다면서 우려를 피력했다. 키신저는 자위대 요원들의 한국방문 사실에 대해 자신은 잘 모르는 문제라고 했으나, "미국의 정책은 일본군이 해외로 진출하는 것을 지지하는 것은 아니다"라고 말했다. 키신저는 또한 저우에게 미국은 남한이 북한을 침공하는 것을 당연히 반대한다고 했다. 그러나 북한은 때로는 거칠게 군사적 도발을 한다고 지적하면서, 중국이 북한에 영향력을 발휘하여 이를 자제시켜줄 것을 요청하였다.[36]

키신저는 대화 내내 한반도 문제에 대한 저우의 발언에 대해 응답만 했지, 먼저 문제를 제기하지도 어떤 제안이나 요청을 하지도 않았다. 키신저가 한반도 문제와 관련해 중국측에 요청한 것은 북한이 공격적인 행동을 하지 않도록 영향력을 발휘해달라는 것이 유일하였다. 저우는 이러한 요청에 대해 명확히 답변하지 않았다. 키신저는 귀국 후 닉슨 대통령에게 이 사실을 보고하면서 자신은 저우의 침묵을 암묵적인 동의로 간주했다고 말했다.[37]

키신저의 1차 베이징 방문 중에 저우언라이가 한반도 문제와 관련하여 강조한 것은 크게 두가지였다고 할 수 있다. 첫째는 주한미군 철수고, 둘째는 일본군이 남한에 진주해서는 안된다는 것이었다. 평화협정 체결 문제는 긴급한 사안으로 강조되기보다는 북한의 우려를 전달하는 방식으로 언급되었다. 여기서 중국의 의도는 주한미군 철수와 일본군의 한국 진입을 방지하는 것 중 어디에 더 초점이 있었는지 의문을 제기할 수 있다. 주한미군이 갑자기 모두 철수하면 한국은 당연히 일본과의 군사협력을 강화하려 할 것이므로, 두 문제는 서로 연계될 수밖에 없었다. 저우는 마지막 날 대화에서 아주 구체적으로 한일간의 군사교류 문제를 언급하였다. 이를 볼 때 중국은 주한미군 철수보다는 일본의 군사적 팽창을 저지하는 데 더 큰 관심을 보였다고 할 수 있다. 이 점은 향후 미중대화가 지속되면서 더욱 뚜렷하게 드러났다.

1969년 닉슨-사또오 성명과 한일 군사협력

한일 군사협력 문제에 대해서는 설명이 필요하다. 한국의 경우 한일관계 정상화를 추진한 가장 핵심적인 동기는 물론 경제적 이해관계에 있었다. 그러나 경제와 군사·안보 문제는 이분법적으로 분리되기 어렵다. 미국의 입장에서 한일관계 정상화는 한국경제가 일본경제와 연결되어 성장함으로써 미국의 대한(對韓) 군사원조 부담을 줄인다는 의미가 있었다. 일본의 경우 한일회담의 타결을 적극적으로 주장한 사람들은 대부분 반공적인 성향이 강한 보수정객들이었다. 이들은 남한이 공산화되어 부산에 적기(赤旗)가 걸리면 일본도 위험해진다는 논리로 한일수교의 필요성을 강조했다.[38]

빅터 차(Victor D. Cha) 교수는 한국과 일본은 공식적인 군사동맹을 맺지는 않았지만 동일한 제3국(미국)과 군사동맹을 맺고 있다는 차원에서 실질적으로 유사동맹(quasi alliance) 관계에 있다고 주장한다. 1969년 말부터 키신저가 베이징을 비밀방문한 1971년 7월 사이에 한일간의 군사협력은 과거에 비해 훨씬 진전되는 양상이었다. 닉슨독트린(Nixon Doctrine) 때문이었다. 닉슨독트린은 아시아 지역에서 미군의 직접적인 군사개입을 줄여나가겠다는 정책이었다. 일본과 한국 모두 동맹국 미국으로부터 방기될 위험성을 느꼈고, 그 때문에 상호 군사협력에 좀더 관심을 가졌다.[39]

1969년 11월 21일 일본의 사또오 수상이 워싱턴을 방문하여 닉슨 대통령과 정상회담을 갖고 공동성명서를 발표하였다. 1972년까지 오끼나와의 행정권을 일본에 반환한다는 것이 주된 내용이었다. 닉슨-사또오 공동성명 제4항에는 다음과 같이 한국 및 타이완에 관련된 언급도 있었다.

(닉슨) 대통령과 (사또오) 수상은 한반도에서 계속되는 긴장에 특별히 주목하였다. (사또오) 수상은 한반도에서 유엔의 평화유지 노력에 깊이 감사하며, 한국의 안보는 일본 자신의 안보에 필수적(essential)이라고 언급했다. 대통령과 수상은 공산 중국이 대외관계에서 좀더 협조적이고 건설적인 태도를 취하기를 희망한

다는 것을 공유하였다. 대통령은 미국이 준수해야 할 중화민국(타이완)과의 조약의무에 대해 언급하였다. 수상은 타이완 지역의 평화와 안보를 유지하는 것은 일본의 평화와 안보에 또한 중요하다(important)고 말했다.[40]

여기서 사또오 수상은 타이완에 대해서는 '중요하다'고 표현한 반면, 한국에 대해서는 '필수적'이라고 더 강한 표현을 사용했다. 닉슨-사또오 성명이 발표되자 중국과 북한은 일본이 군국주의와 팽창주의의 부활을 획책하는 것이라고 비난하며 강력히 경계하였다. 저우언라이도 키신저와의 대화과정에서 이 성명을 수차례 거론하며 일본의 재군사화를 경계했다.

닉슨-사또오 성명을 전후하여 한일간의 군사교류도 활성화되는 모습을 보였다. 1969년 6월 일본 육상자위대 장군 야마다 마사오(山田正雄)가 한국을 방문하여 한국군 군부대를 시찰하고, 박정희 대통령을 만났다. 곧바로 같은 달 한국군 합참의장 문형태(文亨泰) 장군이 일본을 방문하여 자위대 시설을 시찰하고, 일본 방위청장관과 사또오 수상을 만났다. 1970년 7월에는 자위대 정무차관 쯔찌야 요시히꼬(土屋義彦)가 서울을 방문했고, 1971년 2월 22일에는 한국 국방차관 유근창(柳根昌)이 일본을 방문하여 자위대와 국방대학을 시찰했다.[41]

1971년 5월 30일에는 한국 신문에 짤막한 기사가 실렸다. 1971년 7월 1일 일본 사또오 수상이 박대통령 취임식에 참석할 예정인데 그 직후인 7월 4일 34명의 일본 자위대 간부가 한국을 방문할 예정이라는 것이었다. 자위대 장교들은 중국과 북한을 자극하지 않기 위해 사복 차림으로 민간항공기를 이용해 방한하여 휴전선, 육군사관학교,

중앙정보부를 시찰할 예정이라고 했다.[42]

한일 군사협력 문제는 한국에서 매우 민감한 쟁점이었다. 1971년 한국 대학가에서는 정부의 교련수업 강화조치에 반발하는 학생시위가 분출하고 있었다. 이 무렵 학생들은 일본의 '재(再)군국주의화'를 우려하면서 한일 군사협력에 대해 경계하고 반대하는 주장을 하고 있었다.[43] 워낙 민감한 문제이기에 한국의 신문기자들도 일본 자위대 관계자의 방문 사실에 대해 잘 알고 있음에도 보도를 자제하는 형편이었다.[44] 때문에 자위대 간부들이 실제 방문했는지, 방문해서 무엇을 했는지에 대해 언론들은 보도하지 않았다. 저우가 키신저에게 언급한 일본 자위대 장교들이 사복을 입고 한반도에 드나든다는 이야기는 1971년 7월에 예정되었던 34명의 자위대 간부의 방문을 말했던 것이 틀림없다. 키신저는 1971년 10월 2차 베이징 방문 때 자신이 나중에 확인해보니 일본 자위대 장교들이 한국을 방문한 것은 사실이며, 자신이 그 명단도 갖고 있다고 시인하였다.[45]

그러나 1969~71년에 한일간의 군사협력은 어떤 확실한 성과나 결과를 본 것은 아니었다. 다만 과거보다 상대적으로 나아졌을 뿐이었다. 일본군의 한국 주둔 가능성에 대한 중국과 북한의 우려는 사실 너무 과장된 측면이 없지 않았다. 물론 이 시기 한일 군사협력의 실상은 지금도 자세히 알기는 어렵다. 그러나 현재 공개된 미국 정부문서를 볼 때 한·미·일 삼국 모두 한국과 일본이 완전히 군사동맹 관계로 가는 것에 대해 아주 적극적이었다고 보기는 어렵다.

한국의 정부요인들은 한일 군사협력이, 미국이 한국의 방위책임을 일본에 떠넘기는 결과를 가져올까봐 우려했다. 1970년 12월 미국의 정부보고서는 "남한의 중심적인 목표는 미국을 한국의 방위에 더 확실하게 연루시키기 위해 아시아 이웃국가들과의 협력을 너무 증진시키지 않는 것에 있다"고 파악하였다.[46] 일본도 마찬가지로 미국을 대신하여 아시아 평화유지의 책임을 떠맡을 의사는 없었다.[47] 미일동맹도 현저하게 비대칭적이었고, 의존적이었으며, 종속적이었다.[48] 한국과 일본 모두 미국의 입장을 의식해서 한일 군사협력의 가능성을 타진했지만, 양국 모두 이것이 미국과의 동맹관계를 대체하거나 약화시키는 것을 원치 않았다.

심지어 미국도 한일 군사협력을 촉구하기는 했지만 이것이 본격적인 군사동맹으로까지 발전할 수 있다고 본 것 같지는 않다. 1969년 3월 김동조(金東祚) 주미한국대사는 로저스 국무장관에게 닉슨 대통령이 말하는 동아시아 지역협력이 경제·문화적 협력인지 아니면 지역적 안보동맹의 형성을 의미하는 것인지를 물은 적이 있다. 로저스 국무장관은 이 질문에 대해 경제·문화적 협력이라고 답했다.[49]

그럼에도 불구하고 중국은 일본의 재무장화와 일본군의 해외진출 가능성에 대해 대단히 예민하게 반응했다. 동아시아 지역 내에서 일본과의 경쟁관계 때문이었다. 타이완과 한국에 대해서는 더욱 그러할 수밖에 없었다. 심지어 중국은 일본이 타이완 및 한국과 경제적 관계를 갖는 것도 무척 경계하고 이를 제약하려 했다. 1970년 4월 저우언라이는 일본기업과의 무역금지 원칙 4가지를 발표했다. 이를 통상 '저우언라이 원칙'이라고도 한다. 일본의 기업 중 ①타이완과 한국을 원조할 목적으로 무역하는 기업 ②타이완 또는 한국에 투자하는 기업 ③베트남전쟁에 협력하는 기업 ④미국과 합동투자사업을 하는 기업과는 무역을 하지 않겠다는 원칙이었다.[50]

그런데 1971년 7월 키신저의 베이징 비밀방문 이후 데땅뜨 상황이 도래하자 한일 군사협력은 완전히 뒷걸음질쳤다. 데땅뜨 분위기가 조성되자 일본도 자체 이해관계 때문에 중국과 관계 개선에 나섰기 때문이다. 일본은 중국과의 관계를 의식해서 한국과의 군사협력 관계를 더이상 진척시키지 않았다. 심지어 일부 일본기업들은 중국과의 관계를 위해 한국과의 경제적 관계에도 소극적 태도를 보이기 시작했다.[51]

3. 한미관계와 미국의 한반도정책

1968년 미국의 한반도정책 재검토

존슨행정부 말기인 1968년부터 미국의 대한반도 정책은 이미 한반도에서 개입을 축소하는 방향으로 변화하고 있었다. 또한 미국의 대북한 정책을 포함해서 전반적인 대한반도 정책에도 변화의 조짐이 나타났다.

1968년 주한미국대사관은 1965년에 작성된 한국 관련 「국가정책문서」(National Policy Paper)[52]의 개정문제를 제기했다. 「국가정책문서」는 특정 나라에 대한 미국의 전반적인 정책지침을 다룬 문서로, 5년 동안 유효한 것으로 상정되어 있었다. 그럼에도 미국대사관은 밴스 특사의 권고로 미국의 대한정책이 전반적으로 재검토되고 있는 상황이니만큼 한국 관련 「국가정책문서」의 개정작업도 필요하다고 제안했다. 1968년 4월 30일 주한미국대사관은 주한미군과 협의를 거쳐 새로운 한국 관련 「국가정책문서」 초안을 작성하였다.

개정 초안의 내용은 기본골격에서는 1965년 문서와 큰 차이가 없었다. 그러나 이 문서에는 "만약 공산주의자와의 협상이 건설적으로 보일 때 공산주의자와 협상할 수 있는 준비를 갖추어야 하며, 한국정부로 하여금 이러한 노력을 지지할 수 있도록 영향력을 발휘해야 한다"고 했다.[53] 남북관계에 대해 1965년 문서보다 더 적극적이고 유연한 태도를 보인 것이다.

1968년「국가정책문서」초안에서 특히 주목되는 점은 미국의 대북한 정책이다. 주한미국대사 포터는 기존「국가정책문서」의 개정 필요성 중 하나로 남한에 대한 정책만 아니라 북한에 대한 정책도 있어야 한다고 강조했다.[54] 한국전쟁 이후 미국의 대북한 정책은 남한을 방위하기 위해 북한을 고립·봉쇄하는 것이었다. 이는 실질적으로 미국의 대남한 정책의 연장선일 뿐 독립적인 대북한 정책이라는 것은 없었다. 즉 미국의 대남한 정책과 대북한 정책은 분리되지 않았던 것이다. 그러나 이 무렵부터 미국정부는 대남한 정책과는 별도의 영역으로 대북한 정책을 설정해나가는 양상을 보여준다. 이에 1965년에 작성된 문서의 제목은「국가정책문서: 대한민국(ROK)」이었지만 1968년에 작성된 문서 초안의 제목은「국가정책문서: 한반도」로 바뀌었다.

1968년「국가정책문서」개정 초안은 미국의 전략을 언급하며 그 기본 가정들(assumptions) 중 하나로 북한정권의 안정성과 북한 주민 및 영토에 대한 통제력이 심각하게 훼손되는 상황은 발생할 것 같지 않다고 평가했다. 그리고 "미국이 중국에게 그러했듯이 같은 차원(level)과 속도(tempo)로 북한과의 대화채널(communication channel)을 열 수 있는 준비를 갖추어야 한다"고 했다.[55] 물론 이 문서에서도 미국의 대북한 봉쇄정책의 기본틀은 그대로 유지되었다. 미국은 제3세계 나라들이 북한을 외교적으로 승인하는 것을 방해하는 한국정부의 노력을 계속 지원해야 한다고 명시하였다. 다만 필요할 경우 북한과 의사소통을 할 수 있는 대화채널은 확보할 필요가 있다는 것이었다. 미국이 북한과의 대화 채널 확보에 관심을 갖게 된 것은 푸에블로호 사건이 영향을 미쳤던 것으로 보인다. 한편 이 문서는 별도의 장(chapter)을 두어 갑산파의 숙청 등 북한의 내부 정치상황도 분석하였다.[56]

존슨행정부 말기 미국의 대한정책은 '태도'와 '관점'에서 확실히 이전과 다른 기류가 나타났다. 그러나 이것이 구체적인 정책과 행동으로 확실하게 결정된 것은 아니었다. 이는 닉슨행정부에 접어들면서 시작되었다고 할 수 있다.

주한미군 감축

1969년 1월 출범한 닉슨행정부는 아시아에서 미국의 개입을 축소하는 정책을 실행하였다. 이른바 닉슨독트린으로 불리는 정책이다. 닉슨독트린은 1969년 7월 닉슨의 아시아 순방 중 괌(Guam)섬에서 처음 언명되고, 그해 11월 3일 닉슨의 베트남전쟁 관련 연설에서 확인되었으며, 1970년 2월 대통령이 의회에 보낸 외교교서에서 정리된 개념이다. 닉슨독트린의 내용은 ①미국은 아시아 국가와 맺은 모든 조약상의 공약은 준수하고 ②미국의 동맹국이 핵 위협을 받을 경우 이를 보호할 것이나 ③침공을 받았을 경우 아시아의 당사국들이 지상군 인력동원의 일차적 책임을 져야 한다는 것이었다. 요컨대 아시아의 방위책임은 기본적으로 아시아인이 담당해야 한다는 것이었다.[57]

닉슨 대통령은 취임 이후 지속적으로 베트남 주둔 미군을 대폭 감축하였다. 당연히 주한미군도 감축되는 것 아니냐는 우려가 나올 수밖에 없었다. 그런데 닉슨독트린을 한국에 적용하는 데는 특수한 문제가 있었다. 한국은 베트남에 5만 병력을 파병한 나라이다. 존슨행정부 말기에도 주한미군 감축계획이 있었지만 이는 베트남에 있는 한국군이 돌아오는 것과 연계해 진행되도록 되어 있었다.

또한 북한의 대남 무력공세도 문제였다. 1969년 4월 15일 북한의 미그기들이 동해상에서 작전을 수행하던 미국의 첩보기 EC-121기를 격추시킨 사건이 발생해 기내에 있던 미군 병사 32명이 모두 사망하였다.[58] 이 사건은 주한미군의 감축을 더욱 어렵게 만들었다. 1969년 8월 박정희, 닉슨 대통령이 쌘프란시스코에서 정상회담을 했다. 이때 닉슨은 박정희에게 미국정부는 한국을 예외적으로 취급할 것이라고 하면서 주한미군의 감축은 없을 것이라고 했다.[59]

그러나 닉슨행정부가 한국을 예외로 취급하는 것은 오래가지 못했다. 한미정상회담 후 3개월 만인 1969년 11월 24일 닉슨 대통령은 키신저에게 주한미군 감축을 지시했다. 닉슨은 주한미군 감축이 EC-121기 사건 때문에 지체되었지만 더이상 미룰 수는 없다고 했다. 이날 닉슨 대통령은 주한미군을 절반으로 줄이는 실행계획을 세워 연말까지 제출하라고 지시했다.[60]

1970년 3월 4일 닉슨 대통령과 국무부장관을 비롯한 국방부, CIA 등 미국의 고위관리들이 모여 주한미군 감축계획을 토의했다. 주한미군 감축규모와 이를 보완하는 한국군 현대화계획의 규모에 대해 여러 대안들이 검토되었다. 닉슨 대통령은 이 자리에서 주한미군 감축은 "해야 한다"고 못을 박았다. 그리고 감군을 하는 가장 좋은 방식은 박대통령이 먼저 나서서 이를 미국에 제안하도록 하는 것이라고 했다. 1958년 중국군이 북한에서 철수했을 때 그러했던 것처럼 말이다. 이 자리에 참석한 포터 주한미국대사는 박대통령에게 한국군 현대화에 대한 확언을 해준다면 가능할 것이라고 했다. 그리고 닉슨 대통령은 다음과 같은 의미심장한 발언을 했다.

요점은, 우리가 지금 찾는 바는 한국에서 물러나오는 방법이 아니라 장기적으로 실행 가능한 태세로 그곳에 머물게 하는 방법이다.[61]

물론 닉슨 대통령과 미국정부는 주한미군 감축은 단 한번에 그치는 것이 아니라 계속될 것이라고 생각했다. 그러나 한국과의 군사동맹 관계를 정리할 생각은 물론 없었고, 병력 모두를 완전히 철수할 의도도 없었다. 즉 소규모의 미군 병력만 한국에 남더라도 미국이 안정적으로, 또한 장기적으로 한반도에서 군사적 역할을 하고 영향력을 유지하고자 했던 것이다. 키신저는 1971년 7월 베이징 비밀방문 과정에서 저우언라이에게 대부분의 주한미군을 점진적으로 철수할 것이라고 했으나 완전히 철수하겠다는 언급은 하지 않았다. 그 맥락도 여기에 있었던 것이다.

마침내 1970년 3월 20일 주한미군 감축계획이 「NSDM 48」이라는 문서로 정리되어 확정되었다. 이 문서는 1971 회계연도 말(1971년 6월 30일)까지 2만명의 주한미군을 감축할 것을 명시하였다. 또한 한국군 현대화를 위해 미국이 1971년부터 1975년까지 5년간 매년 2억 달러, 즉 총 10억달러에 달하는 군사원조를 하는 것을 한국정부에 제안하기로 했다.[62] 이러한 결정은 곧바로 3월 27일 주한미국대사 포터를 통해 박정희 대통령에게 전달되었다.[63] 이 무렵 베트남 주둔 한국군은 일부 병력조차도 한국으로 철수해 돌아오지 못하고 있는 상태였다. 닉슨행정부의 주한미군 감축 결정은 베트남 주둔 한국군의 복귀 문제와는 관계없이 일방적으로 이루어졌던 것이다. 이는 존슨행정부의 계획과도 확실한 차이가 있었다. 미국 공화당 강경파 정치인들이 자주 보여주었던 일방주의적 외교행태의 한 사례라 할 수 있을 것이다.

박대통령은 물론 거세게 반발하였다. '강력 대응' 외교를 했다. 과거 존슨 대통령은 1965년 한국이 베트남에 전투병력을 파병하기로 했을 때 박대통령에게 주한미군을 감축하지 않겠다고 약속했다. 또한 주한미군 규모에 대한 조정이 필요해지면 박대통령에게 첫번째로 알려줄 것이며, 사전에 "전적으로 협의"(full consultation)하겠다고 했다.[64] 그런데 영어의 협의(consultation)라는 단어는 참으로 미묘한 의미를 지니고 있었던 모양이다.

박대통령은 1970년 4월 23일 닉슨 대통령에게 서한을 보내 북한의 남침 위협이 증대하고 있는 상황에서 주한미군 감축에 반대할 수밖에 없다고 했다. 5월 26일 닉슨 대통령은 주한미군 감축은 불가피하며, 한국군 현대화를 위해 1971년부터 1975년까지 더 많은 군사원조를 할 것이라고 약속하는 답장을 썼다.[65] 5월 29일 포터 대사가 닉슨의 회신서한을 전달하기 위해 박대통령과 만났다. 이 자리에서 포터는 닉슨 대통령이 지시한 대로 주한미군 감축을 박대통령이 먼저 제안해줄 것을 요청하였고, 박대통령은 포터에게 주한미군 감축에 동의할 수 없다고 했다. 그러자 포터는 미군이 철수하는 것에 대해 한국정부에 '허가'(permission)를 구하는 것은 아니며, 허가는 불필요하다고 응수했다. 이에 박대통령은 자신은 사전 협의하겠다는 미국의 말을 "미국이 군대를 철수하기 전에 한국정부의 동의(agreement) 또는 합의(concurrence)가 필요한 것으로 이해했다"고 반발했다.[66] 그러나 포터는 '협의'하는 것과 '동의'를 구하는 것은 다른 것이라고 했다. 이래서 영어가 그렇게 어려운 것인가보다.

당시 미국정부의 논리는 미군은 어디까지나 미국의 군대이므로 그 거취 여부는 당연히 미국이 결정할 문제라는 것이었다. 여기에 대해 외국에 사전 동의 또는 합의를 구하거나 협상을 통해 결정할 문제는 아니라는 것이었다. 이같은 논리는 저우언라이가 주한미군 문제를 언급했을 때 키신저가 이는 "국제적인 조치를 취할 필요가 없는 것으로 어찌되었든 미국의 정책 문제다"라고 응수[67]한 데에서도 드러난다. 요컨대 미국정부의 입장은 주한미군의 감축 여부는 당연히 미국이 정책적으로 결정하는 것이고, 다만 한국정부와 '협의'가 필요한 부분은 미군 감축 후 이를 보완하는 문제, 즉 한미 군대의 재배치 및 한국군 현대화를 위한 원조계획을 작성하는 문제라는 논리였다.

주한미군 감축을 둘러싼 한미협상은 수개월이 지나도 결론이 나지 않았다.[68] 미국정부는 1970년 8월 24일 애그뉴(Spiro T. Agnew) 부통령을 한국에 보내 박대통령과 주한미군 감축 문제를 마무리하려 했다. 8월 25일, 박대통령은 예정된 시간을 훨씬 넘겨 무려 6시간 동안이나 애그뉴와 마라톤협상을 했다. 박대통령은 먼 길을 온 애그뉴에게 제대로 된 점심식사도 제공하지 않고, 케이크와 커피만 내놓고 장시간 회담을 이어갔다. 회담은 열띤 논쟁이 오가며 시종일관 긴장된 분위기 속에서 진행되었다.[69] 2박3일 일정의 방한이었지만 회담은 명확한 결론을 내리지 못했고, 공동성명조차 발표되지 못했다.

애그뉴 부통령도 박대통령과의 회담을 마치고 감정이 상했던 모양이다. 한국을 떠나 타이완으로 가는 비행기 안에서 애그뉴는 기자들에게 한국군 현대화계획이 끝나는 5년 내에 주한미군 전부를 철수시킬 것이며, 현대화계획이 완수된 이후 상징적인 주한미군 병력을 남겨둘 것인지도 극히 의심스럽다고 했다.[70] 당시 미국정부의 계획보다 더 나아간 발언을 했던 것이다.

키신저는 닉슨 대통령에게 보낸 문서에서 애그뉴와의 회담에서 나타난 박대통령의 감정적 태도(emotionalism)에 대해 우려를 피력했다.[71] 박대통령과 애그뉴의 회담은 당시 국제외교가에서 상당히 화제가 된 것 같다. 저우언라이도 키신저와의 대화과정에서 박대통령이 애그뉴에게 결례를 범했다는 소식을 들었다면서, 이를 조롱하기도 했다.[72]

철군 계획에 대한 한미 양국의 완전한 합의는 해를 넘겼다. 1971년 초, 여러 소동과 논란 끝에 주한미군 2만 병력을 감축하고, 그 대신 한국군 현대화를 위해 5년간 10억달러의 군사원조를 해주는 것으로 결론이 났다. 1971년 2월 6일, 한미 양국은 마침내 주한미군 감축에 대한 공동성명을 공식적으로 발표하였다.

한반도화정책

닉슨행정부는 미국의 군사적 개입을 축소하기 위해 아시아에서의 분쟁을 현지화하는 정책을 취하였다. 그 일환으로 닉슨 대통령은 베트남에서 남베트남 군대를 강화하고 미군은 철수한다는 이른바 전쟁의 베트남화(Vietnamization)를 추구하였다. 같은 맥락에서 한반도에서도 이른바 한반도화(Koreanization)정책이 추구되었다. 주한미군의 감축은 이러한 한반도화정책과도 관련이 있었다. 주한미군의 감축은 미 7사단은 철수하고, 휴전선 서부 철책선을 직접 담당했던 미 2사단을 후방 2선 지역으로 재배치하는 방식으로 이루어졌다. 이에 휴전선 전체 철책방어 임무는 모두 한국군이 담당하게 되었다.[73] 또한 한반도화정책의 연장선상에서 군사정전위원회 수석대표도 한국군 장성으로 임명하자는 이야기도 이 무렵부터 미국정부 내에서 거론되었다.

1971년 7월 3일 군정위 유엔군측 수석대표 로저스 장군(Felix Rogers)은 AP통신 기자에게 개인적인 견해라는 전제하에 한국군 장성도 유엔군측 수석대표가 될 수 있다고 말해 주목을 끌었다.[74] 이 무렵 포터 대사와 유엔군사령관 마이켈리스(John H. Michaelis) 장군도 정전위 수석대표로 한국군 장성을 임명해도 될 것이라고 워싱턴에 건의한 바 있다.[75] 한편 한국 정부요인들도 군정위 수석대표 문제에 대해서는 적극성을 보였다. 김종필 총리는 로저스의 발언이 나오자 만약 유엔군사령부가 요청한다면 한국정부는 한국군 장성을 추천해 주겠다고 했다.[76] 그러나 군정위 수석대표를 한국군 장성이 맡는 문제는 가능성의 탐색 정도로 그치고 실제 실행되지는 않았다. 정전위 수석대표를 실제 한국군 장성으로 임명한 것은 20년이나 지난 1991년 3월에야 이루어졌다. 북한은 여기에 대해 크게 반발하여, 이때부터 군정위 회의에 참가하지 않고 있다.[77]

미국의 한반도화정책은 모든 것을 한국인에게 맡긴다거나, 기존 휴전체제와 한미동맹의 틀을 획기적으로 바꾸는 것은 아니었다. 당시 미국의 정책은 한반도에서 개입을 가급적 축소하는 방향으로 갔지만, 미국의 군사적 역할과 권한을 완전히 포기하거나 한국정부로 이양하는 것은 아니었다. 휴전체제의 기본틀과 유엔군사령부가 존재하는 한 휴전체제의 운영 자체는 미국이 주도권을 쥘 수밖에 없었다.

한반도화정책은 한편으로 유엔에서 한반도 문제에 대한 토의를 회피하는 정책으로 나타났다. 당시 미국 외교관리들은 연례행사처럼 유엔에서 한반도 문제가 토론될 때마다 어떤 성과도 기대할 수 없으면서 이를 준비하느라 많은 돈과 인력을 낭비하는 현실을 개탄했다.[78] 1960년대 말부터 미국은 한국정부와 공조하에 유엔에서 한반도 문제 토론을 가급적 회피하고 연기하는 정책을 추진하였다. 1971년 9월 남북대화가 시작되자 한미 양 정부는 유엔총회에서 한반도 통일문제는 남북대화의 결과를 기다려보자고 하면서 토론 연기를 주장했고, 이러한 주장은 효과를 발휘했다. 1971년과 1972년 두해에 걸쳐 실제로 유엔에서 한반도 문제 관련 토론이 연기되었다. 이러한 측면에서 남북대화는 한반도화, 분단의 내재화 정책과도 관련이 있었다.

남북한 관계개선을 위한 권고와 유도

미국이 주한미군을 감축하고, 한반도화정책을 추진하기 위해서는 한반도의 긴장완화가 필수적이었다. 더욱이 미중관계의 원활한 개선을 위해서도 한반도가 조용해질 필요가 있었다. 닉슨행정부는 1969년 출범 직후부터 한국정부에 공산권과 북한에 대해 좀더 유연하고 전향적인 정책을 수립할 것을 촉구하였다.

미국정부는 남북관계 개선을 촉구하고 나섰지만 직접 압력을 행사하거나 강요하는 방식을 취하지는 않았다. 한국의 지도자들을 만나 남북관계 개선과 유연한 대공산권 외교에 대한 미국의 관심을 표명하고, 한국정부가 이에 대해 더 전향적인 정책을 취하도록 권고하고 유도하는 식이었다. 남북관계 개선 문제는 사안 자체가 대단히 민감한 만큼 미국정부도 영향력을 행사하는 데 조심스러울 수밖에 없었던 것이다. 1971년 2월까지 포터 대사가 미국무부로부터 위임받은 것은 "한국 정부요인을 만나 남북관계 개선을 설득하고 논의하는" 차원이었다.[79]

그 일환으로, 주한미국대사 포터는 1969년 12월 전직 중앙정보부 부장 김형욱(金炯旭)을 만나 남북한의 접촉 및 교류 가능성에 대한 한국정부의 입장을 탐색해보았다. 김형욱은 현재 남한은 북한과의 접촉을 감당할 수 없고, 1973년 이후에나 가능할 것이라고 했다.[80] 1970년 2월 초에는 국무부 전현직 한국과장인 레너드(James F. Leonard)와 피터스(Richard B. Peters)가 주미한국대사관 부공관장 황호을(黃鎬乙)을 만나 대공산권 외교와 남북관계에 대해 대화를 나누었다. 레너드는 통일문제에 대해 남한이 적극적으로 이니셔티브를 취하면 국제적 선전공세 측면에서도 유리하고, 평양정권을 여러 차원에서 정치적 난관에 봉착하게 만들 것이라고 언급했다. 여기에 대해 황호을은 통일문제에 대해 아직 준비된 구체안은 없으며, 1971년 대통령선거전에는 이러한 이니셔티브가 취해지지 못할 것이라고 했다.[81]

미국정부는 행정부 인사뿐만이 아니라 야당 정치인들과의 접촉에서도 대공산권 외교, 남북대화 문제를 거론했다. 전임 주한미국대사였고, 당시 국무부 동아시아 담당 부차관보였던 윈스럽 브라운(Winthrop G. Brown)은 1970년 2월 야당인 신민당의 지도자 고흥문(高興門)과 김대중(金大中)을 만났다. 고흥문은 북한과의 인사교류, 서신교류 문제에 대해 너무 시기상조라는 반응을 보였다. 반면 김대중은 이미 자신이 1967년에 북한과의 기자교환, 서신교환, 이산가족 상봉 문제를 이야기했음을 들면서 남북관계 개선에 적극성을 보였다.[82] 이후 김대중은 1970년 9월 신민당의 대통령후보로 지명되었고, 곧바로 같은 해 10월 남북교류론을 주장하여 큰 파문을 일으키기도 했다.

그러나 남북대화에 대한 권유와 설득 작업은 미국이 기대한 것만큼 빠르고 구체적인 성과를 보지 못했다. 1971년 2월 18일, 주한미국대사 포터는 국무장관에게 보내는 전문에서 박정희 대통령이 북한과의 접촉 문제에 대해 무언가 대책이 있어야 한다는 것을 인식하였으나 아직 확실한 결정을 내리지 못하고 있다고 했다. 포터는 "조용한 설득보다 조금 더한 수단"이 필요하다면서 다음과 같이 말했다.

그러므로 새로운 정부가 7월에 수립되면, 박정희가 수반이 되거나 아니면 야당후보가 선출되거나 간에, 이산가족·문화·경제 교류로부터 시작하여 북한과 한반도 문제를 직접 협상해보려는 진짜 노력이 필요하며, 만약 한국정부가 충분한 반응을 보이지 않을 경우, 미국은 직접 긴장완화의 가능성을 실현하기 위해 독자적인 조치를 취할 것이라고 한국정부에 통보할 것을 제안한다. 여기서 후자의 조치는 우리와 북한 사이의 비밀회담을 암시하는 것이 될 것이다.[83]

1971년 4월 대통령선거가 끝나고 7월에 새로운 정권이 들어서면 미국이 좀더 직접적인 압력을 넣어야 한다는 것이었다. 그리고 압력을 행사하는 방법으로 미국과 북한의 직접적인 대화 가능성 암시를 언급한 것도 흥미롭다. 이른바 '북한 카드'의 활용이었다. 그러나 미국정부가 1971년 7월 이후 설득과 유도 차원을 넘어 실제 압력을 행사해야 할 이유는 사라졌다. 그해 7월에 키신저의 베이징 비밀방문 이후 닉슨 대통령의 베이징 방문 계획이 선언되었다. 이는 세계정세의 지각변동을 가져왔고, 한국정부도 더이상 북한과의 대화를 지체할 수 없는 상황에 봉착했다. 남북대화가 시작되었던 것이다.

한반도 현상유지 속의 긴장완화

닉슨행정부는 남북대화를 촉구하고 한반도 긴장완화를 추구하였다. 그런데 그 방식은 기본적으로 휴전상태를 그대로 유지하는 것이었다. 즉 남북통합이든 평화협정이든 근본적인 문제해결을 추구하기보다는 분단상태를 인정하고 공식화하며, 휴전협정도 그대로 유지하면서 긴장완화를 추구한다는 것이었다.

미국의 현상유지 정책은 포터 대사가 1970년 6월 미국무부에 보낸 「한국 통일문제에 대한 고찰」이라는 장문의 전문에서 잘 드러난다. 여기서 포터는 한반도에서 통일이라는 목표는 "환상적이며 미국의 정책목표로 적합하지 않다"고 했다. 따라서 대안은 "한반도의 긴장을 계속 줄여나가는 것과 함께 현상황을 보존하고 고착화시키는 것(the preservation and solidification of the status quo)"이라고 했다. 포터는 아울러 미국정부는 공개적으로 통일을 지지해야 하며, 계속해서 유엔 감시하 자유선거 방안을 지지해야 한다고 했다. 그러면서 "이러한 통일방안이 갖는 유용성은 이것이 실행될 가능성이 없기 때문에 이를 지지하는 것이 실질적으로 현상유지를 추구하는 것이 되기 때문이다"라고 했다.[84]

미국의 현상유지 정책은 1971년 키신저의 베이징 방문으로 미중관계 개선이 현실화된 이후에도 계속 유지되었다. 1972년 3월 미국정부는 1973 회계연도에 적용될 전반적인 대한반도 정책 지침을 담은 「Korea PARA(Policy Analysis Resource Allocation)」 문서를 작성하였다. 이 무렵은 남북대화(적십자 예비회담)가 이미 진행되고 있던 시점이었다. 이 문서에서 미국은 "현재 진행되고 있는 남북한 사이의 실질적인 타협의 형태나 범위를 지금 한정짓는 것은 불필요하다"고 보았다. 즉 남북의 대화가 어디까지 갈 것인지에 대해 미리 범위를 설정할 필요는 없다고 본 것이다. 그러나 "지금 요청되는 바는 한반도에 이해관계를 가진 모든 국가들이 통일은 지금 불가능하다는 것을 인정하는 것이다"라고 했다. 그리고 정책권고에서 남북한 동시 유엔가입을 추구하기 위해 한국정부와 협의해보자고 했다.[85]

그러나 미국이 추진한 현상유지 속의 긴장완화는 사실상 모순적인 측면이 있었다. 또한 혹시 가능하더라도 한반도 통일은 물론 평화의 추구라는 측면에서도 대단히 취약한 토대를 가질 수밖에 없었다. 평화는 물론 상호 존재의 인정을 바탕으로 한다. 그러한 측면에서 현상유지적이라 할 수도 있다. 그러나 한반도의 '현상'은 기본적으로 평화상태가 아니다. 남북이 '휴전'상태에서 주기적으로 무력충돌을 하며, 팽팽한 적대적 대치를 해나가는 상황이었다. 한반도의 상황은 세계역사상 유례가 없을 정도로 오랜 기간 휴전상태에 있으면서, 양측의 군대가 엄청난 병력과 장비를 동원하여 대단히 좁은 지역에 밀집해서 대치하고 있는 상황이다. 이러한 상황에서 물론 급속한 통일의 추구 같은 '현상의 변경'은 쉽지 않다. 또한 그 자체가 긴장을 고조시키는 요인이 될 수도 있다. 그러나 남북이 분단된 배경과 남북 주민의 정서와 인식을 볼 때 분단상태를 완전히 공식화하고, 남과 북은 별개의 나라라고 선언하는 것도 엄청난 긴장과 갈등을 야기할 수밖에 없다. 이러한 갈등은 남북한 사이에서, 그리고 남북한 내부에서 아주 심각하게 나타날 수 있다. 또한 국제적 차원에서도 한반도 주변 4대 강국이 통일에 합의하는 것도 힘들지만 분단상태를 공식화하는 합의를 하는 것도 기대하기 어려웠다.[86]

그러나 휴전상태라는 현상을 그대로 '보존'하고 '고착화'시키면서 군사적 긴장을 완화하는 것 또한 현실적으로 쉽지 않다. 적대적 대치 국면이 휴전협정이라는 유약한 제도적 토대 위에서 지속되는 '현상'을 유지하며 긴장을 완화할 수 있는 여지는 극히 제한적일 수밖에 없다. 또한 그안에서 달성되는 긴장완화의 지속 가능성도 근본적으로 한계가 있다. 한반도의 상황은 현상유지의 안정적 토대를 구축하기 위해서라도 일정한 현상변경이 불가피한 측면이 있었다. 그러나 당시 미국의 한반도정책은 현상을 보존하고 고착화시키는 상당히 완고한 차원의 현상유지였다. 결국 미국의 정책은 남북의 접촉과 대화를 촉구하며 긴장완화를 추구한다는 점에서는 '유화적'이라 할 수 있지만, 현상의 보존과 고착을 추구한다는 점에서는 '완고한' 측면이 있었다. 후술하겠지만 실제 남북대화가 진행됨에 따라 비록 현상유지론의 틀 자체는 유지되었지만, 미국의 정책도 현상을 '보존'하고 '고착화'하는 차원을 넘어가는 상황을 맞이하게 된다.

여기서 한가지 지적할 것은 당시 미국의 대한반도 정책은 통일보다는 현상유지를 추구하기는 했지만, 그렇다고 해서 남북한이 통일을 추진할 경우 노골적으로 이를 가로막겠다는 것은 아니었다는 점이다. 미국이 현상유지를 선호한 것에 대해 한반도에서 통일을 적극적으로 추진할 의사가 없었다고 이야기하는 것은 가능하다. 그러나 당시 미국의 정책을 한반도 통일을 저지했다고 이야기하기는 어렵다. 앞서 언급했듯이 1972년 작성된 「Korea PARA」에서도 미국정부는 남북대화의 범위와 한계를 미리 정할 이유는 없다고 했다. 또한 후술하겠지만 실제 남북대화 과정에서 미국정부는 남북대화의 범위와 속도에 대해 한국정부에 어떤 제약을 가하지는 않았고, 또한 그럴 이유도 없었다. 당시 상황은 한국정부가 미국이 생각하는 남북관계 개선의 범위와 속도에서 벗어나느냐 마느냐가 쟁점이 된 것이 아니었다. 오히려 미국정부가 추진하는 한반도 긴장완화 정책에 한국정부가 얼마나 쫓아올 수 있느냐가 문제였다. 그렇기 때문에 미국이 남북대화를 저지하거나 그 한계를 규정할 이유도 없었던 것이다.[87] 한반도 통일 문제에 대한 미국의 입장은 책임지고 이를 해결하는 것도 아니고, 이를 가로막는 것도 아닌 그냥 '방치'하고 '유보'하는 것이었다.

4. 북중관계와 중국의 한반도정책

북중관계의 복원

북한의 대남 무력공세는 EC-121기 사건이 있기는 했지만 1969년 부터 현저히 줄어들기 시작했다.[88] 1968년에 총 573회 발생했던 대남 무력침투 및 공격 사건은 1969년 들어 140회로 급감하였다. 아울러 북한은 1969년 하반기부터 외교활동을 전면적으로 강화하기 시작했다. 1969년 7월, 김일성은 앞으로 주변국가들에 대한 선린정책을 추구하겠다고 천명하였다.[89] 이와같은 북한의 정책적 변화 속에서 중국과의 관계도 개선되는 조짐을 보였다.

1966년 중국 문화대혁명의 과정에서 홍위병들이 김일성을 직접적으로 비난하자 북한과 중국의 동맹관계는 심각하게 악화되었다. 그 여파로 1960년대 말 북중 양국의 대사들이 모두 현지에서 소환되어 자국으로 돌아갔다. 북중 국경지역에도 긴장이 감돌아 몇개의 중국군 사단이 압록강 북쪽에 배치될 정도였다.[90]

그러나 1970년 2월 7일 북한대사 현준극(玄峻極)이 베이징으로 다시 돌아갔다. 같은 해 3월 23일에는 중국대사 리윈촨(李運川)도 평양에 왔다.[91] 곧이어 4월 5일에는 저우언라이가 2박3일 일정으로 12년 만에 평양을 방문하였다. 문화대혁명이 시작된 이후 저우언라이는 거의 외국방문을 하지 못했다. 미국 관리들은 저우가 1966년 이후 외유에 나선 것은 호찌민의 장례식에 참석한 것을 제외하고는 북한방문이 유일하다며 그의 평양 방문을 주목했다.[92] 중국에게 북한은 이처럼 상당히 중요한 나라였다. 김일성과 저우는 회담 후 미제국주의에 대한 비타협적인 투쟁을 전개한다는 내용의 공동성명을 발표했다. 이 성명서에는 미국의 두개의 중국 정책에 반대하며, 미일동맹의 강화와 일본 군국주의에 반대한다는 내용이 담겨 있었다. 회담과정과 성명서에서 두사람은 닉슨-사또오 성명을 비판하며, 일본의 재무장화와 한일 군사동맹의 강화에 대해 민감한 반응을 보였다.[93] 이 무렵 한일 군사동맹의 강화가 북중관계가 다시 밀착되는 데 중요한 원인으로 작용하였던 것이다.

저우언라이의 방문 직후인 1970년 6월 중국군 총참모장 황용성(黃永勝)이 한국전쟁 20주년 기념행사에 참석하기 위해 평양을 방문하였다. 이와 동시에 6월 24일에는 박성철(朴成哲) 외무상이 중국을 방문하여 마오쩌둥과 회담을 했다. 그리고 7월 25일에는 오진우(吳振宇)를 단장으로 하는 북한 군사대표단이 중국군 창건 43주년 기념행사에 참석하기 위해 베이징을 방문하였다. 이처럼 북중 사이에 당·정·군 의사소통 채널이 완전히 다시 복구되는 양상을 보였다.[94]

북중관계의 개선은 사실상 남북대화가 시작되는 데 우호적인 여건을 창출했다. 후술하겠지만 북한은 대부분의 공산주의 국가와는 달리 미국과 중국의 관계 개선을 환영하고, 여기에 부합하여 남북대화를 했다. 나아가 당시 북한은 미국, 일본과도 관계 개선을 하기 위해 노력하는 등 데땅뜨 국제질서에 적극 부응하며 편승하는 정책을 취하였다. 1970년대 초 김일성이 거의 매년 베이징을 공식/비공식으로 방문하는 등 북중관계는 그 어느 때보다도 우호적인 모습을 보였다. 만약 미중관계가 개선될 때 북중관계가 1960년대 말처럼 심각한 긴장상태에 있었다면, 북한은 중국의 대미정책, 데땅뜨 정책을 환영하기보다는 반발하는 쪽으로 가기 쉬웠을 것이다.

북중관계의 특수성: 한미관계와의 비교

한미동맹관계, 북중동맹관계는 모두 본질적으로 강대국과 약소국 사이의 비대칭적 동맹이다. 그러나 비대칭성의 정도에 큰 차이가 있다. 기본적으로 미국에게 한국과의 동맹관계가 갖는 중요도와 중국에게 북한과의 동맹관계가 갖는 중요도가 서로 다른 것이다. 이는 북중관계가 한미관계보다 더 친밀하며, 더 신뢰에 기초해 있고, 양국 지도부 사이의 유대와 우의도 더 강하기 때문에 그러한 것은 아니다. 미국과 중국의 국제적 위상이 다르고, 처한 여건과 상황이 다르기 때문에 발생하는 현상이다.

일단 미국과 중국은 당시 군사력·경제력·국제적 위상 면에서 큰 격차가 있었다. 한미관계, 북중관계 모두 비대칭적인 것은 분명하지만, 미국과 중국의 국력에 큰 격차가 있었기 때문에 북중관계는 한미관계에 비해 훨씬 덜 비대칭적일 수 있었다. 즉 상호의존성이 한미관계보다는 상대적으로 높을 수 있었던 것이다.

또한 미국과 한국은 국경을 맞대고 있는 국가가 아니라 멀리 떨어져 있는 국가다. 물론 미국은 동아시아에 큰 이해관계를 갖고 있다. 그러나 미국이 한반도에서 벌어지는 일을 캐나다나 멕시코에서 발생하는 일과 똑같이 생각하기는 어렵다. 반면 중국은 북한과 국경을 맞대고 있다. 그것도 중국의 수도와 산업중심지 가까운 곳에 국경이 있으니, 한반도에서 벌어지는 일에 대해 미국보다는 더 민감하게 반응할 수밖에 없다.[95]

당시 중국은 이른바 평화공존 5원칙을 외교정책의 지침으로 강조했다. 평화공존 5원칙은 1954년 6월 중국의 저우언라이가 인도의 네루(Jawaharlal Nehru) 총리, 미얀마의 우누(U Nu) 총리와 함께 선언한 것으로, 그 내용은 ①주권과 영토의 상호존중 ②상호 불가침 ③상호 내정불간섭 ④호혜평등 ⑤평화공존 등이었다.[96] 이처럼 중국은 대외적으로는 약소국과 강대국이 평등하게 지내야 하며, 주권을 존중해야 한다고 강조했다. 키신저와의 회담에서도 저우언라이는 거듭 중국은 패권을 추구하지 않으며, 강대국으로 행세하지 않을 것이고, 제3세계 국가들 문제에 간섭하거나 그들을 대변하지 않을 것이라고 강조했다. 그러나 실제로는 미국과 타이완 문제만을 논의한 것이 아니라, 한반도와 베트남 문제를 비롯하여 거의 전세계 문제를 논의하였다. 키신저와 저우는 대화과정에서 미중이 서로 대치하고 있거나 상호 관심을 쏟고 있는 제3국 문제에 대해 서로의 입장을 조율하기 위해 많은 시간을 투여하였다.

저우언라이는 키신저와의 대화에서 중국은 대국이기 때문에 타이완 문제에 대해 기다려줄 수 있지만, 더 긴급한 문제는 우리의 "작은 친구들"인 베트남과 한반도 문제라고 했다. "이들 나라들에게 중국처럼 넓은 시각을 기대할 수는 없다"는 것이었다.[97] 즉 대국(大國)은 크게 보고 인내할 수 있지만, 소국(小國)은 그러하지 못하니 이들을 먼저 배려해야 한다는 논리였다. 이러한 언급은 저우언라이가 강대국의 패권주의를 맹렬히 비난하면서도 스스로가 중국은 소국에 비견되는 대국이라는 의식을 여전히 강하게 갖고 있음을 역설적으로 잘 보여준다. 즉 중국은 대국으로서 주변의 소국들을 너그럽게 돌봐주어야 한다는 과거의 중화질서적 관념이 은연중에 잠재해 있었던 것이다.

역사적 전통이나 관념만이 아니라 당시 국제관계를 보아도 북한은 중국에게 특별하게 중요한 지역일 수밖에 없었다. 당시 중국은 소련과 적대적으로 대치하던 상황이었다. 인접국가인 북한과 베트남이 친소적인 방향으로 가면 중국은 위협을 느낄 수밖에 없었다. 북베트남의 경우 미중관계 개선을 묵인한다 하더라도 당연히 큰 불만을 가질 수밖에 없었다. 자신들은 미국과 전쟁을 하는데 중국은 미국과 관계 개선을 하니 중국이 어떠한 노력을 해도 반발할 수밖에 없었다. 실제 북베트남은 전쟁과정에서 중국의 지원을 많이 받았지만 통일 이후 반중국적인 태도를 보였다. 1979년 2월 중국은 베트남을 무력 침공하기도 했다. 상황이 이렇다보니 미중관계 개선 국면에서 북한은 중국에게 더 중요할 수밖에 없었다. 필연적으로 북베트남과의 관계가 소원해질 것이 예상되는 상황에서 북한마저 중국에 등을 돌린다면 중국의 입지는 더욱 좁아질 수밖에 없었던 것이다. 이에 키신저의 참모였던 헤이그(Alexander M. Haig) 장군은 1972년 닉슨의 베이징 방문을 결산하는 보고서에서 "베이징은 아마도 중국의 안보라는 점에서 한반도를 첫번째로 중요하게 보는 것 같다"고 분석하기도 했다. 중국에게 한반도는 대단히 민감한 지역이고, "중국은 한반도 내에 일본을 저지할 수 있는 완충국가가 존재하기를 원하기 때문에 북한을 중시한다"는 것이었다.[98]

반면 미국에게 가장 중요한 동맹관계는 역시 서유럽의 NATO(북대서양조약기구)였다. 그다음으로 아시아에서의 동맹관계가 있을 터인데, 그중 가장 핵심은 '미일동맹'이다. 한미동맹은 그다음이다. 미국도 한국에 커다란 이해관계를 갖고 있었지만 여러 측면에서 볼 때 이는 중국이 북한에 갖는 이해관계와 우선순위보다는 뒤처질 수밖에 없었다. 한미관계와 북중관계는 이처럼 비대칭적이었다. 이 때문에 중국은 미국이 예상했던 것보다 적극적으로 한반도 문제를 제기하고, 북한의 입장을 대변해주었던 것이다.

소극적 한반도 현상변경론

1970년대 초 미국은 "두개의 한국"이 장기적으로 지속하고 공존하는 현상유지를 추구했다. 그러나 중국은 공식적으로 두개의 한국을 배격하며 통일을 강조했다. 중국이 "하나의 한국"과 통일을 강조한 것은 "하나의 중국" 논리와도 밀접한 관련이 있다. 중국은 타이완 문제를 미국과 비공식적 접촉을 시작할 때부터 양국관계 개선의 가장 중요한 문제로 설정했다. 그리고 "하나의 중국" 원칙을 고수하며, 타이완은 중국의 일부라는 것을 인정받으려 했다. 1979년 미중수교에 이르기까지 중국은 이러한 원칙을 고수했고, 결국 관철시켰다. 당시 중국 수뇌부는 "두개의 한국"을 인정하는 것은 "하나의 중국"을 강조하는 자신의 논리와 서로 상충된다고 보았다. 저우언라이는 대화 중에 키신저가 "한반도의 두개의 국가"라는 표현을 사용하자 즉각 반발했다. 그렇게 말하는 것은 "한국이 영원히 두개로 분단되어 있을 것이라 말하는 것이기 때문이다"라는 것이 그 이유였다.[99] 중국이 "하나의 중국" 논리와 "두개의 한국" 논리가 공존할 수 있다고 생각하기 시작한 것은 탈냉전 이후였다고 한다.[100]

그러나 중국이 1970년대 초에 한국의 통일 문제에 대해 실제로 얼마나 관심을 갖고, 이를 추구할 의지를 갖고 있었는지는 의문이다. 1971년 7월 키신저의 1차 베이징 방문 중에 이루어진 회담은 미중관계에서 특별한 의미를 갖는다. 이 회담은 미국과 중국의 수뇌부가 처음으로 비밀리에 접촉하여 양국의 관심사를 논의한 회담이었다. 그런 만큼 향후 지속된 미중대화의 틀을 잡는 의미가 있었다. 여기서 저우언라이는 평화협정, 주한미군철수, 일본군 진입 반대 등 한반도 문제를 적극적으로 거론했다. 그러나 한반도 통일 문제에 대해서는 직접적으로 거론하지 않았다. 화자(話者)의 의도를 파악하는 데 있어 무엇을 말했는가도 중요하지만, 무엇을 말하지 않았는가도 중요하다. 또한 타이완과 미국의 군사동맹은 파기되어야 한다고 주장했지만 한미군사동맹에 대해서는 언급하지 않았다. 이 점도 주목할 필요가 있다.

이후 계속되는 키신저의 베이징 방문과 회담 과정에서 저우언라이는 통일문제를 간헐적으로 거론하기는 했다. 1971년 10월 키신저가 2차로 베이징을 방문했을 때 저우언라이는 그 어떤 회담 때보다도 한반도 문제를 적극적으로 제기하고 장시간 동안 논의하였다. 이때 저우언라이는 "어떻게 궁극적인 한국의 평화적 통일을 달성할 것인지의 문제도 반드시 결론이 나야 한다"고 말하였다. 그러나 그는 "우리는 여기에 대해 진전된 연구를 아직 하지 못했다"고 자인하면서 "한반도의 통일은 반드시 되어야 하지만 시간이 걸릴 것"이라고 했다. 즉 한반도 통일 문제의 해결을 궁극적 목표라고 생각하지만 당장 관심을 기울여 해결해야 할 당면한 문제로 생각하지는 않았던 것이다. 이날 저우언라이와 키신저는 한반도 통일 문제에 대해 추상적인 차원의 대화를 아주 짤막하게 나누었다. 키신저는 평화적인 통일을 강조했고, 저우언라이는 한반도 '인민'(people)들이 주체가 되는 통일을 강조했다. 그러나 저우는 이 문제는 나중에 논의해보자며 화제를 딴 곳으로 돌렸다.[101] 저우의 언급에서 통일 문제는 확실히 주한미군철수나 평화협정, 일본군 한반도 주둔 반대보다는 현저하게 비중이 낮게 취급되었다.

1972년 2월 닉슨 대통령이 베이징을 방문했을 때에도 한반도 문제가 논의되었지만 통일 문제는 양국 수뇌부 사이에 거의 거론되지 않았다. 이후의 회담에서도 마찬가지였다. 중국도 당장 남북한 사이에 통일 문제에 대한 어떤 실질적인 진전이 이루어질 것으로 기대하지 않은 채, 미국과 마찬가지로 남북관계의 점진적 해결을 추구하였던 것이다. 그리고 한반도의 통일을 위해 중국 자신이 어떤 적극적 역할을 자임하지도 않았고, 미국을 향해 적극적인 역할을 할 것을 강력히 요청하지도 않았다.

미국은 휴전체제의 현상유지를 원한 반면 중국은 평화협정의 체결을 강조하였다. 이는 공개적으로도, 그리고 키신저와의 비밀회담 과정에서도 거론되었다. 그러나 중국의 평화협정 체결 주장은 앞서 언급한 대로 북한의 주장을 미국에 전달하는 방식으로 제안되었다. 여기에 중국의 이해관계상의 긴급함이나 적극성이 담긴 것은 아니었다. 저우언라이는 1973년 11월 베이징을 6차 방문한 키신저에게 한반도의 휴전상태에 대해 이렇게 언급하기도 했다.

휴전협정에 서명한 것은 4개의 당사자들(four parties)이고, 소련이 다행스럽게도 여기에 참여하지 않았기 때문에, 지난 20년간 휴전협정에 대해 별다른 문제가 일어나지 않았다. 비록 덜레스가 문제를(평화협정 문제) 해결하기를 거부했지만 20년 넘게 평화가 유지되어왔다. 이는 한국인들에게 평화적으로 소통을 향해 나아갈 수 있는 기회를 얻게 만들었다. (…) 물론 문제가 해결되기까지는 긴 시간이 필요할 것이다.[102]

여기서 일단 4개의 당사자들이라는 표현이 주목된다. 별다른 계산 없이 한 발언이겠지만 저우도 남한을 휴전협정의 당사자로 간주하였던 것이다. 또한 "문제가 해결되기까지는 긴 시간이 필요할 것이다"라고 언급한 것은 중국도 평화협정을 당장 해결할 현안이라기보다는 장기적인 목표로 설정하고 있음을 잘 보여준다. 저우는 키신저와의 대화과정에서 거듭 평화협정의 필요성을 강조했으나 어떤 긴급함이나 확실한 의지가 실려 있지는 않았다. 이에 미국 관리들은 "중국은 한반도에서 적대행위가 재개되는 것을 바라지 않지만, 미국과 함께 긴장완화를 위한 조치를 취하기를 원하지는 않는다"고 파악하였다.[103]

주한미군에 대한 태도도 마찬가지였다. 중국은 주한미군철수를 요구하였으나 그보다는 일본군이 한반도에 진입할 가능성에 더 관심을 갖고 이를 우려하는 모습을 보였다. 중국이 실제 주한미군 문제를 자신의 안보를 위협하는 요소로 심각하게 생각했는지도 의문이다.

한 예로, 1972년 6월 키신저의 4차 베이징 방문 때 저우언라이는 여담으로 한국전쟁 당시 일화를 이야기한 적이 있다. 이때 저우는 키신저에게 한국전쟁 때 미군이 38선 약간 북쪽에서 진군을 멈추었다면 중국군은 한반도에 들어가지 않았을 수도 있었다고 했다. 미군이 38선을 넘기 전까지만 해도 마오쩌둥은 부대를 압록강 지역에 배치해놓고 있었지만 최종결정은 내리지 않은 상태였다는 것이다. 그러나 유엔군이 평양을 점령해버리자 중국도 선택의 여지 없이 개입할 수밖에 없었다고 말했다.[104]

저우언라이의 이러한 언급은 실제 사실과 상당히 부합하는 것으로 보인다. 첸지안(Chen Jian)이 최근 중국자료를 바탕으로 쓴 연구에 의하면 중국공산당이 한국전쟁 참전을 결정한 것은 1950년 10월 8일이었다고 한다. 그러나 압록강 지역에 있던 중국군을 한반도에 투입하는 최종결정은 두번이나 거듭 연기되었다. 즉 애당초 10월 12일에, 그리고 그후엔 10월 17일에 한반도에 군대를 진입시키려고 계획했지만 최종단계에서 연기되고, 실제 중국군이 압록강을 건너온 것은 10월 19일이었다고 한다. 이날은 유엔군이 평양시로 진격작전을 개시하던 날이었다.[105] 아무튼 중국의 한국전쟁 참전 결정 및 실행 시점의 정확한 경위와 원인에 대해서는 앞으로도 많은 학술적 검토가 필요해 보인다.

그런데 여기서 중요한 것은 1972년 6월에 저우언라이가 키신저에게 이러한 말을 했다는 사실이다. 즉 저우언라이는 한국전쟁 중에도 38선 근처의 유엔군은 중국으로 하여금 한반도 사태에 개입하는 최종결정을 내리게 할 만한 확실한 위협은 아니었다고 말하였다. 이를 통해 유추해본다면 1970년대 초 중국 수뇌부들은 한반도 휴전선 이남의 미군의 존재를 직접적인 위협요소로 보지 않았음이 확실하다. 전쟁 중에도 38선 근처의 유엔군이 중국군 개입을 최종결정할 만큼 위협이 되지 않았다면 휴전상태에서 남한에 주둔한 미군이 중국의 어떤 행동을 유발할 만한 심각한 위협요소가 될 수는 없을 것이다. 만약 이때 중국이 주한미군을 자신에 대한 안보위협으로 간주했다면 한국전쟁 때의 이러한 이야기를, 그것이 진실이었다고 해도 저우언라이가 이처럼 키신저에게 담담하게 이야기하지는 않았을 것이다.

실제 중국의 주한미군철수 주장은 미중간의 대화가 진행될수록 점차 약화되고 부차화되는 양상을 보였다. 중국이 주한미군을 용인 또는 묵인하는 태도는 사실상 당시에도 어느정도 드러났다. 중국은 1974년 이후부터 공개적으로도 주한미군에 대해 전면적인 철수가 있어야 한다는 원칙만 이야기하고, 북한처럼 "즉각적인" 철수 주장을 하지 않았다. 또한 이 무렵부터는 북한의 한반도 통일 관련 또는 대북관계 관련 제의나 주장에 대해 적극적인 지지를 표명하는 경향도 크게 줄어들었다.[106] 중국은 주한미군철수를 주장했지만 북한을 의식하고 대변한 것이었지, 자신의 직접적인 이해관계를 걸고 하는 이야기는 아니었던 것이다.

1976년 미국의 CIA는 중국은 한반도의 장기적인 안정을 원하고 있고, "그것은 사실상 두개의 한국 상황을 의미한다"고 보았다. 그러나 "북한은 두개의 한국을 원하지 않고 있으며, 중국은 소련과의 경쟁관계 때문에 북한의 주장을 더욱 강하게 지지할 수밖에 없는 상황"이라고 파악하였다.[107]

요컨대 중국의 대한반도 정책은 한반도의 현상변경을 주장하긴 했지만, 자신의 이해관계가 실린 것이 아니라 '대국'으로서 '소국'인 북한의 입장을 대변하기 위한 측면이 강했고, 그렇기 때문에 소극적이고 가식적이었다. 따라서 중국은 실제로는 미국이 주장하는 현상유지론을 묵인하거나 여기에 공조하는 방향으로 갈 가능성도 있었다. 이 점 역시 미중관계가 진척될수록 더욱 뚜렷해지는 양상이었다.

제3장

미중관계와 남북관계의 맞물림
: 한반도 분단의 내재화

1972년 5월 1일 오전, 청와대 근처 궁정동 안가(安家)로 중앙정보부(중정) 핵심 간부들이 모여들었다. 1979년 박정희 대통령 암살사건이 발생했던 바로 그곳이다. 이후락(李厚洛) 중앙정보부 부장은 거기 모인 간부들에게 말문을 열었다.

"명(明) 2일 평양에 다녀오겠소".

놀랍고도 놀라운 말이었다. 간첩 잡는 중앙정보부 부장이 평양에 간단다. 중정은 반공(反共)의 보루였다. 남한의 지식인, 언론인 들이 남북관계나 안보 문제에 대해 조금이라도 삐긋한 발언을 하면 중정 요원이 탄 새까만 지프가 나타났다. 그 차에 실려 남산터널로 향하다가 방향을 틀어 중정 청사로 들어가면 누구라 할 것 없이 공포에 떨었다.

이후락은 중정 간부들에게 이렇게 말했다.

동북아시아의 지도를 보시오. 전면 공산주의로 빨갛게 물들려진 거대한 대륙의 한 끝단(端)에 나약한 자유의 흰 기(旗)가 서 있소. 이 자유의 땅이 독립과 존립을 유지하고 있다는 것이 기적이 아니고 무엇이오.[1]

엉뚱한 이야기지만 필자는 유신체제기(1972~79년)에 초등학교(당시엔 국민학교)를 다녔다. 그때 정말 이런 지도를 본 적이 있다. 당시에는 지금보다 남녀 구별이 더 엄격했다. 필자가 다닌 초등학교는 3학년까지는 남녀 합반이었지만, 4학년 때부터 남학생반과 여학생반을 갈라놓았다. 고학년 여학생들은 모두 건물 3층의 교실에 따로 모아놓았다. 지금 생각해보면 정말 어처구니가 없다. 강제적인 금남(禁男)의 구역(?)은 아니었지만 남학생들은 특별한 일이 아니면 그곳에 가지 않았다. 다만 학생회 간부모임 등이 있을 때에만 3층으로 갔다. 그곳에 가면 남학생들은 왠지 모르게 쭈뼛해지고 긴장감을 느꼈다. '데땅뜨'가 되지 않았다. 남학생들은 용무가 끝나면 재빨리 2층으로 내려왔다. 그런데 3층에서 2층으로 내려가는 계단이 꺾어지는 벽면, 그러니까 남녀 학생을 가르는 분단선 바로 그곳에 세계지도가 걸려 있었다. 공산화된 지역을 빨갛게, '자유진영'을 파랗게 색칠해놓은 지도였다. 소련과 중국이 모두 공산주의 국가였으니 유라시아대륙 북쪽의 거대한 땅덩어리는 모두 빨간색으로 칠해져 있었다. 대륙 한쪽 끝에 삐져나온 조그마한 한반도, 그중에 절반만 파랗게 칠해진 대한민국이 있었다. 위태롭게 보였다. 왠지 모르게.

이후락 부장은 유라시아대륙 한쪽 끝에 위태롭게 서 있는 하얀 깃발을 지키기 위해, 즉 국가안보를 위해 평양에 간다고 했다. 그는 "미국의 정책을 볼 때 우리가 정확하게 눈을 떠야"한다면서 국제정세의 변화를 평양행의 배경으로 언급했다.

중정부장이 평양으로 가는 것은 물론 쉽지 않은 결정이었다. 궁정동 중정 간부모임은 이후락 부장이 비장하게 눈물을 흘리는 숙연한 분위기 속에서 진행되었다. 이후락은 간부들에게 마지막 작별인사를 하듯 "극동대륙 끝에 서 있는 자유의 기를 잘 수호해주시오"라고 당부하고 판문점으로 향했다. 그는 맹독성 물질인 청산가리를 담은 캡슐을 몸 깊숙이 숨기고 갔다. 여차하면 자결할 생각이었다. 당시 남북 대치상황을 볼 때 충분히 있을 수 있는 일이었다. 이후락은 5월 1일 오후 2시경 판문점 공동경비구역 남측 지역에 있는 '자유의 집'을 나와 북측이 제공한 1970년식 벤츠 220형 승용차를 타고 '돌아오지 않는 다리'를 건너 공동경비구역 북측 지역에 있는 '판문각'으로 갔다. 1분밖에 안되는 거리였다.[2]

1960년대 말 한반도는 한 해에 수백명씩 사망자가 발생하는 극도의 군사적 긴장상태에 있었다. 그러다가 1971년 가을부터 대화에 나섰고, 1972년 5월 남북 고위관리의 상호 비밀방문이 있었다. 그 결과 같은 해 7월 4일에는 남북공동성명이 발표되었다. 7·4공동성명의 발표는 남북대화를 일단 궤도 위에 올려놓은 것이었다.

남북대화의 시작은 미중관계 개선과 밀접한 연관이 있었다. 이는 그 자세한 실상을 알 수 없었던 과거 연구에서도 대부분 지적되었던 바다. 남북대화는 외적인 충격에 의해 추동된 측면이 컸다. 그러나 남북한 모두 아무런 대비나 준비 없이 갑자기 대화에 나선 것은 아니었다. 적어도 1970년부터 남북한 모두에서 남북관계에 대해 새로운 태도와 정책을 모색하는 흐름과 조짐이 나타났다. 그러나 남북이 극단적으로 대치해온 경로를 수정하는 것은 결코 쉽지 않았다. 미중관계와 남북대화가 맞물리는 상황은 미중 강대국이 남북한에 압력을 가하거나 일방적인 영향력을 행사하는 방식으로만 이루어진 것은 아니었다. 남북이 모두 미중관계 개선에 대해 나름대로 능동적인 반응 또는 대응을 하는 과정에서 양자가 결합되는 양상이었다. 그리고 그 과정에서는 한반도 분단 문제가 국제적 분쟁에서 남북한 사이의 문제로 내재화되는 양상이 있었다.

1. 닉슨의 베이징 방문 선언과 남북대화의 시작

남한의 대북·통일정책의 변화와 '8·15선언'

한국전쟁 전후 이승만정부는 무력 북진통일론을 주장했지만 1960년 '4월혁명'으로 이는 공식적으로 폐기되었다. 이후 장면(張勉) 민주당 정부는 '유엔 감시하 남북한 총선거론'과 '선건설 후통일론'을 주장했다. 선건설 후통일론은 남한을 우선 경제적으로 번영시켜 북한 주민들을 남한의 우월한 체제로 끌어들인다는 논리였다. 지금의 흡수통일론과 같은 맥락인 셈이다. 한편 4월혁명 직후 일부 진보적인 정당과 통일운동단체들은 '남북교류론' '중립화통일론' '남북협상론' 등을 주장했다.[3]

1961년 5·16쿠데타로 집권한 박정희정부는 장면정부의 선건설 후통일론을 계승했다. 박대통령은 본격적인 통일을 위한 노력은 경제개발이 일단락된 1970년대 말에나 가능하다고 주장하며, 민간 차원의 통일논의와 통일운동을 철저히 탄압했다. 그러나 1960년대에도 통일 및 새로운 대북정책에 대한 논의와 모색이 완전히 사라진 것은 아니었다.

1964년 10월 토오꾜오올림픽 과정에서 북한 육상선수 신금단(辛

金丹)과 서울에서 온 아버지가 극적으로 상봉한 사건이 있었다. 이는 민족의 비극을 상징하는 사건으로 사람들의 관심을 끌었다. 사건 직후 이만섭(李萬燮) 민주공화당 의원 등은 국제적십자사를 통해 남북 이산가족 면회소를 설치하자는 결의안을 국회에 제출했다.[4] 한일협정 파문이 지나간 1966년부터는 정치권에서도 통일에 대한 논의가 조금씩 나타났다. 1966년 5월 서민호(徐珉濠) 의원이 주도했던 진보정당 민주사회당은 발기취지문에서 남북교류를 주장했다. 서민호는 자신이 집권하면 국제기구나 직접면담을 통해 김일성과 대결할 용의가 있다고 발언했다가 잡혀갔다. 그 이듬해인 1967년 대통령선거에서는 윤보선(尹潽善)이 건설과 통일의 병진을 주장하며 선건설 후 통일론을 비판하기도 했다.[5]

1966년 7월 국회는 '국토통일연구특별위원회'를 발족하였다. 이 위원회는 수차례 공청회를 거쳐 1967년 1월『통일백서』를 발행하였고, 백서를 통해 국토통일 문제를 연구할 전담기구를 정부 내에 설치할 것을 건의하였다.[6] 정부는 이를 수용하여 마침내 1969년 '3·1절'을 기해 '국토통일원'을 만들었다.[7] 국토통일원의 설치는 박정희정부가 통일문제에 대해 과거보다 좀더 관심을 보이기 시작한 것이라 할 수 있다. 그러나 정부의 의지보다는 사실상 국회의 압력이 더 큰 작용을 했다.[8] 국토통일원은 남북대화가 시작된 이후에도 실질적으로 남북대화 관련 업무를 주도하지 못했다. 남북대화는 중정이 주도했다.

1969년 닉슨행정부가 들어서면서 미국에서도 한국정부에 북한과의 관계 개선을 촉구하기 시작했다. 1970년에 접어들면서부터는 미중관계의 개선 조짐이 가시화되고, 국제적인 데땅뜨 분위기도 조성되었다. 이에 힘입어 박정희는 1970년 8월 15일 광복절 경축사

('8·15선언')를 통해 통일 문제와 대북정책의 변화 조짐을 보여주었다. 특히 북한에 "선의와 창조의 경쟁"을 제안함으로써 북한을 타도의 대상이 아니라 '경쟁의 대상'으로 언급한 부분이 주목을 끌었다. 그러나 '8·15선언'에는 북한이 무력통일 또는 폭력혁명에 의한 통일을 포기한다면 "남북간의 장벽을 단계적으로 제거할 수 있는 획기적이고 현실적인 방안을 제시할 용의가 있다"라고만 언급되고, 구체적인 대북 제안은 사실상 후일로 유보되었다.[9]

그러나 최근 관련자들이 증언한 바에 따르면 원래 '8·15선언' 초안에는 경제교류, 스포츠 등 문화교류, 서신교류 등 비정치적 남북교류를 북한에 제안하는 내용이 들어 있었다고 한다. '8·15선언' 초안 작성과정에서 박대통령은 청와대 강상욱(姜尙郁) 대변인에게 광복 25주년을 맞이하여 좀 대담한 대북한 제안을 포함시키라고 지시했다고 한다.[10] 8월 8일 강대변인 자택에서 박동운(朴東雲), 손제석(孫製錫) 등의 학자와 윤석헌(尹錫憲) 외무차관, 중앙정보부 북한국장 강인덕(康仁德)이 모여 이 문제를 논의하였다. 최근 공개된 외무부문서를 보면 이날 제시된 외무부안에는 북한이 무력통일을 포기하고 유엔의 권능을 인정한다면 북과 "서신·언론·문화·교역 등 비정치적 분야에서의 교류를 적당한 방법과 경로를 통하여 행할 용의가 있다"는 구절이 있다.[11] 전제조건을 달았지만 외무부도 남북교류를 제안하려 했던 것이다. 강인덕도 당시 중정의 입장은 비정치적 남북교류를 제안하는 것이었다고 증언했다. 이에 8·15선언 초안에는 비정치적 남북교류를 제안하는 내용이 들어가게 되었다.[12]

1970년 8월 9일 청와대에서 대통령과 관계장관이 모여 8·15선언의 최종 검토작업을 했다. 그런데 이 자리에 이호(李澔) 법무장관이 신직수(申稙秀), 한옥신(韓沃申) 등 공안검사들을 대동하고 나타났다. 법무부 인사들은 초안에 있는 남북교류 제안에 대해 강력히 반발하였다. "남북교류 제의는 헌법상의 통치권의 범위를 넘는 것"이라는 게 반대하는 논리였다. 결국 초안에 있었던 비정치적 남북교류 제안은 모두 삭제되고, 그냥 "획기적이고 현실적인 방안을 제시할 용의가 있다"는 구절로 최종 수정되었다.[13]

한국정부 내에서 새로운 대북정책을 모색하는 것은 이처럼 어렵고도 어려운 일이었다. 당시 박대통령은 정부 내에서 강력하고 독점적인 권한을 행사하고 있었다. 그럼에도 대북정책과 통일정책은 대통령도 마음대로 할 수 없는 민감한 문제였다. 전직 중앙정보부장 김형욱은 1969년 12월 미국대사와의 대담에서 "만약 박대통령이 북한과의 공식/비공식 접촉을 허용한다면 매우 많은 남한 인사들로부터 친공주의자라고 비난을 받을 것이다"라고 했다.[14]

8·15선언에서 비정치적 남북교류 제안이 빠지게 된 것은 후일 벌어지는 국면과 연관지어 볼 때 정부로서는 대단히 아쉬운 일이었다. 8·15선언에 남북교류 제안을 담았다면 박정희와 공화당은 1971년 대통령선거전에서 벌어진 남북관계 논쟁에서 훨씬 유리한 위치를 점했을 것이다. 또한 국제여론 면에서도 북한의 평화공세에 대응하는 데 유리했을 것이다. 더욱이 일년 후인 1971년 7월 닉슨이 베이징 방문 선언을 하여 국제정세가 급변하였을 때 여기에 대응하는 데도 크게 도움을 주었을 것이다. 일년 앞을 내다보는 것이 이렇게 어려웠다.

새로운 대북한 정책, 통일정책을 마련하기 위한 한국정부의 작업은 '8·15선언' 이후에도 계속되었지만 확실한 정책결정은 지체되는 양상이었다. 강인덕의 증언에 따르면, 1970년 12월 이후락이 새로운 부장으로 취임하면서부터 중정이 남북교류 및 접촉에 대한 본격적인 정책마련에 착수해 1971년 초에 경제교류·문화교류·스포츠교류·사회교류·기자교류 및 이산가족찾기를 위한 적십자회담 등의 여러 안들이 검토되었다고 한다. 대통령선거가 진행되던 1971년 3월경 중정은 이중 이산가족찾기 적십자회담을 최선의 안으로 선택했고, 이후락 부장도 이를 승인하였다.[15]

그런데 1971년 4월 거행된 대통령선거에서 야당 후보 김대중이 남북교류론 등 획기적인 대북정책을 공약으로 내놓자 박대통령은 안보논리를 내세우면서 김대중의 남북교류론을 환상적이고 위험한 정책이라 매도하였다. 당시 한국정부 안에서도 남북교류 등 전향적인 대북정책의 필요성을 인식하고 논의도 하고 있었지만, 보수적인 유권자를 의식해 안보논리를 강조했던 여당 선거전략 때문에 남북교류론 자체를 위험시하는 발언을 한 것이었다.[16]

1971년 대통령선거가 끝난 후 중앙정보부는 이산가족 재회를 위한 적십자회담 개최 제안을 좀더 구체화시켰다. 닉슨의 베이징 방문 선언이 나오기 이틀 전인 1971년 7월 14일 이후락 부장은 동아시아 태평양담당 부차관보 브라운을 만났다. 이 자리에서 이후락은 남북 접촉에 있어 최선의 방식은 인도적 접근이며, 이산가족의 생사 확인, 서신교환 등을 하고 궁극적으로는 이산가족의 재회를 북한에 제안할 것이라고 했다. 박대통령의 승낙도 받았다고 했다. 그러나 이후락은 남북의 접촉은 정부 차원에서 하는 것은 피해야 하며 국제적십자사 등을 활용해야 한다고 강조했다.[17]

닉슨의 베이징 방문 선언 전에 이미 한국정부는 북한에 이산가족 찾기 사업을 제안하기로 결정했던 것이다. 다만 관계부처와의 협의를 거쳐 이를 완전히 확정하여 공표하지는 못한 상태였을 뿐이었다. 그런데 여기서 대북 제안의 내용이 남북 적십자사 사이의 직접 접촉이 아니라 국제적십자사를 통한 간접 접촉이었다는 점은 주목할 필요가 있다. 당시 한국정부는 여전히 북한과의 직접적인 접촉과 교류에 대해서는 큰 부담을 느끼고 있었던 것이다.

북한의 대남정책 변화와 허담 8개항

북한은 외세의 간섭을 배격하고 남북협상을 통해 통일하자고 주장해왔다. 1950년대에 북한은 다양한 차원의 남북교류 방안을 적극적으로 제안했다. 이는 물론 당시까지 북이 경제성장에서 남을 앞서가고 있었던 상황과 관련이 있었다. 북의 김일성 수상은 4월혁명 직후인 1960년 8월 14일 이른바 '과도적 연방제' 방안을 제안하였다. 남북 두 정부의 대표로 '최고민족위원회'를 구성하여 남북한의 경제 및 문화 발전을 통일적으로 '조절'하면서 통일을 준비하자는 것이었다.[18]

그러나 북한의 실질적인 통일방략은 남쪽에서 북과 같은 차원의 '반제 반봉건 혁명'을 달성하여 통일한다는 것이었다. 이른바 '남조선 혁명론'이었다. 1961년 9월 조선로동당 4차 당대회에서 김일성은 '남조선 혁명'을 수행하기 위해 남한에 독자적인 혁명정당이 필요하다고 주장했다.[19] 그러나 이는 북이 남쪽 일에 개입하지 않겠다는 이야기는 아니었다. 앞서 언급한 대로 북한은 공작원 남파를 통해 남한 지하당 건설작업을 추진하거나 원조하는 등 '남조선 혁명'을 정치적으로 주입하려 했다. 나아가 1960년대 말에는 군사 모험주의가 대두하면서 혁명을 군사적으로 주입하려고까지 했다.

1970년대에 접어들어 북한은 대남 무력공세를 줄이고, 대외정책과 대남정책에서 좀더 유연한 모습을 보였다.[20] 남한의 '8·15선언'이 나온 직후인 1970년 11월에 열린 북한의 조선로동당 5차 당대회에서 김일성은 아래와 같이 강조했다.

물론 남조선 혁명은 미제 침략자들과 그 앞잡이들의 민족적 및 계급적 억압과 착취에서 벗어나기 위한 남조선 인민들 자신의 투쟁입니다. 억압받고 착취받는 인민대중은 오직 자신의 혁명투쟁에 의하여서만 자유와 해방을 이룩할 수 있습니다. 그러므로 남조선 혁명은 어디까지나 남조선 인민들 자체가 주동이 되어 수행하여야 합니다.[21]

이때에도 김일성은 북의 '인민'들이 '남조선 혁명'을 도울 의무와 책임이 있다고 강조했다. 그러나 전보다 명확하고 강하게 '남조선 혁명'은 "남조선 인민들 자체가 주동"이 되어야 함을 강조하였다. 남쪽 혁명세력의 자생성을 강조하면, 논리적으로는 그만큼 북의 개입과 지원은 감소할 수밖에 없다. 미국무부 정보조사국은 김일성의 당대회 연설을 분석하며 과거보다 통일문제에 대해 더 신중해진 것으로 평가했다.[22] 이는 미국정부가 나름대로 수집한 정보에 기초한 것이었다. 북의 5차 당대회는 여러차례 연기된 끝에 1970년 11월에 개최되었다. 포터 대사는 1970년 10월 13일 최규하 외무장관에게 남쪽의 '8·15선언'으로 북에서도 "찬반론으로 갈라져 내부에서 싸우는 징조가 있다"고 했다.[23] 1970년 10월 23일 미국무부 정보조사국도 북의 5차 당대회가 연기된 이유 중 하나가 통일 문제에 대한 전술적 논란 때문이라고 했다.[24] 북한은 공개적으로는 박대통령의 '8·15선언'을 철저히 외면하는 태도를 보였다.[25] 그러나 과거와는 달리 박정희정부가 평화통일에 대한 공세를 시작하자 북한 내부에서도 논란이 일어났던 것이다.

5차 당대회 직후인 1970년 12월 12일, 김일성은 이임하는 불가리아대사 니꼴로프(Misho Nikolov)를 만나 대화를 나누었다. 그는 이 자리에서 박정희정부와는 절대로 협상하지 않겠지만, 내년(1971년) 대통령선거에서 김대중이 당선되면 그와는 협상할 수도 있다고 했다. 이는 북이 여전히 남쪽에 정치적 영향력을 미치려 한다는 것을 보여준다. 한편 이러한 발언은 여전히 '남조선 혁명론'을 강조하고 있으나 이제는 '혁명정부' 인사가 아닌 보수야당 인사와도 대화할 용의가 있음을 피력한 것이기도 했다.[26]

1971년 4월 12일, 남한에서 대통령선거전이 한창일 때 북한 외무상 허담(許錟)이 8개항의 통일방안을 공표하였다. 그리고 각종 외교경로를 통해 이를 적극적으로 선전하였다. 남한 선거에도 영향을 미치고, 대외적으로도 평화통일 공세를 강화하기 위한 것이었다. 허담 8개항은 후일 미국과 중국이 발표한 「상하이 공동성명」에도 나오는 것으로 당시 북의 평화통일 공세에서 크게 강조되었다.

8개항의 내용은 ①주한미군철수 ②미군철수 후 남북 군대 10만이하로 감축 ③한미상호방위조약 및 한일조약 폐기 ④자주적·민주적인 남북한 총선거로 통일 ⑤정치범 석방 ⑥과도적 연방제 실시 ⑦남북간의 경제교류, 과학·문화·예술·체육 등의 교류, 서신왕래 및 인사교류 ⑧남북 각 정당·사회단체들의 '남북 조선 정치협상회의'의 소집 등이었다.[27] 이는 과거부터 북한정부가 주장해온 것으로, 사실상 새로운 것은 없었다. 다만 7항의 남북교류를 촉구하면서 남측이 이를 수용하기 어렵다면 "최소한도의 인도주의적 조치로서 남북으로 갈라진 부모, 처자, 친척, 친우 간에 안부라도 전하고 면회라도 하게 하자"고 한 것은 이후 남북적십자회담과 관련되어 주목된다. 허담의 8개항에서도 박정희정부를 대화의 상대로 인정하지 않는 태도는 전혀 달라진 바 없었다. 허담은 이러한 제안을 하면서 박정희정부와는 "민족통일 문제에 대한 그 어떤 논의도 할 수 없다"고 못을 박았다.[28] 북한도 역시 대남정책에서 완전히 새롭고, 획기적이고, 구체적인 정책변화를 보여주지는 못하였던 것이다.

닉슨의 베이징 방문 선언과 남북적십자 예비회담의 시작

1971년 7월 15일 오후 10시 30분(미국 동부 시간, 한국 시간으로는 7월 16일 오전), 닉슨 대통령이 갑자기 텔레비전에 나와 특별성명을 발표했다. 닉슨은 키신저의 베이징 비밀방문 사실을 알리고, 1972년 5월 이전에 자신이 직접 베이징을 방문할 계획이라고 선언하였다.[29] 전세계가 충격에 휩싸였고, 이는 남북한이 상대방에 대한 정책을 변경하게 되는 직접적인 계기가 되었다.

미중관계 개선에 대해 북한은 남한보다 더 빨리, 더 많이 알 수 있는 처지였다. 저우언라이는 닉슨의 베이징 방문 선언 직전에 북베트남으로 날아가 미국과의 관계 개선 경위에 대해 설명했다. 그러고 나서 잠시 베이징에 들렀다가 7월 15일(한국 시간) 비행기로 평양을 비공식 방문했다. 중국측 기록에 의하면 저우는 김일성에게 미국과의 접촉 경위 및 키신저와의 회담내용, 닉슨의 중국방문 계획에 대해 상세히 설명하였다고 한다.[30] 1972년 3월 초 평양 주재 소련대사관 1등 서기관 꾸르바또프(Kurbatov)는 중국이 미국과의 비밀협상 자료를 지속적으로 북한에 전달해주고 있다는 정보가 있다고 말했다.[31] 물론 중국이 미국과의 대화내용을 북한에 얼마나 알려주었는지 명확하게 확인하기는 어렵다. 최소한 미중관계 개선이 북한이 바라는 주한미군철수에 대단히 유리한 상황을 창출할 것이라는 암시 정도는 있었을 것이다.

북의 언론들은 닉슨의 베이징 방문 선언 이후 20일 동안 이 사실을 일체 보도하지 않았다. 그러다가 1971년 8월 6일 캄보디아 시하누크 국왕을 환영하는 김일성의 연설에서 "미국의 대중(對中) 접근은 패배자의 행각이며, 중국 인민의 큰 승리이고, 세계 혁명적 인민의 승리"라고 선언하고, 미국이 중국에 백기를 들고 접근했다는 이른바 '백기론(白旗論)'을 피력하며 미중관계 개선을 환영한다고 공표하였다. 또한 바로 이 연설에서 김일성은 "남조선의 민주공화당을 포함한 모든 정당, 사회단체 및 개별적 인사 들과 아무 때나 접촉할 용의가 있다"고 했다.[32] 남한의 집권세력을 인정하고 그들과도 대화할 수 있다고 의사를 피력한 것이다. 마침내 박정희정부와는 절대 대화를 할 수 없다던 정책이 확실히 바뀐 것이었다.

8월 6일 김일성의 연설은 북이 미중관계 개선과 데탕뜨를 추구하는 국제적 분위기에 편승할 것임을 선언한 것이었다. '백기론'을 피력하며 자신의 이데올로기에 맞추어 미중관계 개선을 합리화하였지만, 이러한 결정은 쉽게 나온 것이 아니었다. 당시 소련과 북베트남은 중국의 닉슨 초청에 대해 반발하고 있었다.[33] 하지만 북한은 이를 환영한다고 공표하였다. 그동안 북한은 소련 등 공산주의 국가들이 자본주의 국가들과 협상을 하고 유화적인 조치를 취할 때마다 일관되게 이를 비난해왔다. 그런데 1970년대 데탕뜨 국면에서는 대단히 이례적인 일이 일어난 것이다. 1972년 주한미국대사 하비브(Philip C. Habib)는 아시아 국가 중에 북한이 닉슨의 중국방문을 지지하는 거의 유일한 국가라고 했다.[34] 당시 친서방적 입장의 아시아 국가들은 미중 접근이 미국의 아시아 동맹국들에 대한 지원과 공약을 약화시키지 않을까 우려했다. 마찬가지로 공산진영의 아시아 국가들 또한 중국·소련 같은 공산주의 강대국들이 미국과의 관계 개선을 위해 자신들을 희생시키지 않을까 우려했다. 북한의 공식출판물은 김일성

의 '북남협상' 방침이 "세계 정치정세가 매우 복잡한 때에 발표되었다"고 했다.[35]

최근 공개된 외무부문서에 의하면, 7월 15일(미국 시간) 닉슨 대통령이 특별성명 발표 30분 전에 주한미국대사에게 직접 전화를 걸어 베이징 방문 선언의 내용을 알려주며, 이를 박정희 대통령에게 전달해달라고 부탁하였다고 한다. 그런데 그날 워싱턴의 시외전화회사가 파업 중이어서 즉시 청와대에 연락을 하지 못했다고 한다.[36] 당시 대통령 비서실장이었던 김정렴(金正濂)은 최근 자신의 회고록에서 "(닉슨의) 발표가 있기 2시간 전에 하비브 주한미대사로부터 박대통령 앞으로 닉슨 대통령의 특별메시지를 전달하겠다는 면담요청이 있었고, 나는 이 사실을 사전에 통보받았다"고 회고하였다.[37] 이것이 사실이라면 한국정부는 미국정부로부터 특별히 소홀하게 취급받은 것은 아니었다. 일본도 한국과 크게 다르지 않았다. 로저스 미국무장관이 닉슨의 성명발표 3시간 전에야 워싱턴에 있는 주미일본대사에게 이 사실을 통지했고, 사또오 수상은 내각회의에 참석하고 있다가 일본 매체들이 닉슨의 중대발표를 보도하기 1분 전에야 그 소식을 보고받았다. 일본에서는 닉슨의 베이징 방문 선언을 "닉슨 쇼크"라고 표현하였다.[38] 가장 직접적인 이해당사자인 타이완도 닉슨의 공식 발표 20분 전에야 로저스 미국무장관으로부터 전화 통지를 받았다.[39]

닉슨의 베이징 방문 선언은 한국정부가 북한측에 직접접촉과 교류를 제안하는 결정적 계기가 되었다. 남북의 정책변화는 누가 먼저라고 하기 어렵게 동시에 이루어졌다. 1971년 8월 6일 아침 이후락은 주한미국대사 포터를 만났다. 이날은 김일성이 민주공화당과도 대화할 수 있다고 말한 날이지만, 이후락과 포터의 만남은 김일성의 이러한 발언이 알려지기 전에 이루어졌다. 이후락은 포터에게 며칠 후인 8월 12일에 대한적십자사 총재 최두선(崔斗善)이 북한 적십자사에 이산가족 재회를 위한 대화를 제안할 것임을 알렸다. 여기서 일단 주목되는 바는 7월 14일에 말했던 것처럼 국제적십자사를 통하는 것이 아니라 남북 적십자사의 직접접촉을 제안할 것이라는 점이다. 적십자사를 통한 이산가족의 재회는 1950년대에도 남북한 사이에 쟁점이 된 바 있었다. 당시 남측은 국제적십자사를 통해 이산가족 문제를 해결하자고 주장했고, 북한은 남북 적십자사 사이의 직접접촉을 주장했다.[40] 닉슨의 베이징 방문 선언으로 국제정세가 급변하는 상황을 맞아 한국정부는 국제적십자사를 통하는 것이 아니라 북한 적십자사와 직접 접촉하는 쪽으로 좀더 대담한 정책전환을 했던 것이다.

이후락은 포터에게 남북적십자회담 제안에 대해 알리면서 이 문제를 놓고 외무부 및 법무부와 협의 중이라고 했다. 그러나 애당초 남북 접촉에 부정적인 국방부에는 알리지 않았고, 대한적십자사에도 아직 알리지 못한 상태라고 했다.[41] 남측의 경우 정부 내부의 입장조율 문제가 새로운 대북정책을 추진하는 데 민감한 사안이었던 것이다. 그런데 바로 이날, 즉 8월 6일 북한은 민주공화당과도 대화할 수 있다는 입장을 공표했다. 이는 북과의 직접접촉을 꺼리는 정부 내의 강경론의 입지를 약화시키는 데 기여했을 것이다.

마침내 1971년 8월 12일 남측 적십자사 총재 최두선은 북측 적십자사에 이산가족찾기운동을 위한 직접접촉과 대화를 제안했다. 북은 이미 남한 집권세력과도 대화할 수 있다고 표명한 상태인데다 1950년대에 남북 적십자사 사이의 대화를 주장했던 터라 이를 거부할 이유도 명분도 없었다. 이틀 후인 1971년 8월 14일, 북한 적십자사는 남측에 남북적십자회담 문제를 협의하기 위해 8월 20일에 북측 적십자 파견원을 판문점에 보내겠다고 통보해왔다. 1971년 8월 20일부터 9월

3일까지 4차에 걸친 남북 적십자 파견원 접촉을 거쳐, 마침내 9월 20일 남북적십자 예비회담이 개최되었다. 비록 적십자 차원이기는 했지만 이 회담은 남북의 정부가 실질적으로 주도하였다. 남북이 공식적으로 양자적 차원에서, 공개적으로 회담을 가진 것은 분단 이후 이것이 처음이었다. 마침내 남북대화가 시작된 것이었다.

2. 키신저의 2차 베이징 방문과 남북 비밀접촉 채널의 구축

키신저의 2차 베이징 방문과 북한의 8개항의 대미 메시지

1971년 10월 20일부터 26일까지 키신저는 두번째로 베이징을 방문했다. 6박7일간의 장기방문이었다. 이 기간 중에 닉슨의 중국방문 때 발표할 미중 공동성명서 초안에 대한 합의가 이루어졌다. 그 과정에서 미중 양국간의 제반 현안문제가 광범위하게 집중적으로 논의되었음은 물론이고, 한반도 문제도 논의되었다. 1971년 10월 회담은 현재까지 공개된 자료로 볼 때 닉슨-포드행정부를 거쳐 진행된 미중 사이의 일련의 회담 중 한반도 문제가 가장 장시간 거론된 회담이었다.

한반도 문제는 회담 3일째인 10월 22일 오후 4시 15분에서 8시 28분 사이에 진행된 회담에서 집중적으로 논의되었다. 이 회담의 대담비망록은 현재 미국무부가 공간한 『미국 외교관계 문서집』에는 수록되어 있지 않다. 그러나 닉슨 대통령 문서군에는 공개되어 있다.[42]

22일 회담에서 저우언라이는 당시 진행 중이던 남북적십자 예비회담에 대해 거론하면서 한반도 문제를 의제로 꺼냈다. 키신저는 7월에 있었던 미중대화가 남북대화에 도움을 주었다고 생각한다고 응답했다. 이날 저우언라이는 느닷없이 북한이 미국정부에 전달하는 8개항의 메시지를 전달하였다. 직접 문서를 전달한 것이 아니라 구두로만 전했지만, 양자 대화에서 제3국의 제안을 전달한다는 것은 물론 대단히 이례적인 일이었다.

8개항은 1971년 7월 30일 북한의 김일(金一) 부수상이 베이징을 방문하였을 때, 키신저에게 전달해달라고 부탁한 것이었다.[43] 키신저는 북의 8개항에 대해 토론 자체를 거부했다. 현재 공개된 미국정부의 대담비망록은 8개항의 내용 자체를 기록하지 않았다. 미국정부로서는 대단히 불쾌한 일이었기에 아예 이러한 것이 기록되는 선례를 남기려 하지 않았던 것 같다. 그러나 8개항의 내용은 중국에서 공간된 중국외교사 관련 책에 그 요지가 나오며, 키신저가 2차 베이징 방문을 마치고 회담내용을 닉슨 대통령에게 요약하여 보고한 문건에도 그 요지가 나온다. 중국측 기록이 좀더 자세하기는 하나 양자 모두 요지를 기록한 것이라 8개항의 정확한 문구와 표현을 알 수는 없다. 북이 전달한 8개항 중 7개항은 순서와 내용 면에서 양측 자료가 서로 일치한다. 그러나 세번째 항목에 대한 서술은 중국측 기록과 미국측 기록에 차이가 있다. 이를 열거하면 다음과 같다.

1항 미군과 유엔군 깃발 아래 일체의 외국군대는 반드시 '남조선'으로부터 철수해야 한다.
2항 미국은 즉시 남조선에 대한 핵무기·유도탄 및 각종 무기의 제공을 중지해야 한다.
3항 미국은 북한에게 동등한 지위를 부여해야 한다. (미국측 기록)
미국은 조선민주주의인민공화국에 대한 침략과 각종 정탐, 정

찰을 중지해야 한다. (중국측 기록)

4항 미·일·한 연합군사훈련을 중지하고, 한미 혼성군단을 해산해야 한다.

5항 미국은 일본 군국주의가 다시 등장하는 것을 돕지 않고 일본군이 남한의 미군과 기타 외국군대를 대체하여 주둔하지 않을 것을 보장해야 한다.

6항 언커크(UNCURK, 유엔한국통일부흥위원회)를 해산해야 한다.

7항 미국은 남북한이 직접 협상하는 것을 방해해서는 안되고, 조선 문제는 조선 인민이 해결한다.

8항 유엔에서 조선 문제를 논의할 때 조선민주주의인민공화국 대표는 조건 없이 참가해야 한다.[44]

여기서 중요한 것은 미중 자료가 서로 일치하지 않는 3항이다. 나머지 내용들은 북한이 이전부터 해왔던 주장으로 그리 특별할 것이 없다. 그런데 3항의 실제 내용은 미국측 기록에 적힌 것이 원래 북한이 전달한 내용을 담은 것이라 판단된다. 중국측 자료는 시간이 한참 경과한 다음에 공개적으로 출간된 책에 나오는 내용인 반면에 미국측 자료는 키신저가 닉슨 대통령에게 비밀리에 보고한 그 당시에 작성된 문건이기 때문이다. 더욱이 키신저가 당시에 닉슨 대통령에게 보고하면서 북한의 요구사항을 일부러 다르게 전달할 이유를 찾기는 어렵다. 미국측 자료에 전하는 3항의 내용은 미국이 "북한에게 동등한 지위를 부여할 것"(give North Korea equal status)이다. 즉 미국이 국제무대에서 북한을 고립시키고 배제하는 것이 아니라 남한 및 다른 나라들과 동등하게 국가적 실체와 지위를 인정하라는 요구였다. 이러한 요구는 격렬한 반제국주의·반미 선전을 했던 북한의 대외적 입장과 상충될 뿐 아니라 이것이 공개되면 북한이 당혹스러울 수 있었다. 그렇기 때문에 중국측은 후일 3항의 원래 내용을 빼고 다른 것으로 대체하여 공개한 것으로 보인다. 중국측 기록에 나오는 정찰, 정탐활동 중지 요구는 문맥으로 보아도 별개의 3항이 아니라 2항에 연결되는 것이 자연스러워 보인다.

한편 미국정부가 작성한 대담비망록에는 북의 8개항 내용을 기록하지는 않았지만, 이와 관련해서 저우언라이와 키신저가 나눈 대화의 내용은 기록해놓았다. 그 내용을 보면 저우언라이는 미국이 북한의 국가적 실체를 인정하고, 국제사회에서 남한과 동등한 지위를 부여해야 한다고 강조한 것으로 되어 있다. 따라서 대화내용을 보아도 3항의 내용은 미국측 기록에 적힌 것이 확실하다.

키신저는 북의 8개항에 대해 아주 차가운 반응을 보였다. 키신저는 "우리는 매 문장마다 미국은 '반드시'(must)라고 시작되는 문서에 대해 토론할 수 없다"고 잘라 말하고, "그 누구도 이러한 방식으로 우리를 다룰 수는 없다"고 했다. 또한 "우리는 우리의 동맹국을 '괴뢰'라고 하는 문서"에 대해 토론할 수 없다면서 8개항에 대한 토의 자체를 거부하였다. 한편 키신저는 그해(1971년) 초 북한이 루마니아를 통해 미국정부에 모종의 메시지를 전달한 사실을 언급하며 북한이 여러 경로를 통해 미국에 접근하고 있음을 저우언라이에게 알려주었다.[45]

이러한 사실들은 북한이 이 무렵 미중관계 개선을 이용해 중국을 통해, 그리고 루마니아를 통해 미국에 메시지를 전달하고, 접근하려 했다는 것을 잘 보여준다. 북한이 미국으로부터 자신의 국가적 실체를 인정받고, 직접 접촉하기를 희망한다는 것은 푸에블로호 사건을 통해 이미 드러난 바다. 북한은 공개적으로는 반제국주의와 반미를 강조했지만, 다른 한편으로는 미국으로부터 자신의 국가적 실체를 인정받고, 국제사회에서 고립을 탈피하여 남한과 동등하게 인정받고자 하는 강한 욕구를 갖고 있었던 것이다.

저우언라이는 계속해서 한반도 문제를 거론하였다. 그는 남한에 일본군이 미군을 대체하여 들어올 것인지를 두번이나 거듭 물으며 확인하려 했다.[46] 또한 주한미군 문제도 거론하였다. 키신저는 "아직 공표되지 않은 계획이니 비밀로 해달라"고 하면서 "내년에는 실질적인 비율(substantial percentage)의 주한미군을 철수시키려 한다"고 말했다.[47] 그러나 1972년은 물론 1973년에도 주한미군은 감축되지 않았다.

저우언라이는 미국이 국제적으로, 그리고 유엔에서도 북한을 합법적인 실체(entity)로 인정할 것인지에 대해서도 물어보았다. 키신저는 북한의 실체를 인정하는 것은 "향후 목표로서는 수용할 수 있지만, 당장 취할 정책으로 수용하기는 어렵다"고 말하고는, 중국과 소련이 남한의 실체를 인정해야 그것을 전제로 북한의 실체를 인정할 수 있다고 했다.[48] 교차승인을 이야기한 것이다. 당시 미국정부는 사실상 두개의 한국을 인정하는 방향으로 가고 있었다. 이른바 교차승인 구도하에서 중국과 소련이 남한을 인정하는 방향으로 간다면, 미국도 북한의 국가적 실체를 인정할 수 있다는 것이었다.

계속해서 저우언라이는 언커크 해체 문제를 이야기했다. 키신저는 미국 또한 언커크 문제를 연구 검토하고 있다고 답하였다. 저우는 또한 이날 한반도평화협정의 필요성에 대해 간략하게 언급했다.[49]

키신저는 10월 22일 밤부터 떠나는 날인 26일까지, 닉슨의 중국방문 때 발표할 미중공동성명 초안을 중국측과 논의했다. 미국측은 중국과의 입장차이를 절충해서 두나라가 합의할 수 있는 사항들을 모호하게 표현한 초안을 미리 준비해갔다. 그러나 이 초안을 본 중국측은 강력히 반발하며, 이른바 구동존이(求同存異) 형식의 새로운 초안을 내놓았다. 양국의 입장이 불일치하는 부분은 미국의 정책은 이러하고, 중국의 정책은 저러하다는 식으로 그 차이를 있는 그대로 나열하자는 것이었다. 결국 초안은 중국이 제시한 방식대로 작성하기로 합의되었다.

한반도 문제도 물론 쟁점이 되었다. 미국은 공동성명 초안에서 한반도 문제를 언급할 의사가 없었으나 중국은 한반도 문제를 언급하려 했다. 논의과정에서 미국은 중국이 북한의 허담 8개항의 통일안을 지지하는 구절을 초안에 넣으려 하는 것을 끝까지 저지하려고 노력했다.[50] 그러나 중국이 이를 고수하자 미국도 남한과의 방위공약을 존중한다는 구절을 삽입하였다. 결국 키신저가 떠나는 날인 10월 26일 오전 8시에야 양측이 잠정적으로 합의한 공동성명서 초안이 나왔다. 초안에 포함된 한반도 문제에 대한 언급은 다음과 같았다.

중국:
중국은 1971년 4월 12일 조선민주주의인민공화국 정부에 의해 제출된 8개항(허담 8개항 통일안)을 강력히 지지하며 언커크의 해체를 주장한다.

미국:
미국과 대한민국 사이의 기존 공약들(commitments)은 존중될 것이며, 미국정부는 대한민국정부가 긴장완화를 추구하고, 한반도의 상호소통(communication)을 증진하려는 모든 노력을 지원할

것이다.[51]

공동성명 초안의 한반도 관련 조항은 물론 미국과 중국의 시각차이를 보여주고 있다. 미국이 남한과의 공약을 직접 언급하고, 중국이 북의 8개항의 통일안에 대한 지지를 피력한 데서 나타나듯 각자의 동맹국에 대한 배려가 있었다. 그러나 쟁점이 되었던 주한미군, 평화협정 문제는 직접 거론되지 않았다. 물론 허담 8개항에는 주한미군 철수가 포함되어 있기 때문에 중국은 이를 간접적으로 표현했다고 할 수 있다. 그러나 명확하게 문구상으로 표현되지는 않은 것이다. 중국이 만약 이를 직접 표현하려고 했다면 미국과의 합의에 많은 어려움이 있었을 것이다.

남북한 비밀 대화채널의 구축

1971년 9월 20일부터 남북적십자 예비회담이 열렸지만, 회담은 좀처럼 교착상태를 벗어나지 못하고 지지부진했다.[52] 그러던 중 1971년 11월 20일 적십자 예비회담 대표단의 일원이었던 남한의 정홍진(鄭洪鎭)과 북한의 김덕현(金德鉉)이 공식적인 예비회담과는 별도로 비밀 대화채널을 구축하였다. 이는 남북대화가 새로운 국면으로 접어드는 계기가 되었다. 정홍진은 남북대화 실무를 주관하는 중앙정보부 협의조정국 국장이었고, 김덕현은 조선로동당 중앙위원회 조직담당 책임지도원이었다. 두사람 모두 양측 대표단의 실세라 할 수 있었다.

남측 기록에 따르면 1971년 11월 20일 정홍진과 김덕현의 비밀접촉이 처음 이루어졌을 때 양측은 주로 적십자 예비회담의 쟁점 문제를 논의했다. 이로 미루어보건대 비밀접촉은 처음에는 교착된 적십자 예비회담을 풀기 위한 비공식 접촉 차원에서 시작된 것으로 보인다. 그런데 김덕현이 먼저 국제정세 문제를 대화의 소재로 꺼내자 양자의 대화범위가 넓혀졌다. 김덕현은 현재 국제정세는 "대만(타이완) 문제만 보더라도 강대국은 자기의 이익을 위해서 소국을 희생시키고 있다"고 말했다. 그러자 정홍진은 "중국과 소련도 마찬가지다"라고 응수하였다. 김덕현은 대화 중에 적십자회담과는 별도로 "위에서 신임하는 사람, 말하자면 가장 높은 데서 신임하는 사람들이 비밀접촉을 해보면 어떻겠냐"고 제안했다. 정홍진은 연구해볼 만한 일이라고 하면서 여지를 남겼다.[53] 1971년 12월 17일 3차 비밀접촉에서 두사람은 서로 신분과 소속을 밝혔다. 그러자 북의 김덕현은 곧바로 상부의 신임장을 서로 교환하자고 제안했다.

이상에서 알 수 있듯이 정홍진·김덕현 비밀접촉을 양측 고위지도자의 대화채널로 먼저 발전시키려 한 쪽은 북측이었다. 이는 키신저의 10월 베이징 방문과 관련이 있었다. 이 점은 최명해가 이미 지적한 바 있다.[54]

키신저가 베이징을 다녀간 직후인 1971년 11월 1일 김일성이 비밀리에 베이징을 방문하였다.[55] 당시 북한은 남북대화와 미중관계가 잘 진척되면 미군철수에 유리한 국면이 창출될 것이라고 생각했을 것이다. 또한 중국을 통해 8개항의 대미 제안을 전달한 데서도 드러나듯 미국과의 접촉을 추구하는 데에도 유리하다고 보았을 것이다.

남측의 정홍진은 1972년 1월 29일 4차 접촉 때에도 신임장 교환은 불필요하다며 북의 제안을 거절하였다. 그러나 1972년 3월 7일 제5차 접촉에서 신임장을 발급하는 상부인사로 남측은 이후락 중정부장을, 북측은 조선로동당 중앙위원회 조직지도부장 김영주를 확정하였다. 그리고 곧바로 신임장을 교환하였다.[56] 남북의 고위수뇌부 사이에 비밀 대화채널이 정식으로 열린 것이다. 이때 남측은 의도적으로 북측의 대화상대자로 김영주를 지목하여 관철시켰다.

남측이 애초부터 남북 수뇌부 사이의 대화에 관심이 없었던 것은 아니었다. 1971년 12월 2일 이후락은 주한미국대사 하비브를 만났다. 정홍진, 김덕현이 1차 접촉만 하고, 아직 2차 접촉을 하지 않았을 때였다. 이날 이후락은 하비브에게 정홍진, 김덕현 사이의 비밀접촉에 대해 통보했다. 그리고 아직 확정된 것은 아닌 가정이라고 전제하면서 하비브 대사에게 다음과 같은 질문을 던졌다.

남북의 비공식적 대화가 남북 고위지도자 회담으로 이어져 어떤 정치적 문제에 대해 진전이 이루어진다고 합시다. 예컨대 미래의 그 어느 때에 남북 양측이 서로 적대할 의사가 없다는 선언을 하며, 남북교류 및 병력 감축에 대해 합의하고, 통일은 궁극적인 목표이나 당면의 목표는 아니다라는 맥락에서 서로 실체를 존중하기로 합의하며, 그리고 양측은 이러한 남북 사이의 합의에 대해 강대국들이 그 이행을 보장하는 것을 수용할 수 있다면, 미국은 이러한 합의에 대해 긍정적으로 생각하겠소?[57]

하비브 대사는 자신은 가정적인 질문에 잘 답변하지 않지만 미국 정부는 그러한 합의를 환영할 것이라고 답하였다. 위의 언급은 이후락과 중앙정보부가 이미 1971년 12월 초에 남북 고위지도자들 사이의 접촉과 협상에도 확실히 관심과 의도를 갖고 있었음을 보여준다. 그리고 그 의제도 남북교류뿐만 아니라 군축, 상호 실체 인정, 강대국의 남북합의에 대한 보장 등 여러 차원의 것들을 탐색하고 있었음을 알 수 있다. 그럼에도 불구하고 북이 신임장 교환을 제의하며, 남북 수뇌부 사이의 대화채널 구축을 본격적으로 제안했을 때 남측이 한동안 이를 거부하다가 1972년 3월 초에야 수용한 이유는 무엇이었을까?

이는 역시 남측 정부의 내부사정과 관련이 있다. 북한과 고위급 접촉을 하고, 통일 문제를 두고 정치적 대화를 하는 것은 이후락이 결정할 수 있는 일이 아니었다. 가장 먼저 박정희 대통령의 정치적 결단이 필요했다. 또한 정부 각 부처의 의견조율도 있어야 했다. 이는 '8·15선언' 때에도 드러났지만 결코 간단한 문제가 아니다. 그런데 1972년 2월 닉슨의 베이징 방문이 성공적으로 마무리되면서, 동아시아에서도 데땅뜨로 가는 국제적 분위기가 돌이킬 수 없는 상태로 진전되었다. 한국정부에서도 좀더 대담하게 북한과 대화에 나설 수 있는 분위기가 마련되었던 것이다. 이처럼 미중관계 개선과 남북대화가 맞물려가는 양상은 미국과 중국의 관계 개선에 대해 남북 두 정부가 대응해나가는 전반적인 양상을 살펴보면 더 명확하게 이해될 수 있다.

3. 닉슨의 베이징 방문 준비와 남북한의 대응

한국정부의 한반도 문제 논의 차단 시도

김정렴 당시 대통령 비서실장은 닉슨의 베이징 방문 선언에 대해 박대통령에게 보고했다. 박대통령은 "긴장하는 표정"이었다. 한국전쟁 때 중국군이 참여해 격전을 치르고 지금도 군사정전위원회에 중국군 대표가 나와 한국·미국 장성과 담판을 하고 있는 상황에서 미국 대통령이 베이징을 방문한다니 당황스럽다는 것이었다.[58] 박대통령을 비롯한 한국 정부요인들이 미중관계 개선에 대처하는 방식은 이를 위기라고 보고 수세적이고 방어적으로 대응하는 것이었다. 데 땅뜨 위기론에 대해서는 유신체제의 형성과 관련하여 5장에서 자세히 언급할 것이다.

한국정부는 미중관계 개선 과정에서 한반도 문제가 양자 사이의 흥정의 대상이 될 것이라고 보고 이를 차단하려 했고, 여기에 대해 닉슨 대통령으로부터 다짐을 받아내려 했다. 박대통령은 1971년 9월 닉슨 대통령에게 서한을 보냈다. 한국정부와 사전협의 없이 한반도 문제에 대한 어떠한 결정도 내려져서는 안된다고 강조하는 서한이었다. 이 서한에서 박정희는 북한의 남침 기도는 현재에도 전혀 변화가 없다고 강조했다.[59]

박대통령의 서한은 1971년 9월 23일 미국을 방문 중이던 김용식 (金溶植) 외무장관을 통해 미국무장관 로저스에게 전달되었다. 한편 이 자리에서 김용식은 로저스에게 남베트남에 주둔한 한국군 1만명을 그해 12월부터 1972년 중반까지 철수할 것이라 통보했다. 또한 아직 결정되지는 않았지만 1972년까지 모든 한국군을 철수시킬 예정이라고 밝혔다.[60] 한국정부가 베트남 카드를 꺼내든 것이었다.

베트남 주둔 미군은 닉슨 행정부가 들어선 1969년부터 철수가 시작돼 그 숫자가 크게 줄어 있었다. 그러나 이때까지 베트남 주둔 한국군은 철수하지 않고 그대로 남아 있는 상태였다. 미국은 물론 가급적 한국군 철수를 막으려 했다. 한국정부는 1971년 11월 6일 1단계 철수계획을 공식적으로 발표하고, 1971년 12월부터 1972년 4월까지 제2해병여단(청룡부대) 등 1만 병력을 철수시켰다. 그러나 미국과 남베트남 정부의 요청으로 1972년에는 추가철수를 하지 못했다. 베트남 주둔 한국군은 1973년 1월 베트남평화협정이 체결된 다음에야

모두 철수하였다.[61]

1971년 11월 29일, 닉슨 대통령은 박대통령에게 답신을 보내 베이징에서 제3국 문제를 논의하지 않을 것이라고 약속했다.[62] 하지만 박대통령은 서신교환에 만족하지 않고, 닉슨 대통령이 베이징에 가기 전에 한미정상회담을 해서 국제관계와 한반도 문제에 대해 논의하기를 원했다. 한국 정부관리들은 닉슨의 중국방문 전 한미정상회담을 성사시키기 위해 처절하리만큼 많은 노력을 했지만, 결국 성사되지 못했다.[63]

1972년 2월 7일, 닉슨의 베이징 방문일이 다가오자 한국정부는 윤석헌 외무차관을 통해 미국정부에 메시지를 전달했다. 그 내용은 ①닉슨 대통령이 한반도 문제에 대해 토론하지 않을 것임을 최근 서신을 통해 확인했고 ②어떠한 경우에도 한국정부는 미국이 북한과 대화하는 것에 반대하고 ③베이징 방문기간과 그 이후에도 미국 대통령과 그 보좌관들이 북한 대표를 만나지 말아야 하며 ④북한과 주고받은 통신에 대해서는 즉시 한국에 알려야 된다는 것이었다.[64] 한국정부는 이처럼 최선을 다해 미중 사이의 한반도 문제 토론을 저지하고, 북한과 미국의 접촉을 차단하려 했다. 후술하겠지만 당시 북한은 닉슨의 베이징 방문을 전후하여 외교관들을 대거 베이징에 보내 한반도 문제에 대한 토론에 대비했다. 남측도 북한의 이와같은 움직임을 알고 있었거나 예측했던 것 같다.

한편 닉슨 대통령이 한국의 고위관리를 만나주지 않자, 김동조 주미한국대사는 베이징 방문 전에 키신저 보좌관이라도 만나려고 했다. 어렵게 약속을 잡았으나 키신저가 너무 바빠서 취소되었다. 한국측이 계속 요청하고, 국무부 동아시아담당 차관보 마셜 그린(Marshall Green)도 그 필요성을 건의하자 키신저는 베이징으로 가기 위해 워싱턴을 떠나기 바로 전날인 1972년 2월 16일에 김동조 대사를 '9분' 동안 만났다. 키신저는 마셜 그린이 작성한 비망록 하단에 "그는 나의 목에 있는 고통이다"라고 썼다.[65]

그런데 한국정부 내에 미중관계 개선을 위기라 생각하고 수세적이고 방어적으로 대응하자는 견해만 존재했던 것은 아니었다. 반대로 이를 기회라 생각하고 적극적이고 공세적인 외교적 대응을 주장하는 견해도 있었다. 이 점은 대단히 중요하다.

1971년 6월 외무부 한 부서가 작성한 문서에는 "미중 접근은 적화통일정책을 취해온 북괴의 강경노선과 배치되는" 것으로 "북괴의 입장이 미묘해질 것"이라는 분석이 있다. 그리고 "한편 중공은 당분간 그의 정책(대미협상정책)을 추구하기 위하여 북괴에 대한 하나의 억제요소로 작용할 가능성"이 있다고 전망했다.[66] 미중관계 개선이 북한의 대남 무력공세를 억제하는 효과를 가져올 것이라는 분석이었다.

닉슨의 베이징 방문 직후인 1971년 8월, 주영한국대사가 그곳 아시아 전문가들을 상대로 미중관계 개선에 대한 견해를 탐문해서 박 대통령에게 직접 보고한 내용도 흥미롭다. 영국의 전문가들은 미국이 중국과 관계 개선을 하는 것은 소련을 견제하기 위한 것이라 보았다. 미국이 2차 세계대전 때 일본에 대응하여 중국과 손을 잡았듯이 소련을 견제하기 위해 다시 중국과 손을 잡는 거라는 이야기였다. 주영 대사의 보고문에는 이러한 내용도 있었다.

중공은 한국에서의 미군철수를 주장하되, 일본 군국주의의 한국 재배치 가능성과 관련하여 토의할 것이며 미국은 중공 및 북괴의 무력사용 포기를 요구할 가능성이 있음.[67]

중국이 주한미군철수를 주장할 테지만 주한미군철수 후 일본군이 한반도에 진주할 가능성에 대해서도 우려할 것이라는 지적이다. 지금 공개된 1971년 7월 키신저와 저우언라이의 실제 대화내용으로 보았을 때 놀랍도록 정확한 분석이었다. 국제정치 전문가들이 괜히 있는 것은 아니었다. 그리고 이 보고서는 영국의 전문가들이 미중정상회담으로 "북괴의 무력도발이나 전쟁 재발에 중공의 견제를 받을 것이며, 북괴 무력통일 목표의 포기 내지 단념을 촉진함으로써 장기적으로 한국 안보에 유리할 것"으로 본다고 보고했다. 박대통령의 책상에는 이러한 내용의 보고서도 올라와 있었던 것이다.

정치담당 대통령 특별보좌관 함병춘(咸秉春)의 인식과 시각도 흥미롭다. 함병춘 특보는 닉슨의 베이징 방문 선언 직후인 1971년 9월 초 미국을 방문했다. 그는 9월 1일 키신저의 핵심 참모인 국가안보담당 부보좌관 헤이그 장군을 만났다. 헤이그는 후일 닉슨의 중국방문을 준비하기 위해 선발대로 1972년 1월 베이징을 방문하게 되는 사람이다. 함병춘은 헤이그에게 이렇게 말했다.

저우언라이는 한반도가 일본의 위성국가가 될까봐 우려하고 있다. 미군의 한국 주둔은 저우언라이에게 용인될 수 있을 것이다. 중국은 항상 일본 군국주의보다는 미국의 군사적 개입을 용인해 왔다. 만약 미국이 한반도에서의 자신의 역할을 3강(일본·중국·소련) 사이의 조정자(referee)로 재정립한다면, 중국이 주한미군의 존재를 더 용인하도록 만들 것이다.[68]

중국은 주한미군보다 남한에 일본군이 주둔하는 것을 더 두려워하기 때문에 미국이 한반도에서 일본·중국·소련 3강의 세력균형을 조정하는 역할을 하면, 중국이 주한미군의 주둔을 수용할 것이라는 이야기였다. 나아가 함병춘은 현재 국제정세하에서 "동아시아 지역의 안정을 유지하기 위해서는 한국이 3강 중에 어느 하나와 제휴하지 않는 것이 중요하다"고 하며, "현실적인 맥락에서 한국이 이와같은 비동맹 입장(nonaligned stance)을 취하는 것은 주한미군의 존재에 의존해 있다"고 했다. 한국이 좀더 중립적인 입장을 취하면 미군이 주둔해 있는 상태에서 동아시아 세력균형이 가능하다는 논리였다. 함병춘은 또한 이렇게 말했다.

> 한국정부는 평양이 남측에 대한 수사(修辭)를 완화해줄 것을 바란다. 한국은 현재 베이징으로부터 간접적인 도움을 받고 있는 것이다. 최근 저우언라이가 평양에 갔다고 한다. 이는 베이징이 미국에 대해 태도를 변화시킨 것에 상응하는 방식으로 평양이 행동을 취해줄 것을 압박하고 있다는 것을 암시해준다.[69]

당시 청와대는 저우언라이가 닉슨의 베이징 방문 선언(1971년 7월 15일) 직전에 북한을 비공식적으로 방문한 사실을 알았던 모양이다. 정보부 사람들도 괜히 있는 건 아니었다. 함병춘은 저우언라이의 방문을 좀더 타협적이고 유화적인 태도를 취하도록 중국이 북한에 압박을 가하는 것으로 해석했다. 함병춘은 데땅뜨와 미중관계 개선을 위기라기보다는 한반도의 안정을 달성할 기회로 인식했음이 분명하다.

함병춘 특보는 1971년 9월 미국방문 중에 헤이그와는 물론이고 다른 미국 관리와의 회견에서도 한국정부가 베트남 주둔 한국군을 빨리 철수시키기를 원한다는 인상을 주었다. 마셜 그린과의 회담에서는 한국군이 베트남에 간 것 자체가 실수이고, 빨리 철수하는 것이 중요하다고 말하기까지 했다.[70] 이는 대단히 흥미로운 사실이다. 9월 1일 『워싱턴포스트』를 비롯하여 미국의 중요 신문들은 한국이 베이징에 대해 "조용한 접근"(quiet overture)을 하고 있다고 보도했다. "믿을 만한 소식통"에 의하면 한국정부는 베트남에서 한국군이 미국을 제외한 단 하나의 외국군으로 남는 것을 피하기 위해 1971년 말 베트남에서 자신의 군대를 철수시키려 한다는 것이었다. 이러한 보도를 보고 미국무부는 ①남한은 일본과 공식적인 군사관계를 맺기 원하지 않는다는 것을 베이징에 알리고, 그 대신 중국이 남한에 대한 북한의 공격적인 행동을 제어해줄 것으로 기대하고 있으며 ②남한 정부가 베트남 주둔 한국군의 조속한 철수를 원하는 것은 데땅뜨의 국제적 흐름에서 고립되는 것을 두려워하기 때문이라고 분석하였다.[71]

함병춘은 미국방문에 이어 곧바로 캐나다의 오타와를 방문했다. 1971년 9월 3일 『한국일보』는 함병춘이 캐나다 지도자들에게 한국이 일본과 군사조약을 맺지 않을 것임을 베이징에 전달해달라고 부탁했다고 보도했다. 그러나 청와대는 이러한 보도를 즉시 부인했다.[72]

함병춘의 경우 이렇듯 미중관계 개선에 수세적으로만 대응하지 않고 베이징에도 메시지를 전달하는 등 적극적이고 공세적인 외교정책을 구상하였다. 즉 베이징에 한국이 일본과 군사동맹을 맺을 의사가 없다는 것을 전달하여 중국을 안심시키고, 베이징이 북한에 한반도 평화유지를 위해 영향력을 발휘하도록 하며, 베트남에서의 조기철수를 기획하는 등 데땅뜨 상황에 적극 부응하는 정책을 구상하였던 것이다.

함병춘의 미국방문 직후에 한국정부는 앞서 언급한 대로 미국에 베트남 주둔 해병여단 1만 병력의 철수를 통고하고, 이를 실행하였다. 완전철수는 아니지만 부분적인 한국군 철수를 단행한 것이다. 이는 물론 당시 한미관계의 맥락을 보았을 때 미국정부에 협상력을 발휘하기 위해 취해진 조치이기도 했다. 그러나 다른 한편으로는 데땅뜨로 가는 국제적 분위기에 부합하고, 중국 등 공산권 국가에게도 우호적인 제스처를 취하는 정책과도 관련이 있었다.

그러나 결과가 보여주듯 이렇게 전향적이고 기민한 외교정책은 정부 내에서 지지를 받지 못했다. 당시 한국정부는 닉슨의 베이징 방문 전에 한미정상회담을 성사시키기 위해 집요하게 노력하였다. 그러나 한국정부의 논리는 사실상 모순적이었다. 당시 한국정부는 미중 사이에 한반도 문제가 절대로 논의되어서는 안된다고 주장하면서 이를 차단하려 했다. 그렇다면 닉슨이 베이징에 가기 전에 박정희를 만난다고 해도 별로 할 이야기가 없었을 것이다. 반면 함병춘이 구상했던 것처럼 박대통령이 닉슨에게 베이징에 가거든 이러저러한 것을 중국 수뇌부에 전달해달라고 했다면 어떠했을까? 그렇다면 닉슨은 베이징에 가기 전에 박대통령을 만나야 될 필요성을 더 느끼지 않았을까?

미중관계 개선에 대해 한국정부 내에도 다양한 대응방식이 존재했지만 한국정부는 결국 수세적이고 방어적으로 대응하는 방향으로 갔다. 그런데 이는 박대통령을 비롯한 한국 정부관리들의 개인적 인식과 성향 때문에 생겨난 문제만은 아니다. 당시 한국정부가 수세적인 방향으로 간 것은 기본적으로 미국과 중국이 무슨 이야기를 하는지 잘 몰랐던 것도 중요한 요인이라 생각된다. 무언가 일이 진행되는 것 같은데 한국정부는 잘 모르니 의심을 품고 수세적으로 행동할 수밖에 없었다. 키신저의 1차 베이징 방문 직후인 1971년 9월 28일 외무장관 김용식은 키신저를 만났다. 김용식은 저우언라이가 8월 5일 『뉴욕타임즈』 부주간 레스턴(James B. Reston)과 가진 회견에서 주한미군철수와 한미상호방위조약 폐기를 언급한 것을 지적하며 한반도 문제가 거론된 것은 아닌지 질문하였다. 그러자 키신저는 "그러한 주제는 제기되지 않았다"고 답변하였다. 한미상호방위조약 이야기는 없었지만 주한미군철수에 대해서는 실제 키신저와 저우언라이 사이에 논의가 있었는데 이를 말해주지 않았던 것이다.[73] 미국 및 한국정부 관련 자료 중에 미국 관리들이 미중 사이의 한반도 문제에 대한 토의내용을 한국 관리에게 알려주거나 시사하는 기록을 보지 못했다. 닉슨과 키신저는 중국 관리들과의 대화내용에 대해 미국무부에도 일부만 알려주고 있는 실정이었다. 그러니 너무 큰 기대를 한다고 할지 모르겠다. 그러나 결과적으로 이러한 상황은 한국정부의 대응을 더욱 수세적인 방향으로 몰고 갔다.

북한의 선평화협정 후미군철수 제안

강대국과 약소국의 관계라도 북한과 중국의 관계는 남한과 미국의 관계와는 다른 특수성이 존재했다. 북한은 미중의 한반도 문제 토의내용을 좀더 잘 알 수 있는 위치에 있었다. 북한은 닉슨의 중국방문을 앞두고 활발한 외교행보를 보였다. 닉슨의 베이징 방문이 다가오자 김일성은 연달아 일본 신문사 기자들과 인터뷰를 하면서 중요한 발언을 했다. 1972년 1월 10일 평양에서 일본 『요미우리신문(讀賣新聞)』 기자와 가진 인터뷰에서 김일성은 4단계 한반도 평화체제 구축안을 언급했다. 그 내용은 ①남북이 평화협정을 체결하고 ②상호간에 공격하지 않는다는 것을 선언하며 ③주한미군이 철수한 후 ④ 남북한의 군대를 대폭 감축하자는 것이었다.[74] 여기서 주목되는 바는 평화협정과 주한미군철수의 순서이다. 과거 북한의 주장은 주한미군철수를 선결조건으로 하여 남북이 평화협정을 체결하자는 것이었다.

즉 선미군철수 후평화협정 체결이었다. 그런데『요미우리신문』인터
뷰에서는 선평화협정 후미군철수를 제안한 것이었다.

미국정부는 김일성의 발언에 주목하고 그 진의를 파악하려 했다.[75]
선평화협정 후미군철수 주장은 북한이 과거보다 훨씬 유연한 태도
를 보여준 것이었다. 더욱이 당시에는 주한미군의 점진적인 철수가
미중 사이에 거론되던 상황이었으므로, 김일성의 이러한 입장표명은
북한도 미군의 점진적 철수를 수용한다는 신호로 인식될 수 있었다.

1971년 1월『요미우리신문』인터뷰 등 김일성이 보여준 행보는 그
다음달에 있을 닉슨의 베이징 방문을 겨냥한 것임이 틀림없었다. 이
는 한국정부도 파악하고 있었다. 윤석헌 당시 외무차관은 1971년 1월
31일 주한미국대사관 언더힐(Francis Underhill) 공사와의 회견에서
김일성이『요미우리신문』과의 인터뷰에서 말한 4단계 평화협정 제
안은 닉슨의 베이징 방문에 맞춘 것으로 본다고 했다.[76]

북한은 1972년 1월 26일 박성철 내각 제2부수상과 외무성 전문가
대표단을 베이징에 파견했다. 닉슨 방문 때 논의될 한반도 문제 토의
에 대비하기 위해서였다. 북한대표단 일부는 닉슨의 중국방문 중에
도 베이징에 남아 있었다. 북한 외교관들은 미국 관리들과 접촉하기
위해 노력했으나 중국 관리들이 이를 철저히 차단하였다고 한다.[77]
닉슨의 베이징 방문에 대비하기 위해 파견된 북한 외교대표단을 이
끌었던 인물이 박성철이라는 사실도 흥미롭다. 후일 박성철은 남북
대화 과정에서 김일성의 동생 김영주를 대신하여 이후락의 대화상
대자로 나서게 되는 사람이다. 북한에게 미중관계 개선과 남북대화
는 이처럼 직접적으로 서로 연결되어 있었던 것이다.

닉슨의 중국방문 과정에서 남북의 정부는 서로 다른 태도를 보였
다. 남한은 미중 사이에서 한반도 문제가 논의되는 것을 우려하고 이

를 차단하려 한 반면, 북한은 미중대화를 적극적으로 활용하기 위해 노력했고, 여기에 맞추어 적극적인 외교공세를 폈다. 남북의 체제와 이념의 차이를 놓고 볼 때 닉슨의 중국방문을 둘러싸고 남북 두 정부가 보여준 행태는 대단히 의외라고 할 수 있다. 좀더 개방적인 남쪽의 정부는 수세적 대응을 보였고, 폐쇄적이고 고립된 북한은 유연하고 적극적인 외교행보를 보였다. 이와같은 현상을 어떻게 설명할 수 있을까?

물론 여기에는 여러 원인이 있지만, 가장 근본적인 원인은 당시 여건상 북한이 남한에 비해 미중관계의 진행에 대해 좀더 잘 알 수 있는 위치에 있었다는 것이다. 또한 대미 8개항의 전달에서도 나타나듯 북한은 남한과 달리 미중대화에 자신의 의지와 요구를 관철시킬 통로를 갖고 있었다. 반면 남한은 그렇지 못했다. 이것이 닉슨 방문을 둘러싼 남북의 대응방식의 차이를 발생시킨 기본 원인이라고 할 수 있다. 이는 한 나라의 외교정책이 그 체제의 속성이나 이념에 의해서만 결정되는 것이 아니라 그 나라가 처한 현실적 여건이 더 결정적으로 작용한다는 것을 보여주는 사례가 될 것이다. 물론 체제의 특성과 이념도 당연히 외교정책에 영향을 미친다. 내부정치와 외교는 이분법적으로 분리할 수 없기 때문이다. 그러나 이를 너무 결정론적으로 이야기하는 것은 확실히 문제가 있다. 체제의 본질과 이념이 외교정책을 결정짓는다는 말로는 이 무렵 미중관계 개선과정에서 남북이 보여준 외교적 대응의 차이를 설명하기 어렵다.

4. 닉슨의 베이징 방문과 한반도 분단의 내재화

닉슨의 중국방문과 상하이 공동성명

1972년 2월 21일, 닉슨 대통령이 상하이를 거쳐 마침내 베이징에 도착했다. 닉슨은 도착하자마자 마오쩌둥으로부터 만나자는 전갈을 받았다. 원래 공산주의 국가의 최고지도자들은 미리 약속을 정하고 사람을 만나는 법이 없는 모양이다. 키신저는 회고록에서 자신이 마오 주석을 다섯번 만났지만 한번도 약속을 미리 정하고 만난 적은 없었다고 했다.[78] 갑자기 만나자고 연락이 오면 가는 식이었다.

닉슨은 마오의 거처가 있는 자금성(紫禁城) 내 중난하이(中南海)로 향하였다. 마오의 관저는 그리 크지 않은 저택으로, 키신저의 표현에 따르면 하급관리도 가질 수 있는 그런 집이었다.[79] 정치지도자의 접견실이라기보다는 학자가 조용히 지내는 곳 같은 서재에서 닉슨은 마오쩌둥을 만났다. 이 자리에 키신저와 저우언라이가 배석했다. 로저스 국무장관은 함께 베이징에 갔으나 여기에 끼지 못했다.

닉슨이 중국방문을 준비하며 하와이에서 작성한 메모에는 "상대방을 칭찬하라"는 경구가 있었다. 닉슨은 마오에게 "책을 많이 읽으셨군요!" 하고 말문을 연 뒤 그가 지은 시와 연설문을 읽어보았다고 했다. 일단 가벼운 농담이 오갔다. 키신저 이야기가 나오자 닉슨은 "키신저는 빠리를 열두번, 베이징을 한번 비밀방문하고도 두어명의 예쁜 여성을 제외하고는 아무도 이런 사실을 모르게 할 수 있는 능력을 지닌 유일한 인물"이라고 했다. 이날 대화는 재치있는 농담이 오가는 중에 철학적(?)인 대화도 오갔다. 마오는 지난 미국 대선 때 닉슨이 대통령이 되기를 희망했다고 말하고, 자신은 우익인사들

(rightists)을 좋아하며, 우익들이 권력을 잡을 때 더 행복하다고 덧붙였다. 그러자 닉슨은 "미국에서는, 적어도 이번에는, 우파가 좌파들이 이야기했던 것을 할 수 있다"고 응답했다.[80]

대화 중에 닉슨은 저우언라이와 함께 타이완, 베트남, 한반도(Korea) 문제를 논의하기를 원하며, 마오 주석하고도 나중에 이러한 문제를 논의하고 싶다고 넌지시 말했다. 박대통령에게 한반도 문제를 논의하지 않겠다고 약속했지만 오히려 닉슨이 먼저 이를 꺼낸 것이다. 그러나 마오는 '철학적인 문제'나 이야기하자며 구체적인 문제에 대해서는 논의를 회피했다. 그리하여 한반도 문제에 대한 대화는 이날 없었다.

그러나 회담 말미에 닉슨은 "우리는 중국이 미국의 영토를 위협하지 않을 것임을 알고 있으며, 당신들도 미국이 중국에 대해 영토적 야욕이 없다는 것을 알 것이오"라고 했다. 그러자 마오는 "우리 모두 일본과 남한을 위협하지 않을 것이오"라고 했고, 닉슨은 "아무도 그러하지 않을 것이며, 우리도 그러하지 않을 것이오"라고 응답했다.[81] 두 강대국 정상이 서로 무력으로 상대방을 공격할 의사가 없으며, 남한과 일본을 두고도 무력대결을 하지 않을 것임을 확인한 것이다. 아마도 이것이 닉슨과 마오쩌둥의 대화에서 가장 핵심적인 부분이었던 것 같다.

닉슨과 마오쩌둥의 회담은 1시간여 만에 끝나고, 미중간의 실질적인 토의는 닉슨 대통령과 저우언라이 총리 사이에서 이루어졌다. 2월 21일부터 2월 26일 닉슨 일행이 베이징을 떠나 중국 남부로 갈 때까지 매일 두사람은 평균 3~4시간 정도 회담을 했다. 물론 한반도 문제도 거론되었다. 그러나 키신저의 1, 2차 방문 때 이미 의견교환이 있었기 때문에 닉슨과의 회담에서 한반도 문제에 대한 대화는 상대적으로 적은 비중을 차지했다.

한반도 문제는 2월 23일 닉슨과 저우의 세번째 만남에서 주로 논의되었다. 이번에도 역시 저우가 먼저 말문을 열었다. 저우는 그동안 키신저와의 대화를 통해 확인된 미국의 입장은 "미국이 한국으로부터 궁극적으로 철수할 것이며, 일본군이 한반도에 진입하는 것을 방지할 것이다"라고 정리하면서, 이에 대해 닉슨의 확인을 받으려 했다. 닉슨은 저우의 발언을 반박하지 않았다. 다만 그는 "중요한 것은 우리 동맹국들에게 자제하도록 영향력을 행사하는 것이다"라고 했다. 미국은 항상 이처럼 중국에게 북한에 영향력을 발휘하라고 촉구하는 입장이었다. 이 말 끝에 닉슨은 과거 남한의 이승만 대통령과의 일화를 저우에게 말했다. 한국전쟁 휴전 무렵 이승만 대통령이 북진통일을 원했지만 당시 부통령이었던 자신은 아이젠하워 대통령의 명을 받고 한국에 가서 미국은 북진을 지원할 수 없다고 말해야 했다고 했다. 닉슨은 그때 이승만 대통령이 눈물을 흘렸다고 전했다. 닉슨은 저우에게 이 이야기는 다른 누구에게도 하지 않았고, 여기서 처음 하는 것이라고 했다.[82] 그러면서 저우언라이에게 이렇게 말했다.

한국인들은 남북 모두 감정적이고 충동적인 사람들이오. 우리 모두 이러한 충동성과 그들의 호전성이 우리 두나라를 곤경에 처하게 만드는 사건을 일으키지 않도록 영향력을 발휘해야 하오. 한반도를 우리 두나라 사이의 분쟁의 장으로 만드는 것은 어리석고 비합리적인 일이오. 이러한 일이 한번 일어났지만, 다시는 일어나지 않아야 하오. 총리와 내가 이러한 일을 방지하기 위해서 함께 일할 수 있을 것이라 믿소.[83]

닉슨의 발언은 키신저의 발언과 비교해볼 때 확실히 좀더 큰 틀을 갖고 있었다. 세부적인 문제가 아니라 문제의 본질에 놓여 있는 큰 틀을 이야기하고 조절하면서 세부적인 문제를 해소하는 방식이었다. 닉슨이 중국 수뇌부에게 전달하려고 했던 메시지의 초점은 한반도를 두고 미국과 중국이 서로 충돌하거나 분쟁을 일으키지 말자는 것이었다. 두 강대국이 한반도를 두고 싸웠던 한국전쟁 같은 우(愚)를 다시 범하지 말자는 이야기였다. 즉 닉슨의 초점은 강대국이 약소국의 분쟁에 과도하게 연루되어 강대국 사이의 충돌로 가는 것을 방지하자는 데 있었다. 또한 이를 위해 한반도에 있는 각자의 동맹국들이(남한과 북한) 긴장완화에 협조할 수 있도록 영향력을 발휘하자는 것이었다. 닉슨의 방문을 계기로 미중 사이의 한반도 문제 토의는 두 강대국이 한반도를 놓고 싸우지 않고, 한반도 분단 문제를 강대국 사이의 국제적 분쟁이 아니라 남북한의 문제로 한반도화·내재화하는 방향으로 가는 모습을 뚜렷하게 보여주었다.

저우언라이는 전혀 반박하지 않았고, "이 일은 또한 그들(남북한) 사이의 접촉을 촉진하는 일이오"라고만 답했다. 닉슨은 이를 받아 "적십자회담처럼"이라고 부언했다. 그러나 닉슨과 저우언라이는, 이날 회담은 물론 다른 날 회담에서도 진행 중인 남북대화에 대해서는 구체적인 의견교환을 하지 않았다. 저우는 이날 닉슨에게 언커크가 해체되었으면 좋겠다고 강조했다. 이에 대해서 닉슨과 키신저 모두 미국도 이 문제를 검토 중이라고 응답했다.[84] 저우언라이는 24일 회담에서도 일본군의 한반도 주둔 가능성을 다시 한번 확인하려 했다. 역시 중국의 가장 큰 관심사는 여기에 있었던 것이다. 닉슨 대통령은 이날 "일본이 한반도에 개입하는 것은 미국, 중국 모두의 이해관계에도 부합하지 않는다"고 저우에게 확인해주었다. 그러면서 "미국은 일본이 (한반도에) 개입하지 않을 것이라 보장할 수는 없지만, 일본이 그러하지 않도록 영향력을 발휘하겠다"고 약속했다.[85]

닉슨과 저우언라이의 대화가 진행되는 동안 키신저는 차오관화(喬冠華)와 미중공동성명에 대해 마라톤협상을 벌였다. 밤늦게까지 문안을 두고 협상이 이어졌다. 미중공동성명은 결국 닉슨이 중국을 떠나기 하루 전날인 2월 27일 발표되었다. 이를 통상 '상하이 공동성명'이라 한다. 성명내용 중 한반도 관련 언급은 1971년 10월에 합의된 초안과 거의 같았다. 다만 미국정부의 대한반도 정책 언급 중 "미국과 대한민국 사이의 기존 공약들은 존중될 것이며"라는 구절이 사라지고, 그 대신 "미합중국은 대한민국과의 긴밀한 관계와 지원을 유지할 것이다"라는 구절로 대체된 것만 차이가 났다.[86]

미국의 대한국 공약에 대한 직접적 언급이 빠진 것은 한반도 문제에 대한 토론 때문에 발생한 일은 아니었다. 키신저가 2월 25일 차오관화와 합의한 공동성명 초안에는 미국이 한국, 일본 등과 맺은 공약에 대해 언급했지만, 정작 타이완과 맺은 공약에 대해서는 언급이 없었다. 제일 민감할 수밖에 없는 타이완만 차별한 셈이었다. 성명서가 그대로 나간다면 당연히 타이완은 거세게 항의할 것이고, 미국의 보수우파들도 가만히 있지 않을 것이었다. 키신저는 다시 어렵게 중국측과 협상을 해서 발표 당일인 27일 새벽에야 겨우 재합의를 보는 데 성공했다. 그러나 중국측은 이미 합의된 타이완 관련 구절은 단 한 글자도 고칠 수 없다고 고집하고 나왔다. 이에 미국측은 할 수 없이 미국이 한국, 일본과 맺은 공약에 대해 언급한 부분을 모두 삭제하여 타이완 관련 언급과 보조를 맞추는 방식으로 성명서를 수정하였다.[87]

상하이 공동성명은 이른바 구동존이 원칙에 따라 미중이 서로 합의한 부분은 일치된 서술로, 의견이 불일치하는 부분은 각자의 의견을 나열하는 방식으로 작성되었다. 특이한 방식이지만 대단히 효과적이고 창의적으로 작성된 문서였다. 이렇게 각자 차이를 인정하는 방식으로 작성하였으니 상하이 공동성명을 두고 양자간에 서로 다른 해석이 나타날 소지가 적었다. 키신저는 상하이 성명에 대해 7년 후 양국의 외교관계가 정식 수교될 때까지 단 한번도 성명문에 대해 엇갈린 해석이 나오지 않았다고 자부했다.[88] 특히 이러한 서술방식은 미중이 각자의 동맹국들을 실망시키지 않고, 미중관계 개선과 기존의 동맹관계를 조율하는 데에 매우 유리하게 작용했다.

닉슨 방문 결과에 대한 남북한의 반응

닉슨은 베이징 방문 첫날 마오쩌둥과의 회담을 마치며 "당신도 가난한 가정에서 태어나 국가의 최고지도자 위치에 올랐지만 나도 그러하오"라고 말했다. 닉슨은 자신의 경우 이 점이 마오쩌둥만큼 세상에 잘 알려져 있지 않다며 투덜거렸다.[89] 역시 가난한 집안에서 태어나 나라의 최고지도자가 된 박정희와 김일성도 물론 닉슨의 방문을 예의주시할 수밖에 없었다.

닉슨의 중국방문 결과는 남북 모두에게 일단 안도감을 주었던 것 같다. 남측은 미중 사이에 한반도 문제가 토의되는 과정에서 자신이 희생될까봐 걱정했다. 그러나 상하이 공동성명이 발표되자 그 내용에 만족해 했다. 미국정부는 닉슨 방문 직후인 3월 1일 마셜 그린을 한국에 보내 그 성과를 설명하도록 했다. 김용식 외무장관은 그린에게 김일성이 『요미우리신문』에서 언급한 4단계 평화협정안을 중국이 언급했는지를 질문했다. 한국정부도 이 발언에 주목했던 것이다. 그린은 한반도 문제에 대한 토론은 상대적으로 짧았다고 하면서 자세한 언급을 회피했다. 이미 살펴보았지만 중국측은 닉슨 방문기간

중 김일성의 4단계 평화협정안에 대해 언급하지 않았다. 묘하게도 마오쩌둥은 물론이고 저우언라이도 닉슨 대통령과의 대화에서 평화협정 문제를 강조하지 않았다. 중국도 평화협정 체결에 그리 적극적이지 않았다는 것은 이 점을 보아도 분명했다. 김외무장관은 상하이 공동성명에서 주한미군철수를 직접 언급하지 않은 것에 주목한다고 하면서 만족을 표했다.[90]

마셜 그린은 박대통령과도 만나 한반도 문제는 전반적인 세계 문제를 논의하던 중에 잠시 언급되었을 따름이라고 전했다.[91] 그러나 그린은 물론이고 로저스 국무장관마저도 닉슨과 마오쩌둥 및 저우언라이의 회담에 직접 참여하지 못했다. 그린은 실제 한반도 문제가 어떻게 논의되었는지 잘 알 수 있는 사람이 아니었다.

한국정부는 미중 사이에 무엇이 논의되었는지 확실히 알지 못해 계속 의구심을 갖고 있었다. 1972년 3월경 작성된 외무부의 한 문건은 미국의 정부관리들이 베이징 회담 때 한반도 문제에 대한 토의가 없었다고 했지만, 이 무렵 로저스 국무장관의 기자회견 내용으로 볼 때 한반도 문제가 논의되었다는 암시가 있다며 의구심을 피력했다.[92] 한국정부는 또한 1972년 5월 닉슨 대통령의 소련방문을 전후하여 닉슨 또는 키신저가 한국을 방문하거나 한국 고위관리와 만나줄 것을 희망했고, 이를 다각적으로 추진하였다. 함병춘은 워싱턴에 가서 모스끄바 방문 이후 단 45분이라도 정상회담을 하자고 요청했다.[93] 그러나 닉슨과 박정희의 만남은 닉슨이 워터게이트 사건으로 중도 사임할 때까지 끝내 성사되지 못했다. 키신저의 경우엔 미국 관리들도 한국방문을 여러차례 건의했지만,[94] 국무장관이 된 후인 1973년 11월에야 한국에 왔다. 그것도 당일치기 방문이었다.

북한은 상하이 공동성명이 발표되자마자 약간의 자구만 고치고 그대로 보도하였고, 공개적으로 이를 지지하였다.[95] 북의 관행에 비추어볼 때 대단히 이례적인 일이었다. 북중관계는 역시 특별하였다. 닉슨의 중국방문 직후인 1972년 3월 7일, 저우언라이는 평양으로 가서 김일성을 직접 만나 닉슨과의 회담경과와 상하이 공동성명에 대해 설명했다. 저우는 김일성에게 중국이 허담 8개항을 지지한다는 점을 미국에 명확히 했고, 한반도 문제에서 가장 중요한 것은 언커크 해체임을 강조했다고 말했다. 나아가 닉슨이 일본군은 타이완 및 남한에 진입하지 않을 것임을 약속했고, 이는 묵계(黙契)에 해당한다고 전했다. 김일성은 감사를 표했다.[96]

그런데 왜 중국은 이처럼 언커크 해체를 강조하였을까? 언커크는 한국전쟁 직후인 1950년 10월 유엔총회에서 한국의 통일 및 부흥을 추구하는 유엔기구로 설립되었다. 해방 직후 한반도 문제가 유엔에 이관되었을 때 유엔한국임시위원단(UNTCOK)이 만들어졌고, 정부 수립 후에 유엔한국위원회(UNCOK)로 개편되었다. 그러다가 다시 한국전쟁 때 유엔한국통일부흥위원회(UNCURK)가 실질적인 후계 조직으로 만들어졌다. 언커크는 호주 등 7개국 대표로 구성되어 있었고, 한국에서 진행되는 선거를 감시하고 재건업무에도 관여하는 역할을 맡았으나 실제 활동은 그리 활발하지 않았다.

언커크는 한반도 문제에 대한 유엔의 관여를 상징하는 기구였다. 언커크는 매년 유엔총회에 보고서를 제출했는데, 이를 계기로 한반도 문제는 자동적으로 매년 총회 의제로 상정되고 토의되었다. 그러나 1968년부터는 보고서를 유엔총회가 아닌 유엔 사무총장에게 제출하였다. 이로써 한반도 문제가 총회에 자동 상정되는 것을 피하려 했다. 당시 미국과 한국정부가 더이상 유엔에서 한반도 문제가 토론되는 것을 선호하지 않았기 때문이다. 아무튼 언커크는 한반도 문제와 유엔을 연결시켜주는 기관이었다. 언커크가 해체된다면 한반도 분단문제는 더 확실하게 국제적 문제에서 남북한 사이의 문제로 전환될 수 있었다. 즉 한반도 분단이 국제분쟁 문제에서 한반도화되고 내재화되는 중요한 전환점이 될 수 있었던 것이다.

닉슨은 중국방문 과정에서 미중 두 강대국이 한반도 문제 때문에 서로 충돌하지 말자고 강조했다. 중국이 언커크 해체를 북한에 유독 강조한 것은 은연중에 닉슨의 이러한 논리에 동조한 측면이 있었다. 중국은 역시 강대국이기 때문에 가급적 한반도 문제를 국제화시키기보다는 한반도화하여 그 부담에서 벗어나고자 했던 것이다. 또한 중국이 언커크 문제와 유엔군사령부 문제를 분리하여 전자의 해체를 우선적으로 강조한 것도 주목할 필요가 있다. 1973년 언커크 해체과정을 이야기하며 자세히 서술하겠지만 이는 북한과 입장차이가 있었고, 서로 갈등을 일으킬 소지가 있었다. 하지만 미국과 중국은 닉슨의 중국방문을 계기로 한반도 분단을 내재화하기 위해 서로 공모해가는 양상을 보였다.

키신저의 4차 베이징 방문과 한반도 분단 내재화를 위한 미중의 공조

1972년 6월 21일 키신저는 다시 베이징을 방문하였다(4차 방문). 후술하겠지만 이 무렵은 남북한 사이에 '7·4공동성명' 문안이 작성되고 있을 때였다. 6월 22일 회담에서 저우언라이는 키신저에게 한반도의 사태진전에 대해 어떻게 생각하느냐고 물었다. 키신저는 남북대화는 매우 긍정적(positive)이라고 했다. 그리고 저우에게 "미국 정부의 입장은 남북한의 정치적 접촉을 격려할 것이며, 두 한국이 서로 어떠한 합의를 하든 거기에 맞추어갈 것이다"라고 했다. 한편 키신저는 한반도의 긴장완화를 위해 미국은 남한에 영향력을 행사할

준비가 되어 있다고 했다. 중국도 같은 차원의 영향력을 행사하라고 넌지시 요청한 것이었다.[97]

1972년 6월 키신저의 4차 베이징 방문 때에도 중국은 역시 언커크 해체를 강조했다. 저우언라이는 1972년 내에 언커크가 폐지되었으면 좋겠다고 했다. 저우가 계속 다그치자 키신저는 언커크 문제는 11월 10일 이후에 논의해도 되는 것이 아니냐고 반문했다. 저우는 웃으면서 "당신들의 의도를 알게 되어 좋다"고 했다.[98] 1972년 11월 초에는 미국 대통령선거가 있었다. 대통령선거 직전에 유엔에서 언커크 문제로 미중간에 다툼이 있으면, 재선을 노리는 현직 대통령 닉슨의 최대 업적인 데땅뜨와 미중관계 개선 성과가 손상당할 우려가 있었던 것이다. 미국과 중국은 한반도 문제에 대해 여전히 의견차이가 존재했지만 닉슨의 중국방문 이후 이처럼 일정한 합의 또는 공조의 틀을 형성해가는 모습이었다.

키신저는 미국으로 돌아와 닉슨 대통령에게 자신의 4차 베이징 방문을 결산하는 보고서를 올렸다. 이 보고서에서 그는 "전반적인 세계 문제를 이야기할 때 지난해 우리에게 적대적이었던 중국이 '암묵적 동맹자'(tacit ally)라고 이야기할 수 있는 입장으로 얼마나 멀리 옮겨왔는지 놀라울 정도였다"라고 했다. 그 근거로 중국은 미국이 소련 주위에 벽을 쌓기 원했으며, 유럽경제공동체(EEC)와 유럽통합에 찬성하고 유럽에서 미군을 유지해야 한다고 주장했고, 심지어 일본을 두고 미중이 경쟁하지 말자고 이야기했다는 점 등을 들었다. 어느덧 미국과 중국은 소련을 견제하기 위해 협력하는 '암묵적 동맹자'가 되어버린 것이었다. 한반도문제에 대해서도 언급했는데, 저우언라이가 주한미군철수 원칙은 유지했지만 일본군이 한국에 주둔하는 것을 막기 위해 일정 기간 미군이 한국에 머물러야 한다고 암시하였다고 했다. 다만 중국이 올해 언커크를 폐지하려는 의도를 명백하게 갖고 있는 것이 문제라고 지적했다.[99] 언커크 문제를 제외하고는 미중은 어느정도 한반도 문제에 대해 의견일치를 보아가고 있었던 것이다.

당시 미국과 중국은 확실히 '암묵적 동맹자'로서 한반도 문제에 대해서도 느슨하기는 해도 일정한 공모를 하고 있었다. 그 방향은 한반도의 분단상태, 휴전상태라는 '현상'을 유지하고 관리하면서, 결국은 한반도의 분단 문제를 남북한의 문제로 한반도화·내재화하는 것이었다. 이러한 방법으로 미중 두 강대국이 한반도에서 대립하거나 갈등하는 소지를 줄이고, 한반도 분단의 안정적인 관리에 협조하면서 미중 양자관계를 진전시킨다는 입장이었다.

5. 남북의 고위급 비밀방문과 7·4공동성명

이후락, 박성철의 상호 비밀방문

정홍진과 김덕현은 1972년 3월 7일 5차 비밀접촉에서 신임장을 교환한 후 곧바로 남북 고위급 접촉을 위한 상호 비밀방문 문제를 논의했다. 일단 두사람이 평양과 서울을 상호 방문하면서 이후락과 김영주의 회담을 성사시키기로 결정했다. 먼저 남측의 정홍진이 1972년 3월 28일 평양을 방문하여 31일까지 머물며 김영주와 만났다. 그리고 김덕현이 4월 19일 2박3일 일정으로 서울을 방문하여 이후락과 만났다. 회담과정에서 북측은 조속한 통일을 강조했고, 남측은 남북교류를 해가면서 통일을 준비해야 된다고 주장하였다. 특이한 점은 김영주가 정홍진에게 "최종결론은 총비서 동지와 박대통령 간에 논의되어 결론지어야" 한다며 남북정상회담을 시사한 것이었다.[100] 이후락도 이 발언을 당연히 주목했다.[101]

이후락은 1972년 4월 말 본격적인 방문 준비를 했다. 4월 24일 그는 박대통령에게 「특수출장인허원(特殊出張認許願)」과 함께 그의 방문활동과 관련해 3가지 선택 가능한 안(案)을 제출했다. '가'안은 북과 의견교환만 하고 돌아오는 안이고, '나'안은 이후락과 김영주가 평양에서 공동성명을 발표하는 안이었다. '다'안은 성명서를 평양에서 발표하는 것이 아니라 이후락이 귀환한 후 따로 일시를 정하여 발표한다는 안이었다. 이후락은 평양에 가기 전에 이미 공동성명 발표를 구상하고 있었던 것이다. 그러나 박대통령은 방문기간 중 공동성명 발표에 대해 허락하지 않고, 일단 이를 유보시켰다.[102]

5월 2일, 마침내 이후락이 방북길에 올랐다. 이때 서울과 평양 간 직통전화가 처음으로 가설되었다. 이후락과 김영주는 5월 2일과 3일, 두차례에 걸쳐 만났으나 두사람의 대화는 원만하게 이루어지지 않았다. 민감한 사안인데다 대화하기 쉽지 않은 문제들이 오간 때문이다. 김영주는 너무나 솔직하고 직접적으로 북의 입장을 드러내는 발언을 했다. 주한미군철수를 거론했으며, 한일 군사관계에 대해 우려를 표명했고, 정치협상만 하면 이산가족 문제는 다 해결된다고 말했다. 이후락은 주한미군이 남아 있는 것은 북을 믿을 수 없기 때문이며, 남한이 일본의 앞잡이가 될 일은 없고, 우선 남북 사이의 교류협력과 신뢰의 구축이 필요하다고 강조했다.[103]

실질적인 대화는 5월 4일 새벽과 오후에 있었던 김일성과의 두차례 회담에서 이루어졌다. 4일 새벽 첫 만남에서 김일성은 이후락에게 주로 통일 3원칙(자주, 평화, 민족대단결)을 이야기했다.[104] 같은날 오후 회담에서는 더 구체적인 이야기가 오갔다. 김일성은 이후락에게 남북조절위원회 설치를 제안하고, 박대통령과 정상회담을 할 용의가 있음을 내비쳤다. 이후락은 통일을 준비하는 동안 ①상호 비방 중지 ②일방적인 대외선전적 통일제안 중단 ③무력공격 중단이 필요하다고 강조했다. 한편 김일성은 회담과정에서 김영주는 병(식물신경불화증) 때문에 남쪽에 갈 수 없다면서 그의 대리인으로 박성철 부수상을 보내겠다고 했다. 이후락은 김영주가 꼭 와야 한다고 강하게 주장했지만, 관철시키지 못했다.[105]

김영주는 1972년 5월 이후락을 두번 만난 이후에 남북대화 석상에서 모습을 완전히 감추었다. 남북대화에 이름을 걸어놓았으나 직접 나타나지는 않았다. 실제 이후락의 상대역할을 한 것은 김영주의 대리역할을 한 박성철이었다. 적십자회담 남측 수석대표였던 이범석(李範錫)은 김영주가 사라진 이유에 대해 김영주가 이후락과 대화하는 것을 보고 김일성이 자신의 동생(김영주)이 상대가 안된다고 생각했기 때문이라 추측하였다.[106] 반면 김종필 총리는 북이 남북대화를 격하시키기 위해 일부러 김영주를 후퇴시킨 것이라 보았다. 당시 중앙정보부는 김영주가 진짜 아픈 것으로 보았지만, 김종필은 미국 관리에게 김영주가 평양에서 정상적으로 집무를 보고 있다고 말했다.[107]

이후락은 김영주가 직접 나서서 남북대화에 임할 것을 계속해서 북에 강하게 요청했다. 이후락과 중정이 대화상대자로 김영주를 지목한 이유는 그가 김일성의 친동생이자 북한의 권력서열상 제2인자로서 김일성의 후계자가 될 가능성이 높다고 보았기 때문이었다. 김영주가 김일성의 후계자로 부상할 인물이라면 그를 상대하는 이후락도 남쪽에서 박정희 다음의 2인자로, 나아가 후계자로 부각될 수도 있을 터였다.

그러나 김영주를 북의 2인자로 본 중정의 판단은 정확한 것이 아니었던 것 같다. 당시 중정 북한국장이었던 강인덕은 김영주를 2인자로 지목했지만, 이는 판단착오였다고 했다.[108] 이후락과 박성철의 상호 방문이 이루어진 직후인 1972년 6월 미국무부는 김영주가 김일성의 후계자로 완전히 부상한 것은 아니라고 판단했다. 미국무부는 백악관 보고에서 김영주가 최근 급속하게 권력서열 6위까지 올라갔으나 일부 분석가들이 생각하는 것처럼 김일성의 후계자로까지 인정받고 있는 상황은 아니라고 보고했다.[109]

1972년 5월 29일 김영주를 대신하여 박성철이 비밀리에 남쪽에 와서 이후락과 두차례, 박정희와 한차례 회담을 했다. 박성철은 이 만남에서 크게 세가지, 즉 ①남북조절위원회 설치 ②남북정상회담 ③남북공동성명 발표를 요구했다. 통일 3원칙과 남북조절위원회에 대해서는 박대통령이 박성철과의 회담에서 명확하게 동의해주었다. 그러나 박정희는 정상회담과 공동성명에 대해서는 지금은 어렵다고 거부했다. 박정희는 남한은 '개방사회'이며 '여론사회'라고 하면서 한일국교정상화에도 많은 시간이 걸렸고, 아직도 반대하는 사람이 있다고 했다. 그러니 먼저 여건이 조성되어야 남북정상회담은 물론이고 공동성명 발표도 가능하다고 했다. 박정희와 박성철의 회담에서 대화는 잘 이루어지지 않았다. 박성철은 준비해온 원고를 읽는 형식으로 대화를 진행했고, 회담시간도 40분밖에 되지 않았다.[110]

남측이 정상회담은 물론이고 공동성명 발표까지 선뜻 수용하지 못한 것은 역시 정부 내부의 의견을 조율하는 데 어려움이 있었기 때문이다. 이후락은 박성철이 공동성명 발표를 주장하자 "북은 김일성 수상의 한마디로 인민이 따라가지만 우리는 그렇지 않다"며, 지금 남북 비밀접촉에 대해 공표하면 "현정부가 북한에 속고 있다고 군부가

궐기할 것이다"라고 했다.[111]

남측은 공동성명 발표에 대해 쉽게 결정하지 못하고, 권력 수뇌부 내부에서 상당한 갈등을 겪었던 것으로 보인다. 1972년 6월 13일 이후락은 하비브 대사를 만나 북이 공동성명 발표를 제안했으나 박대통령이 거절했다고 말했다. 거절한 이유는 두가지로, 하나는 미국·일본 등 제3국이 한반도에서 군사적 긴장이 끝났다고 오판할 것을 우려하기 때문이며, 다른 하나는 국내 여론 때문이라고 했다. 그러자 하비브는 공동성명을 빨리 발표하는 것이 나을 것이라고 조언했다. 미국이 파악한 바로는 이후락의 평양 비밀방문 정보는 이미 남한 내에서 누출되었고, 계속 새어나갈 것이기 때문에 발표를 오래 미루는 것은 불가능하다는 게 그 이유였다.[112]

남측은 상당한 내홍을 겪고 6월 하순에야 마침내 공동성명 발표를 결정하였다. 1972년 6월 21일 정홍진은 북의 김덕현을 판문점에서 만나 이후락 부장이 친필로 작성한 남북공동성명 초안을 북에 전달하며 검토해보라고 했다. 정홍진은 공동성명에 대해 남측 수뇌부에서 강하게 반대하고 나와 이부장이 어려운 처지가 되었다고 했다.[113] 이후락이 작성한 초안은 이후락과 박성철이 상호 방문과정에서 이미 교환한, 남과 북의 주장과 입장이 절충되어 있는 문서였다. 북이 제시한 통일 3원칙이 있었고, 이후락이 평양으로 가면서 공동성명문에 담으려고 구상했던 내용도 들어 있었다. 6월 21일부터 정홍진과 김덕현은 문안 조정작업에 들어가, 6월 28일 공동성명 문안에 대한 합의가 완전히 이루어졌다. 남측이 작성한 초안의 내용이 이미 북의 의견을 상당히 반영한 것이었기 때문에 합의된 안과 초안은 용어 및 자구 수정은 많이 되었지만, 기본 내용 자체는 크게 다르지 않았다. 다만 남측에서 공동성명에 넣어야 한다고 주장한 "일방적이며 선전

적인 통일제안을 하지 않을 것이며"라는 구절 등이 빠진 것이 특징이었다.[114]

7·4공동성명의 발표

1972년 7월 4일 오전 10시, 한반도 주민들은 자신의 귀를 의심할 만한 소식을 듣게 되었다. 서울과 평양에서 동시에 남북공동성명서가 낭독되는 소리가 라디오방송을 타고 흘러나왔던 것이다. 남북공동성명서는 1970년대 초 남북대화의 성과를 집약하는 것이었다. 또한 실질적으로 남북 두 당국이 최초로 합의한 역사적 문건이었다. 공동성명 문안에 대해서는 남측에서는 법무장관, 외무장관, 국무총리, 대통령의 순으로 결재를 받았다. 박대통령이 최종결재 서명을 한 날은 6월 30일이었다.

남북공동성명서는 남북한간의 비밀방문 사실을 공표하면서 아래와 같은 내용을 담고 있었다.

1. 쌍방은 다음과 같은 조국통일원칙에 합의를 보았다.

첫째, 통일은 외세에 의존하거나 외세의 간섭을 받음이 없이 자주적으로 해결해야 한다.

둘째, 통일은 서로 상대방을 반대하는 무력행사에 의거하지 않고 평화적 방법으로 실현하여야 한다.

셋째, 사상과 이념, 제도의 차이를 초월하여 우선 하나의 민족으로서 민족적 대단결을 도모하여야 한다.

2. 쌍방은 남북 사이의 긴장상태를 완화하고 신뢰의 분위기를 조성하기 위하여 서로 상대방을 중상비방하지 않으며 크고 작은 것을 막론하고 무장도발을 하지 않으며 불의의 군사적 충돌사건

을 방지하기 위한 적극적인 조치를 취하기로 합의하였다.

3. 쌍방은 끊어졌던 민족적 연계를 회복하며 서로의 이해를 증진시키고 자주적 평화통일을 촉진시키기 위하여 남북 사이에 다방면적인 제반 교류를 실시하기로 합의하였다.

4. 쌍방은 지금 온 민족의 거대한 기대 속에 진행되고 있는 남북적십자회담이 하루빨리 성사되도록 적극 협조하는 데 합의하였다.

5. 쌍방은 돌발적인 군사사고를 방지하고 남북한 사이에 제기되는 문제들을 직접, 신속 정확히 처리하기 위하여 서울과 평양 사이에 상설 직통전화를 놓기로 합의하였다.

6. 쌍방은 이러한 합의사항을 추진시킴과 함께 남북 사이의 제반 문제를 개선 해결하며 또 합의된 조국통일원칙에 기초하여 나라의 통일 문제를 해결할 목적으로 이후락 부장과 김영주 부장을 공동위원장으로 하는 남북조절위원회를 구성 운영하기로 합의하였다.

7. 쌍방은 이상의 합의사항이 조국통일을 일일천추로 갈망하는 온 겨레의 한결같은 염원에 부합된다고 확신하면서 이 합의사항을 성실히 이행할 것을 온 민족 앞에 엄숙히 약속한다.

서로 상부의 뜻을 받들어

이후락   김영주

1972년 7월 4일[115]

남북공동성명서 내용과 관련해서는 남북 어느 쪽의 의견이 더 많이 반영되었다고 말하기는 어렵다. 통일 3원칙과 남북조절위원회는 물론 북측의 제안이었고, 남측이 양보한 것이었다. 특히 통일 3원칙 중 '자주'의 원칙이 제일 앞에 오게 된 것은 확실히 남측의 양보라 할 수 있다. 물론 당시 남쪽도 자주와 자립을 강조하기는 했지만 말이다. 이는 후술하겠지만 이미 준비작업이 진행되고 있던 유신 선포 등 국내 정치문제와도 관련이 있었다.

그러나 공동성명의 몸체를 이루는 2항에서 5항의 합의내용들은 사실상 대부분 남측의 제안을 반영한 것이었다. 남측의 제안 중 공동성명에 담기지 못한 것은 대화가 진행되는 동안 일방적·선전적 통일방안의 제안을 중단한다는 구절 정도밖에 없었다. 물론 7·4공동성명에서 언론에 대대적으로 부각되고, 국제적으로도 주목받았던 것은 통일 3원칙이었다. 그러나 이는 '원칙'의 표명이었고, 2항 이하의 실질적인 문제에서는 남측이 더 많이 자신의 의견을 관철시킨 측면이 있었다. 남북조절위원회 설치를 규정한 6항은 북의 주장을 반영한 것이나 조절위 목적에 대해서는 군사·정치 문제를 강조하거나 직접 언급함 없이 그냥 "남북 사이의 제반 문제를 개선 해결하며"라고 표현되었다. 이는 남측의 의사가 반영된 것이었다.

1972년 7월 27일 키신저는 7·4남북공동성명서 내용을 분석한 보고서를 닉슨 대통령에게 올렸다. 그는 남북공동성명이 닉슨의 대중관계 개선 조치의 산물이라고 전제하고, 공동성명의 내용으로 볼 때 남한이 "곧바로 정치적 쟁점에 대한 토론으로 옮겨가려는 북한의 시도를 성공적으로 저지한 것 같다"고 평가하였다. 또한 남한이 정상회담에 대한 북의 압박을 잘 받아넘긴 것 같다고 하며, 상하이 공동성명과 마찬가지로 평화협정, 주한미군 문제 등이 직접 거론되지 않았으니 남측이 북의 주장을 적절한 수준에서 완화시켜 절충하는 데 성

공했다고 평가했다. 미국도 남북공동성명서의 내용이 남측에 불리한 것은 아니었다고 본 것이다.[116]

7·4공동성명의 양면성: 통일 또는 분단의 내재화

남북공동성명은 남북대화를 궤도 위에 올려놓고, 남북통일의 가능성을 제시해준 역사적 문서임에 틀림이 없다. 한반도 평화체제가 구축되고 남북통합이 이루어진다면 7·4공동성명은 그러한 합의를 이룬 출발점으로 기억될 것이다. 이것은 중요한 역사적 성취임에 틀림없다. 그러나 또한 이 문서는 남북대화의 유약한 토대도 명확하게 보여주는 문건이기도 했다. 이 문서에는 정식 국호가 표기되지 않았음은 물론이고, 이것이 암시될 수 있는 서명자의 직책마저도 표기되지 않았다. "상부의 뜻을 받들어"라고 모호하게 써놓았을 따름이었다.

7·4공동성명을 발표하면서 이후락과 박성철 모두 기자회견을 했다. 7·4공동성명 이후 이후락은 '북괴'라는 용어 대신에 '북한'이라는 용어를 사용하였고, 신문에도 '북한'으로 표기되었다. 북한과의 접촉이 국내법 위반이 아니냐는 기자의 질문에 대해 이후락은 대화가 진행되는 것을 보아가며 법적·제도적 개선 여부도 정치권에서 검토해야 될 것이라고 이야기하였다. 그러나 이후락도 여전히 남북은 대결상태임을 강조했다. 그는 이날 남북공동성명을 설명하며 이제는 "대화 없는 남북대결에서 대화 있는 남북대결의 시대"로 가는 것이라 했다.[117] 이후락은 기자회견 과정에서 남쪽의 우려 여론과 북의 입장 모두를 의식해서 상당히 절제된 발언을 하는 모습을 보여주었다. 그러나 김종필 총리는 7월 5일과 6일 국회에 출석하여 여야 국회의원의 질의를 받는 과정에서 훨씬 강경한 발언을 했다. 그는 유엔과 언커크 모두 외세가 아니며, 반공법의 수정은 불필요하고 불가능하

다고 했다. 또한 그는 "북한은 국가로 볼 수 없기 때문에 남북공동성명은 조약이나 약정이 될 수 없고, 조약으로서의 효력도 없는 것으로 보고 있다"고 했다.[118]

김종필 총리의 발언은 물론 남북대화를 보는 남한 수뇌부 사이의 갈등을 반영한 것이었다. 한편 이는 정부가 남북대화가 진척되는 과정에서 여당이든, 야당이든 정치권과 제대로 협의를 하지 못해 생겨난 현상이기도 했다. 물론 이 당시 미중관계 개선 과정에서 나타나듯 민감한 대외정책을 다룰 때 비밀주의는 불가피한 측면이 있었다. 닉슨 대통령도 상하이 공동성명서를 발표하면서 민주당은 물론 공화당과도 구체적인 문제에 대해 협의할 수 없었고, 심지어 같은 정부 안에 있는 국무부와도 제대로 협의하지 않았다. 그러나 미국사회의 경우 미중관계에 대해 다양한 정치·사회집단들이 발언하고 논의할 수 있는 공간이 열려 있었다. 키신저가 상하이 공동성명을 중국측과 협상할 때에 당연히 이러한 여론이 의식되고 반영될 수밖에 없었다. 그러다보니 공동성명이 발표되었을 때 국내적 충격은 정부와 시민사회의 이와같은 상호작용 속에서 그만큼 반감될 수 있었다.

그러나 당시 한국의 상황은 달랐다. 물론 한국사회에서도 1970년 이후부터는 통일 문제에 대한 사회적 논의가 전에 비해 좀더 열려가는 추세이기는 했다. 그러나 그 공간은 미국과 비교할 때 훨씬 협소할 수밖에 없었고, 공동성명 발표는 정치권과 시민들에게는 별안간 닥쳐온 일이었다. 정치권과 시민들의 남북공동성명에 대한 반응은 전반적으로는 우호적이었고, 환영하는 목소리가 많았다. 그러나 남북관계에 대해 충분한 논의와 토론의 축적 없이 갑자기 남북공동성명이 발표되니 정부 내에서조차 여러 주장이 중구난방으로 펼쳐지는 양상이었다. 당연히 혼선이 나타날 수밖에 없었다.

한편 같은 날 7월 4일, 이후락과 동시에 평양에서 기자회견에 나선 박성철은 자주의 원칙을 곧바로 주한미군철수와 연결시켰다. 그는 자주의 원칙이 확인된 만큼 "미제국주의자들은 더는 우리나라 내정에 간섭하지 말아야 하며, 자기의 모든 침략무력을 걷어가지고 지체없이 물러가야 합니다"라고 주장하였다. 또한 남북공동성명의 통일 3원칙은 김일성 수상에 의해 제안되었고, 그것이 관철된 것이라고 공표하였다. 그후 북의 언론들은 통일 3원칙은 김일성 수상의 통일노선의 위대한 승리라고 대대적으로 선전하였다.[119]

그런데 양자가 합의한 사항에 대해 어느 한쪽이 자신의 정책적 승리라고 대대적으로 선전하는 것은 양자관계에 대단히 부정적인 영향을 미칠 수밖에 없다. 저우언라이의 경우 상하이 성명이 발표되었을 때 중국 해외공관에 "성명 내용을 절대로 중국의 외교적 승리라고 선전하지 말라"고 훈령을 내렸다.[120] 북한과는 정반대의 태도를 취한 것이다. 만약 이를 중국의 일방적 승리로 선전하면 당연히 미국 내에서 반발이 일어날 테고, 이렇게 되면 미중관계 개선에 반대하는 사람들의 목소리에 오히려 힘을 실어주는 결과를 자초할 것이었다. 그러면 미중관계의 진전은 난관에 봉착할 수밖에 없으니 이러한 점을 고려한 조치였던 것이다.

7·4남북공동성명의 발표는 그야말로 양면성이 있었다. 이는 통일의 계기가 될 수도 있었고, 그 반대로 한반도 분단이 완전히 내재화되는 계기가 될 수도 있었다. 미국과 중국은 남북공동성명을 환영한다고 밝혔다. 사실 통일 3원칙의 첫번째 원칙인 외세의 간섭을 배격하고 자주적으로 통일을 한다는 원칙은 미중을 겨냥한 것이기도 했다. 그러나 미중 두나라는 모두 이 무렵 한반도 분단 문제를 국제적 분쟁사안으로 만들지 않고, 한반도화·내재화하는 정책을 추구하고

있었다. 따라서 남북이 '자주'를 표명한 것은 '외세'로부터도 충분히 환영받을 이유가 있었다.

7·4남북공동성명은 미중관계의 맥락에서는 한반도 분단 문제가 한반도화·내재화되어가는 전환점이기도 했다. 그런데 한반도 분단의 한반도화·내재화 과정은 분단을 유지하는 주된 책임과 부담이 남북한에 전가되는 것을 의미했다. 또한 동서 진영대결 논리보다는 남북의 체제경쟁 논리가 한반도 분단을 유지하는 주요 동력이 되어가는 것을 의미했다. 그리고 체제경쟁이 더욱 치열해질수록 남북의 집권자들은 이를 활용하여 더욱 일원적이고 억압적인 정치체제를 구축하려는 유혹을 느낄 수밖에 없게 된다. 이러한 양상은 7·4공동성명 이후 남북대화의 전개과정을 보면 더 명확하게 드러난다.

제 4 장

대화 있는 대결: 남북대화와 체제경쟁

1. 남북한의 대화 동기

한반도 문제에 대한 자기주도권 확보

남북의 두 정부가 상호 대화와 접촉에 나선 것은 결코 쉬운 결정이 아니었으나 양쪽 모두 대화에 나설 만한 동기와 이해관계가 있었다. 국제외교적 차원에서 둘 다 한반도 문제에 대한 자기주도권 또는 자기결정권을 높여야 했기 때문이다. 물론 남북한은 주변 강대국, 즉 미국과 중국의 유도 또는 권유에 의해 남북대화와 긴장완화에 나선 측면이 있다. 당시 남과 북은 미국과 중국이 관계개선에 나서고 데땅뜨를 추진하는 상황에서 각각 동맹국과의 관계를 원만히 유지하기 위해서라도 한반도 긴장완화에 협력할 수밖에 없었다. 그러나 남북대화가 반드시 이러한 수동적 차원에서만 시작된 것은 아니었다.

미국과 중국이 한반도 문제를 거론하기 시작했는데도 남북한 당사자들은 아무런 접촉과 대화를 시도하지 않는다면, 둘 다 입지가 더욱 축소될 수밖에 없었고 남북대화를 시도해야 미중이 한반도 문제를 일방적으로 처리하지 않도록 방지할 수 있었던 것이다. 미국무부 정보조사국은 남북한이 대화에 나선 동기를 이렇게 분석했다.

아시아의 새로운 정치적 재정립은 강대국이 자신의 정책적 목표를 달성하기 위해 한반도의 운명을 흥정할(bargaining) 가능성이 있는 상태에서 남북한으로 하여금 의사소통 채널을 구축하는 것이 갖는 이점을 발견하게 만들었다.[1]

미국무부는 한반도의 운명이 미국과 중국에 의해 일방적으로 결정되는 것을 방지하기 위해 남과 북이 남북대화에 나선 것으로 파악한 것이다. 이후락은 남북대화가 시작될 무렵인 1971년 8월 말 주한 미국대사에게 이렇게 말했다.

과거의 한국은 후진성에 굴복해서 '졸'(pawn)과 희생자의 역할을 수용했지만, 오늘의 한국은 그럴 필요가 없다. 한국은 적극적이고, 긍정적이고, 어느정도 독립적인 역할을 할 수 있다.[2]

한마디로 남과 북은 강대국이 두는 장기판의 '졸'이 되지 않기 위해 남북대화라는 자신들의 장기판을 차린 것이었다.

또한 데탕뜨 국제정세에 부응해서 국제적 이미지를 개선하고, 남북 외교경쟁에서 유리한 지위를 차지하기 위해서라도 남북대화가 필요했다. 특히 남북 모두 이 무렵 상호 대화를 하면서 적대진영의 나라들에 접근하기 시작했다. 6장에서 살펴보겠지만 이 무렵 북한은 미국과 일본, 유럽의 서방국가들과 접촉을 확대했고, 남측은 소련 및 중국, 동유럽 공산국가와 접촉하려고 노력했다. 이러한 외교적 목표를 달성하기 위해서라도 남북한 사이의 긴장완화가 필요했다.

주한미군 문제와 군사동맹의 유지

남과 북이 대화에 나선 것은 모두 주한미군과 관련이 있었다. 남한은 주한미군 감축 및 철수를 지연시키기 위해 남북대화를 했고, 북한은 주한미군철수를 촉진하기 위해 대화를 했다.

박정희정부가 남북대화를 추진한 주요 목적 중 하나는 주한미군의 철수를 지연시키기 위해서였다. 1972년 7·4공동성명 직후 박정희는 방한한 미국무부 동아시아태평양 담당 차관보 마셜 그린과의 만남에서 주한미군의 추가 감축은 남북대화에서 남측의 협상력을 약화시킬 것이니 절대 해서는 안된다고 강조하였다.[3] 한편 베니트(Donald V. Bennett) 신임 유엔군사령관이 박정희 대통령과 김종필 총리를 방문했을 때에도 두사람 모두 남북대화에서 남측이 힘의 우위를 유지하는 데 주한미군의 역할이 중요함을 강조하였다.[4] 협상을 하려면 힘의 우위 또는 균형을 확보하는 것이 필수적인데 갑작스러운 주한미군의 감축은 남측의 협상력을 약화시켜 남북대화를 어렵게 만든다는 논리였다.

물론 당시 한국정부도 미국이 주한미군을 계속해서 한반도에 주둔시킬 것이라 기대하지는 않았다. 이에 자주국방을 강조하고, 자체 핵무기를 개발하는 등 나름대로 대응을 해가고 있었다.[5] 다만 주한미군의 철수시한을 가능한 한 연장시키려 했던 것이다.

남북대화와 주한미군 문제를 연계시킨 한국정부의 논리는 실제 효과를 발휘했다. 1972년 7월 24일 주한미국대사관은 "남북공동성명에도 불구하고 미국의 대한 군사프로그램들은 남한이 북한을 다루는 데 필요한 협상력을 유지하기 위해서라도 그대로 변함없이 유지되어야 할 것"이라고 건의하였다.[6] 미국무부 정보조사국 관계자는 7·4공동성명 직후 한반도 정세를 분석하면서 "향후 2~3년 동안 주한미군의 철수는 더욱 어려워졌다"면서, "박정희 대통령이 주한미군의 주둔 연장을 위해 유럽식 씨나리오를 사용했다"고 했다. 그러면서 미국은 "군대 철수와 관련해 행동의 자유를 얻기를 원하지만 내부적으로 또는 북을 다루는 데 있어서 박대통령의 입장을 잠식(undercut)하기는 어렵다"고 보았다.[7]

1972년 5월 닉슨 대통령은 1973 회계연도에는 더이상의 주한미군 감축은 없을 것이라고 박대통령에게 통보했다.[8] 문제는 1974 회계연도부터였다. 1972년 3월 미국무부 한국과에서 작성한 총괄적인 대한정책 문서인 「Korea PARA」는 남북의 타협이 진행되는 동안 주한미군의 유지가 필요하다고 하면서, 1974 회계연도에도 주한미군을 유지할 것을 권고하였다.[9] 그러나 1972년 12월, 대사관과 주한미군 등 한국에 주재하는 모든 미국기관의 주요 간부 및 장성 들의 연합회의체였던 '한국국가팀'(Korea Country Team)은 다른 결정을 했다. 남북대화가 어느정도 진척되었으니 감축이 가능하다고 본 모양이다. 한국국가팀 보고서는 한반도의 안보상황에 대해 "1953년 휴전 이래 전쟁의 가능성은 가장 낮다"고 평가했다. 이에 1974 회계연도부터는 추가적인 주한미군 감축을 시작하고, 이를 1973년 5월과 6월 사이에 한국정부에 통보해야 한다고 했다.[10] 1974 회계연도의 주한미군 문제에 대해서는 이처럼 미국 관료조직 내에서도 여러 논란이 있었다. 그러나 남북대화는 1973년에 접어들면서 교착되는 양상이 뚜렷해졌고, 미국정부는 결국 추가 감축을 보류하였다. 1973년 초 미국정부는

1974 회계연도에도 추가적인 주한미군의 감축이 없을 것임을 결정하고, 이를 한국정부에 통보하였다.[11]

그후 1973년 8월 남북대화가 중단되었고, 한반도 상황은 다시 군사적 긴장이 고조되는 방향으로 바뀌어갔다. 1974년 8월 닉슨이 워터게이트 사건으로 퇴임하고 부통령이었던 포드가 대통령직을 승계하였다. 포드행정부는 1974년 8월 발생한 박정희 대통령 암살 미수 사건과 11월의 북한 땅굴 발견으로 한반도에서 군사적 긴장이 고조되자 주한미군을 유지하는 쪽으로 정책을 선회하였다. 또한 1975년 남베트남정부가 붕괴되고 한반도에 다시 긴장이 고조되자 포드행정부 내내 주한미군 감축은 이루어지지 않았다.[12] 이후 주한미군철수를 공약했던 카터 대통령이 1977년 1월 취임했지만 그의 집권기간에도 결국 주한미군의 감축은 이루어지지 않았다.

북한은 반대로 주한미군의 조속한 철수를 위해 남북대화를 시작하였다. 북한이 미중관계 개선에 편승해 남북대화에 나선 것은 주한미군철수의 여건을 조성한다는 측면이 있었다. 1972년 평양 주재 불가리아대사관은 북이 대화에 나선 기본 목적은 미군철수에 우호적인 상황을 조성하기 위해서라고 파악했다.[13] 남한은 주한미군의 추가 감축을 지연시키기 위해, 북한은 이를 촉진하기 위해 서로 대화를 하는 상황은 모순적이라 할 수 있다. 그러나 남북한은 주한미군에 대한 자신의 정책을 실현하기 위해서라도 대화에 나설 필요가 있었던 것이다.

남한이 남북대화를 주한미군 문제와 연계시켜 미국과의 관계에서 협상용 지렛대로 활용한 것은 흥미롭다. 이는 남북관계가 분단국가와 강대국 동맹국과의 관계에서도 활용될 수 있음을 잘 보여주는 사례이다. 그런데 이는 북한의 경우도 마찬가지였다.

이 무렵 북중 군사관계도 더 강화되는 양상이었다. 남북대화가 시작될 즈음인 1971년 8월 17일에서 9월 7일까지 오진우 참모총장을 단장으로 하는 북한 군사대표단이 중국을 방문하였다. 이들은 3주나 장기체류하였다. 오진우는 방문기간 중 중국군 총참모장 황용성과 무상 군사원조 조약을 체결하였고, 이는 당시에도 공표된 바이다.[14] 한편 1973년 평양 주재 북베트남대사는 동독대사에게 중국이 아직까지 제공된 적이 없는 군사장비를 북한에 주기로 약속했으며, 미사일방어씨스템을 만들 수 있는 수단도 제공했다고 말했다. 그리고 앞으로 북한이 전술핵무기를 중국으로부터 지원받을 가능성도 있다고 했다.[15]

물론 중국은 북한을 군사적으로 지원하면서도 일정한 선을 그을 수밖에 없었다. 박대통령은 닉슨에게 보낸 서한에서 오진우의 방중을 언급하며 중국이 북한의 남침기도를 지원하고 있다고 주장하였다.[16] 그러나 중국의 대북 군사지원은 미국이 한편으로는 주한미군을 철수시키면서도 남한의 군대를 현대화하기 위해 원조를 해주는 것과 같은 맥락이었다. 미중 두 강대국은 두나라의 관계 개선을 위해서라도 한반도의 동맹국들이 긴장완화에 나서도록 영향력을 발휘해야 했다. 그런데 이러한 영향력을 유지하기 위해서 미중은 한반도의 동맹국에게 일정한 지원을 해줘야만 했다. 동맹국의 안보에 대한 불안과 우려를 무마하고, 이들이 거친 행동을 하는 것을 예방하기 위해서라도 일정한 군사적 지원을 할 수밖에 없었던 것이다.

남북대화가 남북한과 주변 강대국의 동맹관계와 연결되는 양상은 그야말로 양면적이고 모순적인 측면이 있다. 이는 한편으로는 남북대화가 남북 모두에게 강대국과의 비대칭적 동맹관계에서 자신의 입지를 높이는 데 도움을 준다는 것을 의미했다. 한편 미중 강대국도 상호 협상과정에서 자신의 협상력을 높이기 위해 한반도 동맹국과의 관계를 희생하기보다는 가급적 유지하고 강화하려 했음을 보여준다. 이러한 맥락에서 데땅뜨와 남북대화는 한반도 당사자들의 외교적 입지를 높여주는 면이 있다. 그러나 남북한이 남북관계를 활용하여 강대국과의 동맹관계를 강화해서 군사적 보장과 지원을 얻어내는 데 활용하면, 남북의 타협과 협상은 더욱 어려워지는 모순적 상황이 발생한다.

남한과 미국이 주한미군 감축을 지연시키고, 한국군 현대화계획을 추진하면 북한은 남한의 대화의지와 진정성을 의심한다. 남한도 물론 북중 군사관계 확대를 보며 북한의 의도를 의심한다. 남북한도, 미국과 중국도, 데땅뜨의 과정에서 결코 기존의 동맹관계를 약화시키려 하지 않는다. 기존의 비대칭적 동맹관계가 그대로 유지 강화되면 한반도는 다시 두 강대국의 영향력하에 더 단단하게 묶이는 양상을 보이게 된다. 그리고 이와같은 비대칭적인 동맹관계를 타고 강대국 사이의 갈등이 한반도 두 분단국가의 갈등으로 이전되고 증폭될수 있으며, 체제경쟁이 강화되는 등 분단이 내재화되는 양상도 보인다. 결국 남북관계는 좋아질 듯하다가 다시 경색될 수밖에 없는 것이다. 남북관계가 개선되다가 계속해서 자주 동요하는 이유 중에 하나가 바로 여기에 있다.

무력충돌과 전쟁방지

남북의 대화 동기는 국제외교적 측면에서만 존재한 것은 아니다. 이것과는 구별되는 남북관계 고유의 문제, 즉 한반도 차원의 문제도 동기로 작용했다. 1960년대 말 한반도는 남북한의 무력충돌로 수백 명이 사망하는 끔찍한 상황이었다. 남북한은 모두 무력충돌과 전쟁

방지를 위해 남북대화에 나선 측면이 있었다. 남북의 대화 동기를 한반도 차원에서 이야기할 때 초점은 사실상 여기에 있었다.

박대통령은 정부가 남북대화를 추진하는 기본 목적이 전쟁방지에 있다고 측근인사들에게 강조했다. "아무리 적의를 가진 사람이라도 그의 한쪽 손을 붙들고 있으면 그가 나를 칠지 안 칠지를 알아차릴 수 있기" 때문에 대화가 필요하다는 거였다.[17] 박대통령은 1972년 7·4남북공동성명 발표 직후 방한한 마셜 그린 미국무부 차관보와의 회담에서도 한국정부는 "김일성의 무모함을 방지하기 위해 대화에 나섰다"고 했다.[18] 특히 미국이 주한미군을 감축하고 있는 상황에서 한국정부는 자체 억지력을 갖출 시간이 필요했다.

북한도 마찬가지였다. 북한은 1960년대 말 대남 무력공세를 강화했지만 이는 완전히 실패했다. 경제성장은 주춤하고, 군부 강경파 세력의 대두로 내정도 휘청하였다. 당시 미국 정보기관들은 북한의 경제가 악화되고 있을 뿐만 아니라 북의 정치·군사적 기구(apparatus)들도 계속되는 고위인사의 숙청으로 말미암아 손상되었다고 평가하였다.[19] 북도 한반도의 긴장완화가 필요했다. 김일성은 이후락을 만났을 때 남측이 미국 및 일본과 연합하여 북을 공격할 의사가 없다는 것을 거듭 확인하려 했다.[20] 김일성도 전쟁발발 가능성을 우려했던 것이다. 남북대화는 1960년대 말에 조성되었던 한반도의 극단적인 군사적 긴장을 일정부분 해소하는 데에는 확실히 도움을 주었다.

남북이 대화에 임한 동기와 목적은 이처럼 일치되는 부분도 있었지만 주한미군 문제처럼 완전히 정반대의 동기와 목표를 갖고 있기도 했다. 당시 남북은 '동상이몽' 상태였다고 할 수 있다. 그러나 이를 궁극적인 지향점이 다르니 어차피 서로 갈라설 수밖에 없다는 식으로 이야기할 필요는 없다.

동상이몽으로 말하자면 닉슨의 중국방문 중에 발표된 상하이 공동성명이 가장 적나라한 모습이라 할 수 있다. 그러나 대부분의 사람들은 이 성명에 대해 미중이 결코 타협할 수 없는 목표와 이해관계를 갖고 있음을 보여주는 성명서라고 말하지는 않는다. 오히려 미중관계 개선의 신기원을 개척한 성명으로 본다. 서로 현격히 다른 의도와 목적을 갖고 있다 하더라도 그것을 한장의 성명서에 함께 적어 공동발표할 수 있다는 것은 그 자체가 타협과 협상의 가능성을 보여주기 때문이다. 현실을 너무 고정적으로 박제화해 생각하기보다는 변화 가능성을 염두에 둘 필요가 있다. 이러한 측면에서 남북한의 대화 동기를 볼 때, 남북대화가 어느 쪽으로 갈 것인지가 미리부터 결정나 있었다고 보기는 어렵다.

남북이 같은 상(床) 위에 올라간 만큼 그후 대화가 성과 있게 진척되어 공동의 이해관계를 찾아내고 관계를 증진시켜 평화정착과 통일을 모색하는 방향으로 갈 수도 있었고, 서로의 다른 생각만을 확인한 채 오히려 서로 다투다가 기존에 함께했던 상마저 깨뜨려버릴 가능성도 있었던 것이다. 실제 남북대화는 한반도의 긴장을 완화하고, 남북이 대화하고 소통할 수 있는 자리를 마련했다는 면에서는 긍정적이었지만, 또 한편으로는 남북의 체제경쟁을 내면적으로 더욱 강화하려는 양상을 보여주기도 했다.

2. 남북적십자 및 남북조절위원회 회담의 진행

남북적십자회담

1971년 9월 시작된 남북적십자회담 준비를 위한 예비회담은 참으로 더디게 진행되었다. 회담의 의제를 결정하는 가장 초보적인 합의조차 거의 9개월이 걸렸다. 남측은 이산'가족'으로 사업대상을 한정했으나, 북측은 북남으로 흩어진 '가족' '친척' '친우(親友)'로 그 대상을 넓게 설정한 것이 문제였다. 남측은 북이 '친우'까지 포함시킨 것을 이른바 '하층 통일전선' 전술에 따라 여러 정치적 인물, 또는 선전원, 공작원 같은 인물을 남쪽에 파견하려는 의도가 아닌지 의심하였고, 이 문제로 해가 바뀌었다.

1972년 2월 3일 17차 예비회담에서 마침내 남북 양측은 서로 양보하여 각기 자신의 기존 주장을 수정하는 제안을 내놓았다. 이때 남측은 사업대상으로 '가족' 외에 '친척'까지 포함시키는 양보를 했고, 북측은 '친우'를 포기하는 양보를 했다. 이에 사업범위는 가족과 친척으로 확정되었다.[21] 1972년 2월은 닉슨의 베이징 방문이 이루어지고, 남북 고위층간의 정치적 접촉 채널을 개통하기로 결정한 시점이었다. 적십자회담도 이러한 추세와 맞물려 진전이 있었던 것이다.

중요 쟁점이 타결된 만큼 1972년 2월 10일 18차 회담에서 의제 확정을 위한 실무회의를 개최하기로 합의했다. 그러나 또다시 문제가 발생했다. 남측은 단계적 접근을 선호했기 때문에 이산가족 및 친척 사이의 주소 및 생사 확인, 방문 및 상봉, 서신교환, 재결합, 기타 문제 등으로 구분해 이들 하나하나를 사업의 진행단계별로 별도의 의제로 설정하려 했다. 반면 북측은 생사 및 주소 확인부터 상봉까지를 모두 한 의제로 포괄적으로 묶어놓고, 재결합 문제와 기타 안건을 별도의 의제로 제안하였다. 또한 북측은 '자유래왕(自由來往)'을 강조하였고, 남측은 그 앞에 "이산가족 방문을 위한"이라는 제한을 붙이려 했다.[22]

상대적으로 더 폐쇄적인 사회체제에 있던 북한이 '자유의 원칙'을 강조하며 '자유래왕'을 강조한 반면 남측이 그 범위를 제한하려 했던 것은 다소 의외라고 할 수 있다. 결국 의제 문제는 남북공동성명이 비밀리에 논의됐던 1972년 6월 16일 20차 예비회담에서 확정되었다. 이때 합의된 것은 남측의 주장대로 사업의 각 단계별로 의제를 5개로 나누어 설정하는 방식이었다.[23] 의제 문제에 관한 한 북측의 양보가 있었던 것이다.

7·4공동성명이 발표된 후 남북적십자 예비회담은 본회담 대표단 구성과 일정 및 진행에 대한 구체적 논의에 들어갔다. 이때 북측은 양측 모두 적십자 대표단과는 별도로 의회('국회' 또는 '최고인민회의') 의원들과 정당·사회단체 대표로 자문위원회를 구성하자고 제안하였다. 이 문제는 논란을 일으켰지만 결국 7월 29일 23차 예비회담에서 자문위원회 위원들은 각자가 원하는 방식대로 구성하는 것으로 합의를 보았다. 이후 북은 정당·사회단체의 대표로 구성했고, 남측은 학자와 언론인으로 자문위원회를 구성하였다. 그리고 이날 서울과 평양을 번갈아 방문하는 양측 대표와 수행원의 인원수를 70명 내외로 하고, 이와는 별도로 기자단의 방문도 허용하기로 합의했다.[24] 그러나 실무합의가 시작되자 북측은 방문인원을 줄이자고 했다. '자유래왕'을 강조하다가 회담 성사가 가까워지자 대규모 인원이 방문하고 왕래하는 것에 대한 부담감을 피력했던 것이다. 결국 방문단 규모는 적십자 대표 7명, 자문위원 7명, 수행원 20명, 보도진 20명, 도합 54명으로 합의되었다.[25]

북측은 애초 남북 상호방문과 교류에 강한 자신감을 피력했다. 1972년 6월 8일 북한 외무성 부상(副相) 이만석(李萬錫)은 동구권 외교관들에게 적십자 예비회담을 브리핑하며, 북은 진정으로 자유롭고 상호적인 방문을 원하고 있다고 했다. 그러면서 "흰색은 쉽게 붉게 물들지만, 붉은색을 희게 물들이는 것은 어렵다"고 한 김일성 수상의 비유를 들려주었다. 북의 외무성과 로동당 인사들은 동독 외교관들에게 동서독은 상호 방문 및 교류를 어떻게 하고 있는지 물어보기도 했다. 그러자 동독 외교관은 정치적인 이유 때문에 동독은 서독 방문객들의 범위를 축소하려고 노력하고 있다고 답변하였다. 동독대사는 이러한 사정을 본국에 보고하며 북한사람들이 상호방문에 대해 어떤 환상을 갖고 있는 것 같다고 했다.[26] 그러나 실제 상호방문이 실행되는 상황이 다가오자 북한도 움츠러드는 모습을 보였던 것이다.

반면 남측은 상호방문에 대해 자신감을 보였다. 이후락은 1972년 7월 7일 마셜 그린에게 북이 남북공동성명을 작성하는 과정에서 남북교류 부분을 집어넣는 걸 꺼렸다고 전했다. 북은 병영국가(garrison state)이기 때문에 외부와의 접촉과 교류에 부담을 갖고 있다는 것이었다. 이날 이후락은 양측의 차이를 보여주고 사람들이 스스로 판단하도록 만드는 것이 좋겠다고 했다.[27]

제1차 남북적십자 본회담은 1972년 8월 29일 평양에서 열렸다. 남북 모두 분단 27년 만의 만남이었다. 남측 대표단이 평양에 갔을 때 특별한 환영인파 같은 것은 없었다. 북의 주민들은 남측 대표단이 타고 있는 외제차 행렬을 무시하거나 외면하는 태도를 보였다.[28] 북의 언론은 장문의 사설을 수록하기는 했지만 적십자회담에 대해 짤막한 보도만 내보냈다. 1차 회담은 예비회담을 통해 이미 합의된 내용을 합의문으로 만들어 서명하고 서로 교환하는 것으로 끝났다.

2차 남북적십자 본회담은 서울에서 9월 13일 열렸다. 많은 인파가 북의 대표단을 보기 위해 거리를 메웠고, 13일 회담과정이 텔레비전과 라디오를 통해 남한 전역에 실시간으로 생방송되었다. 당시 정부의 방침은 양측의 차이를 보여주자는 이후락의 생각을 반영했는지,

남북적십자 공개회담을 여과 없이 생방송으로 중계해주는 것이었다. 그런데 북한 대표들이 연설 중에 "위대한 지도자" 김일성과 그의 주체사상을 언급하고, "통일이 최고의 인도주의"라고 발언하자 큰 파문이 일어났다.[29] 시민들은 북한 대표들의 발언에 충격을 받았고, 남측 언론들도 북이 인도주의 목적의 적십자회담을 정치화한다고 일제히 비난하고 나섰다. 양측은 제대로 회담도 못해보고, 추후 회담날짜만 확정하여 발표하는 것으로 회담을 마쳤다.

남북대화의 행태적 특징은 대화가 별로 없는 대화였다는 것이다. 1, 2차 본회담 모두 4박5일의 일정으로 진행되었지만 정식 회의는 딱 한번씩만 했고, 실제 의제는 토론조차 되지 않았다. 이후 진행된 본회담도 3박4일, 2박3일 일정으로 진행되었지만 모두 한번씩만 정식 회의를 했다. 5차 본회담에서만 본회의를 두번 했을 뿐이었다. 나머지 일정은 모두 시찰과 관광, 행사로 채워졌다. 술도 많이 마셨다. 키신저와 저우언라이는 방문기간 중 거의 매일 6~7시간씩 회담을 했다. 닉슨도 중국을 방문했을 때 거의 연일 저우언라이와 3~4시간씩 대화를 했다. 남북대화는 실질적인 대화를 진척시키기보다는 남북 모두 대화를 한다는 것을 내외에 보여주는 것(showing)에 치중한 측면이 있었다.

남북 적십자 대표들이 실제 의제를 토의하기 시작한 것은 유신이 선포되고 난 이후인 1972년 10월 24일 평양에서 열린 제3차 본회담부터였다. 토의 시작부터 양자의 입장차이가 분명하게 드러났다. 북측은 이산가족찾기 사업을 위해 남한의 법률과 사회적 환경이 개선되어야 하고, 구체적인 사업범위와 방법은 본인의 호소와 요구에 따라 정하면 된다고 주장했다. 북의 주장은 간단히 말해 이산가족들이 적십자를 통하든지 아니면 자신이 원하는 방식대로 남북을 '자유래왕'하며 가족 또는 친척을 찾으면 된다는 것이었다. 이와 함께 북측은 사업의 취지와 진행을 이해시키기 위해 '요해해설인원(了解解說人員)'을 상호 파견해야 한다고 주장했다.[30]

북이 주장하는 어떠한 규제도 없는 자유왕래는 사실상 완전히 통일이 되어야 가능한 것이었다. 남북 적십자 대표단도 상호방문 때 모두 당국의 안내와 통제 속에 다닐 수밖에 없었다. 남북의 현실은 그러했다. 물론 외부세계와의 접촉이 차단되어 있는 북쪽이 더 엄격하게 통제했다. 남측 기자들에 의하면 평양에서는 같은 초대소 안의 건물과 건물을 오가는 데에도 안내원이 따라붙었다고 한다.[31] 그후로도 남북한 상호방문과 교류가 여러차례 있었지만 현재까지도 남북 두 당국이 통제하지 않는 완전한 자유왕래는 실현되지 못하고 있다.

당시 북의 주장은 적십자회담을 통일 문제 해결을 위한 정당·사회단체 회담으로 발전시킨다는 전략을 뒷받침하는 것이었다. 통일이 최고의 인도주의라는 주장도 이러한 맥락에서 이해될 수 있다. 실제 북의 외무관리들은 이 무렵 동구권 외교관들에게 자신들은 적십자회담을 남북 정당·사회단체 회담으로 발전시킬 것이라고 언급하기도 했다.[32]

반면 남측은 북측과는 정반대로 정치적 문제와 인도적 문제를 완전히 분리하고, 모든 의제를 각각의 단계로 나누어 극히 실무적이고 기능주의적인 태도로 접근했다. 한 예로, 3차 본회담에 임할 때 남측은 의제 1항, 즉 "이산가족 생사 및 주소를 확인하는 문제"를 풀기 위해 구체적으로 해야 될 것들을 준비해갔다. 남북이 상대방 지역에서 찾고자 하는 사람들의 신상정보를 담은 「의뢰서」를 상대방에 보내고, 이를 토대로 각자 지역에서 사람을 찾은 후에 「회보서」로 답변을 해주면 된다는 것이 그 해결책이었다. 이에 남측 대표단은 아예 「의

뢰서」와 「회보서」 양식을 그려 왔다. 이를 내놓고 북측 대표단에 보여주면서 문서양식에 대해 토론하자고 했다.[33]

남측의 태도도 사실상 또 하나의 극단을 보여준 것에 다름없었다. 너무 기능주의적이고 실무적이었다. 남북이 27년 만에 만나 처음으로 대화를 하는데 사업 전반에 대한 충분한 의견교환 없이 논의를 너무 세부적인 실무문제로 몰아갔던 것이다. 이것도 당연히 타협적 자세라 하기 어려웠다. 남쪽의 공무원들이 민원을 처리하는 전형적인 방식과 비슷했다. "서류양식이 저쪽에 있으니 일단 써가지고 오세요!" 하는 식이었다. 북의 정치편향도 극단이었지만, 남의 실용주의와 기능주의도 극단이었다. 회담은 실질적인 의제 토의가 시작된 3차 회담부터 사실상 교착상태에 빠졌다.

이후 제4차 본회담은 유신헌법 국민투표 다음날인 1972년 11월 22일 서울에서 개최되었다. 여기서도 의제 토의는 진전을 보지 못했다.[34] 1973년에도 5차에서 7차 본회담이 역시 서울과 평양을 오가며 열렸지만 아무런 합의도 이루어내지 못했다. 다만 북측은 6차 본회담에서 또다시 새로운 제안을 하는데, 이는 남북회담의 중단 국면과 연결되므로 7장에서 서술하기로 한다.

남북조절위원회 회담

남북조절위원회는 7·4남북공동성명에 의해 만들어졌다. 조절위 회담은 사실상 남북 고위층 사이의 정치적 대화였다. 북은 물론 적십자회담보다는 조절위회담을 중시했다. 남쪽은 상대적으로 적십자회담에도 많은 비중을 두었으나, 박정희 대통령도 하비브와의 대화에서 적십자회담에서는 중요한 문제가 논의될 것 같지 않고 실질적으로는 조절위회담이 중요하다고 했다.[35]

1, 2차 남북적십자 본회담이 평양과 서울에서 번갈아 개최된 직후, 1972년 10월 12일 판문점에서 이후락과 박성철 사이에 제1차 남북조절위원회 공동위원장 회의가 개최되었다. 이날 분위기는 아주 좋지 않았다. 박성철은 남북공동성명에 대한 김종필 등 남한 고위관리들의 발언을 문제삼으며 남측이 합의한 것과는 다른 소리를 한다고 몰아붙였다. 그는 회담 중단 가능성을 시사하기도 했다. 이후락은 상당히 자제력을 발휘하면서 북의 공세를 차분하게 받아넘겼다. 그는 평양측도 공동성명을 위반한 것이 많지만 일일이 거론하지 않겠다고 하면서, 남측이 공동성명을 지켜나갈 것이라고 확인해주었다. 이날 회의에서 북이 공동위원장 회담을 판문점이 아니라 적십자회담과 마찬가지로 평양과 서울에서 번갈아가며 개최하자고 제안하였다.[36] 남측은 이후 실무접촉 과정에서 이를 수용하였다.

1972년 11월 2일 이후락 남측 조절위 위원장과 최규하, 장기영(張基榮), 강인덕 등이 북한을 방문하여 제2차 남북조절위원회 공동위원장 회의를 했다. 이 회의는 남북조절위원회 구성 및 운영방식을 논의하는 것이 목적이었다. 2일과 3일 이후락과 박성철 및 양측 보좌관들 사이에 두차례 회담이 있었다. 여기서도 박성철은 남북 '합작'의 전제조건으로 반공정책의 중단, 주한미군철수를 내세우는 등 강경한 발언을 했다. 여기에 맞서 이후락도 '통일혁명당' 이야기까지 하면서 북의 '남조선 혁명론'을 성토했다. 대화는 거의 진척되지 않았다.[37]

제2차 공동위원장 회의에서 실제 중요한 의사소통은 11월 3일 열린, 이후락 및 남측 대표들과 김일성 사이의 회담에서 이루어졌다. 이 회담에 관해서는 한국의 중앙정보부가 작성한 대담비망록, 당시 중정이 미대사관에 전달한 대담비망록의 내용을 요약한 미국 정부 기록, 북한 외무성 관리가 동구권 대사들에게 회담내용을 브리핑한 것을 보고한 동독 외무성 자료 등 같은 내용을 다룬 문서가 세개나 존재한다.[38] 세 문서의 내용은 대부분 일치한다. 그러나 미묘하게 서로 차이가 나는 부분도 있다.

김일성은 회담 초반부터 남북연방제 실시를 주장하며 이를 달성하기 위해 다방면적인 '합작'을 하자고 제안했다. 군사·정치문제의 우선적 해결을 강조한 것이다. 이에 맞서 남측 대표들은 김일성에게 단계적 접근, 즉 경제·문화 협력을 먼저 하자고 끈질기게 주장하며 설득하였다. 김일성은 남측의 의견에도 일정부분 동조하면서 "우선적으로 경제·문화 부분에서 협력을 하고 나중에 정치문제에 협력하는 것이 좋겠다"는 입장을 피력하였다. 김일성의 이같은 발언은 한국 및 미국측 기록은 물론 북한 외교관의 브리핑 내용을 담은 동독 자료에서도 확인된다.

한편 중정이 전달한 대담비망록을 주한미국대사관이 미국무부에 요약해서 보고한 미국 정부문서에 의하면, 이 자리에서 이후락이 김일성에게 연방제에 대해서도 생각할 가치가 있다고 응수한 뒤 박대통령도 통일 전에 민족회의(National Conference)가 열려야 한다고 생각한다고 말한 것으로 되어 있다.[39] 물론 이러한 내용은 현재 공개된 한국정부의 기록에는 존재하지 않는다. 어찌되었든 양자 모두 상대방의 입장에 부분적인 동의를 표한 것이다. 이를 통해 볼 때 남북조절위 회담의 최대쟁점이었던 경제·문화교류 우선론과 군사·정치문제 우선론의 대립구도는 김일성과의 회담을 통해 어느정도 타협의 실마리를 찾은 듯하다.

한편 김일성은 이날 군사적 문제와 관련하여 남북 상호 감군 이야기를 주로 했을 뿐 주한미군 문제나 평화협정 문제는 직접 언급하지 않았다. 그는 남북 모두 10만 규모로 감군하자고 하면서 그 정도면

"일본이 쳐들어와도 막는다"고 했다. 그러자 남측 대표로 참가한 장기영은 재치있게 "압록강에도 배치해야지요"라고 응수했다. 일본만 아니라 북의 동맹국 중국도 외세라는 것을 은연중에 환기시킨 것이다.[40]

미국 정부문서에는 이날 김일성이 박대통령과의 정상회담을 제안한 것으로 나온다. 한국 정부문서에는 이 문제가 약간 모호하게 처리되었다. 정상회담 이야기는 북이 남측과 비밀접촉을 시작할 때부터 했던 이야기였다. 김일성은 정상회담에 대해 실제 관심을 갖고 있었다. 김일성은 박대통령이 자신에게 선물을 하지 않았음에도 불구하고, 이후락을 통해 박대통령에게 선물을 보냈다.[41] 김일성이 박대통령에게 보낸 선물은 비단에 자수를 놓은 벽걸이 장식물이었는데, 뒷면에 '김일성'이라고 적힌 명함과 함께 박대통령에게 전달되었다. 현재 민속박물관에 소장되어 있다.

제2차 남북조절위 공동위원장 회의는 끝까지「남북조절위원회 구성 및 운영에 관한 합의서」채택을 두고 진통을 겪었다. 가장 문제가 되었던 것은 '합작'이라는 단어였다. 남측은 이 단어가 '국공합작(國共合作)' '좌우합작(左右合作)'을 연상시키고, 은연중에 연방제적인 사고를 심어주는 말이라고 보아 끝까지 다른 말로 바꿀 것을 주장했다. 북도 김일성이 직접 사용한 용어라 쉽게 바꿀 수가 없었다.[42] 결국 남측 대표단이 서울로 떠나기 직전 북이 "서로 힘을 합쳐 사업하는" 식으로 풀어쓰는 것으로 다시 제안하여 합의를 보았다. 이에「합의서」가 채택되었다.

이때 남쪽도 중요한 양보를 해 합의서 3항에 "남북조절위원회 안에 정치·군사·외교·경제·문화 분과위원회"를 두기로 명시되었다. 당시 남측 정부의 입장은 단계적 접근론이었다. 비정치적 교류가 충분히 선행되어 분위기가 조성되지 않는다면 군사·정치적 문제는 논의할 수 없다는 것이었다. 그러나 이렇듯 5개 분과위원회 명칭이 합의문에 명확히 삽입되면서 남측이 예상했던 것보다는 빠른 시일 내에 북과 군사·정치 문제도 토론해야 되는 상황이 닥칠 가능성이 커졌던 것이다.

이후락 부장이 평양에서 합의한 내용들은 한국정부 내에서 지지를 받지 못했다. 1972년 11월 10일 김용식 외무장관이 미국대사 하비브를 만났다. 김용식은 박대통령이 2차 남북조절위 공동위원장 회의 결과에 대해 불만이 많다고 전했다. 특히 정치·외교 소위원회를 만든 것에 대해 마땅치 않아한다고 했다. 김용식은 그러한 위원회들은 만들어져도 단지 형식으로만 존재할 것이고, 한국정부는 이 위원회에서 아무것도 하지 않을 것이라 했다.[43] 11월 24일 미국대사를 만난 김종필 총리도 역시 이후락이 자신의 공명심을 위해 너무 성급하게 회담을 진행하고 있다며 불만을 피력했다. 그는 이부장이 조기 정상회담을 추진하는 것처럼 보이는데 박대통령은 정상회담에 반대한다고 했다. 김종필은 남북대화가 내년(1973년)에도 이어질 테지만 문화·스포츠 차원의 인사교류 정도만 실행될 수 있을 뿐 경제교류의 가능성도 별로 없다고 했다.[44] 당시 한국정부는 남북대화의 속도를 늦추려 했던 것이다.

이후락은 1972년 11월 20일 미국대사 하비브와 만나 2차 공동위원장 회의에 대해 의견을 나누었다. 이때는 이후락의 태도도 정부 내의 강한 반발기류 때문에 한풀 수그러져 있었다. 이후락은 남북 모두 시간벌기를 원하고 있다고 했다. 남은 북을 압도할 국력배양에 시간이 필요하고, 북은 '남조선 혁명'을 위해 시간이 필요하다는 것이었다. 남북정상회담에 대해서도 5년, 10년 후에 국제정세가 좋아지면 모를

까 당장은 불가능하다고 했다.[45]

이러한 상태에서 1972년 11월 30일 박성철을 비롯한 북측 대표단이 3차 공동위원장 회의를 하러 서울에 왔다. 11월 30일 3차 공동위원장 회의는 평양에서 채택된 「남북조절위원회 구성 및 운영에 관한 합의서」에 정식 서명을 하는 것으로 끝났다. 그리고 곧바로 남북조절위원회를 정식으로 구성하고, 정식 남북조절위 1차 회의를 11월 30일 저녁과 12월 1일 두차례에 걸쳐 했다. 회의의 내용은 진척이 없었다. 북측은 시간을 재촉하며 남측을 강하게 압박했다. 1차 조절위 회의에서 박성철은 남측이 원하는 대로 일단 경제·문화교류를 담당할 기구를 만들기로 합의하고, 구체적인 문제는 간사회의에서 논의하자고 제안했다. 여기에 대해 남측은 그냥 간사회의에 모든 것을 맡겨버리자고 했다. 북은 다음 조절위 2차 회의를 1월에 하자고 했으나, 남측은 미리 정할 필요는 없다는 식으로 나왔다.[46] 이 회담에서 남측은 확실히 시간벌기를 하려는 의도를 명백하게 보였다.

12월 1일 박대통령도 김일성과 마찬가지로 북의 대표단과 만났다. 박대통령은 시험을 볼 때 쉬운 문제부터 풀어야 한다고 비유하면서 단계론적 접근을 강조하고, 적십자회담은 인도적 회담인데 북이 정치적 발언을 해서 남측 시민들이 실망했다고 지적했다. 김일성은 남측 대표단에게 여러 제안을 쏟아부었지만, 박대통령은 북의 대표들에게 구체적으로 제안한 것은 없었다.[47] 이에 북의 외교관리는 동구권 외교관들에게 이 회담을 브리핑하며 박정희는 아무런 구체적인 제안도 없이 단계론만 피력했다고 성토했다.[48] 박대통령은 북의 대표단을 저녁 6시부터 8시 25분 사이에 만찬을 겸해 만났다. 실제 대화를 한 것은 약 30분 정도였다.

박정희와 김일성

당시 여러 자료에 나온 내용을 종합해볼 때 김일성은 정상회담을 제안했으나, 박정희가 이를 거부했다고 할 수 있다. 이 무렵 동서독 사이에 정상회담이 있었던 것과 비교된다. 물론 한반도의 상황은 독일과는 다르다. 남북교류 문제 등은 남측의 진보적 인사들도 1960년 4월혁명 직후부터 해오던 이야기지만, 정상회담은 누구도 직접적으로 거론한 적이 없었다. 정상회담 제안은 남측으로서는 당혹스러운 제안이었고, 당시 정부 내부 분위기로 보았을 때 박대통령이 원했다고 해도 선뜻 수용하기 어려웠을 것이다. 그러나 이 무렵 정상회담이 남한에서 상상조차 어려운 문제였던 것은 또한 아니다. 7·4공동성명 직후인 1972년 7월 23일 야당 지도자 김영삼(金泳三) 의원은 북한의 김일성과 되도록 빠른 기회에 개인자격으로 만나 통일 문제에 관해 이야기하고 싶다고 말했다.[49] 아마도 남측의 비중있는 정치인이 김일성과의 회담을 직접적으로 언급한 첫번째 사례가 아닌가 한다. 실제로 김영삼은 후일 대통령이 되어 1994년 김일성과 정상회담에 합의했다. 그러나 김일성이 갑자기 사망하는 바람에 무위로 끝나고 말았다. 박대통령이 정상회담 문제를 언급한 것은 1975년에 들어서였다. 박대통령은 1975년 11월 26일 AP통신과의 회견에서 남북 긴장상태를 완화하고 평화정착에 도움이 된다면 김일성을 만날 수도 있다고 했다.[50]

김일성은 남북대화 국면에서 이후락에게 각종 제안을 쏟아내며 전면에 나서는 모습을 보였다. 이와는 달리 박정희는 전면에 나서기보다는 뒤로 물러나 있는 모습이었다. 여기에는 여러 이유가 있었다.

박정희정부는 중요 요직이 군장성 출신들로 채워진 군사정부였던 만큼 군의 동향에 신경을 쓸 수밖에 없었다. 당시 남쪽의 장교집단은 북한의 장교집단과 마찬가지로 남북대화에 비판적이었다. 주한미국 대사관은 7·4공동성명에 대해 대부분 우호적으로 수용하는 분위기이나, 한국군 장교집단들의 반응이 가장 차갑다고 했다. 특히 한국군 장교집단들은 이후락의 역할에 대해 대단히 회의적인 태도를 갖고 있다고 했다.[51]

그러나 역시 핵심적인 원인은 당시 남한이 처한 내외적 조건과 그로부터 비롯된 정부의 정책적 입장에 있었다. 박대통령이 통일 문제에 접근하는 방식은 여전히 선건설 후통일론이었다. 당시 남한은 북한을 경제적으로 완전히 압도한 것은 아니었기 때문에 시간이 필요했다. 또한 남측 정부의 입장은 현상유지 속의 긴장완화였다. 반면 북한의 입장은 현상변경이었다. 북은 적극적인 변화를 추구해야 할 필요가 있었지만, 남쪽은 시간을 끌면서 현상을 안정적으로 유지관리하려고 했다.

북은 서두르는 입장이었기 때문에 남북대화가 잘 진척되지 않는다면 이를 중단하고, 유엔에서의 공세를 강화하거나 미국과의 직접 접촉을 모색하는 등 다른 길을 택할 수도 있었다. 남측이 조절위원회 회담에 적극적으로 나오지 않자 1973년 새해에 접어들면서 북측도 조절위 회담에 흥미를 잃어가는 모습을 보였다.

1973년 1월 정홍진과 김덕현이 2차 조절위 회담을 위해 실무접촉을 했다. 이때 정홍진은 김덕현에게 조절위 회담 준비를 위해 간사회의를 열 것을 제안했지만, 김덕현은 지시를 받지 못했다며 소극적 태도를 보였다. 그러면서 유엔사측이 북한 지역을 계속 비행기로 정탐하여 남북대화 전망에 대해 북쪽은 비관적으로 보고 있다고 실토했다. 2월 실무접촉에서도 정홍진은 적십자회담의 타개를 위해 양측 실무대표들이 사전에 협상을 해보자고 제안했으나 북측은 적십자회담은 적십자 대표들에게 맡기자면서 이를 거부했다.[52] 1973년 들어 대화는 완전히 교착되기 시작했다.

3. 남북대화의 쟁점

인도주의 대 통일(정치)

남북적십자회담 과정에서 남한은 인도주의를 강조했고, 북한은 통일과 정치적 문제의 해결을 강조했다. 이러한 논의구도(frame)는 특히 제2차 적십자 본회담 과정에서 북측 대표들의 연설이 여과 없이 생중계로 방송되어 시민들에게 충격을 주자 남측의 언론들이 북에 대해 인도주의 목적의 적십자회담을 정치화한다고 비난하면서 본격적으로 형성되었다.

인도주의 대 통일이라는 쟁점은 물론 남북의 사회체제와 이념의 차이를 반영한다. 당시에도 남이 북보다는 상대적으로 사회 각 부문의 자율성이 더 많이 존재하는 사회였다. 또한 자본주의 시장경제체제에 익숙한 남측 사람들은 기능주의적 합리성을 북쪽보다 더 강조하는 경향이 있었다. 따라서 인도주의를 추구하는 적십자기관 사이의 회담이니 인도주의가 우선이다라는 논리가 나올 수 있다.

반면 북은 사회 각 부문이 당에 의해 통합되어 있는 나라인 만큼 이들의 상호 연계성을 강조한다. 북의 『로동신문』은 이산가족 문제와 정치 문제를 분리해야 한다는 남측 신문의 사설 내용을 거론하며 이렇게 반박했다.

조국의 자주적 평화통일을 당기기 위해서 북과 남이 신뢰의 분위기를 조성하며 민족적 단결을 도모하는 사업을 잘함으로써만이 북과 남으로 흩어진 가족들과 친척들의 고통을 덜어주기 위한 사업도 원만히 되고 실질적으로 보장될 수 있는 것이다. 이렇게 연관된 문제를 고의적으로 분리시키려는 것은 인민들의 지향에 어긋날 뿐만 아니라 문제의 실질적인 해결을 가져오기 곤란하게 하는 것이다.[53]

북의 논리는 인도주의와 통일 문제는 분리할 수 없다는 것이었다. 그러나 실제 적십자회담에서 보여준 모습을 볼 때 북의 논리는 실질적으로 "민족적 단결을 도모하는 사업을 잘함으로써만이" 이산가족 문제가 해결될 수 있다는 통일(정치) 문제 우선론이었다. 군사·정치적 문제를 인도주의적 문제 및 남북교류의 선행조건으로 강조하는 북의 태도는 회담이 진행될수록 더욱 뚜렷해졌다.

인도주의론/통일(정치)론의 대립구도는 대내외적으로 벌어지고 있던 남북의 체제우월성 경쟁, 외교적 경쟁과도 밀접한 관련이 있었다. 즉 남북 양측이 상대방을 부정적으로 타자화함으로써 자신의 체제우월성을 내세우는 체제경쟁 논리에서 비롯한 것이었다. 남한은 '인도주의'와 '인권' '자유'를 내세우며 북을 너무 통제되고 인권이 유린되어 인간성을 상실한 집단으로 타자화해갔다. 반면 북은 통일을 강조하면서 남을 강대국에 예속되어 민족성을 상실하고 민족적 양심을 배반하여 통일에 반대하거나 소극적인 집단으로 몰아갔다.

1차 적십자 본회담 취재를 위해 평양을 방문한 남측 언론인들은 그곳의 탁아소를 방문하였다. 당시 남측에는 지금의 '어린이집' 같은 보육시설이 거의 없을 때였다. 육아문제의 사회적 해결에 대한 인식은 지금도 약하지만 그때는 더 약했다. 탁아소라는 존재 자체가 1970

년대 초 남측 사람들에게는 이해하기 어려운 것이었다. 남측 기자들은 탁아소의 북한 어린이들이 "엄마가 보고 싶지 않니?"라는 질문에 "보고 싶지 않아요!"라고 대답했다며 이를 충격적인 사실로 보도했다.[54] 북은 너무 국가통제적이라 아이도 가정이 아닌 탁아소에서 키우며, 그래서 엄마를 보고 싶어하지도 않는 아이들이 자라난다는 것이었다. 남측의 한 인사는 이산가족찾기운동은 불가능하다고 하면서 북쪽은 "자기 부모, 조부모가 어디에 있는지도 모른다"고 말하기도 했다.[55] 이러한 보도 속에서 북한 '인민'들은 모성과 같은 기본적인 인간성마저 상실한 집단으로 그려졌고, 통일과 정치를 인도주의 문제보다 더 강조하는 북의 논리는 자연스럽게 북측 사람들이 인간성을 상실하여 인도주의에 중요성을 두지 않는다는 것을 보여주는 증거로 선전되었다. 만약 지금 남쪽의 어느 기자가 '어린이집'에 가서 아이들에게 "엄마가 보고 싶지 않니?"라고 질문하면 아이들과 그 부모들이 어떠한 반응을 보일지 궁금하다.

2차 적십자 본회담 직후 주한미국대사관은 남북대화를 중간평가하는 보고서를 작성했다. 이 보고서는 평양에 대한 남측의 보도가 공산주의자들에 대한 새로운 선(line)을 형성했다고 분석했다. 즉 과거에 공산주의자는 주로 "피에 굶주린 침략자"로 표상되었지만, 이제는 "공산주의자는 너무 세뇌되어 있고, 너무 억압적이기 때문에 남한의 정서와는 맞지 않는다"는 방식으로 보도되고 있다는 것이었다. 미국대사관은 이러한 '새로운 선'이 현시대에 더 잘 맞는 것이며, "남북 간의 접촉이 진행될수록 새로운 선이 더 잘 확립될 것으로 본다"고 평가하였다.[56] 남북의 직접적인 접촉과 교류는 이처럼 남북이 서로를 타자화하며 분단선을 더 명확하게 머릿속에 그려놓고, 분단을 내재화하는 방향으로 갈 수도 있었다.

반면 북한은 적십자회담을 통해 통일과 정치를 강조하면서 남측의 인도주의 우선론을 통일에 대한 소극성을 보여주는 것으로 강조하였다. 그리고 남측이 통일에 소극적인 이유는 남한이 미국과 일본에 식민지적으로 예속되어 있기 때문임을 부각시키려 했다. 이는 역시 북한 언론의 적십자회담에 대한 보도방식에서 잘 드러난다.

북의 『로동신문』은 북측 기자들이 서울에서 직접 찍은 사진을 거의 게재하지 않았다. 그런데 서울에서 개최된 2차 적십자 본회담 때 『로동신문』은 이례적으로 신세계백화점 앞에서 북한 적십자 대표단 행렬을 구경하는 서울시민의 모습을 담은 사진을 실었다. 시민들이 서 있던 곳에 주차장 입구가 있었는데, 이 사진은 그곳에 한자와 영어로 쓰인 '駐車場' 'Parking Lot' 표시가 크게 부각되도록 각도가 잡혀 있었다.[57] 은연중에 남한은 여전히 한자를 그대로 쓰는 봉건적 유습이 남아 있고, 영어표기는 있으나 한글표기는 없는 식민지와 같은 상태임을 보여주려 했던 것이다. 북의 기자는 서울에 가보니 '유네스코회관'이니 '한일은행'이니 하는 "미일 독점자본의 간판"이 걸려 있었다고 했다.[58] 아마도 명동에 있던 유네스코회관과 한일은행 건물을 본 모양이다. 그런데 주지하다시피 유네스코(UNESCO)는 세계적 차원에서 교육·과학·문화 발전을 목표로 하는 유엔기관이지 미국 독점자본의 기관은 아니다. 그리고 한일은행은 한국에서 제일이라는 '韓一銀行'이지 한국과 일본의 합작은행을 의미하는 '韓日銀行'은 아니다.

북의 기자는 마스카라를 하고 미니스커트를 입은 남쪽 여성들의 모습을 전하며 "우리 녀성들의 고유한 아름다움을 더럽히고 있는 이 퇴폐적인 풍조는 다름 아닌 외세와 그와 결탁된 특권층과 고관들의 처첩들과 그 딸들이 퍼뜨린 것이다"라고 했다. 또한 경회루에서 연회를 하는데 남측 인사들이 서양사람들처럼 어깨를 들썩이고 팔을 벌리며 '노'(No) 하는 동작을 반복하는 등 기괴한 모습을 하더라고 조롱했다.[59] 북은 이처럼 남쪽 사람들을 외세에 예속되어 민족성을 상실하고 서구 퇴폐문화에 젖어가는 이질적인 존재로 타자화하였다. 남북이 상호 방문과 접촉의 과정에서 상대방을 타자화하는 현상은 또한 남북교류가 무조건 양자 사이의 화해와 협력에 기여하는 방향으로만 가는 것은 아니라는 점을 잘 보여준다.

그런데 남쪽에서도 인도주의와 통일 문제가 애초부터 이렇게 이분법적으로 분리되어 어느 것이 다른 것의 선행조건으로 논의되었던 것은 결코 아니다. 이와같은 논의구도는 처음부터 고착된 것이 아니라 두 분단국가의 권력이 한반도 내외에서 체제경쟁을 하는 과정에서 형성되고 고착된 것이었다.

당시 일부 남쪽 사람들도 남북대화 초기에는 인도주의와 통일(정치) 문제를 연결해서 보는 경우가 많았다. 특히 2차 서울 적십자 본회담을 계기로 인도주의 대 통일의 대립구도가 본격적으로 형성되고 강화되기 전까지는 더욱 그러했다. 남북적십자 예비회담이 진행되고 있던 1971년 11월 발표된 글에서 당시 『동아일보』 기자 권근술(權根述)은 다음과 같이 언급했다.

본회담에 관한 토의가 본격화함에 따라 인도적 가족찾기운동은 서서히 정치의 입김을 더해갈 것으로 예측된다. 그러나 남북회담 자체가 사반세기(四半世紀)를 지속해온 전면적인 분단이라는 상황 위에서 시작된 것인 만큼 정치의 개입은 불가피한 것으로 보아야 할 것이다. 왜냐하면 어떠한 비정치적 제의도 현상타파라는 정치적 의미 내지는 결과를 수반하지 않을 수 없다는 것은 너무나 명백

하기 때문이다.[60]

한반도 분단상황과 그 역사적 맥락으로 볼 때 남북 사이의 인도주의적 교류도 필연적으로 정치적 의미 내지는 결과를 수반하게 된다는 이야기다. 따라서 인도주의 문제와 정치적 문제는 분리할 수 없다는 말이다. 한편 제2차 적십자회담 직후 학자와 언론인 들이 모여 이를 결산하는 좌담회를 연 적이 있다. 이 자리에 모인 대부분의 참석자들은 북한 대표들의 정치적 연설에 대해 반감을 피력하면서 그것이 오히려 남한 주민들에게 철저한 반공교육을 시켜주었다고 조롱하였다. 그러면서도 또한 대다수가 인도주의와 정치·통일 문제는 서로 완전히 분리할 수는 없고 기본적으로 어느정도 병행해가면서 타협점을 마련해가야 한다고 보았다. 북의 태도가 너무 과도하기는 하지만 인도주의와 통일 문제를 완전히 분리하기는 어렵다고 본 것이다. 이 좌담회 참석자 중 한사람인 노재봉(盧在鳳) 교수는 "적십자회담이든 인도적인 회담이든 궁극적으로 정치적인 의미를 갖는다는 것은 역시 의심할 여지가 없는데"라고 하면서 난관은 있지만 절차적인 측면에서는 쉽게 타협이 이루어질 것이라 낙관하였다. 또한 "일종의 외교교섭이라고 하면 언론에서 스스로 자제를 해주는 것이 회담의 분위기를 위해서도 좋은 일이 아닌가?"라고 반문하면서 북의 정치적 연설에 대한 언론의 선정적인 보도를 비판하기도 했다.[61]

적십자회담을 이끌었던 남측 대표들도 비슷한 견해였다. 남측 대표들은 미국대사관 관리들과 나눈 대화에서 북한 대표들의 정치적 발언 자체에 대해서는 거부감을 보였다. 그러나 모두 북한 대표들이 정치연설을 한 것에 대해 어느정도는 "이해한다"는 반응이었다. 북한 대표들의 발언은 꼭 남한 주민을 선동할 목적으로 했다기보다는 그들이 진짜로 정치적 문제와 인도적 문제가 분리될 수 없다고 생각하기 때문에 자연스럽게 나온 측면이 있다는 것이었다. 이범석 대표는 사석에서 미국대사관원에게 북한사람들의 정치적 연설에 어떤 악의적인(malicious) 의도가 있었던 것은 아니라고 본다고 말했다.[62]

남북의 접촉과 교류는 양자의 체제경쟁 때문에 상대방을 서로 비정상적인 집단으로 타자화하는 측면도 있었지만, 다른 한편으로 접촉과 대화를 통해 서로의 입장을 이해하게 되는 측면도 존재하였던 것이다. 남북대화가 어느 방향으로 갈 것인지는 남북 상호관계에 따라, 남북 내부의 사정에 따라 달라질 수 있었다. 그러나 실제 남북대화의 진행상황은 체제경쟁 논리가 더욱 심해지면서 서로 타자화하는 논리가 더욱 강력해지는 양상이었다.

남북대화는 얼마 못 가 교착되었고, 남북은 더욱 강경하게 자신의 주장을 비타협적으로 고수했다. 이 과정에서 인도주의와 통일(정치) 중 무엇이 먼저냐는 식으로 경합하는 논의구도가 더욱 고착화되었다. 그사이 앞서 분석한 대로 양측의 언론도 중요한 역할을 했다. 북의 언론기관들은 실질적으로 국가 소유인지라 정부와 당의 입장을 천편일률적으로 반영하였다. 남측은 사정이 달라 정부의 기관지 격인 신문도 있었지만 보다 독립적이고 야당지라고까지 불렸던 신문들도 있었다. 그러나 남북대화에 관련된 보도는 지면의 다양성을 보여주지 못했다. 신문들은 대부분 북의 입장을 비난하고 비판하는 데 주력하였을 뿐, 남측 정부에 좀더 유연한 대화자세를 촉구하거나 남측 입장이 지닌 문제점을 비판한 보도는 거의 없었다. 신문기자들이 보여준 반공주의는 당시 내외적 조건 속에서 어찌되었든 남북대화를 추진해야 하는 한국정부 입장에서도 부담스러울 정도였다. 이에 정부는 물밑에서 각 언론사에 북에 대해 지나치게 적대적인 보도를

자제해줄 것을 부탁하기도 했다.[63]

그러나 남북대화의 급진전과 함께 유신체제가 수립됨에 따라 남쪽에서도 표현의 자유는 더 큰 제약을 받게 되었다. 남북 두 집권세력이 조성한 인도주의/통일 논의구도를 벗어나는 새로운 목소리를 낼 수 있는 공간은 더욱 협소해졌던 것이다.

비정치적 교류 우선론과 군사·정치 문제 해결 우선론

남북조절위원회 회의에서 남측은 비정치적 교류를 먼저 하고 군사·정치 문제는 나중에 다루자는 단계적 접근론 또는 기능주의적 단계론을 주장한 반면, 북한은 여기에 반대하여 군사·정치 문제의 우선적 해결론을 주장하였다.

사실 비정치적 교류 우선론 대 군사·정치적 문제 우선론이 대립하는 논의구도는 일찍이 해방 직후부터 미국과 소련 사이에서도 나타난 바 있다. 38선 분할이 확정되고, 미군과 소련군이 각기 남북으로 진주하여 실질적인 통치권을 행사하기 시작한 순간부터 남과 북은 사실상 별개의 행정단위가 되어버렸다. 이때 미군은 소련군에게 한반도 독립 문제가 정식으로 해결되기 전이라도 남북 사이의 인적 교류, 경제적 교류를 우선 실시하자고 제안하였다. 반면 소련은 한국인이 임시정부를 수립한 연후, 다시 말해 정치적 해결이 선행된 후에야 교류를 할 수 있다고 주장하였다.[64] 이러한 논의구도는 물론 시장과 사회의 자율성을 강조하는 자본주의적 입장과 사회체제의 근본적인 변화를 추구하는 공산주의 혁명논리 사이의 시각차이를 반영한다. 그러나 이념과 인식의 차이만으로 이 문제를 설명하기는 어렵다.

당시 소련은 강대국이기는 했지만 미국과 같은 차원의 강대국은 아니었다. 미소의 국력 차이도 엄청났다. 냉전체제도 알고 보면 비대칭적 대립이었던 것이다. 소련은 경쟁에서 약자였기 때문에 한반도에서 남북이 교류협력을 하며 시간을 끌게 되었을 때 자신에게 유리한 방향으로 상황이 전개될 것이라 장담하기 어려웠다. 또한 국가사회주의체제는 훨씬 더 통제적이고 일원적으로 조직되어 있기 때문에 경제·인사 교류로 인한 충격에 더 취약할 수밖에 없었다. 그러니 정치적 문제 우선해결을 주장했던 것이다.

북한의 군사·정치 문제 우선해결론도 마찬가지 측면이 있다고 생각한다. 당시 북한이 군사·정치적 문제를 강조한 것은 주한미군철수, 평화협정 체결을 추구하는 북의 정책에 기인한다. 여기에는 물론 '남조선 혁명'에 유리한 조건을 창출한다는 공세적 의도도 있었을 것이다. 그러나 북이 남측에 비해 힘이 약하고 군사적 위협에 더 취약하여 이 문제를 해결하는 데 더 큰 이해관계를 갖고 있었다는 수세적 측면도 존재한다.

남북은 모두 휴전상태에서 팽팽하게 대치하면서 무력침공을 당할까 두려워했다. 북한은 소련·중국과 동맹을 맺고, 남한은 미국과 동맹을 맺어 안전을 확보하려 했다. 그러나 북의 동맹국인 소련과 중국은 당시 거의 적대적인 관계로까지 가고 있었다. 또한 소련과 중국이 힘을 합친다 하더라도 미국만큼 강할 수는 없었다. 북한도 소련과 중국으로부터 군사적·경제적 지원과 보장을 받았지만, 미국이 남한을 지원해주는 만큼은 될 수 없었다. 게다가 북은 남에 비해 인구가 훨씬 적었다. 남북 모두 상호 위협을 주고 있지만 북이 느끼는 안보위협이 남에 비해 더 클 수밖에 없었다.

1972년 5월 김일성은 이후락과의 회담에서 남측이 미국 및 일본과 함께 북을 침공할 의사가 있는지 여부를 집요하게 물었던 모양이다. 김일성은 5월 4일 오후 이후락과 두번째 회담을 하는 과정에서 남북 모두 대화를 통해 두가지 오해를 풀었다고 정리했다. 김일성은 "①
(남측이) 미국·일본과 결탁하여 전쟁하려 하지 않는다, ②(북측이)
남침·적화통일하려 하지 않는다"는 것을 확인한 것이 회담의 성과
라고 정리하고, 이후락에게 "절대 전쟁하지 않는다고 박대통령에게
전하시오"라고 했다.[65] 이후락은 서울로 돌아온 이후 5월 10일 미국
대사 하비브를 만난 자리에서 김일성은 남측이 북을 침공할까봐 걱
정하고 있다고 전했다. 이후락은 이 점을 평양방문에서 얻은 가장 중
요한 요점(key point)이라고 했다.[66]

북한의 입장에서는 군사 문제가 곧 경제 문제일 수도 있었다. 북한
은 1960년대 군사 모험주의와 국방·경제 병진론을 내세우는 과정에
서 이미 경제적으로 삐거덕거리고 있었다. 이후락이 1972년 11월 3
일 평양에서 김일성을 만났을 때, 김일성은 북의 경우 소련으로부터
많은 원조를 받지는 못한다고 하면서, 국방비 부담이 무겁다고 실토
했다.[67] 실제 남북대화가 진행되자 북한은 국방예산을 감축했다. 북
의 공식발표에 따르면 전체 예산에서 국방예산이 차지하는 비율이
1971년에는 31%나 되었지만 1972년에는 17%로, 그리고 1973년에는
15%로 감축되었다. 미국무부 정보조사국은 북한의 이러한 변화를
겉치레(face value)로 여기지 말아야 한다고 보았다.[68]

한국측 기록에 따르면 11월 3일 오찬 중 이후락이 김일성에게 남
측은 북과는 달리 원료를 자체 조달하지 않고 국제협력하에 제조업
을 발전시키고 있다고 하자 김일성은 상당히 부러운 표정을 지었다
고 한다.[69] 이러한 내용은 11월 3일 이후락과 김일성의 회담내용을
중정이 분석하여 작성한 글에도 나온다. 중정은 회담비망록과는 별
도로 회담내용에 대한 분석을 담은 보고서를 미국대사관에 추후 따
로 전달하였다. 11월 3일 이후락·김일성 회담 분석보고서에서 중정

은 김일성의 의도를 다음과 같이 정리하였다.

    1. 경제개발을 위해 군비를 줄이려고 한다.

    2. 남측이 북을 공격하지 않을 것이라고 확신하게 되었다.

    3. 외국 자본과 기술의 도입을 추구하면서 부분적으로 경제정책
을 중공업 위주에서 소비품 생산으로 돌리려 한다.[70]

    요즘 북한이 개혁개방에 나서야 한다면서 이야기하는 내용들과 정말 비슷하다. 이 보고서에서 행한 분석의 정확성 문제는 물론 논란의 소지가 있을 수 있다. 주한미국대사관은 중정의 분석이 여러 정보를 종합해서 내려진 것이 아니라 회담에 참여한 사람들의 개인적인 인상이 반영된 분석이라고 보았다. 비록 논란의 소지는 있지만 이후락 등 당시 회담 참여자들이 한반도에 데땅뜨 분위기가 조성되면서 북한도 탈군사화되고 개방화되는 방향으로 가려 한다는 인상을 받은 것은 분명하다.

    이 분석보고서는 또한 북의 강경파(군부)가 반발할 테지만, 김일성은 군대에 집중된 자원을 민간부분으로 돌리려 할 것이라고 보았다. 6장에서 자세히 언급하겠지만 실제로 북은 이 무렵 일본 등 서방 국가로부터 차관을 도입하기 위해 노력을 기울였다. 또한 북한이 이 무렵 심각하게 뒤떨어진 소비재생산(경공업)을 쇄신하려고 노력한 것은 사실이다. 1972년 9월 루마니아를 방문한 북한 경제협력 대표단 정준택(鄭準澤)은 차우셰스쿠(Nicolae Ceaușescu)에게 북이 낙후된 경공업을 발전시키려 하니 루마니아가 지원을 해줄 수 없겠느냐며 간곡히 지원을 요청하기도 했다.[71]

    그런데 위 인용문에 나와 있는 것처럼 북이 경제정책을 전환하기

위해서는, 즉 외국의 자본과 기술을 도입하고 경공업과 소비품 생산을 확대하기 위해서는 군비가 축소되어야 하고, 한반도의 평화정착이 있어야 했다. 또한 미국과의 관계 개선도 필요했다. 국제적 고립을 타파해야 했던 것이다. 즉 북한은 자신의 경제적 난관을 타개하기 위해서도 군사·정치적 문제 해결을 우선시할 수밖에 없었던 것이다. 이러한 맥락에서 볼 때 북의 군사·정치 문제 우선 해결 주장은 공세적 차원에서 주한미군을 철수시키고 '남조선 혁명'을 달성하기 위한 것이 아닐 수 있다. 오히려 수세적 차원에서 북한 자신의 안보와 그와 직결되어 있는 경제적 이해관계를 확보하기 위해 이러한 주장을 했을 가능성도 있다.

물론 군사 문제의 우선적 해결을 주장한 북의 입장이 수세적이었는지 공세적이었는지는 어느 한쪽으로 잘라 말하기 어렵다. 북한 내부에도 관점이 다른 집단이 존재할 수 있기 때문이다. 북의 강경파들에게 군사·정치적 문제의 우선해결론은 주한미군을 철수시키고 '남조선 혁명'을 달성하기 위한 수단일 수 있다. 반면 온건파들에게 이는 자신의 안보 문제를 해결하고 이와 직결되어 있는 경제 문제를 해결하기 위한 수단이었을 수 있다. 당시 중앙정보부 관리들은 북에도 강경파와 온건파가 존재한다고 보았던 것 같다. 이후락은 미국대사에게 북에도 강경파와 온건파가 있으며, 군부가 강경파이고 김일성은 온건파 쪽에 있는 것 같다고 말한 바 있다.[72] 당시 중정 간부로 남북적십자회담 실무를 이끌었던 김달술(金達述)도 또한 북한에도 강경파와 온건파가 존재하며, 대체로 군부 쪽 인물들이 강경파라고 했다. 그러나 남북조절위원회 간사였던 이동복(李東馥)은 북과 같은 일률적인 체제하에서 강경파와 온건파의 구분은 무의미하다는 입장을 보였다.[73]

북한사회의 경우 다원화된 사회와 달리 강경파와 온건파가 집단적으로 확연하게 나누어지기 힘든 상황일 수도 있다. 그러나 같은 집단 내에서도 상황과 조건에 따라 강경 및 온건 기류가 교차할 수도 있는 법이다. 특히 한반도처럼 상황이 변덕스러운 곳에서는 강경론과 온건론이 집단과 집단의 대립으로 정립되기보다는 상황에 따라 휩쓸려가는 기류로서 나타나는 경우가 많다고 생각된다. 남북을 막론하고 말이다. 따라서 김일성이라는 개인도 항상 강경하거나 또는 온건한 입장을 보이는 것이 아니라 상황과 조건에 따라 왔다갔다할 수 있다. 이는 박정희, 이후락 같은 남측 지도자도 마찬가지였다고 할 수 있다.

반면 남측은 인도적 문제, 비정치적 문제를 우선시하는 단계론을 주장하였다. 박대통령은 이를 시험을 볼 때 쉬운 문제부터 풀어야 한다는 비유로 설명하였다. 남북관계의 개선을 위해서는 이산가족찾기나 남북교류부터 시작하여 신뢰와 협력의 분위기를 조성하고, 더 어렵고 중요한 문제로 나아가자는 주장 자체는 단지 박대통령과 정부만의 생각과 주장은 아니었다. 이는 남쪽 사회에서 광범위한 동의를 형성하고 있었다. 정부인사 또는 보수적 인사가 아닌 현실비판적인 지식인들도 남북관계의 점진적 접근방식이 타당하다고 보았다. 한 예로 당시 재야인사 함석헌(咸錫憲)은 이범석 대표의 점진론이 옳다고 하면서 다음과 같이 언급하였다.

열려서 차차차차 첨에는 서신거래, 사람 만나는 거라든지 그런 정도만 열어놓더라도, 열어놓으면 이쪽에서도 생각 못했던, 저쪽에서 생각 못했던 것이 일어납니다. 언제든지 역사라는 건 상상 이상으로 벌어져나가는 거니깐.[74]

작은 변화가 큰 변화로 이어져 생각지도 못한 변화가 일어날 수 있다는 것이다. 이러한 차원에서 점진론이 옳다는 주장이었다. 역사의 역동성을 강조하는 논리다. 물론 함석헌이 이야기하는 '점진론'의 맥락은 정부인사 및 보수언론이 주장하는 '단계론'과는 차이가 있었다. 점진적 접근과 단계적 접근은 비슷한 것 같지만 차이가 있다. 점진적 접근은 당장 실행 가능한 것부터 풀어보자는 데 초점이 있다. 물론 점진적 접근론도 군사·정치 문제를 풀기 어려운 문제로, 비정치적 교류 문제는 풀기 쉬운 문제로 볼 수 있다. 그러나 양자를 완전히 분리하여 하나를 다른 하나와 단절시켜 선행조건으로 삼지는 않는다. 이에 반해 당시 정부와 보수인사들이 내세운 단계론은 특정 문제가 해결되어야 다음 단계의 문제로 나아갈 수 있다는 단계론적 논리였다. 이는 실질적으로 남북교류와 대화에서 전제조건, 선행조건을 내세우는 것이었다. 협상에서 전제조건, 선행조건을 말하는 것은 당연히 비타협적인 태도라 할 수 있다.

남쪽의 정부도 남북대화 초기국면부터 아주 확실하게 단계론적 논리를 형성한 것은 아니었다. 예를 들어 이후락의 경우 1972년 5월 처음으로 비밀리에 평양에 갈 때 박대통령에게 「특수출장인허원」을 제출했다. 여기서 이후락은 남북공동성명에 들어갈 수 있는 내용으로 통일을 위한 남북회담을 개최하고, 협상이 진행되는 동안 비현실적 통일방안의 제안을 지양하며, 상호비방과 무력행동을 중지하고, 제반 남북교류를 실시한다는 것 등을 제시했다.[75] 여기서는 북한과 대화할 수 있는 의제로 통일 문제에서 교류 문제까지 모두 나열만 되어 있지, 확실하게 선후관계로 설정되는 단계적 논리구조는 명확하지 않다. 그런데 박정희 대통령이 이후락의 「인허원」에 대한 답변으

로 작성해준 「특수지역 출장에 관한 훈령」은 다른 면이 있었다. 박정
희는 「훈령」에서 평화통일을 추구하되 "통일의 성취는 제반 문제의
단계적인 해결을 통하여" 해야 한다면서 다음과 같이 단계적 접근을
명확하게 강조하였다.

> 남북간 적십자회담을 촉진시켜, 가족찾기운동이라는 인도적 문
> 제의 조속한 해결을 보도록 하고, 다음 단계로 경제·문화 등 비정
> 치적 문제를 다루도록 하는 회의를 열기로 하며, 최종단계로 정치
> 적 문제를 다루는 남북간 정치회담을 갖기로 한다.[76]

박대통령의 「훈령」에서 남북대화 진행방식은 이산가족찾기(인도
적 교류) → 경제·문화 교류(비정치적 교류) → 정치회담의 순으로
앞의 것이 뒤의 것과 분리되어 선행되어야 다음 단계로 이행할 수 있
다는 단계론적 논리가 명확하게 설정되어 있었던 것이다. 즉 어느 하
나의 사업이 선행되어야 그다음 사업으로 넘어갈 수 있다는 선행조
건을 분명히 하는 논리구조인 것이다. 인도주의적 교류 → 비정치적
교류 → 정치회담 순으로 이어지는 단계론적 접근법은 외무부장관에
의해서도 확인되었다.[77] 결국 이러한 과정을 통해 단계적 접근법의 논
리가 한국정부 내에서 형성되었고, 그것이 언론에도 영향을 미쳤다.

김일성은 이후락과의 대화에서 남측은 문제를 하나하나 떼어놓고
보고, 북은 유물변증법에 입각해서 서로 연관시켜 본다고 했다. 그
는 이산가족 문제가 '헐한' 것 같지만 실제로는 '헐한' 것이 아니라
고 했다. 그러면서 남측 적십자 이범석 수석대표의 고모 이야기를 예
로 들었다. 이범석 대표의 고모가 북에 살고 있는데 북측 당국자들이
이대표를 만나보겠냐고 의사를 타진하자 거부했다는 것이다. 그 이

유를 물었더니, "아들딸들 다 출세해야겠는데 아무개가 남쪽에서 크게 되었으니 이웃이나 옆에서 뭐라 말하지 않겠는가"라고 말하였다는 것이다.[78] 자신의 가족구성원 중에 남쪽에서 성공한 사람이 있다는 것이 북에 있는 다른 가족의 '출세'에 미칠 영향을 우려한 것이다.

그런데 이런 이야기를 한 것은 북쪽의 김일성만은 아니었다. 반공주의적 성향이 아주 강한 남쪽의 정치인 주요한(朱耀翰)도 남북대화 관련 좌담회에서 같은 맥락의 이야기를 했다. 그는 "항간에 나가서 이북에 가족이나 친지를 두고 온 사람들에게 물어보면 설령 있다고 해도 전연 나서지 않습니다. (…) 무서워서 나설 수가 없습니다"라고 했다.[79] 남북은 모두 월북자 또는 월남자 가족을 차별하고 감시해왔다. 따라서 이산가족들은 자신의 가족구성원이 남 또는 북에 있다는 사실 자체가 주변에 알려지는 것을 꺼리는 상황이었다. 남북이 군사적으로 살벌하게 대치하는 상태가 완화되지 못한다면 인도주의적 교류도 사실상 제대로 실행되기 어려운 측면이 있었던 것이다. 이러한 점에서 인도주의와 군사·정치 문제를 완전히 이분법적으로 분리하는 남측의 논리는 확실히 문제가 있었다.

물론 쉽게 해결될 수 있는 문제와 해결되기 어려운 문제를 구분해서 접근할 수는 있다. 협상을 할 때 먼저 해결할 수 있는 부분부터 합의해 실행하고 이를 통해 분위기가 성숙되면 차츰 어려운 문제도 풀어나가는 것이다. 앞에서 인용한 함석헌의 말을 상기할 필요가 있다. 작은 변화가 예상치 못한 큰 변화를 불러올 수도 있는 것이다. 많은 사람들은 역사가 어떤 정해진 길로 간다는 구조결정론적인 인식을 갖고 있다. 그러나 이와같은 결정론적 역사인식은 이데올로기로 역사를 재단할 때 생기는 현상이다.[80] 물론 역사의 진전 속에 구조는 작용한다. 그러나 구조가 모든 것을 결정짓는 것은 아니다. 실제 역사

속에서 일이 진행되는 방식은 구조 속에 활동하는 각 주체들이 경합하고, 여기에 서로 연결된 다양한 변수들이 작용하여 어떤 결과를 만들어가는 식이다. 역사는 결정되는 것이라기보다는 다양한 변수 속에서 형성되는 것이며, 벌어지는(happen) 것이다.

따라서 일단 '쉬운' 또는 '헐한' 것부터 풀자는 논리는 기본적으로 타당하다. 문제는 무엇이 '쉬운' 또는 '헐한' 문제인가에 대한 각 주체들의 생각이 다를 수 있다는 점이다. 북한은 외국군대가 주둔해 있는 상황이 아니기 때문에 군사·정치 문제에 대해 비교적 '헐하게' 이야기할 수 있다. 반면 남한은 주한미군이 여전히 주둔해 있는 상태이기 때문에 군사·정치 문제의 해결은 아주 어렵고도 어려운 문제다. 반면 사회통제가 강하고 대외개방성이 약한 북에게 인도주의, 교류협력 문제는 남측이 생각하는 것처럼 그리 '쉬운' 문제가 아니다. 따라서 어느 부분을 다른 부분의 선결조건으로 내세운다면 그것이 아무리 쉽고 헐해 보이는 것이라 할지라도 타협의 여지는 사라질 수밖에 없다.

이러한 상황에서 문제를 해결하는 방식은 오히려 인도주의, 교류협력 문제와 군사·정치 문제의 연계성을 인정하고 그안에서 가능한 것부터 푸는 것이라 할 수 있다. 예컨대 남쪽은 인도주의·교류 문제가 풀려야 군사·정치 문제를 풀 수 있다고 주장했다. 이산가족이 재회하는 것이 주한미군이 철수하고, 휴전협정이 평화협정으로 대체되는 것보다 '쉽고' '헐한' 것이라는 것은 누구나 인정할 수 있다. 그러나 군사·정치 문제도 그안에 쉬운 것이 있을 수 있다. 비근한 예로, 박정희 대통령은 1972년 3월 30일 육군사관학교 졸업식에서 북이 진정한 평화통일을 원한다면 "무력 적화통일 야욕"을 포기하고, 비무장지대 내의 군사 진지(陣地) 및 무장군인들을 철수해야 한다고 주장하였다.[81] 만약 남북조절위원회에서 북이 군사·정치 문제를 들고나와 남을 압박할 때 비무장지대의 진정한 비무장화를 추구하는 이러한 제안들을 하며 대응했더라면 쉬운 문제부터 풀자는 남측의 논리는 더 설득력과 진정성을 보일 수 있었을 것이다. 그러나 남측은 무조건 단계론을 내세우며 정치·군사 문제에 대한 토론 자체를 기피하려 했다.

북도 마찬가지다. 북측은 남북적십자회담에서 법률적·사회적 여건의 조성을 전제조건으로 주장했다. 이는 사실상 반공법과 국가보안법 폐지 등을 이산가족찾기 사업의 실질적인 선행조건으로 내세운 것이나 다름없다. 이러한 태도는 일을 더욱 어렵게 만들 뿐이었다.

남쪽에서도 국가보안법·반공법 문제는 상당히 일찍부터 쟁점화되었다. 닉슨의 베이징 방문 선언 직후인 1971년 8월 9일 민주화운동 단체 '민주수호청년협의회'는 반공법·국가보안법의 문제점을 토론하는 공청회를 열기도 했다.[82] 그 자리에서는 동서화해 분위기가 조성되는 상황에서 이러한 법들은 개정될 필요가 있다는 의견들이 나왔다. 7·4공동성명 발표 당시엔 신문기자들이 이후락에게 그러면 '반공법'은 어떻게 되느냐고 질문을 던졌다. 남북대화가 시작된 현실과 반공법이라는 제도 사이에는 확실히 모순이 있었던 것이다. 이후락은 반공법 문제는 국회 및 정치권에서 알아서 할 일이라고 답변했다.[83] 정치권과 관련해서는, 7·4공동성명 발표 직후 신민당 당수였던 유진오(兪鎭午)와 공화당 총재였던 정구영(鄭求瑛)이 남북대화 관련 좌담을 한 적이 있다. 이때 두사람 모두 남북교류가 실제 이루어진다면 반공법·국가보안법은 수정될 수밖에 없을 것이라고 예측했다.[84] 남쪽에서도 남북대화 국면에 맞추어 반공법·국가보안법을 개정하려는 움직임이 있었던 것이다. 그런데 그후 북이 적십자회담에서 남측의 법률·사회적 제도개선 문제를 선행조건으로 제시하며 강하게 남을 압박하여 이것이 쟁점이 되었다. 이렇게 되면 역설적으로 남쪽에서는 반공법 폐지 또는 개정 이야기를 하는 것이 더욱 어려워진다. 분단상황하에서 북의 논리에 찬동하는 주장으로 매도당하기 십상이기 때문이다. 게다가 유신체제가 수립됨에 따라 남북의 타협을 촉구하고, 반공법 개정을 주장하는 목소리를 낼 수 있는 시민사회의 공간은 더욱 협소해질 수밖에 없었다.

제 5 장

데땅뜨는 위기였다: 유신체제와 유일체제

1972년 2월 21일 닉슨이 베이징에 도착한 때는 현지 시간으로 월요일 오전 11시 30분이고, 미국 시간으로는 20일 일요일 밤 10시 30분이었다. 텔레비전 시청률이 가장 높게 나올 수 있는 시간에 일부러 맞추었다고 한다. 닉슨 대통령은 모든 언론의 관심이 철저하게 자신에게만 맞추어지기를 희망했다. 닉슨은 그를 수행한 사람들에게 베이징공항에 도착하여 자신이 저우언라이와 악수를 나눌 때까지 주변에 그 누구도 얼쩡거리면 안된다고 거듭 강조했다. 키신저의 회고에 따르면 닉슨은 수행한 관리들에게 열번가량 이 점을 사전에 확인하고 다짐을 받았다고 한다. 역사의 새 장을 여는 순간 모든 관심의 초점은 닉슨 대통령에게 모아져야 했다. 그의 방문길을 개척한 키신저도 그 곁에 있으면 곤란했다. 그의 유난히 큰 머리와 뚱뚱한 몸이 닉슨을 가리면 안되었던 것이다. 닉슨은 확실했다. 비행기가 베이징공항에 도착하여 닉슨과 붉은색 외투를 입은 영부인이 트랩을 내려가자, 대통령 경호원들이 공군 1호기 안의 복도를 확실하게 막아버려 그 누구도 닉슨이 저우언라이와 악수할 때까지 따라 내려가지 못했다.[1] 1972년은 미국의 대통령선거가 있는 해였다. 닉슨은 이 선거에 출마해 재선에 성공했다. 닉슨의 중국방문과 대중 화해정책은 물론 그의 재선전략과 관련이 있었다. 박정희는 주변 인사들에게 닉슨의 중국방문 목적의 90% 정도는 대통령 재선을 위한 것이라고 말했다.[2]

당시 중국도 내부 정치적으로 문제가 있었다. 가장 극명한 예로, 마오쩌둥이 주도했던 문화대혁명이 큰 부작용을 남긴 채 하강국면에 접어든 가운데 마오의 후계자로 부상했던 린바오(林彪)가 1971년 9월 마오를 암살하고 쿠데타를 일으키려다 실패한 사건이 발생했다. 키신저의 비밀방문 직후에 발생한 사건이었다. 자신이 후계자로 지명한 린바오가 쿠데타를 음모한 사건은 마오에게 커다란 정치적 타격을 줄 수밖에 없었다. 이른바 마오의 '무오류성'에 큰 흠집이 생겼던 것이다. 이 사건 이후 마오도 자신의 내부 정치적 입지를 강화하기 위해서라도 국제관계에서 커다란 국면전환이 필요했다. 미중관계 개선은 이러한 측면에서 중국의 내부 정치 문제와도 무관하지 않다는 분석이 있다.[3]

한편 한반도 분단국가의 지도자 박정희와 김일성은 남북대화가 한창이던 1972년 말 모두 헌법을 개정했다. 두 헌법의 공표일자는 공교롭게도 같은 날이었다. 그리고 두 헌법 모두 최고지도자의 권력을 과거보다 비약적으로 한층 강화시켰다.

외교나 내부 정치나 모두 정치인이 한다. 정치인은 모두 권력의지를 갖고 있고, 권력을 유지하고 강화하려 한다. 외교나 대외적인 사안들이 내부 정치와 연결되는 것은 특별하다기보다는 일반적이라 할 수 있다. 물론 이는 미중관계 개선과 남북대화가 여기에 관련된 지도자들의 내부 정치적 이해관계 때문에 추진되었다는 이야기는 아니다. 데땅뜨와 남북대화는 지금까지 언급했듯 당시 국제적 역관계의 변동으로 인해 시작된 것이었다. 다만 이렇게 국제적 문제에 대처해가는 과정에서 내부 정치적 문제가 밀접하게 작용하고 활용된다는 이야기이다.

그런데 정치인이 대외관계를 활용하여 어떤 정치적 목적을 달성한다고 할 때 여기에는 여러 방식과 차원이 있을 수 있다. 닉슨과 마오쩌둥의 경우 미중관계 개선을 내부 정치에 활용했지만 이는 각자의 나라들이 갖고 있는 기존 정치제도의 틀 안에서 이루어졌다. 미중 두 강대국의 경우 정치체제의 급격한 변동 같은 것은 나타나지 않았던 것이다. 그러나 대외적 변화에 무척 취약한 처지에 있던 남북한은 달랐다. 남북의 두 지도자는 헌법을 바꾸는 훨씬 노골적이고 과격한 행동을 하며 이를 내부 정치에 활용했다. 이 과정에서 데땅뜨 위기론을 고취시키며 그야말로 히스테리한 행동을 했다.

미중관계 개선(데땅뜨)과 남북대화가 남북의 내부 정치와 연계되는 중요한 고리는 데땅뜨 위기론과 남북한 체제확산 경쟁이다. 남과 북의 최고지도자와 정부는 모두 데땅뜨 국제정세를 '위기'상황으로 규정했고, 이를 극복한다는 명분으로 최고지도자에 권력을 집중시키고 국가통제를 강화하였다. 당시 한반도 주변 국제관계는 한반도를 둘러싼 강대국들의 갈등이 남북한의 체제경쟁으로 이전되고 증폭되어 내재화되는 양상이 존재했다. 남북의 체제경쟁은 누가 더 잘사는지 또는 누가 더 자주적인지를 경합하는 체제우월성 경쟁만 있었던 것은 아니다. 상대방의 체제를 무너뜨리고 자신의 체제를 상대방 지역으로 확산하려는 체제확산 경쟁도 있었다. 남북의 집권세력은 상대방의 체제확산 기도를 경계하고, 이를 명분으로 지도자의 권력을 강화해갔던 것이다.

1. 남북한의 데땅뜨 위기론

교차하는 위기와 기회

1970년대 초 데땅뜨가 한반도에 위기였는지 또는 기회였는지를 이른바 '객관적'으로 판별하는 것은 불가능하다. '위기(危機)'라는 말 자체가 문자 그대로 위험(危險)과 기회(機會)라는 양면성을 내포하고 있고, 실제로도 그러하다. 위기는 주변환경과 조건이 심하게 바뀌어가는 유동적인 국면을 조성한다. 이러한 유동성은 무력충돌이나 전쟁 같은 위험을 조성할 수도 있고, 좀더 나은 신질서가 구질서를 교체하고 새로 등장하는 기회가 될 수도 있다.

데땅뜨는 기본적으로 세계질서가 미소 양극체제에서 좀더 다극적인 국제질서로 재편되는 과정에서 발생한 냉전의 특수한 한 국면을 지칭한다. 데땅뜨는 드골(Charles de Gaulle)의 독자외교와 빌리 브란트(Willy Brandt)의 동방정책 등 1960년대 말 유럽에서부터 나타났다.[4] 드골이 독자외교에 나선 중요한 계기는, 꾸바 미사일 위기 등을 목격하면서 NATO와 미국이 프랑스의 안전을 보장할 능력과 의사가 있는지에 회의를 느꼈기 때문이다. 마찬가지로 서독사람들도 미국이 동독과 소련의 베를린장벽 구축을 묵인하는 것을 보고, 미국의 안보공약의 신뢰성에 의심을 품었다고 한다. 즉 미국이 유럽의 나라들을 끝까지 지켜줄 수 있는지에 대해 회의감이 들었던 것이다. 이에 드골은 자체 핵개발을 하고, NATO를 부분탈퇴하며 공산권과의 관계 개선을 모색하는 등 독자외교에 나섰다. 서독도 1960년대 말 빌리 브란트가 외상이 되면서 공산권 국가와 관계 개선에 나섰다. 결과적으로 긴장완화(데땅뜨)는 초강대국에게 모든 것을 맡겨둘 수 없다는 위기 의식에서 비롯된 것이었다.[5] 유럽 국가들은 이러한 위기상황에 능동적으로 대응하는 과정에서 좀더 평화적인 국면으로 이행하는 새로운 기회를 창출하였다. 이 점은 위기와 기회가 동전의 앞뒷면과도 같은 것임을 잘 보여준다. 문제는 유동적인 상황에 직면한 주체가 사태를 어떻게 인식하고, 어떻게 대응하는가이다. 데땅뜨, 남북대화 위기론은 일단 이러한 측면을 염두에 두고 접근해보아야 할 것이다.

한국정부의 데땅뜨 위기론

박정희 대통령은 강대국 사이의 긴장완화가 오히려 약소국에는 위기를 발생시킬 수 있다고 일관성 있게 강조하였다. 다만 그 맥락과 강조점은 미중관계와 남북관계의 진행상황에 따라 미묘하게 달라진 측면이 있다.

박정희 대통령은 1960년대 말 유럽지역에서 데땅뜨가 나타나기 시작할 때부터 아시아의 상황은 다르다고 강조했다. 박대통령은 유럽에서는 동서진영 사이에 "해빙 무드"가 조성되고 있지만 "아시아의 공산주의 국가는 전부가 다 교조적이고 폐쇄주의적이고 호전적"이기 때문에 아시아에서는 전쟁위기가 계속될 것이라고 단언했다.[6] 동서 양진영의 해빙 분위기는 어디까지나 유럽적 현상이라는 것이었다.

그러나 1971년 들어 미중관계 개선이 가시화되면서 아시아에도 긴장완화 분위기가 조성되었다. 같은 해 7월 닉슨의 베이징 방문 선언이 있고, 남북대화가 시작되었다. 그러나 박대통령은 데땅뜨와 남북대화에도 불구하고 북한의 남침 가능성은 여전히 존재한다고 강조했다. 박대통령은 닉슨의 베이징 방문 선언 직후인 1971년 7월 20일 국방대학원 졸업식에서 "국제사회의 대세가 설사 평화지향적이라 하더라도 국지적인 전란은 언제든지 일어날 수 있다"고 경고하였다. 그 예로 이스라엘과 아랍 간의 6일전쟁을 예로 들면서 미소 공존분위기에서도 전쟁은 발생할 수 있다고 강조했다.[7] 1971년 12월 6일 국가비상사태 선언은 이와같은 논리 속에서 이루어진 것이었다.

데땅뜨 위기론은 박대통령과 한국 정부요인들의 인식과 신념이 반영된 것으로, 대내외적으로 일관성이 있었다. 1972년 4월 미국무부 전 차관보 윌리엄 번디(William P. Bundy)가 한국을 방문했을 때도 박대통령은 북한의 남침 위협을 강조했다. 박대통령은 예정된 시간을 훨씬 넘겨가며 한반도 지도를 펴놓고 북의 예상 침략루트에 대해 번디에게 장황하게 설명했다.[8] 서울과 평양에 밀사가 오가며 남북 수뇌부의 정치적 대화가 시작되었을 즈음의 일이다.

데땅뜨 위기론에 관한 한 박대통령과 한국 정부요인들의 주장은 일관성은 있되 북으로부터의 안보위협을 너무 과장한 면이 확실히 존재한다. 예컨대 박대통령은 안보위기를 강조할 때마다 북이 50만에 달하는 정규군 외에 140만에 달하는 '노동적위대'와 70만의 '청년근위대' 등 남한을 압도하는 병력을 갖추고 전쟁준비를 완료했다고 강조했다.[9] 그러나 당시 미국정부는 남한의 정규군 병력을 61만 2천명으로 집계했고, 북한의 정규군 병력은 38만 3천명이라고 평가하였다.[10] 한편 당시 한국의 국방부장관도 공개적으로 북이 140만에 달하는 노동적위대를 훈련시키고 있고, 이중 70만 정도가 전쟁이 나면 정규군에 곧바로 투입될 수 있다고 했다.[11] 그러나 1972년 한미 연례안보협의회 당시 미국방부가 작성한 문건에 따르면, 한미 양군 합동정보센터는 전쟁이 발생할 경우 노동적위대가 즉시 제공할 수 있는 병력을 17만 5천 정도로 평가하였다고 한다.[12] 이러한 사정을 볼 때 한국정부가 북의 병력 수준과 전쟁준비 정도를 과대평가하며 위기의식을 고취한 측면은 부인하기 어렵다. 당시 한국정부는 주한미군의 추가적인 감축을 막고 미국으로부터 군사적 지원을 더 많이 받아내기 위해서라도 안보위기를 강조할 수밖에 없었다. 즉 데땅뜨 위기론은 대내 정치적 동기도 있었지만 대외 외교용이기도 했다.

1972년 7·4공동성명이 발표되고 남북대화가 본격적으로 전개되자 박대통령은 태도를 바꿔 북의 남침 가능성을 공개적이고 직접적으로 언급하지는 않았다. 위기론의 초점은 남북대화 국면을 이용해서 북이 이른바 '인민혁명전술' '통일전선전술'을 활용하여 남한사회를 교란시키고, '남조선 혁명'을 추구할 가능성을 경계하는 쪽으로 옮겨갔다. 이같은 변화는 1972년 10월 1일 국군의날 연설에서도 확인된다. 이날 연설에서 박대통령은 과거와 달리 북의 직접적인 남침 위협을 이야기하는 대신 북의 '인민혁명론'을 경계하면서, "그들이 이른바 혁명해방전략을 전개하기 시작하면서부터 우리에게는 전선도 없으며 후방도 없어졌습니다"라고 언급하였다.[13] 이제 전면남침(전선 있는 전쟁)의 가능성은 줄어들었지만 베트남 방식으로 남한을 교란하고 위협할(전선 없는 전쟁) 가능성은 여전히 존재한다는 것이었다.

한편 박대통령은 데땅뜨로 국제질서가 다극화되고, 강대국이 각자의 실리추구를 하는 상황에서 약소국이 희생될 가능성을 경계했다. 데땅뜨와 미중관계 개선이 약소국에게 위기상황을 창출할 가능성이 높다는 논리였다. 1972년 10월 17일 유신을 선포하며 발표한 특별선언에는 주로 이러한 차원의 안보논리가 강조되었다. 유신 선포 특별선언에서 박대통령은 긴장완화라는 이름 아래 "열강들이 제3국이나 중소국가들을 희생의 제물로 삼는 일이 충분히 있을 수 있다는 점을 우리는 경계해야 할 것"이라고 강조했다.[14] 원래 유신 선포 때 발표하려고 작성한 특별선언 문안에는 실제 발표된 것보다 더 강한 어조로 약소국을 희생시키고 흥정의 제물로 삼는 강대국의 이기적인 행태를 비판하는 내용이 더 많이 들어 있었다. 그러나 발표 하루 전 대통령 특별선언 문안을 받아본 미국정부에서 아주 강력하게 그 내용에 대해 항의했다. 결국 특별선언문은 발표 수시간 전까지 여러차례 수정을 거듭해 애초 문안에 있던 6개 문단이 삭제되고, 4개 문단은 수정된 채로 발표되었다.[15]

데땅뜨 위기론은 유신체제 수립의 중요한 명분으로도 활용되었다. 박대통령은 강대국이 약소국을 희생시킬 위험성이 있는 국제정세 속에서 '국력을 조직화'해야 한다고 강조하며, 국가적으로 '능률을 극대화'할 것을 역설했다. 국력을 모으고 능률을 극대화하기 위하여 대통령의 권한을 강화하고, '국론분열'을 방지하기 위해 소모적인 대통령 직접선거를 없애는 등 유신체제의 수립이 필요하다는 논리였다.

북한의 닉슨독트린에 대한 인식과 데땅뜨 위기론

북의 정부도 데땅뜨를 위기상황이라고 이야기했다. 1970년대 초 김일성과 북한의 정부·언론은 아시아에서 미국의 개입을 축소하는 닉슨독트린에 대해 "아세아들끼리 싸우게 하는 방법으로 아세아에 대한 자기들의 침략적 야망을 손쉽게 실현하려는 더욱 흉악한 목적을 추구하고 있다"며 강하게 반발했다. 미국이 직접 나서 공산권 및 이른바 '민족해방진영'을 공격하는 것이 아니라 아시아 동맹국들을 내세워 침략에 나서게 하는 기만술책이라는 주장이었다. 북은 특히 일본이 재군사화 및 재군국주의화 경향을 보인다며 경계했다. 미국이 남한, 타이완 등 아시아 반공동맹국을 재군사화된 일본의 휘하에 결집시켜 북한, 중국 등을 공격할 가능성이 있다는 것이었다.[16]

북의 입장은 1971년 여름 남북대화가 시작된 이후에도 변함이 없었다. 북한은 닉슨의 베이징 방문 선언이 있자 미중관계 개선을 이른바 '백기론'을 내세워 합리화했다. 그러나 미국이 침략야망을 포기한 것은 결코 아니라고 강조했다.[17] 미국은 한국군 현대화계획을 추진하는 등 남쪽의 군대를 양성하여 여전히 북을 침공할 흉계를 꾸미고 있다고 주장했다. 또한 '닉슨주의'는 여전히 '침략성'과 '악랄성'을 갖고 있으며 다만 거기에 '교활성'이 추가된 것이 달라졌다고 했다.[18]

그런데 북한 당국의 위기론은 남쪽의 그것과 비교해볼 때 공개적인 발언과 비공개적인 발언, 대내적인 발언과 대외적인 발언 사이에 격차가 훨씬 큰 것이 특징이다. 현재 일부 동구권 국가들의 북한 관련 문서들이 공개되어 있다. 그런데 이 문서들 중에 남북대화 무렵 북의 관리들이 소련 및 동구권 외교관들에게 미국 또는 남한의 북침 위협이 심각하다고 발언한 내용은 거의 보이지 않는다. 오히려 김일성은 1971년 12월 북한을 방문한 소련 최고 쏘비에뜨 대표단 단장 라시도프(Sharof Rashidov)와의 대화에서 현재 국제적 상황에서 세계 그 어느 누구도 전쟁을 원하지 않는다고 했다. 김일성은 심지어 미국도 일본도 현재는 전쟁을 원하지 않는다고 했다. 그래서 평화공세가 필요한 것이라고 했다.[19]

북의 데땅뜨 위기론은 당시 북한이 취했던 대외정책과는 심각한 괴리가 있었다. 북은 데땅뜨와 미중관계 개선이 주한미군철수에 유리한 정세를 조성할 것이라 생각하고, 닉슨의 중국방문 국면에서 남한과는 달리 이를 기회로 인식하고 능동적으로 대응하였다. 또한 후술하겠지만 미국정부와 여러 차원에서 접촉해보려고 노력하였다.

북한이 미국과의 관계 개선을 시도한 것과 내부적으로 반미선전을 계속한 것은 일면 모순돼 보이나 북의 내부 논리에서는 서로 연결되어 있었다. 북은 미중관계 개선을 '백기론'으로 합리화하였듯이 북미관계에 진척이 있다면 이를 자신의 승리로 선전할 수 있었다. 그런데 이를 승리로 이야기하려면 원래 미국의 의도는 북을 인정하지 않고, 침략해서 없애버리려 했던 것으로 상정되어야 한다. 그래야만 미국이 북한의 국가적 실체를 인정하는 것을 '승리'라고 선전할 수 있게 되는 것이다. 또한 당시 북은 온 사회의 주체사상화를 추구하며, 유일체제를 한층 강화하고 있었다. 주체사상을 강조하며 유일체제를 공고화하는 과정에서 반제국주의 민족해방혁명론은 더욱 강조될 수밖에 없었다. 그렇기 때문에 미국은 항상 제국주의의 본질을 그대로 갖고 있는, 북한을 위협하는 적으로 묘사될 수밖에 없었다. 이러한 차원에서 닉슨독트린 비판과 데땅뜨 위기론이 계속 강조되었던 것이다.

2. 남북의 체제확산 경쟁

북한의 '남조선 혁명론'

북은 남북대화를 '남조선 혁명'의 분위기를 조성하는 기회로 생각했고, 내외적으로도 그렇게 선전했다. 북한 외무성 부상 이만석은 7·4공동성명 직후인 1972년 7월 20일 동구권 외교관들을 모아놓고 남북대화 진행상황에 대해 설명해주었다. 이만석은 북이 평화공세를 하는 것은 "남한이 미국과 일본의 지원을 받을 수 없게 해 북한에 의존하게 만드는 것이 목적이다"라며, 남한이 이렇게 국제적으로 고립되면 '남조선 혁명'에 유리한 정세가 조성될 것이라고 했다.[20]

북이 남북대화를 추진하면서 남조선 혁명론을 앞세운 것은 북이 내세운 이념적 표방을 볼 때 필연적인 것이었다. 북은 혁명을 목적으로 하는 전위정당이 국가와 사회를 통솔하는 국가사회주의체제다. 그렇기 때문에 북의 당과 정부는 남북대화를 추진하는 것이 '남조선 혁명'을 포기하는 것은 아니라는 점을 계속해서 내외적으로 강조할 수밖에 없다. 그러나 여기에 얼마만큼의 실제 의지와 행동을 투여했는지는 별개의 문제이다.

당시 북한 지도부의 남조선 혁명론에 대한 입장은 5차 당대회에서 김일성이 강조했듯이 남조선 혁명은 기본적으로 남조선 인민들의 힘에 의해서 이루어져야 한다는 것이었다. 북의 남조선 혁명론은 여전히 목표와 의도로는 남아 있었다. 그러나 당장 실행되어 결과를 기대할 수 있는 당면의 정책으로 강조되고, 힘이 실려 추진되는 정책이라 하기는 어려웠다. 특히 1960년대 말과 비교하면 더욱 그러했다.

남북대화 시작 직전인 1971년 6월 루마니아 최고지도자 차우셰스쿠가 평양을 방문했다. 김일성은 차우셰스쿠에게 북은 평화통일을 추구하고 있으며, 그 방법은 남조선에서 혁명이 일어나는 것밖에 없다고 했다. 그리고 이러한 평화통일의 가능성은 전적으로 남한 내부의 혁명역량의 성장에 달려 있으며, 북은 여기에 어떤 영향력을 행사하거나 혁명을 강요할 수는 없다고 했다.[21] 또한 김일성은 1971년 12월 소련 최고 쏘비에뜨 대표단 단장 라시도프에게 현재 남한에서 혁명적인 상황은 없다고 했다. '남조선 인민'은 약하고, 혁명세력은 힘을 얻기 위하여 지원을 필요로 한다는 것이었다.[22]

1972년 9월 북한 조선로동당 중앙위원회 정치국 후보위원인 정준택은 루마니아를 방문하여 차우셰스쿠를 만났다. 이 자리에서 정준택은 아주 길게 한국전쟁까지 거슬러 올라가며 남북관계의 역사를 이야기했다. 김일성을 비롯한 북한 관리들의 대화 특징은 준비된 발언을 길게 이야기하는 것이었다. 김일성과의 회담에서 차우셰스쿠는 김일성이 계속 길게 이야기를 이어가자 참지 못하고 "잠시 쉬었다 합시다"라고 말하기도 했다.[23] 정준택은 이날 통일혁명당 이야기도 했다. 남한에 통일혁명당이라는 당조직이 미약하나마 있지만, 파쇼통치 때문에 지속 가능한 방식으로 활동하기는 어렵다고 했다.[24] 한편 김일성은 후일 1975년 6월 불가리아 정부 대표단과의 면담에서 남쪽의 통일혁명당은 3000명 정도이며, 아직 약하다고 했다.[25] 당시 북의 지도부도 당장 남한에서 혁명이 일어날 수 있는 여건도 아니고, 그만한 준비도 갖추지 못했다고 본 것이다.

더구나 남북대화와 '남조선 혁명'은 상호 모순적인 측면이 확실히 있었다. 박대통령이 강조했듯이 남북대화를 하면 북이 남쪽에서 정치적 선전을 하고, 침투를 하고, 정치적 영향력을 발휘하는 것이 용이해질 것 같아 보인다. 그러나 혁명이란 기존의 권력과 체제를 근본적으로 불인정하고 전복하는 것을 의미한다. 그런데 북한은 남북대화를 하면서 남쪽 당국과 접촉을 하고, 북의 고위관리가 남의 최고지도자 박정희를 만나며, 남북공동성명을 발표하고, 심지어 당시 공개되지는 않았지만 남북정상회담까지 제안했다. 이러한 상황은 설령 남쪽에 이른바 '혁명'세력이 존재한다 하더라도, 이 세력이 남쪽의 기존 국가권력과 체제를 혁명적으로 전복시키기 위해 대중을 동원하는 데 큰 지장을 초래할 수밖에 없다.

남북대화와 남조선 혁명론이 상호 모순적이라는 건 베트남 남쪽에서 실제로 혁명운동을 하고 있던 '남베트남 민족해방전선' 사람들의 입장을 살펴보면 잘 알 수 있다. 이들은 북한이 남북대화를 추진하고, 7·4공동성명을 발표한 것에 대해 대단히 비판적이었다. 당시 남베트남에서 게릴라활동을 주도했던 남베트남 민족해방전선은 임시혁명정부 수립을 선포하고, 북한에 대사를 파견하기까지 했었다. 즉 북한에는 북베트남의 대사도 있고, 남베트남 임시혁명정부에서 파견한 대사도 있었던 것이다. 북한에 있던 남베트남 임시혁명정부 대사는 7·4공동성명 직후 평양 주재 헝가리 외교관에게 이임(離任)인사를 하며, "남북공동성명은 긴장완화에 유용하기는 하지만 남한 혁명세력에게는 해로운 것이다"라고 했다. 그 이유로 "이는 혁명세력들을 무장해제시키기 때문"이라고 말했다. 그는 7·4공동성명에 대해서도 북이 원칙적인 문제에서 굴복했다며 비판했다.[26]

7·4공동성명이 발표되자 남베트남 정부와 서방의 언론들은 북베트남과 남베트남의 공산주의자들도 북한을 본받아 전투를 중지하고, 남베트남 정부를 인정하고 대화해야 한다고 촉구했다. 이에 베트남 공산주의자들은 중국이 미국과 관계를 개선한 것을 배신행위로 여긴 것처럼 북한이 남한과 대화하는 것도 자신에 대한 배신행위로 생각했다. 한 예로, 남북대화가 시작된 직후인 1971년 10월 박성철을 단장으로 하는 북한 당·정부 대표단이 북베트남을 방문한 일이 있는데, 그곳 헝가리 외교관은 양국의 분위기가 아주 썰렁했다고 보고했다.[27]

1972년 7월 12일 북베트남 외무성 관계자는 하노이에 있는 헝가리 외교관에게 7·4공동성명이 주한미군철수 문제를 직접 언급하지 못했다고 불만을 피력했다. 그는 "베트남 사람들만이 미제국주의와의 무장투쟁에 홀로 남겨지고 있다"며 서운한 감정을 드러냈다. 또한

"중국과 북한은 베트남 인민들이 미제국주의에 대항하여 싸운 피 묻은 투쟁의 성과를 이용하고 있다"고 성토하였다.[28] 베트남 혁명세력이 만든 성과를 활용하여 미국과 손잡으려 한다는 것이었다.

확실히 남북대화와 남조선 혁명은 상호 모순적인 측면이 존재했다. 그러면 북한 지도자들이 남조선 혁명을 실질적으로 어렵게 만드는 남북대화를 하면서도 남북대화가 남조선 혁명에 유리한 정세를 창출할 것이라 선전했던 이유는 무엇이었을까? 북의 '남조선 혁명'에 대한 강조는 어쩌면 대남용(對南用)이라기보다는 대북용(對北用)일 수 있다. 즉 남쪽의 사람들이 아니라 북쪽의 주민들을 겨냥한 선전일 수 있는 것이다. 반제국주의 민족해방 논리는 북의 통치이념에서 가장 핵심적인 부분으로, '남조선 혁명'은 북의 민족해방 논리의 필수적인 부분이다. 따라서 북의 정권은 북쪽 인민에 대한 통제를 유지하기 위해서라도 '남조선 혁명'이라는 명분과 목표를 포기할 수 없을뿐더러 어떠한 방식으로든 자신의 행동이 남조선 혁명에 부합하고 유리한 것이라고 강변해야 하는 것이다.

남북대화 과정에서 북한이 보여준 행태는 남쪽에서 혁명적 분위기를 조성하는 데 실질적인 목표를 두었다기보다는 지극히 자기만족적인 측면이 있었다. 예컨대 북의 언론들은 남북대화를 보도하며 '남조선 인민'들이 "수령님의 크나큰 사랑과 배려에 무한히 고무되면서 북과 남 사이의 교류를 열렬히 바란다"고 보도하였다.[29] 『로동신문』은 남쪽의 주민들이 북한 대표단 가슴에 달려 있는 김일성 초상 배지를 보고, "저걸 보십시오, 김일성 장군님의 사진을 달았어요. 건장하시구만요"라고 수군대고, 배지를 보지 못한 사람들은 가던 길을 멈추고 다시 돌아와 보고 갔다고 보도했다.[30] 이뿐만이 아니다. 남북공동성명이 발표되던 날 신문에 김일성 사진이 나오자 남쪽 주민들이 이를 보기 위해 신문 가판대로 모여들었으며, 사람들이 '김일성 만세'를 부르는 일이 늘어났다는 보도도 있었다.[31] 북의 적십자 대표단은 실제로 서울에 왔을 때 김일성을 찬양하는 발언을 공개적으로 했고, 김일성의 사진을 여학생들에게 보여주며 주체사상에 대해 선전하기도 했다.[32] 북의 외무성 관리들도 동구권 외교관들에게 남북대화 진행상황을 설명하면서 역시 비슷한 이야기를 했다. 심지어 남쪽에서 온 적십자 대표단이 김일성 생가를 방문하기를 원했고, 김일성을 위대한 인물이라 칭송했다고 전했다.[33]

이와같은 북한 관리의 언급과 언론보도에 대해 그 진위 여부를 이야기하는 것은 우스운 일이다. 남쪽에 있는 사람들은 누구나 이것이 결코 '있을 법한'(plausible) 이야기가 아니라는 것을 잘 알 것이다. 그럼에도 불구하고 북의 정부와 언론은 내외적으로 남쪽 사람들이 북의 지도자와 주장을 지지하는 것처럼 선전하였다. 결국 이같은 선전은 남쪽 주민들도 김일성을 열광적으로 숭배하는 것처럼 이야기하면서 김일성을 우상화하고, 이를 통해 북한 주민들을 통제하는 자기만족적 행위라 할 수 있다. 그리고 이 무렵 유일체제가 강화되면서 대남 선전공세도 반제반봉건혁명 논리가 아니라 김일성 개인숭배에 초점이 맞추어지는 것도 주목되는 현상이다.

물론 남쪽의 당국자들은 북이 남북대화 국면을 활용해 남쪽에 정치적 영향력을 미치려 하는 것에 민감하게 반응하였다. 박정희정부는 특히 과거 북의 공작원 등으로 남파되었거나 남쪽에서 급진적인 활동을 했던 인사들이 남북대화 국면에서 북의 대남공세에 호응하는 활동을 하지 않을까 경계하였다. 이에 대한 대비책으로 한국정부는 남북대화 국면에서 통혁당 관계자 등 좌익수에 대한 대대적인 사형집행을 단행하였다. 또한 좌익수에 대한 전향공작을 크게 강화하고, 사회안전법을 만들어 석방이 다가오거나 이미 형기를 마친 좌익수를 다시 구금시키는 조치를 취하였다.[34]

한편 과거에도 그랬지만 유신체제 선포 이후 한국정부는 더욱 심하게 반정부 민주화운동 세력들을 북의 대남공세의 협력자, 용공세력으로 몰아 탄압하였다. 그런데 한국정부가 반정부 민주화운동 세력을 친북세력이라 호도하고, 이를 빌미로 탄압하는 것은 역설적으로 북의 선전공세를 도와주는 형국이 된다. 미국방부 직원으로서 오랫동안 판문점에서 유엔군사령부를 위해 일하며 남북관계를 지켜본 이문항(李文恒, James Lee)은 한국정부가 반정부·반미운동을 무조건 공산당으로 매도했던 것이 "오히려 북한측의 오산(誤算)을 초래하고 남북간에 긴장을 고조시키지 않았나 하는 생각도 든다"고 지적하였다.[35] 북은 사실상 있을 법하지 않은 일까지 작문(作文)을 하며 남쪽 '인민'들이 북의 지도자와 이념을 추종하고 있다고 선전하였다. 그런 마당에 남쪽 정부가 반정부세력을 친북세력으로 몰아가게 되면 오히려 북의 선전을 도와주는 결과만 자초하는 셈이다. 여기서 남쪽의 집권세력은 반정부 민주화운동 세력들을 친북세력으로 몰아가면서 권력을 강화하고, 북의 집권세력은 이를 활용하여 남쪽에 북의 정권과 지도자를 지지하는 사람들이 많은 것처럼 선전하여 권력을 강화하는 연쇄고리가 설정되는 것이다. 결국 이는 분단체제하에서 남북의 지배집단이 묘한 적대적 의존관계를 구축하며 자신의 권력을 강화하는 모습을 보여준 것이었다.[36] 남북대화는 이와같은 적대적인 또한 암묵적인 의존관계가 노골적으로 드러나는 계기로 작용하였다.

남한의 '자유의 바람'

남쪽도 북의 남조선 혁명론에 비견되는 논리를 갖고 있었다. 상대방을 해방시킨다는 명목으로 북에 정치적 영향력을 행사하는, 이른바 남북대화를 통해 북에 '자유의 바람'을 주입하겠다는 것이 그것이었다. 그러나 남북의 상대방에 대한 선전공세는 결코 같은 방식, 같은 차원으로 진행되지는 않았다. 남측의 경우 남북대화 국면에서 상대방에 어떤 정치적 선전이나 침투를 하는 것에 대해 그다지 큰 관심과 열의를 보이지 않았다. 또한 북한의 주민들이 박정희를 존경하고 있다고 선전하지도 않았다. 이 점은 확실히 북과 큰 차이가 났다.

남북대화가 시작될 때 중정 간부 김달술이 박대통령에게 보고하면서 북에 '자유의 바람'을 불어넣겠다고 호언하자, 박대통령은 냉소적인 반응을 보이면서 너무 큰 목표를 달성하려고 기대하지 말라고 일축하였다고 한다.[37] 1차 남북적십자 본회담을 평양에서 마치고 이범석 대표가 돌아왔을 때 일부 기자들은 북녘땅에 얼마나 자유의 바람을 불어넣고 왔느냐고 질문하였다. 그러자 이범석 대표는 "자유의 바람을 북에 불어넣지 않기로 한 것이 서로 다른 체제와 이념을 인정하고 민족적 대단결을 도모한다는 7·4공동성명의 정신인 줄 안다"고 답변하였다. 그러면서 기자들에게 저쪽에서 "공산(共産)의 바람"이 불어오면 좋겠냐고 반문하기도 했다.[38] 남은 북과 확실히 다른 태도를 보였다. 북은 남쪽 대표단이 평양을 방문하면 주로 정치적·이념적 성격이 짙은 공연물이나 장소를 참관하도록 했다. 그러나 남은 「미워도 다시 한번」 같은 정치색 없는 영화나 공연물을 보여주고, 고궁과 번화한 명동거리 등을 보여주었다.

남쪽에서도 이승만정부 때에는 북진통일론을 주장했고, '북한 해방' 논리가 정부의 통치이념에서 중요한 역할을 했다. 그러나 4월혁명으로 북진통일론은 청산이 되고, '북한 해방' 논리가 남쪽의 통치이념에서 차지하는 비중은 현저히 약해졌다. 따라서 북이 '남조선 혁명론'에 집착하는 것만큼 남이 '자유의 바람론'에 집착할 이유는 없었다.

그렇다고 당시 남쪽이 북한에 어떤 영향력을 미치는 데 전혀 관심이 없었거나 이를 위해 아무것도 하지 않은 것은 아니었다. 다만 그 초점과 방식이 북과 많이 달랐을 뿐이다. 이후락 부장은 1971년 8월 남북대화를 시작하며 미국대사에게 남측이 적십자 대화를 추진하는 목표를 설명하면서, 그중 하나로 북한사람들에게 남한사회의 우위를 보여준다는 것을 꼽았다.[39] 남측은 체제우월성 경쟁 논리, 즉 어느 체제가 더 사람들을 잘살게 만들 수 있느냐는 논리에 충실하였다. 때문에 당시 남쪽이 북에 영향력을 미치는 방식은 정치적·이념적 선전이 아니라 풍요롭게 사는 남한을 보여주고, 이를 통해 자연스럽게 생각의 변화를 유도하는 것이었다.

박대통령도 남북대화를 하면서 어느 쪽이 더 잘사는 모습을 보여줄 수 있는지에 대해 주의를 기울였다. 김달술의 증언에 따르면 박대통령은 남북적십자 예비회담이 시작되자 판문점을 직접 방문하여 북의 대표단이 가져온 선물들을 일일이 점검해보았다고 한다. 북이 가져온 술을 따라 맛을 보고, 옷의 경우 실을 뽑아 라이터로 태우면서 그 질을 점검해보았다는 것이다. 이러한 점검 끝에 박대통령은 북의 물건들이 남쪽에 비해 훨씬 질이 떨어진다고 판단하고, 남측 대표단에게 남북교류에 대해 자신감있게 나가라고 지시했다고 한다.[40] 이에 남측은 남북적십자회담을 서울과 평양에서 번갈아 개최하자고 먼저 제안했고, 북은 이를 수용하였다.

남북대화 과정에서 남측은 북보다 풍요롭고 번화한 모습을 보여주기 위해 많은 노력을 기울였다. 일부러 현충사를 시찰코스에 넣어 북의 대표단을 태운 버스가 경부고속도로를 달리도록 했는가 하면,

북측 대표단이 서울에 머물 땐 야간에 모든 관공서와 학교의 전깃불을 켜놓도록 했다.[41]

그런데 남측이 체제의 우위를 보여준다고 할 때 여기에는 경제적인 것만 강조된 것은 아니었다. 보다 자유분방한 남쪽의 분위기도 북에 보여주려고 많은 노력을 했다. 이때의 '자유'는 이념적인 것은 아니었다. 남쪽이 북에 보여주고 싶어한 자유는 '정치활동의 자유'나 '표현의 자유' 같은 것이 아니라 인간이 마음대로 본성을 드러내고 욕망을 추구할 수 있는 '자유'에 초점이 있었다.

예컨대 1972년 4월 19일 김덕현이 북한 관리로서는 처음으로 합법적으로 남한을 방문했을 때 그의 야간일정은 대단히 조밀하게 짜여 있었다. 4월 20일 저녁 일정을 살펴보면, 세검정 안가에서의 만찬을 시작으로 서울에서 제일 높은 건물인 3·1빌딩 스카이라운지에서 잠시 휴식을 취한 후, 오진암이라는 요정에서 밤늦게까지 술자리가 이어졌다. 자정이 넘어 4월 21일 새벽 1시 40분경 이후락 부장이 직접 모는 차를 타고 김덕현은 풍전호텔 고고클럽으로 인도되었다. 새벽에 숙소인 조선호텔로 돌아온 후에도 소규모 술자리〔小宴〕를 갖고, 새벽 4시 30분에야 잠이 들었다.[42] 후일 이후락은 미국 CIA 한국지국장에게 김덕현의 서울 체류를 설명하며 "처음에는 냉혈적이던 그가 시시각각 녹아나서 떠날 때는 여심(女心)에 도취(陶醉)되는 등 매우 재미를 보고 갔다"고 했다.[43] 북의 적십자 대표단이 왔을 때도 양상이 비슷했다. 북의 대표단을 워커힐호텔에 데려가 무희들이 다리를 번쩍번쩍 들어올리는 캉캉춤을 보여주었는가 하면,[44] 고고클럽에 데려가기도 했다. 남쪽의 '자유'를 맛보여주기 위해서였다.

당시 남측이 북쪽에 불어넣으려고 한 '자유'는 대체로 이러한 것들이었다. 남쪽 인사들은 이처럼 다분히 속물적인 자유의 분위기를 북에 보이려 했고, 북쪽 사람들이 이를 맛보면 이념적인 세뇌상태에서 벗어나 인간적(?)인 본성과 감성을 되찾을 수 있을 것이라 기대했던 것 같다. 이는 남북대화의 쟁점이었던 인도주의와 통일(정치) 논쟁과도 서로 연결되어 있다. 남쪽에서 '인간적'이라는 의미는 종종 욕망을 솔직하게 드러내는 것을 의미하기도 한다. 남측 적십자 예비회담 대표로 참가한 정희경(鄭喜卿) 이화여고 교장은 북쪽의 남자들도 미니스커트를 입은 여성에 관심을 보였다고 하면서, 모임에 나온 북쪽 여성의 옷차림도 처음에 비해 화려하고 매력적으로 바뀌었다고 했다.[45]

이와같은 '자유의 바람'은 일견 정치적 선전 및 의도와는 완전히 무관한 것으로 보인다. 그러나 이는 실질적으로 북쪽 사람들의 의식과 행동에 영향을 미치려 의도된 것이었고, 정치적 효과를 겨냥한 것이기도 했다. 다만 그 방식이 조잡한 선전이 아니라 '녹아나는' 방식이었을 따름이다. 당시 남한은 북한에 비해 상대적으로 경쟁적이고 다원적인 정치질서가 존재했다. 선거부정이 있기는 했지만 어찌되었든 정부와 여당은 유신체제 수립 전까지는 정권의 향배를 놓고 대통령선거를 치러야 했고, 국회의원선거도 치렀다. 그렇기 때문에 사실상 정치적 영향력을 발휘하는 기술이 북쪽보다는 남쪽이 한수 높은 측면이 있었다.

린츠(Juan J. Linz)는 일찍이 프랑꼬정권하의 스페인 정치체제를 분석하면서 권위주의정권은 권력유지를 위해 대중을 정치적으로 동원하기보다는 탈정치화하고, 정치적 무관심을 조장하는 경향이 있다고 지적한 바 있다.[46] 박정희정부도 이처럼 탈정치적 방식을 독재통치를 유지하는 정치적 목적에 활용할 줄 알았다.[47] 북을 다루는 방식도 마찬가지였다. 북의 정치·이념 선전에 맞서 똑같은 차원의 선전공세를 벌이기보다는 인간의 욕망을 자극하여 자연스럽게 탈정치화시키고 탈이념화시키는 방식을 사용하여, 훨씬 더 기술적으로 정치적 영향력을 행사하려 했던 것이다. 사실상 탈냉전기 현실 공산주의 국가들을 붕괴시킨 힘도 자유민주주의 정치제도나 이념이라기보다는 상점에 넘쳐나는 물건들과 인간의 욕망을 실현하는 데 훨씬 자유스러운 서방의 분위기였을 것이다.[48]

북의 김일성은 "빨간색은 흰색을 물들이기가 쉽다"고 말했다. 이념적으로 보면 남한은 백색일지 모르나 실제생활의 영역으로 가면 양상은 반대일 수 있다. 북한사람들이 오히려 아무것도 모르는 백색에 가까웠다. 반면 남쪽은 이념의 붉은색과 대비되는 욕망을 자극하는 끈적이는 색깔이 있었다. 북은 이러한 색깔에 더 취약하고 쉽게 물들 수 있었다. 북이 남북대화 초기에는 남북교류 및 접촉에 자신감을 보이며 호언장담하다가 남북의 접촉과 교류가 막상 시작되자 주춤거리는 양상을 보였던 것도 여기에 한 원인이 있는 것이다.

이렇듯 남북대화 국면에서 남북 양측은 상호 교류와 접촉을 하면서 나름대로의 방식에 의거하여 상대방 체제를 무너뜨리고, 자신의 체제를 확산시키려 의도하고 노력하였다. 북은 남북대화 국면을 남조선 혁명의 분위기를 조성할 수 있는 기회로 활용하려 한 반면 남은 '자유의 바람'을 북쪽에 불어넣겠다고 했다. 물론 여기에는 당연히 반작용이 따를 수밖에 없다. 남과 북의 집권자들이 이를 활용해서 체제수호를 명분으로 억압과 통제를 강화할 위험성이 있었던 것이다.

3. 유신체제의 수립

1971년 선거와 박정희의 재집권 위기

박정희 대통령은 북의 대남 무력공세 여파 속에서 1969년 9월 원래 재선까지만 가능했던 대통령임기 조항을 3선까지 가능하게끔 수정하는 개헌을 단행했다. 삼선개헌 과정에서 야당과 민주화운동세력은 물론, 여당 내에서도 큰 반발이 있었다.

개헌문제가 여권 내부에서 거론되고, 밖에서도 감지되기 시작한 것은 일찍이 1966년부터였다. 당시 기자들도 이 무렵 여권 내에서 개헌논의가 일고 있다는 것을 알았다.[49] 미국대사 윈스럽 브라운은 1966년에 박정희정부가 1969년쯤에 개헌을 할 가능성이 있다고 예견해 결과적으로 정확히 예측하기도 했다.[50] 이때도 대통령 주변에서 개헌을 주도했던 인물이 이후락이었다.

1969년 삼선개헌 추진과정에서 여권 내에서는 단지 대통령 당선 가능 횟수만을 늘리는 것이 아니라 박대통령이 "통일될 때까지" 계속 집권하는 방향, 그리고 임기 자체를 4년에서 6년으로 늘리는 방안 등도 검토되었다고 한다.[51] 그러나 1969년 개헌 당시의 정치상황이 이와같은 개헌을 허용하지 않았기 때문에 당선 가능 횟수만 1회 늘려 삼선까지 허용하는 것으로 개헌이 이루어졌다. 일단 여기서 3선개헌 때는 표면화되지 않았지만 '통일'이라는 명분을 내세우는 경향이 있었음은 주목할 만하다.

삼선개헌으로 1971년 4월 27일 거행된 대통령선거에 박정희는 세 번째로 출마할 수 있었다. 도전자는 야당인 신민당의 40대 후보 김대중이었다. 선거는 갈수록 결과를 예측하기 어려운 접전으로 치달았다. 돌파구가 필요했던 박대통령은 주변의 권고에 따라 선거 막바지에 차기 선거에는 불출마하겠다는 발언을 했으며, 후계자를 양성하겠다는 말도 했다. 정확히 말하면, 선거 이틀 전인 4월 25일 서울 장춘단 유세에서 "내가 이런 자리에 나와서 여러분에게 '나를 한번 더 뽑아주시오' 하는 정치연설은 이것이 마지막이라는 것을 확실히 말씀드립니다"라고 했다.[52] 결과적으로 박정희는 약속을 지킨 셈이다. 이후 유신개헌이 이루어져 대통령 직접선거가 폐지되고 통일주체국민회의에서 대통령을 선출하게 됐으니 말이다. 유신헌법은 대통령 선출시 공약을 발표하거나 정치연설을 하는 것을 금지하였으니, 박대통령이 국민들에게 찍어달라고 호소할 일도 정치연설을 할 일도 없게 된 것이다.

선거결과 박정희 후보는 94만여표 차이로 승리했다. 박대통령이 승리했지만 상대 후보 김대중과 그의 공약에 대한 지지도 만만치 않았다. 선거과정에서 박대통령은 북한의 남침 위협을 강조하면서 안보태세의 강화를 강조하였다. 반면 김대중은 데땅뜨를 한반도 주변 강대국의 이해관계를 조절하고, 남북관계를 개선할 수 있는 기회로 보고 남북교류론 등 획기적인 공약을 발표하였다.[53] 데땅뜨를 위기로 보고 안보태세를 강조한 것은 물론 박정희의 의견만은 아니었다. 당시 상당수의 인사들이 데땅뜨를 위기로 인식했다. 그러나 이렇게 인식하는 것이 필연적이고, 유일한 길이었다는 논리는 성립되지 않는다. 단적으로 김대중과 그의 공약을 지지했던 사람들도 적지 않았음을 보여주는 선거결과가 이를 대변한다. 데땅뜨를 위기로 규정하고, 이를 국가통제의 강화로 해결하려 했던 것은 결코 불가피한 선택은 아니었다. 이는 박정희의 선택이었을 따름이다.[54]

대선 1개월 후인 1971년 5월 25일에 거행된 국회의원선거는 박정희에게 재집권의 위기를 안겨주었다. 이 선거에서 공화당은 112석을, 신민당은 89석을 획득했다. 공화당이 과반수를 넘겼지만 개헌이 가능한 3분의 2 의석에는 훨씬 못 미쳤다. 공화당은 전국적으로 47.8%를 득표했지만, 신민당은 43.5%를 득표하여 그 격차가 현저히 좁아졌다. 특히 서울과 대도시의 선거결과는 놀라웠다. 서울의 19개 선거구 중 오직 1개 선거구에서만 공화당 후보가 당선되었다. 부산에서도 8개 선거구 중 공화당은 2개 선거구를 얻는 데 그쳤다.[55] 1971년 총선 결과는 자유당정부기 4월혁명 직전에 거행된 1958년의 총선 결과와 대단히 비슷했다. 집권당으로부터 민심이 떠나가는 추세가 뚜렷했다. 이같은 선거결과는 결국 박정희가 삼선개헌 때와 마찬가지로 합법적인 절차를 밟아 헌법을 수정하는 방식으로 재집권하는 것은 향후 거의 불가능에 가깝다는 것을 보여주었다. 미국무부 정보조사국은 선거결과를 분석하며 "1975년에는 대통령을 바꾸겠다는 한국 대중의 의지가 강화된 것으로 보인다"고 했다.[56]

1971년 선거 후 박정희는 대학가에서 벌어진 교련반대 시위 등에 대해 처음에는 상대적으로 유화적인 태도를 보였다. 그리고 양대 선거 직후인 1971년 6월 김종필을 국무총리에 임명했다. 이는 박대통령이 이제 후계자를 양성하려는 것 아닌가 하는 기대감을 불러일으켰다. 집권 공화당은 당시 김성곤(金成坤), 길재호(吉在號), 백남억(白南檍), 김진만(金振晚) 등 이른바 4인이 실세('4인체제')를 구성하고 있었는데 이들도 나름대로 박대통령이 1975년에 권좌에서 내려오는 것을 기정사실화하고 권력구조 개편을 논의하고 있었던 것으로 알려졌다.[57]

그러나 1971년 10월 박정희는 다시 강경한 태도로 돌아섰다. 1971년 10월 8일 오치성(吳致成) 내무장관의 해임안 통과 과정에서 4인체제가 대통령의 지시를 어기고 항명을 하자, 박대통령은 군 수사기관으로 하여금 이들을 체포하도록 했다. 며칠 후 10월 15일에는 위수령을 선포하고 군대를 동원해서 교련반대 학생운동을 진압했다. 이때 연행된 학생수가 1899명에 이르고, 전국 23개 대학에서 무려 177명의 학생이 학교당국으로부터 제적처분을 받았다. 데모로 제적된 학생 중 일부는 곧바로 영장이 송부되어 군대로 끌려갔다.[58]

마침내 박대통령은 데땅뜨 위기론을 강조하며, 1971년 12월 6일 국가비상사태를 선포했다. 「국가보위에관한특별조치법」이 국회에 제출되었고, 대통령이 직접 국회의장에게 공한(公翰)을 보내 만일 이것이 통과되지 않으면 "비상사태를 극복하기 위해 비장한 각오로 임하지 않을 수 없다"고 엄포했다.[59] 이 법안은 12월 27일 국회 본회의장을 점거하고 있던 야당의원들을 피해 국회 제4별관에서 여당 및 무소속 의원들에 의해 단독처리되어 국회를 통과했다.

「국가보위에관한특별조치법」은 안보위기에 대응하기 위해 대통령에게 비상대권(非常大權)을 부여하는 내용을 담고 있었다. 이와 함께 대통령에게 언론을 제약할 수 있는 권한을 주는 등 정치적 억압을 위해 사용될 만한 내용도 있었다. 또한 노동자의 단체교섭권과 단체행동권을 무력화하는 조항도 들어 있었다. 국가비상사태 선포와 국가보위법 제정은 박대통령이 당시 내외적 변화에 대처하는 방식이 위기의식을 고취시키고, 이를 통해 국가의 정치·경제·사회적인 개입과 통제를 극단적으로 강화하는 방향으로 가고 있음을 뚜렷하게 보여준 것이었다.

'10월유신'의 선포와 남북대화

이후락을 비롯한 박정희의 측근인사들은 유신 선포와 헌법개정

작업이 1972년 5월 이후락의 방북 이후에 진행되었다고 증언하고 있다. 즉 이후락의 방북 이후 북의 정치체제가 일사불란하게 조직되어 있는 것을 보고 자극받아 유신체제 수립에 나섰다는 이야기이다.[60] 그러나 여권 내에서 개헌논의와 개헌작업이 시작된 것은 이후락의 평양방문 전인 1972년 4월부터였다. 이때부터 정치권 안에서 여권의 개헌작업이 감지되었고 쑥덕거림이 시작되었다.

1972년 4월 16일 공화당 사무총장 길전식(吉典植)은 대통령과 국회의원의 임기를 6년으로 연장하는 개헌이 필요하다는 발언을 해서 파문을 불러일으켰다. 그러나 공화당과 정부관료들은 개헌논의가 여권 내부에서 일어나고 있다는 것을 즉각 부인했다. 야당인 신민당 정무위원회도 길전식의 발언이 공화당의 정책을 반영하는 것 같지는 않다면서 정치적으로 쟁점화하지 않았다. 이에 길전식의 발언은 일종의 정치적 해프닝으로 끝났다. 그러나 당시 주한미국대사관은 길전식 같은 정치가가 사전에 아무 생각 없이 개헌문제를 기자들과 이야기했을 것 같지는 않다고 평가했다.[61] 미국대사관이 이러한 평가를 하게 된 데는 이유가 있었다. 이 사건이 발생하기 직전인 1972년 4월 4일 전 국무총리 정일권(丁一權)이 미국대사와 골프를 치며 중요한 말을 했기 때문이다. 정일권은 1975년 이후에도 박대통령이 계속 집권할 것이라고 하면서, 1973년 또는 1974년에 국회에서 대통령을 간접선출하는 방식으로 헌법이 개정될 가능성이 있다고 전했다.[62] 여권 내의 개헌 움직임은 당시 야당인사들에게도 감지되었던 것 같다. 이무렵 김대중도 1971년 4월 10일 미대사관원과의 만남에서 박대통령이 집권연장을 위해 헌법을 개정할 가능성이 있다고 말했다.[63]

개헌작업이 5월 전에 시작되었다면, 남북대화가 유신개헌의 동기가 되었다기보다는 오히려 개헌이라는 정치적 동기가 남북대화를 급진전시키는 하나의 원인이 되었을 가능성이 크다. 남북대화의 결정적 전환점이 된 1972년 7월 4일 남북공동성명의 발표과정에서 남측은 물론 일방적으로 양보만 한 것은 아니었다. 그러나 애초의 태도에 비추어볼 때 상당한 양보를 감수한 것은 사실이었다. 특히 통일 3원칙 중 '자주'의 원칙이 제일 먼저 강조된 것은 당시 한국정부의 정책기조로 볼 때 의외라 할 수 있었다.

당시 중앙정보부에서 일했고, 남북조절위원회 대표로 참여했던 강인덕은 그의 상사였던 이후락 부장이 북한과 합의한 "통일 3원칙은 비판받아야 한다"고 했다. 당시 한국정부의 입장에서는 '자주'보다는 '민주' 또는 '평화'의 원칙을 우선적으로 강조해야 했으나 이러한 것들이 정치적 목적 때문에 제대로 반영되지 못했다는 이유였다.[64] 남북조절위원회 간사를 했던 이동복도 이후락 부장이 유신체제의 명분을 구축하기 위해 공동성명을 무리하게 서둘렀고, 그 결과 북측의 3원칙을 여과 없이 수용하였다고 비판하였다.[65]

유신체제 수립을 위한 실무작업은 박대통령과 이후락의 주도로 아주 소수의 인원만 동원되어 진행되었다. 그리고 7·4공동성명이 발표되던 1972년 여름 무렵엔 거의 마무리 상태에 있었다. 비상계엄령 선포 때 발표할 대통령 특별선언 초안과 헌법개정안 골자도 정해졌다.[66] 그러나 유신체제 수립을 위한 비상계엄령 선포 날짜는 1972년 10월 남북대화 국면과 관련하여 갑자기 결정되었다.

1972년 10월 6일, 청와대는 박대통령이 다음달인 11월 13일부터 18일까지 6일간 일본을 공식방문할 것이라 발표하였다. 그런데 박정희정부는 갑자기 같은 달 10월 17일 계엄령을 발동하여 유신을 선포하고 개헌에 나섰다. 박대통령의 일본방문은 당연히 취소되었다. 이러한 사정으로 볼 때 유신 선포(계엄령 선포 및 국회해산)는 10월 6

일에서 10월 17일 사이에 결정된 것이 확실하다.

1972년 10월 30일 유신체제 수립을 주도했던 이후락 중정부장은 자신의 특별보좌관 김상인(金商仁)을 하비브 주한미국대사에게 보내 유신 선포 경위에 대해 설명했다. 김상인이 전한 바에 따르면 수개월 동안 한국정부는 계엄령과 헌법개정을 준비해왔고, 그 실행시점에 대해서는 1972년 말, 1973년 초, 또는 1973년 말 이렇게 세 시기를 저울질하고 있었다고 한다. 그런데 10월 10일의 회의에서 10월 내에 계엄령을 선포하는 것이 처음으로 제안되었고, 계엄령 선포일 최종결정은 10월 14일 오전 10시에 내려졌다고 했다. 미국대사관은 이러한 정보를 미국무부에 보고하면서 "김상인의 유신 선포 시점에 대한 언급은 미국대사관이 다른 정보원으로부터 얻은 정보와도 일치한다"고 했다.[67] 딱 3일 전에 계엄령 및 헌법개정 선포(유신 선포) 날짜가 최종결정되었던 것이다. 준비는 미리 해놓았다고 하지만 유신 선포일 결정은 이렇게 무척 갑자기 이루어졌다.

유신 선포일이 갑자기 결정된 것에 대해서는 1972년 10월 12일 판문점에서 열린 제1차 남북조절위원회 공동위원장 회의와 관련이 있다는 풍문이 당시 국내외에서 돌고 있었다. 특히 박대통령의 일본방문이 갑자기 취소되자 일본 외교관리들이 이러한 이야기를 했다.[68]

10월 12일 남북조절위원회 공동위원장 회의는 유신 선포와 어떠한 연관성을 갖는 것일까? 현재 한국정부가 정리한 이날 회담의 비망록과 북한 외교관리가 동구권 외교관에게 이날 회담에 대해 브리핑한 기록이 남아 있다.[69] 그 내용은 물론 차이가 나는 부분이 있다. 그 어느 것도 회담내용을 있는 그대로 다 적지는 않았을 것이다. 그러나 두 기록과 회담의 정황으로 볼 때 여기서 남북 양측이 직접 유신 선포에 대해 모의를 했을 가능성은 상정하기 어렵다. 이러한 '음모론'을 뒷받침해주는 근거는 찾기 어렵다. 다만 주목할 것은 이 회의에서 박성철이 아주 강도 높게 7·4공동성명 직후 남측의 태도에 대해 불만을 피력하였다는 것이다. 그는 또한 7·4공동성명 직후 남측이 통일혁명당 관련자를 사형시킨 것에 대해서도 직접 언급하며 항의하였다. 심지어 그는 "회담을 해야 할지 말아야 할지를 이야기해보자"고 언급하기도 했다.[70] 유신체제의 수립과정에서 남북대화는 정치체제를 변경해야 하는 중요한 명분으로 활용되었다. 그런데 북의 태도가 강경하게 변함에 따라 남북대화가 중단될 위기에 놓이자 유신 선포를 서두를 수밖에 없었을 것이다.

당시 한국정부는 유신 선포를 10월 14일에 결정하고, 이 사실을 10월 16일, 즉 계엄령 선포 하루 전에 북측에 미리 전달하였다. 북한 외무성 관리 김재봉이 동구권 외교관에게 한 말에 따르면, 남측 남북조절위원회 간사 정홍진이 북측의 상대역인 김덕현을 판문점에서 만나 이를 통보하였다고 한다. 10월 18일에 정홍진과 김덕현이 다시 만났는데, 이날 남측은 자신들도 "외세의 힘에 의존하지 않고 자주통일을 하려 하는데 여기에 반대하는 사람들이 많아 이들을 제압하기 위해 정치개혁을 하는 것"이라고 북에 전했다고 한다.[71]

당시 박정희정부는 개헌을 위한 국민투표 등 유신체제 수립작업을 마무리하기 위해서라도 남북대화를 지속할 필요가 있었다. 유신 선포 직후 중앙정보부는 각 언론사에 계엄령 선포와 통일의 정당성을 강조하고, 남북의 차이를 너무 과장해 보도하지 말라는 지침을 내리기도 했다.[72] 북을 너무 자극하지는 말라는 것이었다. 당시 남측이 이렇게 북쪽에 사전통보를 해준 것도 갑작스런 유신 선포가 남북대화를 중단시키는 것을 방지하기 위해서였던 것으로 보인다.

북은 남쪽의 유신 선포를 남북대화 과정에서 활용하는 모습을 보였다. 남측이 남북대화를 명분으로 정치체제를 개편하고 있으니 북은 대화과정에서 더욱 강하게 남측을 압박할 수 있는 유리한 위치에 있을 수 있었다. 미국무부도 북이 유신 선포를 이용해 남한측의 양보를 얻을 수 있는 유리한 위치에 서게 되었다고 평가하였다.[73] 앞서 언급한 대로 유신체제가 수립될 무렵 북한은 적십자회담, 조절위원회 회담에서 강력하게 자기 입장을 밀어붙이며 남측을 압박하였다.

헌법개정과 유신체제의 수립

마침내 1972년 10월 17일 저녁 박대통령은 비상계엄령을 선포하고, 대통령 특별선언을 발표하였다. 서울시내에 병력이 배치되고, 광화문에는 탱크까지 배치되었다. 특별선언의 내용은 ①국회를 해산하고 정치활동을 금지하며 ②헌법 일부 조항의 효력이 정지되고 그 기능은 비상국무회의가 대행하며 ③향후 새로운 헌법개정안을 공고하여 국민투표를 통해 확정시키고 ④개헌안이 확정되면 1972년 말까지는 헌정질서를 정상화한다는 것이었다.[74] 당시 헌법에는 대통령이 국회를 해산할 권한이 없었다. 박대통령은 5·16쿠데타 이후 두번째로 민주헌정질서의 기본틀을 깨는 행동에 돌입했던 것이다.

미리 준비된 개헌안은 10월 26일 단 하루 만에 비상국무회의에서 축조(逐條) 심의되고 그 다음날 공고되었다. 개헌안의 핵심은 통일주체국민회의 대의원을 통한 대통령 간접선거제, 국회의석 3분의 1에 대한 사실상 대통령의 지명권, 대통령과 국회의원의 임기 6년으로 연장, 대통령에 국회해산권 및 거의 무제한적인 긴급조치권 부여, 국회의 국정감사권 폐지 등으로 권력을 대통령 한사람에게 집중시키고 실질적으로 박정희의 영구집권을 보장하는 내용이었다.

개헌의 이유로 박대통령이 내세운 것 중 하나는 기존 헌법이 냉전시기에 만들어졌기 때문에 평화통일을 추진하는 데 장애가 된다는 것이었다. 때문에 일부 관측통들은 영토 조항 같은 것이 변경되지 않을까 예측했지만 실질적으로 통일과 관련이 있는 조항들은 거의 수정되지 않았다. 그나마 관련된 것을 찾는다면 헌법 전문에 "조국의 평화적 통일의 역사적 사명에 입각하여"라는 구절이 삽입된 것과, 대통령 간접선거를 위해 구성되는 기구에 '통일주체국민회의'라는 명칭을 부여하고 이를 "조국통일의 신성한 사명을 가진 국민의 주권적 수임기관"으로 규정(제35조)한 것이 전부였다.

1972년 11월 21일 계엄령이 내려진 가운데 개헌안에 대한 찬반 국민투표가 실시되었다. 총 유권자의 91.9%가 참여하여 91.5%라는 찬성률로 개헌안이 통과되었다.[75] 그후 12월 13일에야 삼엄한 계엄령이 해제되었고, 15일에는 통일주체국민회의 대의원선거가 실시되었다. 12월 23일, 어떠한 선거유세도 공약 발표도 없이 사실상 박대통령 혼자만 입후보할 수밖에 없는 구도에서 통일주체국민회의는 찬반투표 끝에 박정희를 대통령으로 선출하였다. 12월 27일 박정희가 제8대 대통령으로 취임함으로써 유신체제 형성은 마무리되었다.

유신체제 수립의 내외적 영향

유신체제의 수립은 남북대화에 부정적인 결과를 초래했을 뿐만 아니라 남한의 내부 정치안정에도, 나아가 국제외교에도 모두 부정적인 영향을 미쳤다. 유신체제는 대한민국 정치사에서 가장 억압적인 정치체제였다. 실질적으로 남측이 표방했던 민주주의 기본질서에서 이탈해간 측면이 있었기 때문에, 사실상 정부의 지지기반을 더욱 협소하게 만들고 많은 저항을 유발할 수밖에 없었다.

일부 종교계 인사들은 이미 박정희정부의 억압적 통제에 불만을 갖고 있던 터라 유신 이후 정부에 대한 불만은 더 커질 수밖에 없었다. 보수 인사들도 유신체제에 대해 의구심을 피력하는 경우가 많았다. 유신체제 수립 직후 한국의 한 보수 성향의 언론인은 주한미국대사관 관계자에게 한국사회가 점점 더 소련과 같은 나라를 닮아가는 것 같다고 이야기하기도 했다.[76] 유신체제는 내부 정치안정을 가져오지 못했다. 유신 선포 직후에는 저항이 잠시 소강상태를 보였지만 1973년 말부터 저항이 다시 시작되었고, 박정희정부는 계속해서 긴급조치를 발동하는 등 초강수 조치를 이어갔다. 이러한 상황을 진정한 정치적 안정이라 하기는 어려울 것이다.

남북대화를 유신체제의 명분으로 활용한 남측 집권층의 행동은 실제 남북대화에서 남측에 불리한 결과를 가져왔다. 북은 이를 기회로 삼아 남북대화에서 강경하게 남측을 압박하였다. 그러나 남측은 군사·정치적 문제로 대화를 확대하는 것에 대해 준비도 의사도 불확실한 형편이었다. 그러할수록 정부 내에서 남북대화를 우려하고 경계하는 목소리는 힘을 얻어갔다. 또한 유신체제의 수립으로 남북대화를 바라보는 남한의 여론도 그 의도에 대해 회의적인 태도가 많아질 수밖에 없었다.

유신 선포는 국제여론과 동맹국과의 관계 측면에서도 부정적으로 작용했다. 당시 미국정부는 유신체제 수립에 대해 미국과 아무런 관련이 없다고 천명하면서 여기에 개입하거나 관여하려고 하지 않았다. 미국정부는 계속해서 한국의 내정에는 상관하지 않는다는 입장을 견지했다.[77] 그러나 유신체제의 수립은 한미 두 정부 사이의 신뢰를 손상시킬 수밖에 없었다. 한국을 군사적·외교적으로 지원하는 것에 대한 미국 내 여론도 좋을 리 없었다. 미국의회는 한국군 현대화 계획을 위한 군사원조 지출을 한국의 인권상황 개선과 연계시키기도 했다. 유신체제의 수립은 미국이 긴장완화 정책을 추진하는 데에 도 걸림돌로 작용하였다. 1974년 12월 미국무부 정보조사국은 미·소·중 삼각관계를 분석하는 보고서에서 한반도 긴장완화 문제를 거론하며 "남한이 유교적 권위주의체제와 자유주의적인 사회정치개혁을 조화시키는 데 실패한 것은 상황을 더욱 복잡하게 만들었다"고 평가했다. 또한 이 보고서에는 다음과 같은 언급도 있었다.

> 박대통령이 다시 평정상태(tranquility)를 회복할 수 있을지 의심스럽다. 박정희가 마침내 한국군에 의해 쫓겨날 때까지 분란이 계속될 것이다. 이러한 일이 발생하기 전에 공산주의자의 위협을 자신의 통제력을 강화하기 위해 활용하는 박정희의 노력은 두 한국 사이에 공개적인 분쟁을 발생시킬 수도 있다.[78]

박대통령이 안보논리를 빌미로 독재를 강화한 것은 내부적으로 정치적 분란을 일으켰을 뿐 아니라 한반도 평화유지에도 걸림돌로 작용했던 것이다.

일본과의 관계도 마찬가지였다. 유신 선포 직후 주미일본대사관 관리는 미국무부 관리에게 일본의 지한파(知韓派) 사이에서도 한국 정부의 행동은 인기가 없다고 분위기를 전했다. 또한 유신체제의 수립은 향후 일본의 대한 경제원조에도 부정적인 영향을 미칠 것이라 평가했다.[79] 한일관계는 1973년 8월 발생한 김대중 납치사건으로 인해 더욱 심각해졌다. 미국무부 연구조사국장 윈스턴 로드(Winston Lord)는 1974년 7월 일본을 방문하여 일본 외무성 연구조사국장과 만나 이야기를 나누었다. 일본 외무성 연구조사국장은 박대통령의 유약한 국내적 입지가 북한의 잘못된 계산을 유발할 가능성이 있다

고 걱정하였다.[80]

유신체제의 수립으로 한국정부에 대한 국제적 여론은 전반적으로 악화되었다. 후술하겠지만 1975년 유엔총회에서 공산측이 제출한 한반도 문제에 대한 결의안이 사상 처음으로 다수의 찬성표를 얻어 통과된 사실은 그만큼 한국정부에 대한 국제적 여론이 악화되었음을 반증해준다. 이처럼 유신의 선포는 남북관계, 남한의 외교관계, 동아시아의 긴장완화 등 모든 측면에서 좋지 않은 영향을 미쳤다. 박대통령은 위기를 빌미로 유신을 선포했지만, 유신은 위기의 해결이 아니라 위기를 더욱 악화시키는 작용을 했던 것이다.

4. 북의 사회주의헌법 개정과 유일체제

사회주의헌법 개정

북한에 분단정부가 수립되던 1948년 9월 8일, 최고인민회의는 「조선민주주의인민공화국 헌법」을 제정하였다. 이 헌법은 그후 1972년까지 다섯차례 부분적인 개정이 있었으나, 모두 세세한 내용에 대한 부분적 개정이었을 뿐 권력구조가 크게 개편된 것은 아니었다. 그러나 1972년 12월 북한의 헌법개정은 전면적인 개정이었고, 이에 명칭도 「조선민주주의인민공화국 사회주의헌법」으로 바뀌게 된다.[81]

북의 1948년 제정헌법은 이른바 '반제반봉건 인민민주주의 혁명' 시기에 만들어졌다. 그후 북은 사회주의 건설을 추진하면서 과거에 비해 사회체제도 달라졌고, 특히 1967년 이후 유일체제의 수립이 진행되면서 사상적으로도 달라졌다. 사회주의헌법 개정은 이와같은 북의 체제 및 사상 변화를 반영한 헌법개정이었다. 이에 북에서는 1958년

6월 이미 '헌법 수정 및 보충안 작성위원회'가 설치되어 체제변화를 법률적으로 반영하기 위한 작업이 진행되었다.[82] 특히 1967년 제4기 15차 전원회의 때부터 주체사상이 당의 유일사상으로 채택되고 유일체제의 수립이 가속화되면서 헌법개정이 더욱 필요했을 것이다.

그러나 1972년 10월 17일 남쪽에서 유신이 선포되고 헌법이 개정되기 전까지 북에서 사회주의헌법 개정 문제가 공식적으로 언급된 적은 없었다. 헌법개정의 필요성이 생겨나고 그것이 실무적으로 준비된 것은 그 이전이지만, 헌법개정을 위해 공식적인 절차를 밟기 시작한 것은 유신 선포 이후였다.

헌법개정 문제가 처음으로 공식화된 것은 1972년 10월 23일에 열린 조선로동당 중앙위원회 제5기 5차 전원회의에서다. 남쪽에서 유신이 선포된 후 6일이 지난 시점이었다. 이 회의에서 김일성 수상은 "공화국 북반부에 수립된 사회주의제도를 더 공고히 하며 사회주의의 완전승리를 위한 투쟁을 힘있게 다그치기 위하여" 헌법을 개정해야 한다고 했다.[83]

1972년 12월 16일 조국통일민주주의전선(조국전선) 중앙위원회 제57차 회의에서 사회주의헌법 초안이 검토되었다. 조국전선은 헌법 초안이 "사회주의의 완전승리와 조국의 자주적 통일의 역사적 위업을 힘있게 추진할 수 있는 법적 담보로" 작성되었다는 결정문을 채택하였다.[84] 북의 법적 절차에 따르면 헌법개정은 오직 최고인민위원회에서만 할 수 있었다. 그럼에도 공산주의 국가의 특성상 헌법개정 문제가 일단 당에서 논의되어 제안되고, 통일전선 기관이었던 조국전선에서도 검토되었던 것이다. 조국전선은 북한이 이야기하는 자주적인 통일을 추구하는 데 핵심이 되는 기구였다. 형식적이긴 하지만 조국전선에서 헌법안이 토의된 것은 북이 헌법개정 문제를 남북대화, 통일문제와 연계시키고 있었음을 잘 보여준다.

한편 1972년 12월 22일 조선로동당 중앙위원회 제5기 6차 전원회의가 열렸다. 두달 만에 다시 전원회의가 열린 것이다. 여기서도 사회주의헌법 초안이 검토되었다. 이 회의의 두번째 의제는 '조직문제'로 발표되었지만, 이것이 구체적으로 무엇을 의미하는지는 공개되지 않았다.[85]

1972년 12월 15일 새로운 최고인민회의 대의원을 뽑는 선거가 실시되었다. 이어 12월 25일 제5기 최고인민회의 제1차 회의가 열리고 사회주의헌법 채택 문제가 제1의안으로 상정되었다. 이날 개막연설에서 김일성은 헌법개정 문제에 대해 언급했다. 그런데 이 연설에서 김일성은 주로 사회주의제도의 우월성과 그것이 공고하게 정착되어야 할 필요성을 강조하였을 뿐, 통일문제에 대해서는 사회주의헌법이 실행되면 "조국의 자주적 평화통일을 위하여 투쟁하는 남조선 인민들을 힘있게 고무할 것입니다"라고 발언하는 정도에 그쳤다.[86] 26일과 27일에 걸쳐 진행된 헌법안 토론 자리에서도 여러 사람이 연설을 하였지만 대부분 사회주의제도를 강조했고, 통일문제를 집중적으로 언급한 사람은 아주 적었다.[87] 북의 사회주의헌법 채택 과정에서는 남북대화, 통일문제가 헌법개정의 중요 취지로 언급되기는 했으나 그다지 비중있게 강조되지는 않은 양상이었다. 오히려 남쪽의 유신헌법 개정과정에서 남북대화와 통일이 그 취지와 명분으로 북쪽보다 훨씬 더 강조된 측면이 있었다.

사회주의헌법은 1972년 12월 27일 최고인민회의에서 정식으로 채택됐으며, 이와 동시에 공표되고 발효되었다.[88] 12월 27일은 공교롭게도 남쪽에서 유신헌법이 공포된 날이었다. 미국무부 정보조사국은 남북한의 개정헌법 모두 한사람의 집권자에게 권력이 집중되는 것을 보장하는 내용이 있고, 같은 날 공포된 것은 확실히 "우연은 아니다"(no accident)라고 보았다. 양쪽이 같은 날 공포하기로 모의했거나, 아니면 늦게 헌법개정에 착수한 북한이 일부러 남측의 헌법 공포일에 맞추어 헌법을 공포한 것으로 보았다.[89]

사실상 유신체제 수립에 대한 북쪽의 반응은 미묘했다. 북의 외교관은 유신체제 수립 직후 동구권 외교관들에게 남쪽에서 계엄령이 선포된 것은 박대통령이 저항세력에 대한 탄압을 강화하기 위한 것이라고 했다.[90] 그러나 유신 초기 국면인 1972년 10월 『로동신문』은 유신 선포에 대해 거의 침묵을 지켰다. 11월 들어 유신체제 수립과정에서 포고령 위반으로 많은 사람들이 투옥되고 있다는 보도가 잇달아 나가긴 했지만,[91] 모두 논평 없는 짤막한 사실보도였고, 주로 해외 보도를 인용하는 기사들이었다. 이는 1971년 12월에 있었던 박대통령의 '국가비상사태 선언'에 대한 북의 반응과 확실히 대비된다. 비상사태 선언 때 북은 이를 자주 비난했고, 남북대화와 직접 관련지어 비상사태 선언의 부당성을 강조하여 지적했다. 해외공관에 있는 북의 외교관들은 특별기자회견까지 열어 이를 비난했을 정도다.[92] 그러나 계엄령 선포와 유신체제 수립에 대해서는 적어도 1972년 12월까지는 이를 남북대화와 직접 관련지어 비판한 보도는 거의 보이지 않는다. 그러나 1973년부터는 박대통령과 남쪽의 내정에 대한 비난보도가 많아졌다.

적어도 유신체제가 수립되는 기간 동안 북한이 여기에 대한 공개적인 비판을 자제했던 것은 확실하다. 자신도 남북대화 국면과 연계해서 헌법개정에 나서고 있는 마당에 상대방이 남북대화 국면을 정치적으로 활용하는 것을 전면적으로 비판하기는 어려웠을 것이다. 이러한 측면에서 유신헌법 및 사회주의헌법의 개정과정에서 남북의 두 집권층은 확실히 암묵적 공조를 한 측면이 있었다.

북에서는 개헌의 명분으로 통일문제보다는 사회주의제도의 확립이 절대적으로 더 많이 강조되었다. 그러나 이것도 역시 남북대화와 무관한 것이 결코 아니다. 데땅뜨와 남북대화는 분단의 내재화 과정에서 남북의 체제경쟁 및 대립을 더욱 강화시키고 민감하게 만든 측면이 있다. 즉 한반도 분단이 국제적 분쟁 문제에서 남북한의 체제경쟁 문제로 확실하게 내재화하는 계기가 되었던 것이다. 한반도 분단의 내재화는 한반도 분단체제가 남북 체제경쟁 논리를 전면화하며 더 자립화/내면화되어 체제로서의 완숙도를 높여가는 것이었다. 남쪽의 유신체제도 남북 체제경쟁을 위해 국가를 조직화하고, 능률을 극대화한다는 명분을 내걸었다. 마찬가지로 북이 사회주의체제의 공고화 및 제도적 확립을 강조한 것도 체제경쟁과 무관할 수 없는 것이다.

북의 사회주의헌법 채택은 주체사상과 유일체제를 제도적으로 확립한다는 의미가 있었다. 과거 1948년에 제정된 헌법 제1조는 단순하게 "우리나라는 조선민주주의인민공화국이다"라고 규정하고 있을 뿐 국가이념에 대한 직접적인 언급은 없었다. 그러나 1972년에 채택된 사회주의헌법은 헌법 제1조에 자신의 국가가 "사회주의 국가"임을 명시했고, 국가이념에 대해서도 "맑스-레닌주의를 우리나라의 현실에 창조적으로 적용한 조선로동당의 주체사상을 자기 활동의 지침으로 삼는다"(제4조)고 명시하였다. 또한 주석(主席)제를 신설하여 주체사상에서 말하는 수령의 지위를 법적·제도적으로 확립했다.[93] 12월 28일 최고인민위원회에서 김일성이 곧바로 국가주석으로 추대되었다. 과거 수상의 지위와 주석의 지위는 크게 차이가 났다. 수상은 행정부의 수장에 불과하지만, 주석은 입법·사법·행정 등 모든 분야의 상위에 군림하는 지도자였다.

그런데 여기서 생각해보아야 할 문제가 하나 있다. 유신헌법과 사회주의헌법 개정이 상호 관련성이 있다 하더라도 남과 북의 정치체제와 환경이 워낙 다르기 때문에 그것이 같은 의미를 갖는 것은 아니라는 것이다. 남쪽에서는 헌법이 개정되어 대통령 선출방식이 달라지거나 하면 이는 실제 현실정치의 역관계를 변화시킨다. 즉 헌법개정이 실제 정치적 변화와 연결되는 것이다. 그러나 북은 여건이 다르다. 헌법이 바뀐다고 실제 권력관계가 바뀌는 것은 아니다. 북의 국가사회주의체제는 이미 1960년대 초 확립되었고,[94] 유일체제도 1960년대 말부터 형성되기 시작했다. 북에서 개헌이 갖는 의미는 이미 변화된 현실을 법적·제도적으로 정착시킨다는 것이지 현실정치 자체를 변화시키는 것은 아니다. 그러나 이 무렵 북한에서도 실질적인 정치적 변화가 있었다. 김정일이 후계자로 부상하고 있었던 것이다.

남북대화와 김정일의 후계자 부상

북한의 공식 언론매체에서 김정일의 실명이 등장하기 시작한 것은 1980년부터다.[95] 그러나 훨씬 전부터 김정일은 북의 유력한 후계자로 내외적으로 주목을 받았다. 김정일이 조선로동당 내에서 후계자로 인정받고 추대된 것은 1974년 2월 13일 조선로동당 중앙위원회 제5기 8차 전원회의 때부터다. 이때부터 김정일은 비록 실명이 공식출판물에 나오지는 않았지만, "당중앙"이라는 은어로 불리며 북한 정치의 핵심인물로 자리잡아갔다. 남쪽 언론에서 김정일의 실명이 거론되고, 그가 후계자로 부각되고 있다는 보도가 나오기 시작한 것도 1974년부터다. 그렇다면 김정일이 당내에서 후계자로 부상하고 지명되는 실제 작업이 진행되었던 시점은 1970년대 초라 할 수 있다.

이는 일단 남북대화 국면과 겹쳐진다.

　김정일은 1942년에 태어났고 어렸을 때부터 김일성의 아들이라는 특수한 신분을 가진 사람으로 자라왔다. 북에서 주체사상을 만드는 데도 기여했다. 1997년 2월 남쪽으로 망명한 황장엽(黃長燁)은 회고록에서 흥미로운 증언을 하고 있다. 황장엽은 1959년 1월 소련공산당 제21차 대회에 참가하기 위해 김일성을 수행하여 모스끄바에 갔던 일을 회고하며, 이때 김정일도 아버지를 따라 동행했다고 말한다. 모스끄바에서 김정일은 어린 나이임에도 아버지를 수행하는 일에 특별한 관심을 보였다고 한다. 저녁마다 부관들과 의사, 간호원, 수행원 들을 집합시켜 그날 일에 대해 보고를 받고 이러저런 지시를 하였다는 것이다.[96] 김정일은 당시 십대의 중학교 졸업반 학생이었다. 황장엽은 수령의 아들이라는 특수신분 때문에 이러한 일이 가능했다고 말한다.

　북의 공식 전기들에 의하면 김정일은 만 19세인 1961년에 조선로동당에 입당했고, 1964년 6월 19일부터 당사업을 맡기 시작한다. 그의 최초 직책은 당중앙위원회 비서국 조직지도부 중앙담당 지도과 지도원이었다.[97] 조직지도부는 당조직을 관리하는 부서로 아주 핵심적인 조직 중 하나인데, 1966년에 김정일은 조직지도부 지도과의 중앙담당 책임지도원이 되었다. 이때 조직지도부 부장은 그의 숙부 김영주였다. 김정일은 1967년 5월 당중앙위원회 제4기 15차 전원회의에서 박금철 등 갑산파 인사들을 숙청하는 데에도 관여하였다고 한다. 이 무렵 김정일은 당중앙위원회 선전선동부 문화예술 지도과장이 되었다.[98] 이미 1964년부터 영화예술사업을 지도하기 시작한 그는 특히 영화·공연 분야에 많은 관심과 노력을 보였다. 이후 1969년경부터 김정일이 직접 지도했던 문화예술인들은 그를 "친애하는 지

도자 동지"로 부르기 시작했다고 한다.[99]

북한의 이른바 '혁명원로' 중의 일부는 1970년 11월 제5차 조선로동당대회 때 이미 김정일을 당중앙위원회 위원으로 추대하려는 움직임을 보였다고 한다. 그러나 당시 김정일은 당중앙위원회 후보위원에도 들지 못하였다.[100] 이때만 해도 당내에서 그의 입지는 아직 확실하지 않았던 것이다.

1960년대 말에서 1970년대 초까지 김일성의 후계자로 주목된 사람은 김일성의 동생 김영주였다. 그러나 이 무렵 김영주가 1974년 이후의 김정일처럼 당내에서 명확하게 후계자로 인정받았는지는 확실하지 않다. 아무튼 남북대화가 시작되면서 김영주의 지위는 하락하기 시작했다. 김영주는 1972년 5월 이후락이 처음 평양을 방문했을 때 그와 두차례 회담을 가졌지만 이것이 마지막이었고, 그후 남북대화 무대에서 사라졌다.

김정일은 1970년대 초 「피바다」 「꽃 파는 처녀」 「밀림아 말하라」 등의 혁명가극을 제작하는 데 주도적인 역할을 했다. 북한의 고위관리였던 신경완(가명)은 김일성과 항일무장투쟁 원로집단들이 김정일이 만든 영화와 가극을 보고 감동받아 김정일의 역량을 인정하기 시작했다고 증언하였다.[101] 남북대화 과정에서 남측 대표단이 평양에 방문하면 북은 항상 이같은 영화와 가극 들을 보여주었다. 그리고 그 사실이 북의 언론에 아주 자세히 보도되었다.[102] 물론 당시에 이러한 영화나 가극을 만드는 데 김정일이 중요한 역할을 했다는 것이 북한 내에서 공개적으로 보도된 적은 없다. 그러나 북한은 작은 나라이다. 이 무렵 북에서 살다가 후일 남한으로 오게 된 김진계(金振桂)는 1960년대 후반에 "수상의 아들이라서 그런지 김정일에 대한 이야기는 사람들에게 짜하게 퍼져 있었다"고 했다.[103] 권력 주변에 있는 알

만한 사람들은 김정일의 존재와 그가 하는 일에 대해 알았을 것이다. 따라서 이러한 보도들은 김정일의 입지를 높여주는 데 기여할 수 있었다.

김정일은 1972년 10월 23일 조선로동당 중앙위원회 제5기 5차 전원회의에서 처음으로 당중앙위 정치위원회 후보위원이 되었다. 당의 핵심 권력집단에 공식적으로 진입한 것이다.[104] 그런데 바로 이 전원회의에서 사회주의헌법 개정 작업과 '당증교환' 사업을 추진하기로 결정하였다.

당증교환 사업은 표면적으로는 기존의 당증을 새로운 당증으로 교환하는 사업을 말한다. 그러나 그 이면엔 이렇게 당증을 교환하면서 최말단 기층조직에서부터 당원들의 물갈이 작업을 해나간다는 의미가 있었다. 당증교환 사업은 북한에서 이른바 '8월 종파사건' 직후인 1956년에서 1957년 사이에도 실시되었다. 이 사업은 이른바 소련파, 연안파 세력을 당에서 출축하고, 당 말단에서부터 이들 집단과 관련이 있는 당원들을 퇴출시키고, 항일빨치산 집단의 유일영도권을 확립하는 사업이었다. 그리고 다시 두번째로 1972년 10월부터 당증교환 사업이 실행된 것이다. 이때의 당증교환 사업은 1960년대 말부터 시작된 당 고위간부들의 대량 숙청을 당 하부조직으로까지 연장하는 성격을 띠고 있었다. 즉 당과 기층조직에 부식되어 있는 반유일사상적 요소 등 이색적 요소를 척결하는 작업이었다.[105]

남측이 수집한 정보에 따르면 북의 당원들은 새로운 당증을 받을 때 "어버이 수령님과 '당중앙'에 영원토록 충성을 다할 것을 엄숙히 맹세합니다"라고 선서를 했다고 한다.[106] 1974년 6월 남측으로 귀순한 개성시 정치보위부 지도원 공탁호(孔卓虎)는 기자회견에서 1973년에 조선로동당은 당증교환 사업을 통해 "영원한 김일성의 당, 대를 이어 충성한다"는 서약을 하게 했다고 증언하였다.[107] 당증교환 사업에 대해서는 당시 남쪽의 정보기관도 주목해서 보았던 모양이다. 남북대화 실무접촉 과정에서 정홍진이 당증교환 사업에 대해 김덕현에게 질문하기도 했다. 김덕현은 이를 단순 실무적 일이라고 간단하게 답하고 넘어갔다.[108]

또 한가지, 이 무렵 북에서 비밀리에 진행되고 있었던「붉은 편지」에 대한 토의 작업도 주목할 필요가 있다. 평양 주재 소련 외교관 꾸르바또프는 동독 외교관에게 제5기 5차 전원회의가 개최될 무렵인 1972년 10월 조선로동당 세포들 사이에서 김일성이 직접 작성한「붉은 편지」가 토의되고 있다는 정보를 전했다. 그러면서 그 내용은 엄격하게 비밀로 취급되어 외부에 알려지지 않았다고 했다. 꾸르바또프는「붉은 편지」의 내용이 주체사상을 확립하는 것과 관련이 있을 것이라고 추정했다.[109]

그런데「붉은 편지」도 역시 후계자 문제와 관련이 있었다. 신경완은 1973년 9월 제5기 7차 전원회의 이후 조선로동당은 전원회의 결정서와 그 의미를 설명하는「붉은 편지」를 전당적으로 세포마다 회람시켰다고 증언했다. 그에 따르면, 각 세포마다 이를 토의하면서 김정일을 유일한 후계자로 추대하고 받들 것을 맹서하는 결의서와 개개인의 맹세문을 중앙에 올렸다고 한다.[110]「붉은 편지」의 내용도 후계문제와 관련이 있었던 것이다. 1972년의「붉은 편지」도 역시 같은 내용이었을 것이다.

기존 김정일 관련 연구에서 그다지 주목하지 않았지만 남쪽의 유신 선포 후 6일 만에 열린 1972년 10월 23일의 조선로동당 중앙위원회 제5기 5차 전원회의는 김정일이 후계자로 부상하는 과정에서 중요한 전환점이 되었다. 김정일의 당중앙위 정치위원회 진입, 사회주의헌법 개정, 당증교환 사업, 「붉은 편지」에 대한 검토 사업 등이 모두 이 회의를 계기로 추진된 것이었다. 이로 미루어보건대 1972년은 김정일이 후계자로 부상한 해로 이야기될 수 있다. 북의 자료를 중심으로 김정일의 권력과정을 세밀하게 연구한 이찬행도 1972년이 사실상 북의 지배집단 내에서 김정일을 후계자로 삼기로 결정을 내린 해였다고 파악했다.[111] 다만 이러한 결정이 당내에서 공식화되는 과정만 남아 있었다는 것이다.

김정일은 1973년 7월에 조선로동당 조직지도부장 겸 선전선동부장으로 임명되었다.[112] 당의 핵심업무인 조직과 선전 업무를 장악한 것이다. 그로부터 1년도 채 안된 1974년 2월 13일, 제5기 8차 전원회의에서 김정일은 당중앙위 정치위원회 위원으로 선출되었다. 그리고 이 회의에서 김일성의 유일 후계자로 김정일이 공식 추대되었다. 그리고 회의 다음날인 2월 14일부터 『로동신문』 사설에는 김정일을 의미하는 "당중앙"이라는 단어가 나타났다.[113]

이렇듯 김정일의 후계자 부상은 남북대화 국면과 관련이 있었다. 남북대화와 김정일의 후계자 부상이 서로 연결되는 핵심고리는 사회주의헌법 개정이다. 사회주의헌법 채택은 앞서 언급했듯이 남쪽의 유신 선포 및 남북대화 국면과 관련이 있었다. 사회주의헌법 개정 작업은 당증교환 사업, 「붉은 편지」에 대한 검토 사업과 병행되었는데 이 모두가 후계자 문제와 직접 관련이 있었던 것이다.

사회주의헌법 개정과 후계 문제가 서로 관련이 있다는 것을 암시해주는 또 하나의 사실이 있다. 사회주의헌법을 채택한 최고인민회의 선거는 12월 15일 진행되었다. 김일성도 물론 대의원으로 입후보하여 선출되었다. 이 선거에서 김일성이 입후보한 선거구는 제216호 희천선거구였다. '216'이라는 숫자가 갖는 상징적 의미에 대해서는 이미 이종석이 지적한 바 있다.[114] 김정일의 생일이 2월 16일이었다. 이 무렵 216이라는 숫자는 이미 김정일을 의미하는 숫자코드로 확립되어 있었다. 1968년 2월 16일 『로동신문』은 2면에 김일성의 부모(김형직, 강반석)를 소개하는 기사와 사진 그리고 김일성의 가계집단 이야기를 다룬 기록영화 「만경대」를 소개하는 기사를 수록하였다.[115] 김일성이 제216호 선거구에 추대된 것은 결코 우연이 아니었던 것이다.

김정일의 후계자 부상은 유신체제의 수립이 그러했듯이 남북대화의 진전에 부정적인 영향을 미쳤다. 북에서 사회주의헌법이 채택되고, 김정일이 후계자로 부상하는 과정은 주체사상을 토대로 한 유일체제가 뿌리를 내리는 과정이었다. 북은 유일체제를 강화하고, 김정일 후계체제를 확립해가는 과정에서 주체사상, 반제국주의 민족해방 논리, 그리고 여기에 기반한 '남조선 혁명론' 등을 더욱 강조할 수밖에 없었다. 이는 그동안 북한이 남북관계와 외교정책에서 보여준 현실적이고 유연한 정책흐름을 제약하고 잠식하였으며, 당연히 남북대화에 부정적으로 작용할 수밖에 없었다.

이상에서 살펴본 대로 남북의 두 최고지도자 박정희와 김일성은 남북대화 국면을 활용하여 자신의 권력을 강화하였고, 이는 여러 측면에서 남북대화에 부정적으로 작용할 수밖에 없었다. 1973년에 접어들면서 양측의 대화의지는 급속히 저하되고, 남북대화는 교착되었다. 남북대화가 교착된 원인은 물론 여러가지가 있다. 후술하겠지만 한반도를 둘러싼 강대국 관계, 남북한과 강대국의 동맹관계, 또한 남북의 외교적 경쟁 등의 변수가 복합적으로 작용하였다. 그러나 남북대화가 내부 정치를 위해 활용된 것도 남북대화 교착의 중요한 원인 중 하나라고 할 수 있다. 사실 남북은 내부적 동기와 필요, 결단만으로 남북대화를 시작한 것은 아니었다. 미중관계 개선으로 달라진 국제환경과 남북한과 미중 동맹국과의 관계가 남북대화를 추동하는 데 중요한 작용을 했다. 때문에 남북대화에 임하는 두 정부의 태도는 진정성을 갖고 실질적인 문제해결을 도모하기보다는 보여주기 위해 명목적으로 대화한 측면이 없지 않았다. 게다가 남북대화로 조성된 유동적 상황을 내부 정치에 노골적으로 활용하였으니 남북의 상호 신뢰도 약화되고, 남북한 주민들의 남북대화에 대한 기대와 열망도 수그러들 수밖에 없었다. 또한 남북의 집권세력은 1972년 가을과 겨울 헌법개정을 단행하여 현실정치적으로 얻을 것을 얻었던 만큼, 이후의 대화의지는 더욱 감소될 수밖에 없었다.

제 6 장

곁눈, 데땅뜨 외교와 남북 외교경쟁

1973년 8월 21일 베이징에 있는 미국 연락사무소의 전화벨이 울렸다. 그곳 북한대사관으로부터 걸려온 전화였다. 베이징 북한대사관 책임자가 미국 연락사무소장 또는 책임있는 관계자와 만나고 싶다는 연락이었다. 그후로도 북한대사관으로부터 연일 전화가 걸려왔다.[1] 베이징에 미국 연락사무소가 생긴 지 3개월 만에 일어난 일이었다.

베이징 연락사무소 업무는 국무부가 아니라 백악관이 직접 통솔하고 있었다. 보고를 받은 키신저는 북한이 무슨 말을 할지 일단 들어볼 필요는 있다고 생각했다.[2] 키신저는 1973년 9월에 국무장관으로 임명되었으므로 이때는 아직 백악관에서 근무할 때였다. 키신저는 8월 23일 주한미국대사 하비브에게 직접 전문을 보냈다. 북한 외교관과 접촉하려면 박대통령에게 사전에 알리고 양해를 구하는 것이 필요하다고 생각했기 때문이다. 키신저는 하비브에게 박대통령을 만나 미국이 일단 베이징에서 북한 외교관과 접촉할 것이나 만약 중국정부가 그에 상응하는 조치, 즉 남한 외교관과 접촉하는 조치를 취하지 않는다면 미국은 결코 북한과 두번째 접촉을 이어가지 않겠다고 다짐해주라고 지시하였다. 북미 외교관의 접촉을 한중 외교관 접촉과 서로 연계시키겠다는 것이었다.[3] 8월 24일 하비브는 박대통령을 만나 키신저가 지시한 대로 전했다. 박대통령은 이 일을 계기로 한국과 중국의 외교관 접촉이 성사되기를 기대한다며 미북 접촉을 수락하였다.[4]

마침내 1973년 8월 27일 베이징 북한대사관 책임자인 대리대사 이재필(李宰弼)이 1등 서기관 신지도와 함께 미국 연락사무소를 방문하였다. 주위의 이목을 피해 퇴근시간 무렵인 오후 5시 30분경 차를 타고 연락사무소에 들어왔다. 이들을 맞이한 사람은 연락사무소 부소장 젠킨스(Alfred L. Jenkins)였다. 모임의 격을 낮추기 위해 일부러 부소장이 북한 외교관을 만난 것이다.

북한 외교관들이 꺼낸 이야기는 의외로 사소한 것이었다. 불과 몇 달 전인 1973년 5월 북한은 유엔 산하기구인 WHO(국제보건기구)에 가입하는 데 성공했다. 당시에 이는 아주 큰 사건이었다. 이로써 북한은 뉴욕 유엔본부에 상설 옵서버(observer) 대표부를 두고, 외교관들을 상주시킬 수 있게 되었다. 북한의 미국 내 거점이 마련된 셈이었다. 유엔의 북한대표부는 지금도 종종 북미간의 접촉 창구가 되곤 한다. 당시 북한 외교관들은 뉴욕으로 떠나갈 준비를 하던 상태였다. 이날 이재필은 젠킨스에게 뉴욕으로 가게 될 북한 외교관들의 신변보호, 통신 확보, 외교관 특권 보장 그리고 비자 문제 등에 대해 문의했다. 젠킨스는 미국정부는 관례에 따라 일을 처리할 것이라고 간단히 응답했다.

젠킨스는 이 모임을 비밀로 하자고 제안했고, 이재필도 비밀유지를 원한다고 했다. 젠킨스는 찾아온 북의 외교관들에게 음료수를 권했으나 그들은 음료수도 마시지 않고 해야 할 말만 하고 황급히 떠나갔다. 그러나 그 와중에도 이재필은 "이 만남이 북한과 미국 외교관 사이의 첫번째 만남이므로 대단히 중요한 모임이다"라는 의미심장한 말을 남겼다.[5]

이날 이재필의 방문 목적이 유엔본부에 갈 북한대표의 신변보장 문제를 문의하기 위한 것이 아니었음은 두말할 필요가 없다. 이런 문제는 북이 유엔에 직접 문의할 수도 있고, 다른 나라들로부터도 쉽게 정보를 얻을 수 있었다. 북한 외교관이 연락사무소를 찾은 실제 이유는 미국과 외교관 차원에서 접촉하는 선례를 만들고, 이러한 접촉을 이어나가기 위해 미국측의 태도와 분위기를 탐색해보기 위한 것이었다. 미국 연락사무소 소장 브루스(David Bruce)는 이날 만남을 키신저에게 보고하며 "모임에서 실질적인 문제는 아무것도 논의되지 않았지만, 북한사람들이 마음속에 무언가 큰 것을 두고 있는 것 같다"고 했다. 키신저도 북의 의도에 대해 일종의 "분위기 탐색"(test the waters)이라고 보았다.[6]

푸에블로호 사건을 상기해볼 때 북이 미국과 외교관 접촉을 갖는다는 것이 무엇을 의미하는지는 쉽게 알 수 있다. 군사정전위원회에서 북한과 미국의 장성이 만나는 것과 북미 외교관이 만나는 것은 완전히 차원이 다르다. 외교관 접촉은 국가의 상호승인 문제와 직접 관련이 될 수 있기 때문이다.

베이징 북미 외교관 접촉이 있은 직후 키신저는 황화(黃華) 유엔 주재 중국대표에게 이 사실을 알리고 중국도 여기에 상응하는 접촉을 해줄 것을 요청하였다. 중국 외교관이 유엔본부에서 한국 외교관과 접촉해보는 것이 어떠하냐고 제안한 것이다.[7] 당시 중국은 이미 유엔에 가입해서 대표부를 두고 있었고, 한국 역시 유엔본부에 상설 옵서버 대표부가 있었다. 뉴욕에서 접촉이 가능했던 것이다. 그러나 중국은 이를 거절했다. 이에 북미 외교관의 베이징 접촉은 더이상 이어지지 못했던 것으로 보인다.

1973년 8월 27일 북미 외교관 접촉은 일종의 해프닝으로 끝났다. 그런데 공교롭게도 그 다음날인 1973년 8월 28일 북이 남북대화 중단 선언을 했다. 그리고 그 다음해인 1974년 3월부터 북미평화협정을 제안하고 나왔다. 이제 남한하고는 대화하지 않고, 미국과 대화하겠다는 것이었다. 이러한 맥락에서 볼 때 8월 27일 베이징 북미 외교관 접촉은 북한이 중국을 통하는 것이 아니라 미국과 직접 접촉에 나서고, 남한과의 대화보다는 미국과의 직접 협상을 추구해가는 조짐을 보여준 사건이라 할 수 있었다.

남북대화가 진행되었지만 솔직히 남북은 상대방만 쳐다보고 대화한 것은 아니었다. 곁눈질이 심했다. 데땅뜨 분위기에 편승하면서 각자 상대방의 친구들에게 눈길을 보냈다. 자꾸 앞에 나타나고, 전화를 걸고, 만나자고 하고, 치근덕거리며 다가섰다. 집요했다. 다소 처절하기도 했다. 북한은 미국과 일본에 아주 적극적으로 접근했고, 남한도 집요하게 소련과 중국에 접근했다. 남북의 이와같은 외교행태는 데땅뜨 국제정세에 부응하여 더 현실적이고 유연한 외교정책을 모색했다는 면에서는 의미가 있다. 그러나 남북대화 과정에서 남북은 한반도 내부에서 체제경쟁을 하면서, 한반도 밖에서는 외교적 경쟁을 하는 양상이었다. 이는 남북대화와 한반도 주변 국제관계에 매우 복잡하고도 미묘한 영향을 미칠 수밖에 없었다.

1. 남한의 소련 및 중국에 대한 접근: '북방정책'의 기원

박정희정부의 대공산권 외교정책

한국정부가 공산권 국가와의 접촉 및 교류 문제를 내부적으로 논의하기 시작한 것은 1970년부터였다. 1970년 4월 최규하 외무장관은 외무부가 동유럽 국가들과 교역을 하는 문제를 검토하고 있다고 공개적으로 언급하였다.[8] 1971년 1월 11일 박정희 대통령도 연두기자회견에서 비적대적인 공산국가와 관계 개선을 하는 것은 국익에 도움을 줄 수 있다고 언급했다.[9] 당시 비적대적 공산국가는 주로 동유럽 공산국가를 의미했다.[10]

소련과 중국은 적어도 1971년 초까지는 적대국가로 분류되었다. 그러나 1971년 7월 닉슨의 베이징 방문 선언이 나오고, 남북대화가 시작되자 상황이 달라졌다. 이 무렵부터 한국정부는 소련, 중국 외교관들과 접촉하려고 의도적으로 접근했다. 물론 이러한 작업은 각 외교공관에 나가 있던 중앙정보부 요원들을 중심으로 행해졌다. 1971년 10월 29일 이후락 중정부장은 하비브 주한미국대사와 만나 이러한 사실을 얘기했다. 이 자리에서 이후락은 한국의 접촉 시도에 대해 중국과 소련의 태도가 다르다고 했다. 중국은 북한이 싫어할 것이라면서 명확하게 "안된다"(No!)고 한 반면, 소련은 "아직은 아니다"(Not yet!)라고 반응했다는 것이다.[11]

한국의 대공산권 국가와의 접촉은 일단 동유럽 국가들을 대상으로 교역관계를 여는 것으로부터 시작했다. 특히 동유럽 국가 중 독자노선을 걷고 있던 유고슬라비아가 첫 대상국가가 되었다. 1971년 8월 한국정부는 유고에 체육교류를 제안했다. 유고 축구팀을 서울로 초청할 계획이었으나 일이 성사되지는 않았다.[12] 그 다음달인 1971년 9월에는 한국무역진흥공사(KOTRA) 사장이 유고를 방문하여 두나라 사이의 무역 문제를 논의하였다.[13]

1972년 여름 남북공동성명이 발표되고, 남북대화가 본격화되어 한반도에도 데땅뜨 기운이 완연해졌다. 한국정부는 1972년 12월 30일 공산권과의 수출입 행위를 허용하는 법령을 만들었다. 1973년 2월 10일에는 김용식 외무부장관이 할슈타인원칙(Hallstein Doctrine)의 수정을 공식적으로 표명했다. 국익을 위해 할슈타인원칙을 더이상 고수하지 않고, 신축적으로 외교적 대응을 하겠다는 것이었다. 김용식은 북한이 대사관을 이미 설치한 국가라 하더라도 국가이익에 부합하면 한국도 영사관을 대사관으로 승격시키겠다고 했다.[14]

6·23선언이 있기 직전인 1973년 초부터 한국정부의 대공산권 외교는 더 활발해지고 결실을 맺기 시작한다. 1973년 4월 유고슬라비아 사라예보에서 열린 세계탁구선수권대회에 한국 선수단이 참여하여 여자대표선수들이 단체전 우승을 했다.[15] 비록 중국의 압력으로 무산되기는 했지만 한국무역진흥공사에서 유고슬라비아에 사무실을 개설하려고 시도하기도 했다. 7월에는 직교역 문제를 협의하기 위해 한국무역협회 관계자들이 유고를 방문하였으며, 그 다음달인 8월에는 유고의 상인들과 대학생들이 한국을 방문했다. 이 무렵부터 한국은 유고 및 동구권 국가와 무역을 시작하였다. 물론 한국 상표는 붙이지 않고, 주로 네덜란드 등 제3국을 거쳐 무역을 하는 간접교역 방식이었다. 유고와는 1973년에 비록 백만달러도 안되는 규모이기는 했지만 직접교역도 성사되었다고 한다.[16] 동구권 국가와의 교역은 대부분 간접교역 방식이었지만 1970년대 내내 교역량 자체는 꾸준히 증가하였다. 한국 외무부가 입수한 정보에 의하면, 1973년 8월경

동유럽 공산국가들이 한국에 대한 승인 문제를 논의하고 있다는 풍문이 돌기도 했다.[17]

한국과 소련 사이의 접촉과 교류

소련은 1970년대에도 공식적으로는 국제사회에서 "하나의 조선"을 강조하는 북한의 통일방안을 지지했다. 그러나 당시 소련은 독일에서 "두개의 독일" 정책을 추진하고 있었다. 한반도 문제에 대해서도 내부적으로는 마찬가지 입장이었다. 다시 말해 두개의 한국을 사실상 승인하는 정책을 취했던 것이다. 당시 한국 외무부도 소련이 실질적으로 '두개의 한국' 정책을 취하고 있다는 것을 파악하고 있었다.[18]

한소 교류는 상당히 일찍부터 시도되었다. 1971년 1월 26일 서울에서 열린 방사선 관련 학술세미나에 IAEA(국제원자력기구) 스태프인 소련 과학자 도로페에프(G. A. Dorofeev)가 참석할 예정이었다. 국내 언론도 이를 관심있게 보도했으나 도로페에프는 일본 토오꾜오까지 왔다가 복통 때문에 한국땅을 밟지 못하고 그냥 돌아갔다.[19] 주한미국대사관은 도로페에프가 아팠던 것은 사실이지만, 북한이 소련에 강력히 항의해서 그의 방문이 무산되었을 가능성도 있다고 보았다.[20] 1971년 9월 8일엔 이란 축구대표팀 감독을 맡고 있던 소련인 이고르 네또(Igor A. Netto)가 서울을 방문했다.[21]

1971년 11월, 전직 외무부장관이자 당시 국회 외교위원회 위원장이었던 이동원 의원은 주한미국대사를 찾아가 모스끄바를 방문하고 싶다는 의향을 내비치며 미국정부에 알선을 부탁했다.[22] 당시 미국정부의 방침은 한국이 소련과 접촉하는 것을 막지도 않지만, 이를 적극적으로 나서서 알선해주지도 않는다는 것이었다. 즉 여기에 관여되는 것을 철저히 피하는 정책이었다.[23] 1972년에도 한국 언론인들의 소련방문이 시도되는 등 소련과의 관계를 진척시키기 위한 다양한 시도가 있었다.[24]

전혀 공개되지는 않았지만 당시 한국과 소련 사이에는 민간차원의 접촉뿐만 아니라 비록 낮은 차원이지만 외교관 사이의 접촉도 있었다. 최근 공개된 외무부 자료에 의하면 크메르 주재 한소 대사관 사이에서 1971년 9월부터 1972년 3월까지 참사관급 접촉이 있었다고 한다. 1971~73년에는 이딸리아, 호주 등에서도 한소 외교관 접촉이 있었다. 그리고 1972년 4월부터는 스웨덴 스톡홀름에서 한소 양국 대사관의 참사관급 접촉이 시작되었다.[25] 스톡홀름 참사관급 접촉은 이후 정기적으로 이어져 상당히 오랫동안 지속된 것으로 보인다. 미국 정부자료에 의하면 1973년 3월 스톡홀름에 있던 한국 외교관이 이 채널을 활용해 모스끄바 방문을 추진하기도 했다. 그러나 소련 측에서 비자를 내주지 않아 성사되지 못했다.[26] 또한 1973년 3월에는 스톡홀름 채널을 통해 한소 무역관계 개설을 위해 한국무역진흥공사 사장이 소련 상공회의소에 보내는 서한이 발송되기도 했다.[27] 한편 소련은 1973년 12월 인도가 남북한과 동시에 수교하는 것을 중간에서 알선하는 역할을 하였다고 한다.[28]

한국과 소련은 이 무렵부터 이미 간접무역을 하고 있었다. 1973년 11월 주한미국대사관이 미국무부에 보낸 전문에 의하면 1년 전부터 한국이 일본을 통해 직물을 소련에 수출하였다고 한다.[29]

1973년에 접어들면서 한국인의 소련방문도 성사되었다. 1973년 5월 모스끄바에서 열린 국제연극협회 총회에 한국 연극인이 참여하였고, 5월에는 한국 경제인연합회 회장이 소련을 방문하였다. 그리고 1973년 8월 15일 모스끄바에서 열린 하계 유니버시아드 대회에 한국 선수단이 참가하였다.[30] 북한은 남한의 대회 참여를 저지하려다 성공하지 못하자 불참 선언을 하고 이 대회에 참가하지 않았다.[31] 이후 1975년 민스끄에서 열린 아마추어 레슬링선수권대회를 포함하여 소련에서 열린 체육행사에 한국 대표단이 종종 참여하였다. 그러나 한국에서 열리는 체육행사에 소련 대표단이 정식으로 참가한 것은 1980년대에나 이루어졌다.[32]

1970년대 초 한소관계는 이처럼 당시 공개되었거나 지금까지의 연구에서 언급된 것보다는 훨씬 더 많이 진척된 상황이었다. 특히 한소 양국의 외교관들이 낮은 차원이기는 해도 스톡홀름에서 정기적인 접촉을 했다는 사실은 주목할 만하다. 그러나 한소관계는 1970년대 말에 이르러 다시 악화되었다. 이 무렵 대소 봉쇄를 위한 미국·일본·중국의 삼각동맹 구도가 본격적으로 형성되면서 소련이 북한과 다시 가까워졌기 때문이다. 아무튼 소련은 4대 강국 중 최초로 남북한과 동시에 수교한 나라가 되었고, 그 조짐은 1970년대 초반부터 있었다 할 수 있다. 후술하겠지만 북한도 이 무렵 미국과 접촉하고, 관계개선을 하려고 많은 노력을 했다. 그러나 북미관계는 한소관계만큼 진척을 보지 못했다. 미국과 북한 사이에 정기적인 참사관급 접촉이 실행된 것은 1980년대 말에나 가능했다.[33]

한국의 대중국 접근 시도

한국정부는 1970년대 초 중국과도 접촉하려고 많은 노력을 했다. 그러나 소련과는 달리 중국과의 관계는 거의 진척이 없었다. 1971년 여름부터 한국정부는 주로 제3국에서 중국 외교관과 접촉하려고 시도했다. 1972년 3월 주한 네덜란드 대사 페르카데(I. Verkade)가 베이징으로 발령을 받아 떠나게 되자 한국 정부요인은 페르카데에게 한국정부가 중국과 접촉할 수 있도록 도움을 달라고 부탁하였다. 한편 같은 해 10월 빠리의 한국대사관 직원(중앙정보부 요원)은 미국 외교관에게 중국 외교관과의 만남을 주선해달라고 부탁하였다. 그러나 미국 대사관원은 이를 거절하였다.[34] 이딸리아, 프랑스, 홍콩 등지에서 외교관 모임이 있을 때에도 중국 외교관과 비공식적인 접촉을 시도하였지만 성과를 거두지는 못했다.[35]

당시 한국 정치인들도 중국과의 관계개선을 긍정적으로 생각하는 분위기였다. 1972년 초에 이루어진 한 설문조사에 의하면 당시 국회의원의 38%가 '중공'과의 외교관계 정상화를 지지하는 것으로 나타났다.[36]

이 무렵부터 한국 외무부는 중국과의 관계 개선을 위해 타이완과의 관계 조절에 들어갔다. 1972년 10월 외무부 실무부서는 중국과의 관계를 열기 위해 "자유중국(타이완) 문제는 대세와 시간의 흐름에 따라 현실적으로 대처한다는 인식하에 새로운 관계의 확대를 가급적 피하고 실질적인 관계를 지속시킨다"는 방침을 세웠다.[37] 이후 1973년 가을 아시안게임연맹 회의에서 중국을 회원국으로 받아들이고 타이완은 추방하는 결의안이 표결되었다. 이때 한국정부는 놀랍게도 기권표를 던졌다.[38] 중국과의 관계를 위해 반공의 형제 타이완과의 관계를 조절했던 것이다.

소련과 동구권과의 관계와 달리 중국과의 관계에서는 아무런 진척이 없자 1973년 3월 16일 한국정부는 서해안 대륙붕 구획 확정 문제를 중국과 논의할 용의가 있다고 공식 표명하였다. 이 성명을 발표하면서 한국 외무부는 "중화인민공화국"이라는 중국의 공식 국호를 처음으로 호명하였다.[39] 그외에 어업 문제에 관한 진상조사를 제안하기도 하고, 신안 해저유물 조사를 위해 중국학자들에게 문호를 개방한다는 제안도 했다. 그러나 중국의 반응은 없었다. 중국과의 접촉과 교류는 1970년대 초에는 성과가 없었다.[40] 민간인들의 상호방문과 제3국을 통한 간접교역도 1970년대 말에야 시작되었다.[41]

중국이 이처럼 한국의 접촉 시도에 냉담한 반응을 보인 것은 물론 북한을 의식해서였다. 그러나 하나의 중국 논리를 강하게 내세웠던 중국 자체의 입장과 이해관계도 강하게 투여되어 있었다. 또한 이 당시에 중국이 한국에 대해 큰 관심이 없었다는 것도 중요한 원인이었다. 중국학자들은 "중국은 한국이 미일의 전진 교두보로서의 역할을 하지 못하게 하는 정도의 전략적 관심밖에 없었기 때문에" 한국의 접근 시도에 대해 적극적으로 반응을 보이지 않았다고 했다.[42]

이처럼 한국정부는 데땅뜨 국제정세에 조응하여 한편으로는 남북대화를 진척시키면서 다른 한편에서는 소련, 중국과 접촉하고 관계 개선을 하기 위해 많은 노력을 기울였다. 이로 미루어볼 때 1973년 '6·23선언'은 대공산권 관계개선의 출발점이라기보다는 이전부터 대공산권 관계 개선을 위해 다각적으로 노력을 해오다가 그 성과가 보이기 시작하는 시점에서 대공산권 접근정책을 공식화하고, 더 본격적으로 확대하기 위해 취해진 조치라 할 수 있다. 나아가 1970년대 초 한국정부의 대공산권 외교는 이후 노태우(盧泰愚)정부 때 본격화된 북방정책의 효시 또는 기원을 이룬다고 할 수 있다.

2. 북한의 미국 및 일본에 대한 접근

북한의 대서방 정책과 외교

북한은 1955년부터 "상이한 제도를 가진 모든 국가들과 평화공존의 원칙에서 출발해 정상적인 관계를 수립할 용의가 있다"고 표명하였다. 이같은 방향 속에서 일본과도 1950년대 말부터 민간차원의 교역을 해왔으나, 이후 1965년 한일회담의 타결로 말미암아 북일관계는 다시 긴장국면에 돌입했다. 북은 일본이 다시 군국주의로 가고 있고, 미국·남한과 함께 북한을 공격하려 한다고 경계하였다.[43] 1960년대 말 북한은 대외적으로 강경한 태도를 보였으나 서방국가, 특히 유럽 국가와의 접촉과 무역은 계속 확대하려고 노력하였다. 프랑스, 오스트리아, 핀란드 등과의 교류를 확대하기 위해 적극 노력한 것이다. 특히 프랑스와는 1960년대 중반 드골 대통령이 독자외교 노선을 채택하고 중국을 승인하자 북한도 교역을 시작해 1968년 9월 서유럽 지역에서는 최초로 프랑스 빠리에 '민간무역대표부'를 설립했다. 같은 해 5월 프랑스도 평양에 민간무역사무소를 설치했다. 이후 빠리의 민간무역대표부는 북의 서유럽 외교의 거점으로 기능하였다.[44]

북의 대서방 외교는 오히려 남한의 대공산권 외교보다 훨씬 일찍 시작되고 앞서간 측면이 있다. 이는 기본적으로 공산국가보다는 서방국가가 압도적으로 많은 현실과 관련이 있다. 더욱이 세계경제는 미국 및 유럽, 일본 등 서방국가들이 장악하고 있었다. 북한이 대서방 외교에 상대적으로 남한보다 더 적극적일 수밖에 없었던 이유가 있었던 것이다.

1970년대 초 데땅뜨 국제정세가 전세계적으로 확산되고 남북대화도 시작되자, 북의 대서방 외교도 훨씬 활발해졌다. 1970년대 전반은 북한의 역사에서 가장 대외관계가 활발한 때였다. 1971년 봄 북한은 서유럽과 북유럽 각국에 기자단을 보내 순방을 하게 하면서 정부관계자와 접촉하기 위해 대단히 적극적으로 노력했다.[45] 1972년 10월 소련 외교관이 파악한 바에 의하면 서독사람들도 평양에 와서 교역 문제를 논의했다 한다.[46] 남북대화로 한반도의 긴장이 완화되자 유럽 국가들의 북한에 대한 태도도 좀더 수용적으로 바뀌었다. 북한의 대서방 외교는 1973년부터 큰 성과를 보기 시작해 북유럽 국가들과 아르헨티나 등 일부 남미 국가들이 북한과 잇달아 수교를 맺었다.[47]

북한의 대서방 교역량은 1969년에 이미 1억 9000만달러를 기록해, 전체 교역량의 27.3%를 차지했다. 그런데 1970년대 초에는 더욱 급속히 증가했다. 1974년 북한의 대서방 교역액은 8억 7400만달러로 전체 교역량의 42%나 차지했다.[48] 뿐만 아니라 북은 1970년대 초 프랑스와 일본으로부터 단순 상품이 아닌 플랜트(plant)를 들여오기 시작했고, 서방국가로부터 차관도 도입하였다. 1970년에 OECD(경제협력개발기구)로부터 300만달러의 차관을 도입한 것을 비롯해, 1970년대 실행된 6개년 계획기간 중 북이 도입한 차관의 50% 이상은 서방에서 빌려온 것이었다.[49] 특히 일본과의 경제관계는 두드러지게 확대되었다.

그러나 북한의 대서방 교역은 1975년부터 주춤하기 시작한다. 1975년 북한의 외채는 서방국가에 5억 5000만달러, 공산주의 국가에 7억 5000만달러 정도 되었다. 북은 이렇게 들여온 차관을 주로 경제를 발전시키는 데 썼지만 차관을 갚을 만큼 충분한 수출실적을 내지는 못했다. 게다가 석유파동이 있었고, 1976년의 판문점 도끼살해 사건과 비슷한 시기에 발생한 북한 외교관들의 마약밀수 사건 등으로 말미암아 국제적 신인도도 떨어졌다.[50] 북한은 외채를 상당부분 갚지 못하고 지불유예(모라토리엄)를 선언할 수밖에 없었다. 이는 현재까지도 북한경제의 발목을 잡는 중요한 원인이 되었다.

북한의 대미 접촉 시도

1969년 10월 29일 미국의 저명 일간지 『뉴욕타임즈』에 김일성의 업적을 칭송하는 광고가 나갔다. 북한은 이 무렵부터 미국 공산당과 급진파 흑인해방단체 흑표당(Black Panther Party) 간부들을 평양에 초청했고 북한에 우호적인 미국 내 세력들도 결집하려 했다.[51]

남북대화가 시작되자 북한은 미국의 급진적 인사뿐만 아니라 일반 학자, 언론인 등을 평양에 초청하여 민간차원에서 대미 접촉을 확대하였다. 1972년과 1973년에 하바드대학의 코헨(Jerome A. Cohen) 교수와 조지워싱턴대학의 김영기 교수가 북한을 방문하였고,[52] 1972년 5월과 6월에는 『뉴욕타임즈』와 『워싱턴포스트』의 특파원이 평양을 방문해서 김일성과 인터뷰를 하여 주목을 끌었다.

비록 당시에 공개되지 않았지만 미국 언론인이 한국전쟁 이후 처음 북한을 방문한 것은 1971년 1월이었다. 남북대화가 시작되기도 전이다. 지금도 방영되고 있는 미국 CBS방송의 인기 프로그램 「60분」(Sixty Minutes)의 프로듀서 브라운(William Brown)이 바로 그 최초의 미국 언론인이다. 브라운은 1969년과 1970년 꾸바 아바나에서 북한 외교관과 접촉하며 평양 취재를 타진한 끝에, 취재 사전준비를 위해 1971년 1월 평양에 가서 9일간 머물렀다. 같은 해 5월 그는 진행자 마이크 월레스(Mike Wallace) 및 카메라팀과 함께 다시 평양으로 가서 취재를 하려고 했으나 이 계획은 무산되었다.[53]

그후 1972년 5월 12일부터 29일까지 『뉴욕타임즈』기자 쏠즈베리(Harrison E. Salisbury)가 베이징을 거쳐 북한을 방문하여 취재를 하고 돌아왔다. 쏠즈베리는 5월 26일 김일성과 만나 인터뷰를 했고, 『로동신문』도 인터뷰 내용을 수록했다. 이 회담에서 김일성은 다음과 같이 북미관계의 개선 문제에 대해 언급했다.

미국정부는 큰 나라들과만 관계를 개선할 것이 아니라 응당 작은 나라들과도 관계를 개선해야 합니다. 우리는 미국이 큰 나라들과의 관계를 개선하는 것이 작은 나라들과의 관계에 별로 영향을 미치지 못하리라고 생각합니다. 그런데 미국정부는 아직까지 작은 나라들과의 관계에서 종전의 태도를 변경시키지 않고 있습니다.[54]

미국이 중국과 관계 개선을 했듯이 북한과도 관계 개선을 해야 한다는 것이었다. 그러나 미국과의 관계 개선 의지를 내비친 이 인터뷰는 그다지 우호적인 분위기에서 진행되지 않았다.

쏠즈베리는 취재를 마치고 돌아와서 북한이 비록 데땅뜨 정세 속에서 문호개방을 하려 하지만 북한의 정치체제는 북베트남, 중국, 소련과도 다르다고 했다. 개인숭배가 너무 강한 체제라는 것이었다. 그는 마오쩌둥에 대해서도 개인숭배가 있지만 북한의 그것과는 비교도 안된다고 했다.[55]

쏠즈베리는 북한에서 송고한 5월 21자 기사에서 북한의 어느 곳을 가든지 20년 전의 전쟁을 연상할 수 있다고 하면서, 북한은 사실상 전시상태라고 보도했다.[56] 반면 1971년 1월 평양을 방문한 CBS 프로듀서 브라운은 미국무부 직원에게 다른 이야기를 했다. 그는 북한에서 전쟁의 공포는 느끼지 못했다고 했다. 다만 북한사람들은 닉슨독트린을 음모라고 생각하고 있고, 미국이 한반도를 다시 군국주의화된 일본에 넘겨줄까봐 경계하고 있다고 했다.[57]

한편 『워싱턴포스트』의 쎌리그 해리슨(Selig S. Harrison) 기자도 평양으로 가 1972년 6월 1일 김일성을 만나 인터뷰를 했다. 해리슨과의 인터뷰에서 김일성은 『요미우리신문』과 이야기했던 선평화협정 후미군철수안과 같은 맥락에서 4단계 평화체제 구축안을 제안했다. 이밖에 박대통령과의 정상회담 가능성도 언급했다.[58] 그런데 해리슨의 북한발 기사는 쏠즈베리가 관찰한 것과는 다른 내용도 있었다. 해리슨은 북의 반미선전은 미국을 위시한 제국주의에 대한 증오감의 표출이라기보다는 "민족적 긍지"(national pride)의 표현이라 보았다. 그리고 북한사람들은 미국에 대한 감정보다는 오히려 일본에 대해 더 심한 민족적 적대감을 갖고 있다고 보도했다.[59] 해리슨 기자는 현재에도 북한에 유화적인 발언을 하는 얼마 되지 않는 미국인 중 한사람이다.

실제 성사되지는 않았지만 북한은 미국과의 경제적 교류도 시도하였다. 주한미국대사관 관리가 한국 외무부 당국자에게 밝힌 바에 의하면 북한은 1972년 12월경 제3국 소재 미국회사를 통해 미국산 소맥 또는 옥수수를 구입하는 문제를 타진해왔다고 한다.[60] 당시 미국정부는 북한과의 무역에 대해 아주 단호히 거부하는 입장이었다. 최근 공개된 미국 정부자료에 의하면 1974년 북한은 중국을 통해 미국 보잉사의 707항공기를 구입하려고 했다. 그러나 미국정부에서 보잉사에 거래를 하지 말 것을 종용하고 나서는 바람에 무산되고 말았다. 그러자 중국은 자신이 구입한 보잉기를 북한에 넘겨주겠다고 맞섰다. 미국정부는 만약 중국이 그렇게 할 경우 미중 무역에 큰 타격이 있을 것이라고 경고하면서 이를 저지하였다.[61]

대부분의 북미관계에 대한 연구는 1974년 3월 북한이 미국에 평화협정 제안을 하기 전인 1969년에서 1973년까지의 시기를 '인민외교'의 시기로 규정하고 있다. 1970년대 초에는 주로 북한이 민간차원에서 미국과 접촉하려고 시도했고, 정부차원의 접촉은 1974년 북미 평화협정 제안 이후부터 시도된 것으로 보는 것이다. 이는 표면 위에 공개되어 진행된 일만을 이야기한다면 맞는 말이다.

미중관계를 설명하면서 이미 이야기했지만, 키신저가 저우언라이에게 밝혔듯이 1971년 봄 북한은 그 내용은 알려져 있지 않지만 루마니아 부통령을 통해 미국정부에 메시지를 보냈다. 당시 루마니아는 북한과 미국 사이에서 메신저 역할을 하고 있었다.[62] 당시만 해도 루마니아는 공산주의 국가였지만 미국과도 관계가 좋았고, 북한과도 관계가 좋았다. 또한 이미 언급한 대로 북한은 1971년 10월 키신저의 2차 베이징 방문 때 저우언라이를 통해 미국에 8개항의 메시지를 전달하였다. 그리고 베이징에 미국 연락사무소가 개설되자 1973년 8월 27일 북한 외교관들이 이곳을 방문하기도 했다.

북한 외교관과 미국 외교관이 정식으로 한자리에 앉아 대화를 나눈 것은 이때가 처음이지만, 당시 세계 각지의 도시에서 북한 외교관들은 다양한 방식으로 미국 외교관들과 접촉을 시도하였을 것이다. 한국의 외교관들이 세계 각지에서 소련, 중국 외교관과 접촉하려고 노력했던 것처럼 말이다. 1978년 8월 1일 미국무부 동아시아태평양담당 차관보 리처드 홀브룩(Richard Holbrooke)은 그때까지 미국이 다섯차례에 걸쳐 북한과 직접적인 접촉을 가졌다고 시인하였다.[63] 1973년 8월 베이징 연락사무소에서의 접촉은 물론 그중 하나였을 것이다. 지금 자세한 실상을 알기는 어렵지만 다른 시기, 다른 곳에서도 접촉이 이루어졌을 것이다. 이렇게 볼 때 북한은 남북대화 국면에서 다양한 경로를 통해 미국과 정부차원의 접촉도 시도했음을 알 수 있다. 미국정부와 직접 접촉하고 협상하려는 북한의 시도는 1974년 3월 북미평화협정 제안 이후 더욱 본격화된다.

북한과 일본의 접촉과 교류의 확대

남북대화가 시작되자 북일관계도 큰 진전을 보였다. 김일성은 1971년 9월 25일 일본『아사히신문』과 인터뷰를 했다. 1970년대 초에 그가 외국 언론들과 가졌던 일련의 인터뷰의 첫 시작이었다. 김일성은 이 인터뷰에서 일본과의 무역, 자유왕래, 문화교류, 기자교환을 실현하자고 제안했다. 1971년 10월에는 미노베 료오끼찌(美濃部亮吉) 토오꾜오 도지사가 평양을 방문했고, 1972년 1월에는 사회당 국제부장이 평양을 방문하였다.[64]

1972년 1월 18일부터 25일까지 '일조우호촉진의원연맹(日朝友好促進議員聯盟)'에 소속된 일본 의원들이 북한을 방문하여 북일관계의 달라진 모습을 보여주었다. 이 단체는 1971년 11월에 북일간의 교류와 협력 증진을 목적으로 일본 사회당 의원들의 주도로 결성되었지만, 초당파 모임이어서 자민당 의원 쿠노 츄우지(久野忠治)가 회장대리를 맡았다. 물론 자민당 간부들은 이 단체에 소속된 일본 의원들이 평양을 방문하는 것을 반대하였다. 그러나 평양을 방문한 의원 중에는 자민당 의원도 4명이나 있었다. 일조우호촉진의원연맹은 방문기간 중 북한 국제무역촉진위원회와「조일(朝日) 무역촉진에 관한 합의서」를 발표했다. 합의서는 양국간 무역을 증진시키고, 무역대표단, 기술자의 상호 왕래를 환영한다는 내용이었다.[65]

당시 일본에는 1971년 이른바 '닉슨 쇼크' 이후 공산권과 관계를 개선하며 등거리외교를 펼쳐야 한다는 분위기가 있었다. 그러나 일본정부는 한국 및 미국과의 동맹관계를 의식해서 정부차원에서 북한과 접촉하는 것에 신중한 입장을 보였다. 또한 국제무대에서도 여전히 한국을 지지했다. 한 예로, 1973년 5월 북한이 WHO에 가입하려고 했을 때 일본정부는 북일관계가 크게 진척되고 있었음에도 불

구하고 북한의 가입을 반대하며 한국정부의 편을 들었다.[66]

1970년대 초 북일간의 무역은 비약적으로 증가했다. 북일 무역규모는 1968년에서 1971년까지 5천만 달러대에 머물렀으나 1972년에는 전해에 비해 두배 증가한 1억 3175만 달러로 증가하였다. 1972년 10월에는 북한 국제무역위원회 부위원장 김석진(金錫鎭)을 단장으로 한 북한 경제시찰단이 일본을 방문하기도 했다. 그리고 11월에는 일본정부가 두 그룹의 북한 기술시찰단의 입국을 허가하였다. 이들은 일본기업과 플랜트 도입 문제를 상의하기 위해 일본을 방문한다고 밝혔고,[67] 물론 민간차원의 방문이었다.

북일관계와 관련하여 한가지 흥미로운 사실은 미국이 일본과 북한의 급속한 관계 개선에 반대하고 이를 제지하였다는 것이다. 한국정부도 물론 북일관계의 진전을 막으려고 했다. 1972년 8월 이후락은 하비브 대사에게 닉슨 대통령이 예정대로 하와이에서 일본 타나까(田中角榮) 수상을 만나면, 일본이 너무 빨리 북한과 관계 개선을 하는 것에 대한 한국정부의 우려를 전달해달라고 부탁하기도 했다.[68] 미국 관리들도 일본이 너무 빨리 북한과 관계 개선을 하는 것을 비판적으로 보았다. 미국무부 한국과장 레나드(Donald L. Ranard)는 1972년 8월 동아시아 담당 차관보 그린에게 보낸 문서에서 남북대화가 초보단계에 있는 현실에서 일본이 북한과의 관계를 너무 빨리 변경하면 대북 협상과정에서 남한의 입지를 훼손시킬 수 있다고 우려하며, 그린에게 일본 관리들을 만나거든 이러한 이야기를 해달라고 건의하였다.[69]

1972년 9월 1일 닉슨 대통령은 하와이에서 일본 수상 타나까를 만났다. 이날 닉슨은 회담과정에서 미국은 남북대화를 환영하지만 미국이 북한과 대화하는 것은 시기상조라고 생각한다고 말했다. 닉슨 대통령은 미국의 대북한 관계에 대한 입장을 명확하게 전달함으로써 일본도 북한과 너무 빨리 관계개선을 하지 말라고 사실상 종용한 것이었다. 이에 타나까는 닉슨에게 "일본도 사태를 주의깊게 살펴보면서 거기에 맞추어 인도적이고 학술적인 교류 분야에서만 북한과 접촉할 것"이라고 말했다.[70]

3. 미국의 새로운 한반도정책 구상과 대북한 정책

미국의 대북한 정책

미국정부는 북한의 접촉 시도에 대해 신중한 정도가 아니라 냉정한 태도를 보였다. 또한 미국정부는 1973년 8월 베이징 북미 외교관 접촉과정에서 나타나듯 대북한 접촉 문제를 철저하게 중국 및 소련의 한국 접촉과 승인 문제와 연계시켰다.

1970년대 초 일부 미국 언론인과 학자 들이 북한을 방문했지만 미국정부가 이를 종용하거나 여기에 우호적인 태도를 보인 것은 결코 아니었다. 예컨대 1971년 6월 『시카고 트리뷴』(*Chicago Tribune*)이 기자의 방북 문제를 협의해왔을 때 미국무부는 이를 만류했다.[71] 그러나 미중관계가 진척되어 한반도 주변에 데땅뜨 분위기가 조성되고 남북대화가 진행되는 가운데 북한이 집요하게 접근해오자 미국정부도 북한에 대해 무언가 대책을 논의할 수밖에 없었다.

1972년 3월 7일 로저스 미국무장관은 기자회견 과정에서 "북한이 미국과의 관계 개선을 바라고 있다는 조짐을 안다"고 하면서, "일반적으로 닉슨정권은 모든 나라와의 관계 개선을 바라고 있고, 북한도 여기에 포함될 수 있다"고 발언했다.[72] 로저스의 발언은 우연히 나온 것은 아니었다. 1972년 초부터 미국무부 관리들은 대북한 정책에 대해 논의와 토론을 진행해왔고, 그 결과가 1972년 3월 24일 「미국의 대북한 정책」이라는 문건으로 정리되었다. 이 문건에서 정리된 미국의 대북한 정책의 기조는 대단히 조심스러웠다. 주요 정책으로 북한의 정식 국호(DPRK)를 호칭하는 문제, 미국인의 북한여행 제한조치를 폐지하는 문제, 미국 언론인의 방북 문제, 중국에게 그러했던 것처럼 단계적으로 대북 무역제재를 완화하는 문제 등이 검토되었다.[73] 당시 미국무부는 이러한 조치를 정책적으로 고려는 했지만 그중 실질적으로 실행된 것은 거의 없었다.

당시 미국 여권에는 북베트남·북한·꾸바 여행을 제한하는 규정이 인쇄되어 있었다. 이 규정은 1년 단위로 검토해 갱신되는 것이 원칙이었다. 미국무부 정보조사국에서 북한 문제를 전담했던 로버트 도어(Robert F. Dorr)는 1971년 8월 여행제한 규정을 더이상 갱신하지 말고 삭제하자고 건의했다. 도어는 몇몇 국가에 대한 여행제한 규정은 1950년대에나 어울리는 시대착오적인 것이고, 설사 제한규정을 어겼다고 하더라도 미국 법원이 여행의 자유를 침해할 우려 때문에 이를 처벌하는 판결을 내리지 않아 실효성이 없다고 했다.[74] 이 문제는 1973년 3월 미국무부 내에서 상당히 심각하게 논의되었던 것 같다. 당시 워싱턴에서 특파원으로 일했던 조세형(趙世衡)이 탐문한 바에 의하면, 1973년 3월 로저스 미국무장관은 북한에 대한 여행제한 해제를 내부적으로 승인하였으나 한국정부가 미국 의원 및 존 미첼(John Mitchell) 법무장관을 종용하여 이를 막았다고 한다.[75]

국호 호칭 문제의 경우 1972년 6월 27일 로저스 국무장관이 SEATO(동남아시아조약기구) 제17차 회의 연설 중 남북적십자회담을 언급하는 대목에서 처음으로 'DPRK'라는 약자를 사용했다. 원래 연설

원고에는 '조선민주주의인민공화국'이라는 전체 명칭이 다 씌어 있었지만, 로저스는 너무 과하다고 생각하여 약자만 사용했다 한다. 이것이 미국이 북한의 공식 호칭을 사용한 첫 사례였다.[76]

미국무부는 이처럼 정식 국호를 사용하면서 북한에 신호도 보내고, 북한과의 관계 개선 가능성을 신중하기는 하나 여러 갈래로 고려하고 탐색하였다. 그러나 정작 미중관계 개선을 비롯하여 당시 데땅뜨 외교를 주관했던 백악관, 즉 닉슨과 키신저 및 그 참모들은 북미관계에 대해 국무부보다 훨씬 더 소극적이었다. 나아가 국무부의 유화적인 대북한 정책을 우려하는 태도를 보였다. 국가안보회의 참모였던 프로브(John A. Froebe)는 1972년 6월 12일 키신저에게 보낸 문서에서 미국무부의 대북한 정책에 대해 이렇게 언급하였다.

> 내가 보기엔 국무부가 김일성의 현재 목표에 대해 과도하게 희망적이며, 미국과 평양의 확대되는 접촉 가능성을 탐색하는 데 있어 제기되는 위험성을 민감하게 인식하지 못하는 것 같다. 이러한 위험은 남한의 정치·사회적 응집력을 약화시키고, 미국·서울·토오꾜오 사이의 갈등을 증가시키며, 이로써 북한이 한반도의 안보 상황에 대한 우리의 의도를 오판하는 결과를 가져올 수도 있다.[77]

즉 북한과의 접촉과 관계 개선은 남한사회의 안정을 해치고, 미국·일본·남한의 동맹관계를 손상할 위험성이 있으며, 한반도의 안보를 위협할 수도 있으니 신중하게 접근해야 한다는 것이었다. 닉슨과 키신저는 사실상 남북대화에 대해서는 관심을 약간 보였지만, 북한과의 관계에 대해서는 거의 관심을 표명하지 않았다.

미국의 새로운 한반도정책 모색: 「NSSM 154」

1972년 4월 6일 닉슨 대통령은 국가안보회의 관계자들에게 미국의 한반도정책을 전반적으로 재검토하는 「National Security Study Memorandum 154」(「NSSM 154」)의 작성을 지시했다. 중국방문을 마치고 돌아온 지 두달 정도 지났을 무렵이었다. 닉슨 대통령은 국제적 상황이 변화한 만큼 한반도와 관련된 제반 쟁점에 대해서도 포괄적인 정책연구가 필요하다고 했다. 닉슨은 이 연구에 포함되어야 할 쟁점으로, 주한미군 문제, 유엔에서의 한반도 문제 토의, 미국의 대북한 정책, 남북대화 문제, 한반도 주변 강대국 관계 등을 제시하고 여기에 대한 종합적인 정책방향을 다룬 보고서를 만들라고 지시하였다.[78]

미국 정부관리들은 동아시아 태평양지역 관련 부서간 모임(Interdepartmental Group)을 갖고 미국의 대한반도 정책을 총괄적으로 연구 검토하였다. 부서간 모임에는 국무부·재무부·통상부·국방부·중앙정보부·국제개발국(AID)·미공보원(USIS)·군비통제 및 축소국·예산처·국가안보회의의 중요 간부와 참모들이 참여하였다. 부서간 모임은 1973년 4월 3일 「NSSM 154: 미국의 대한반도 정책」이라는 문건을 작성하여 키신저 국가안보담당 보좌관에게 제출하였다.[79] 닉슨의 지시가 있은 지 1년 만에 보고서가 완성된 셈이었다.

NSSM은 구체적인 정책결정 사항을 정리한 NSDM(National Security Decision Memorandum)과는 다른 차원의 문서였다. 이는 어떤 결정된 정책을 담은 문서라기보다는 특정 쟁점에 대해 연구 검토를 하고 다양한 정책 선택안을 제시하는 문서로, 각 부서에서 공유하고 참조하면서 관련 세부정책 수립 및 집행에 참조하는 문서였다.

「NSSM 154」는 한반도의 상황, 특히 남북대화의 진행상태에 대해 "현재의 흐름은 두개의 한국 사이의 타협이 증신되는 쪽으로 가고 있다"고 했다. 그러나 이는 "현단계에서는 확실한 방향(a certain direction)이라기보다는 하나의 흐름(a trend)이다"라고 했다.[80] 즉 남북대화가 완전히 궤도에 올라 확실하게 방향을 정립한 상태는 아니고, 아직은 유동적 상황에서 하나의 '흐름'으로서 존재한다는 이야기였다. 그리고 미국이 취할 수 있는 4개의 정책 선택안을 설정하고(표 1 참조), 거기에 따라 각 쟁점에 대처하는 기본방침을 종합적으로 나열하였다.

'선택안 1'은 남북대화의 수준과 속도를 기본적으로 남한정부가 결정하도록 내버려두고 미국은 지켜보는 것이었다. 즉 미국정부가 이 문건이 작성될 당시 취하고 있던 정책기조를 그대로 유지하는 것이었다. 북미관계에 대해서는 북한 고립화 정책을 계속하지만, 남한과 협의가 되고 소련과 중국이 남한에 상응하는 조치를 취할 경우 제한적인 관계 개선조치를 취한다는 것이었다. 즉 교차승인 구도의 적용이었다. 한편 한반도 주변 강대국 관계는 대화채널을 유지하고 강대국 사이의 관계 개선은 추구하지만, 일본이 북한과 너무 빨리 관계를 개선하는 것은 경계하는 정책이었다.

'선택안 2'는 이른바 '플랜 B'. 상황이 악화될 경우를 대비한 강경책이었다. 북한이 남한과의 평화공존을 수용하지 않고 과거와 다름없이 적대적인 정책으로 회귀할 경우 선택할 정책이었다. 상황이 악화될 경우 남북대화를 저지하고, 중단하며, 주한미군을 현재 수준 그대로 유지하고, 북한 고립화 정책도 전과 마찬가지로 엄격하게 추진하는 것으로 상정했다.

'선택안 3'은 남북한의 협상이 교착되고 미국이 긴장완화를 위해 더 능동적인 역할을 하는 것이 필요할 경우 채택하게 될 정책이었다.

〈표 1〉「NSSM 154: 미국의 대한반도 정책」의 선택안

	선택안 1	선택안 2	선택안 3	선택안 4
기본 정책방향	남한이 협상을 주도하도록 함	남북대화를 저지	남북의 타협을 촉구	강대국 협상을 추구
주한미군	현수준 유지	현수준 유지	1974 회계연도 이후 감축	1974 회계연도 이후 감축
유엔대책	-가능하다면 한반도 문제 토론 연기 -언커크 유지 또는 활동중지, 종결을 추구 -유엔군사령부 고수	-표결에서 패배하더라도 한반도 문제 토론 연기 -언커크 유지 또는 활동중지, 종결 추구 -유엔군사령부 고수	-한반도 문제 토론 가능하다면 연기 -언커크 중지 또는 종결 -유엔군사령부 고수	-한반도 문제 토론 -언커크 중지 또는 종결 -중립국감독위원회에서 유엔군사령부를 처리할 방안 논의 준비 -남북한 동시 유엔가입
북미관계	-북한고립화 정책 -소련, 중국이 남한에 대해 상응하는 조치를 취해줄 때 -DPRK라 호칭 -미국인의 여행 조건 완화 -제3국이 남북을 공평하게 대해 줄 것을 촉구 -북한의 국제기구 가입을 반대	-북한고립화 정책 -다른 나라가 북한을 승인하는 것을 방해 -북한의 국제기구 가입 반대	-남북대화에 도움을 준다면 북한과 관계 개선 -민간교류 -무역제재의 제한적 철폐 -북한이 유엔기구에 들어오는 것을 수용	-북한과의 관계를 소련, 중국과의 협상에서 교환조건으로 사용 -북한과 전반적인 경제교류 -북한과의 외교적 관계 수립
강대국 관계	-상호 관심사에 대해 의견교환 -남북한의 동맹국들 사이의 정치·경제적 관계 증진 -북한, 일본 관계가 너무 빨리 나아가지 않도록 경계	-대화채널을 지키기 위해 제한적이고 임시적인 대화 -일본의 북한과의 관계 개선 기도를 적극적으로 만류	-강대국 차원의 한반도 문제 대화 추구 -강대국 사이의 특정한 합의 추구 -언커크, 유엔군사령부 문제 해결을 위한 협상 -제3국이 두 한국에 정상적인 관계를 갖도록 촉구	-모든 강대국으로 하여금 '두개의 한국'을 수용하도록 함 -4대 강국의 한반도안전보장협정

*출전: "NSSM 154: United States Policy Concerning the Korean Peninsula"(1973. 4. 3.). The Record of NSC, RG 273, Summary, 9~10면.

1974 회계연도 이후에는 주한미군을 감축하고, 유엔에서 한반도 문제 토론을 가급적 연기시키는 것을 추구하나 불가피할 경우 언커크의 "활동중지"(suspension) 또는 "종결"(termination)을 추구하고, 유엔군사령부는 계속 유지하도록 노력한다는 것이었다. 북미관계에 대해서는 남북대화에 도움을 준다면 민간차원의 교류를 하고, 대북 무역제재를 제한적으로 철폐하며, 북한이 유엔 산하기구에 들어오는 것을 수용하자는 안이었다.

　마지막 '선택안 4'는 남북대화의 속도와 양상이 미국 또는 강대국의 데땅뜨 추진에 만족스럽지 않을 경우 미국이 직접 나서서 남북대화를 넘어 주변 강대국 사이의 타협을 주도적으로 추구하는 정책이었다. 가장 적극적인 데땅뜨 정책이라 할 수 있다. 여기서는 '선택안 3'에 상정된 조치와 함께 유엔군사령부 문제 처리를 위해 공산측과의 협상을 고려하며, "남북한 동시 유엔가입을 추구한다"는 정책도 명시되었다. 또한 북한과 전반적인 경제교류를 하고 외교관계도 수립한다는 내용도 있었다. 나아가 4대 강국이 한반도 안보를 보장하는 조치도 강구한다는 내용까지 있었다.

　「NSSM 154」는 기본적으로 특정한 정책결정 사항을 담은 문서가 아니라 정책수립에 참조하기 위한 연구문서였다. 때문에 미국이 4개의 선택안 중 어떠한 것을 채택할 것인지에 대해서는 명시적인 언급은 없다. 다만 이 문건 '선택안 1'을 설명하는 부분에 우선 남북관계를 지켜보고('선택안 1'), "남북대화가 미국이 원하는 바대로 진척되지 않아 강대국 사이의 데땅뜨가 위협받는 경우" '선택안 3'과 '선택안 4'를 채택한다고 서술되어 있다.[81] 즉 남북대화가 잘 진행되지 않아 강대국 사이의 데땅뜨가 위협받으면 미국이 직접 개입하여 선택안 3과 선택안 4의 적극적인 정책을 취하겠다는 것이었다. 여기서 일단 확인되는 바는 미국이 더 전향적인 한반도 정책(선택안 3, 4)을 취하느냐 여부는 한반도 상황(남북대화)에 달린 것이 아니라 강대국 관계에 의해 결정된다는 점이다. 미국정부에게 남북대화는 강대국 사이의 데땅뜨를 뒷받침하는 조치였을 뿐이었다. 미국에게 남북한 관계는 당연히 강대국 관계 하위에 위치해 있는 개념이었던 것이다.

그런데 만약 남북대화는 교착되거나 중단되었지만 강대국의 데땅뜨에는 별로 영향을 미치지 않는 상황이라면 미국의 정책은 어떻게 될까? 그렇다면 미국은 군이 전향적인 한반도정책을 취할 필요는 없을 것이다. 반면 다른 상황을 상정해볼 수도 있다. 남북대화가 잘 진척되어 그 과정에서 자연스럽게 미국이 생각했던 '선택안 3'과 '선택안 4'의 정책들로 갈 수밖에 없는 상황이 온다면 어떠했을까? 미국정부는 이를 군이 반대하고 제지할 이유는 없었을 것이다. 4개의 선택안 모두 미국이 한반도에서 추구하는 목표에 부합하는 것이고, 미국정부가 선택할 수 있는 범위 안에 있기 때문이다.

예컨대 미국의 정책기조는 '현상유지'의 틀을 갖고 있었기 때문에 4개의 '선택안' 어디에도 기존 정전체제의 틀을 완전히 바꾸는 '평화협정' 같은 것은 상정되어 있지 않았다. 이는 대단히 중요한 특징이다. 또한 그 어디에도 한반도 통일 문제의 해결을 적극적으로 추구하는 정책 제시는 없었다.

그러면 실제로 이 문건이 작성된 1973년 4월 이후 미국의 정책은 어떠한 방향으로 나아갔을까? 미국의 정책은 실제로 '선택안 1'의 기조를 유지하면서 한국정부의 '6·23선언' 등 상황변화에 맞추어 부분적으로 '선택안 3'과 '선택안 4'를 배합하는 방향으로 갔다고 볼 수 있다.

1973년 5월 17일 북한이 WHO 가입에 성공하였을 당시 미국정부는 여기에 대해 적극적인 저지도 지지도 하지 않았다. 이후 미국 관리들은 변화된 현실을 이유로 북한이 국제기구에 참가하는 것을 저지하는 것이 아니라 수용해야 한다고 건의했다.[82] 또한 후술하겠지만 중국의 강력한 문제제기 때문에 1973년 유엔총회에서 미국은 중국과의 공조하에 언커크를 해체했으며, 나아가 유엔군사령부 철폐 문제도 고려하게 되었다. 또한 '6·23선언' 등 남한의 외교정책 변화에 따라 미국은 '선택안 4'에서 상정한 남북한 동시 유엔가입도 추진했다. 따라서 1973년 6·23선언 이후의 미국의 정책은 전향적인 한반도정책('선택안 3'과 '선택안 4')을 주변 여건의 변동에 따라 필요한 만큼 부분적으로 채용하는 방향으로 갔다고 할 수 있다.

한편 「NSSM 154」가 작성될 무렵인 1973년 5월 서독대사를 지낸 러시(Kenneth Rush)는 키신저에게 「대한정책 재고: 두개의 한국 정책」이라는 보고서를 제출하였다. 러시 보고서는 한반도의 중요 현안을 하나씩 나열적으로 풀기보다는 중요한 정책요소를 종합하여 포괄적인 해결을 추구하는 방식으로 풀어가며, 각 단계별로 강대국과 남북한의 협상 씨나리오를 설정하는 방식으로 되어 있었다.[83]

러시가 제안한 협상 씨나리오는 크게 3단계로 되어 있었다. 1단계는 언커크를 해체하고, 남북 유엔 동시가입과 교차승인을 추구하며, 남북대화를 촉진시키는 단계이다. 이 단계에서 미국은 북한과 교류와 접촉을 확대하지만 북한정권을 공식적으로 승인하지는 않는 것으로 상정했다.

2단계는 남북대화가 주된 역할을 하는 단계로, "새로운 경계선 및 휴전에 대한 조치"(new border and armistice arrangement)가 남북한 사이에 타결되면 미국은 유엔군사령부를 해체한다는 것이었다. 그리고 이러한 조치가 실행되면 미국은 북한과 관계 개선을 진전시키고 북한을 공식적으로 승인하는 것으로 상정하였다.

여기서 "새로운 경계선 및 휴전에 대한 조치"는 구체적으로 무엇을 의미할까? 러시는 이 조치를 설명하면서 "북한은 평화협정을 제안하였는데, 이는 실질적으로 이러한 협정을 위한 장치가 될 수 있을 것이다"라고 했다.[84] 즉 당시까지 북한이 주장했던 남북평화협정 같은 차원의 협정을 체결할 수도 있다는 것이었다. 그러나 이 이야기는 물론 1974년 3월부터 북한이 제안하는 북미평화협정과는 완전히 다른 차원의 이야기다. 러시는 이러한 조치가 남북한 사이에 합의되어야 한다고 했다. 미국정부에게 북미평화협정은 도저히 수용할 수 없는 주장이었다.

마지막 3단계는 남북한과 강대국 사이의 협상으로 한반도 안전보장에 대한 협정을 추구하는 단계이다. 즉 남북한은 물론이고 주변 강대국도 한반도 평화유지를 보장하는 협정을 맺고, 완전히 평화정착을 이루는 단계이다.

러시의 보고서는 물론 개인적으로 제안된 정책 참고자료였고, 미국정부 차원의 정책구상은 아니었다. 그러나 이 문서는 미국 관리 중에서 휴전협정을 그대로 유지하는 것이 아니라 북이 주장했던 평화협정과 비슷한 차원에서 남북의 경계선과 정전 문제에 대한 새로운 합의도 고려하는 의견이 나왔다는 점에서 주목된다.

여태까지 필자가 다소 장황하게 「NSSM 154」와 러시의 보고서를 설명한 것은 나름의 이유가 있다. 일단 보고 배울 것이 있기 때문이다. 특히 제반 쟁점들을 포괄적으로 연결해서 보면서 이를 점진적으로 해결해가는 구도를 잡는 방식에 주목할 필요가 있다. 남북한의 방식은 자신이 우선적으로 해결하기 원하는 문제가 먼저 해결되어야 다음 문제에 대한 논의를 할 수 있다는 식의 단계론이었다. 즉 각 쟁점들을 완전히 분리하여 그중 하나를 다른 것의 선행조건으로 삼는 분절적 방식이었다.

그러나 미국정부 내에서 작성한 위의 두 보고서는 일단 관련 문제들을 서로 연결시켜 포괄적인 해결을 추구한다. 다만 여러 쟁점들의 상호관련성을 인정하되 각 쟁점마다 먼저 풀 수 있는 사안과 나중에 풀 수 있는 사안을 나누어 점진적인 해결을 추구하는 것이 특징이다. 즉 북미관계의 개선 같은 문제도 남북이 긴장완화에 나서는 단계에서 해결할 수 있는 것과, 그것을 넘어 평화체제를 정착시키는 단계에서 해결할 수 있는 것으로 나누어 점진적으로 접근하는 방식이었다. 이러한 논리는 특정 사안이 먼저 해결되어야 다른 사안을 논의해볼 수 있다는 전제조건, 선행조건을 설정하는 단계론적 논리와는 다른 것이다. 이러한 면에서 위 두 문서는 충분히 살펴보고, 참조할 만한 가치가 있다.

1973년부터 미국정부에서는 데땅뜨와 남북대화 국면에서 제기된 제반 외교적 쟁점을 종합적으로 고려하는 속에서 과거보다 훨씬 전향적인 정책구상이 나타나고 있었다. 이러한 미국정부의 내부 논의를 볼 때 당시 남북대화가 지속되고, 미중관계가 원활하게 진전되었더라면 북한이 미국과 관계를 개선할 가능성도 있었다고 볼 수 있다. 또한 휴전협정을 대체하여 한반도에 좀더 항구적인 평화체제가 들어설 가능성 또한 열려 있었다고 볼 수 있다. 물론 이러한 정책구상은 설령 그대로 실현된다 하더라도 추구하는 기본목표가 한반도 분단상태의 안정적·평화적 유지이지 한반도 통일은 아니었다. 그런 면에서 현상유지론의 틀은 그대로 관철되는 것이었다. 그러나 북한과의 관계 개선도 언급하고, 남북한 사이의 평화협정에 상응하는 조치도 거론되며, 강대국의 한반도 안보에 대한 보장 조치도 이야기되는 등 확실히 현상을 보존하고 고착화하는 차원의 현상유지론을 넘어서고 있었음은 분명하다. 미국의 한반도정책은 애초에 대단히 완고한 형태의 현상유지론으로 시작되었지만, 남북대화가 진행되고, 주변 여건이 바뀌면서 훨씬 유연하고 전향적인 방향으로 전환되었던 것이다. 이 점은 남북대화의 성과였다고도 할 수 있다. 물론 이러한 정책은 남북대화가 지속되고 미중관계가 개선되어 동아시아 데탕뜨가 성숙되는 것을 기본 전제로 한 것이었다. 그러나 당시의 상황은 아쉽게도 그러한 방향으로 가지 못했다.

4. 남북의 외교경쟁과 '6·23선언'

남북의 외교경쟁

국제 데탕뜨와 남북대화는 한반도 내적으로는 남북한 사이의 체제경쟁을 강화시켰고, 외적으로는 남북한의 외교경쟁을 심화시켰다. 남북은 나름대로 데탕뜨 국제정세에 편승하면서 과거 적대적이거나 비우호적이었던 상대방 진영의 국가들과 접촉과 교류를 확대하려 했다. 이를 통해 상대방을 고립시키고, 자신의 외교적 기반을 넓혀나가려 한 것이다. 한편 남북한은 모두 자기 진영 국가들이 상대방과 관계를 맺는 것을 차단하려는 노력도 했다.

한국정부는 물론 북한의 대미 접근 시도를 대단히 경계하였다. 박 대통령은 7·4공동성명 직후 마셜 그린과 만난 자리에서 미국이 북한과 직접 접촉해서는 안된다고 강조했다.[85] 이후락 중앙정보부장도 미국대사에게 미국이 북한과 접촉하면 "북한이 더욱 건방져지기 때문에 남북대화가 어렵다"고 했다.[86]

북한도 마찬가지였다. 북한의 외교관은 동구권 국가 대사들에게 남북대화를 브리핑하면서 남한이 혹시 동구권 국가에 접촉을 시도해도 이를 절대로 받아주어서는 안된다고 강조했다. 남한이 북한과 대화하도록 만들려면 남한정부를 국제적으로나 내부적으로 고립시켜야 한다는 논리였다.[87]

남북은 데탕뜨 국면에서 이처럼 공격과 방어 모든 측면에서 치열한 외교적 경합을 벌였다. 남북이 외교적 경쟁을 할 때 각자 유리한 측면과 불리한 측면이 모두 있었다. 당시 공산진영은 중국과 소련이 완전히 분열되어 있었다. 이는 남한의 대공산권 외교에 유리하게 작용하였다. 이 무렵 북미관계와 한소관계를 비교하면 한소관계는 스톡홀름에서 낮은 차원이나마 상시적인 외교관 접촉이 이루어지고, 인사교류도 진행되는 등 북미관계보다는 훨씬 더 진척된 측면이 있었다. 이는 물론 소련이 두개의 한국 정책을 취한 것과 상관이 있었다. 또한 소련이 당시 긴밀했던 중국과 북한의 관계를 견제하기 위해 남한과의 관계를 활용한 측면도 배제하기 어렵다.

그러나 북한도 외교경쟁에서 이점이 있었다. 북한은 일단 세계적인 패권국가인 미국과 전쟁을 치렀기 때문에 1950~60년대에 국제적으로 대단히 고립되어 있었다. 외교관계도 공산권 국가로만 한정되고, 각종 국제기구에 가입도 못했다. 그런 만큼 동서 양진영의 해빙 국면과 상호 승인 분위기는 북한이 국제적 고립을 탈출할 수 있는 아주 좋은 기회였다. 물론 상대방 진영에 접근할 수 있는 기회 자체는 남북 모두에게 같이 열린 것이었다. 그러나 서방진영 국가의 수가 공산진영 국가보다 훨씬 많고, 냉전시기 북한이 남한보다 훨씬 더 심하게 고립되어 있었기 때문에 똑같이 열린 공간으로 들어갈 때 북한이 적어도 단기적으로는 훨씬 더 많은 이익을 볼 수 있었다.

실제 1970년대 초 데땅뜨 국면과 남북대화 국면에서 남북 모두 외교관계를 확장했지만 상대적으로는 북한이 남한보다 더 많은 성과를 누렸다. 예를 들어 수교국 수를 보면 1970년까지 남한은 81개 나라들과 수교하였지만, 이때까지 북한의 수교국은 35개 나라에 불과해 2배 이상의 격차가 있었다. 그런데 데땅뜨 국면이 지나가고 난 1975년에는 남한의 수교국은 93개국으로 늘어난 반면 북한은 88개국으로 늘어났다. 북한은 5년 동안 무려 53개 나라와 새로 외교관계를 맺었으나 남한은 12개 나라와 수교하는 데 그친 것이다.[88] 이에 남북한 수교국 수의 격차가 크게 좁혀졌다. 이는 물론 북한이 이미 남한을 승인한 국가와도 접촉하여 수교를 했기 때문에 가능한 것이었다.

남북대화가 시작된 이후, 특히 7·4공동성명이 발표된 이후 서방국가들이 잇달아 북한을 승인하거나 수교하는 경향이 늘어났다. 1973년에 접어들면서 북한은 아시아, 아프리카의 신생국가 또는 비동맹국가뿐만 아니라 서유럽 국가들과도 외교관계를 맺는 성과를 거두었다. 1973년 4월 스웨덴과 핀란드가, 5월에는 덴마크가 북한을 승인했다. 같은 해 아이슬란드와 아르헨티나도 북한과 수교를 했다. 그리고 1974년에는 오스트리아와 스위스가 북한과 수교를 맺었다.[89] 북한의 WHO 가입은 이러한 상황 속에서 가능했던 것이다. 박대통령의 '6·23선언'은 이처럼 남북 외교경쟁의 한복판에서 이루어진 것이었다.

한국정부의 '6·23선언'

1973년 6월 23일 박정희 대통령이 「평화통일 외교정책에 관한 특별선언」(6·23선언)을 발표하였다. 남북한 동시 유엔가입을 제안하고, 공산권과의 호혜평등 외교를 천명한 것이 주요 내용이었다. 한국정부는 이를 통해 남북 외교경쟁에서 주도권을 잡으려고 했다.

전직 중앙정보부 관리들의 증언에 의하면 6·23선언도 원래 중정 국제국에서 기획하였다고 하는데, 그 배경은 북한의 WHO 가입이었다고 한다. 즉 북한이 WHO에 가입하게 될 경우 그 충격을 최소화하기 위해 한국정부가 선제적으로 획기적인 대공산권 문호개방과 남북한 유엔 동시가입을 제안한다는 기획이었다.[90] 일단 여기서 6·23선언이 북한의 WHO 가입과 관련이 있다는 것은 사실로 확인된다. 1973년 5월 21일 대통령 비서실장 김정렴은 하비브 대사에게 한국정부의 새로운 외교정책 선언은 북한의 WHO 가입과 관련되어 구상되었다고 언급했다.[91] 6·23선언은 남북 외교경쟁과 아주 구체적으로 결부되어 있었다.

반면 당시 외무부장관 김용식은 다른 증언을 하고 있다. 그는 회고록에서 7·4공동성명의 경우 외무부가 관여한 바가 전혀 없었지만 6·23선언은 외무부가 그전부터 독자적인 남북간 평화정착 방안을 구상해왔고, 이러한 작업을 바탕으로 발표된 것이라 했다.[92] 아무튼 6·23선언 내용을 가지고 동맹국인 미국과 사전협상을 하고, 이를 발표하고, 이후의 각종 외교적 조치를 취하는 작업은 외무부가 주도하였다.

1973년 5월 25일, 그러니까 6·23선언이 발표되기 한달 전, 그리고 북이 WHO에 가입한 지 일주일 후, 외무부장관 김용식은 주한미국 대사 하비브에게 한국정부의 새로운 외교정책에 대한 개요를 전달하였다. 그 내용은 한국정부는 기본적으로 통일을 추구하여 북한을 국가로 공식 승인하지는 않으며, 유엔군은 계속 한국에 주둔해야 한다는 것을 기본 전제로 해서 다음과 같은 새로운 외교정책을 취하겠다는 것이었다.

1. 공산국가와도 외교관계를 확대한다. 그러나 중국, 소련 등 중요 공산주의 국가가 남한을 승인하지 않는 한 미국, 일본 등 중요 우방은 북한을 승인해서는 안된다.

2. 북한이 국제기관에 참여하는 것을 반대하지 않는다.

3. 유엔총회에서 한반도 문제 토의 연기를 추구하지 않으며, 북한 대표의 초청을 반대하지 않는다.

4. 언커크 활동을 중단하는 것에 동의한다.

5. 남북한 유엔 동시가입에 반대하지 않는다.[93]

위와 같은 정책변경의 내용은 크게 세가지로 정리될 수 있다.

첫째, 공산권과의 외교 확대 및 교차승인 구도의 확립이다. 국제정세와 남북관계의 변동에 따라 북한의 대서방권 접근에 대해 무조건 수세적으로 반응하는 것이 아니라 이를 남한의 대공산권 접근과 적극적으로 연계시켜나가겠다고 한 것이었다. '6·23선언' 직후 마련된 외무부의 지침은 향후 "문자 그대로 외교 면에서 남북전쟁의 상황이 전개될 것에 대비하여 우리가 항상 북한에 비하여 외교적 우위를 견지할 수 있는 대책이 마련되어야 한다"고 강조했다. 남북 외교경쟁을 '남북전쟁'이라 표현한 것이 흥미롭다. 이 지침은 또한 혹시 우방국 중에 북한과 불가피하게 관계를 개선하게 될 경우 "한국정부는 이를 양해하는 조건으로 그 우방국에게 공산국가들이 남한을 승인하도록 외교적 노력을 해줄 것을 요청"하기로 하는 등 교차승인 구도를 명확히 했다.[94]

둘째, 남북한 유엔 동시가입 문제이다. 이 문제는 일반적인 국제기구에서 남북한의 대표권 문제와도 관련되고, 유엔에서의 한반도 문제 토론과도 관련이 된다. 애초 한국정부는 북한이 국제기구에 참가하는 것을 적극 저지하는 입장이었다. 또한 유엔에서 북한대표가 한반도 문제 토론에 참석하는 것마저도 저지하려 했다. 특히 남북한 유엔 동시가입 주장은 1960년대라면 반공법 위반으로 감옥에 가야 할 위험한 이야기였다.

1971년 11월 야당 지도자 김대중이 기자회견에서 남북한 유엔 동시가입을 처음으로 주장[95]했을 때도 박대통령은 1972년 1월 11일 연두기자회견을 통해 독일의 분단과 한국의 분단 상황은 많이 다르다고 전제하면서 남북한 유엔 동시가입론에 대해 "민족의 통일을 위한 염원을 무시"하는 것이라고 비판했다.[96] 1972년 3월 초 전 중정국장 김형욱이 미대사관원에게 전한 바로는 남북대화를 추진하는 이후락은 두개의 한국 정책을 선호하고, 한국이 이 문제에 이니셔티브를 취해야 한다고 생각하지만, 박대통령과 김종필은 여기에 반대한다고 했다.[97] 그러나 박대통령은 7·4공동성명 직후 방한한 마셜 그린 차관보에게 남북대화는 결국 남북한 유엔 동시가입과 두 한국의 승인으로 가게 될 것이라고 이야기했다. 다만 일단 한국의 국제적 지위를 더 향상시키기 위해 한국정부는 그 시간이 늦추어지기를 바라고 있다고 했다.[98]

유엔 대표권 문제는 대한민국의 정통성 논리와 직결되어 있는 아주 민감한 문제였다. 이 부분에 대한 정책을 변경한다는 것은 반공이데올로기가 팽배해 있는 한국사회의 분위기 속에서 결코 쉬운 것이 아니었다. 6·23선언 발표 5개월 전인 1973년 1월에도 외무부는 재외공관에 내린 지침에서 유엔 동시가입 문제가 제기될 경우 다음과 같은 논리로 반박하라고 지시하였다.

한국의 경우 쌍방이 통일 이전 가입을 원치 않으며 통일을 지향하여 대북 대화가 진행되고 있으므로, 다른 분단국과는 역사적 배경이나 현실적 여건이 판이하다는 점과, 동시가입은 남북분단을 항구화시킬 우려가 있다는 점에서 이에 반대하는 정부 입장을 밝힐 것.[99]

6·23선언 직전까지 한국 외무부는 유엔 동시가입을 이처럼 분단의 항구화를 의미하는 것이라고 반대하였던 것이다. 한편 1973년 1월 미국무부 한국과장 레나드가 한국을 방문했을 때 외무부 방교국(邦交局) 국장은 한국정부로서는 북한대표가 유엔에 출석하는 문제가 언커크 해체보다 더 민감한 사항이라고 했다.[100] 유엔은 대한민국 유일 정통성론과 직결되는 국제기구였기 때문이다.

그러나 데땅뜨로 가는 국제사회의 분위기 속에서 대한민국의 유일 대표권을 계속 관철시키는 것은 현실적으로 어려운 일이었다. 북한의 국제기구 가입을 저지하는 작업도 쉽지 않았다. 특히 1971년 10월 중국이 유엔에 가입함으로써 유엔에서의 한반도 문제 토론도 더욱 부담스럽게 되었다. 1971년과 1972년 2년 동안 유엔에서의 한반도 문제 토론이 연기되었지만 1973년 가을 개최될 28차 유엔총회에서는 또다시 연기되는 것이 거의 불가능하다고 예측되었다. 한반도 문제가 토의될 경우 남북한 대표의 동시 출석안을 저지하는 것도 불투명했다.[101] 이에 한국정부는 남북한 유엔 동시가입을 전격적으로 제안하면서 과감한 정책전환으로 북한의 외교공세를 무의미하게 만들려고 했던 것이다. 한국정부가 유엔 동시가입 정책을 확정한 이상 북한이 국제기구에 참여하는 것도, 북한대표가 유엔에 초청되는 것도 더이상 쟁점이 될 이유가 없어진 것이다.

셋째는 언커크와 유엔군사령부 문제였다. 애초 한국정부의 입장은 한반도에 존재하는 모든 유엔기구는 그대로 존속되어야 한다는 것이었고, 이 문제가 유엔에서 쟁점화되는 것을 회피하는 것이었다. 그러나 1972년 12월 외무부 방교국 국제연합과는 언커크가 애초의 목적대로 제대로 기능하지 못하고 회원국들의 탈퇴와 동요가 이어지고 있음을 지적하면서, 조심스럽게 "언커크의 경우 아국 이니셔티브에 의한 것이라면 그 존속 문제에 관한 정책변경을 시도할 여지가 있을 것"이라고 했다. 그러나 유엔군사령부 문제는 휴전협정 등 한국의 안보 문제와 직결되는 문제인 만큼 이를 그대로 유지시키기 위해 노력해야 한다고 했다. 다만 장기적으로 보았을 때 한미 공동방위체제, 주한미군철수 등 한미관계의 재조정과 남북대화의 진척에 따라 유엔군사령부의 상징적인 의의조차 소멸되는 시기에는 '주한유엔군'의 해체도 고려할 필요가 생길 것이라 예측했다.[102] 한국정부는 6·23 선언을 준비하면서 언커크 해체에 반대하지 않겠다는 정책을 확정지었고, 유엔군사령부 문제는 이와 분리하였던 것이다.

1973년 5월 25일 한국정부가 미국에 알려온 새로운 외교정책 내용은 모두 미국정부가 바라던 바이자 이전부터 고려하거나 주장하던 정책이었다. 하비브 대사는 이를 미국무부에 보고하면서 "국제적 현실에 실용적인 적응을 추구하는 한국인의 능력"을 보여준 것이라고 높게 평가하였다. 그러나 하비브는 한국정부의 새로운 외교정책에는 '유엔군사령부'에 대한 언급이 없다는 것을 지적했다. 하비브는 남북이 동시에 유엔에 가입하는 논리적 결과는 "북한에 대항하여 만들어진 유엔군사령부의 종결"을 실질적으로 내포하고 있음을 한국정부에 솔직히 알려야 한다고 건의했다.[103] 그러나 미국무부는 유엔군사령부는 확실한 안전보장 없이는 해체하지 않을 것이라고 하면서, 이는 별도의 사안이니 나중에 고려해도 될 것이라고 응답했다.[104] 국무부의 입장은 언커크와 유엔사 문제를 분리해서 순차적으로 처리하겠다는 것이었고, 이는 이후 미국의 정책에 그대로 관철되었다.

김용식 외무부장관은 하비브 대사에게 한국정부의 새로운 외교정책 개요를 알려주면서 제3자에게 절대로 이야기하지 말고 비밀을 엄수해줄 것을 당부하였다. 그러나 미국정부는 그 내용 일부를 한국정부의 공식 발표 전에 중국정부에 통보하고 사전 정지작업을 했다. 1973년 5월 27일 키신저는 황화를 만나 언커크 종결을 위한 본격적인 논의를 시작할 수 있다고 하면서, 남북한 유엔 동시가입을 비롯한 한국정부의 새로운 외교정책안의 골자를 이야기해주었다.[105] 한국측이 미국정부에 정책변경을 통보한 지 딱 이틀 만이었다.

원래 한국정부는 새로운 외교정책 선언을 1973년 6월 말이나 7월 초에 할 예정이었다. 그러나 미국은 북한이 선수를 칠지 모르니 가급적 빨리 발표하는 것이 좋겠다고 권고하였다.[106] 마침내 1973년 6월 23일 대통령의 특별성명이 발표되었다(‘6·23선언’). 그 내용은 애초 기획한 것과 같았지만, 언커크 활동중지 문제는 최종 발표문안에서 삭제되었다.

‘6·23선언’의 최종 발표문안은 발표 3일 전인 6월 20일 하비브 대사에게 전달되었다. 하비브는 김용식 외무부장관에게 언커크 문제가 빠져 있음을 지적했다. 그러자 김용식은 이미 기자회견에서 언커크 활동중지에 반대하지 않는다고 했으니 문제가 될 것은 없다고 했다.[107] 그런데 언커크 문제가 유독 실제 발표 단계에서 삭제된 이유는 무엇일까? 언커크 문제는 유엔군사령부 존폐 문제와 연결될 수밖에 없었고, 이는 휴전협정의 유지와 직결되는 문제였다. 당시 한국정부는 유엔 문제에 대해 많은 부담을 느끼고 있었기 때문에 최종단계에서 언커크 문제를 발표문안에서 삭제하였던 것이다.

'6·23선언'이 발표되자마자 미국정부는 즉각 행동에 나섰다. 미국정부는 '6·23선언'의 실행을 위해 소련·중국과 접촉할 필요가 있다고 보고, 동아시아태평양 담당 부차관보 스나이더(Richard L. Sneider)를 단장으로 하는 한국실무단(Korea Working Group)을 구성하였다.[108] 나머지 단원은 국가안보회의, CIA, 국무부 관련 직원으로 편성되었다. 한편 베이징에 있는 미국 연락사무소 소장 브루스는 6월 25일 저우언라이를 만나 한국정부의 정책도 변경된 만큼 유엔위원단, 유엔군사령부 문제를 중국과 협상할 수 있다고 통보했다. 그리고 중국이 남한과 접촉하는 만큼 미국도 북한과 접촉할 것이라고 했다. 또한 미국은 남북대화에서 남한이 북한과 군사·정치적 문제도 협상하도록 촉구할 것이라고 했다.[109]

이렇듯 한국정부의 '6·23선언'을 전후하여 한반도의 데땅뜨 국면은 새로운 전기를 맞이할 조짐을 보였다. 한미 양국 정부 모두 1973년 전반기에 전반적인 외교정책의 기조를 재조정하는 국면에 접어들었다. 「NSSM 154」에 상정된 미국의 대한반도 정책을 기준으로 말하자면 당시 국면은 확실히 '선택안 1'을 넘어 급속하게 '선택안 3'과 '선택안 4'의 단계로 나아가는 양상이었다. 만약 이러한 변화가 차질없이 진행되었다면 남북관계 및 한반도 주변 외교관계에 획기적인 변화가 있었을 것이다. 또한 북미관계에도 진전이 있었을 것이다. 그러나 동아시아 데땅뜨의 중요한 보조축이었고, 한반도 문제로 이야기하자면 주축이 될 수밖에 없는 남북대화에 제동이 걸렸다. 특히 '6·23선언'은 남북대화에 여러 측면에서 부정적인 영향을 미쳤다. 모든 것이 급속하게 꼬여가기 시작했다.

제 7 장

손잡는 미국과 중국, 돌아서는 남북한
: 외교적 · 군사적 대결로의 복귀

1976년 8월 18일 오전 10시 30분 판문점 공동경비구역, 미군 대위 보니파스(Arthur Bonifas)가 이끄는 유엔군 경비단 병력과 노무자들이 가지치기 작업을 하기 위해 미루나무로 향했다. 공동경비구역에는 유엔사측 초소들이 여럿 있는데, 각 초소들은 항상 서로 지켜보면서 혹시 발생할지 모를 위급한 사태에 대비해야 했다. 그런데 유엔사 초소 중 가장 중요한 지점인 '돌아오지 않는 다리' 앞의 3초소와 이를 지켜보는 5초소 사이에 미루나무 한그루가 있었다. 여름에 가지가 무성해지면 시야를 가려 초소를 관측하기 어려웠다. 12일 전인 8월 6일 유엔사측은 그 미루나무의 절단을 시도했다가 북한 경비병들의 제지로 작업을 포기했었다. 그래서 이번에는 나무를 절단하는 것이 아니라 가지치기만 하기로 하고 작업에 들어갔다. 작업이 시작되자 북한 경비병들이 다가왔고, 유엔사 경비병들은 가지치기만 하는 것이라고 알려주었다. 북한 경비병들은 처음에는 작업을 막지 않았고,

주변에서 잡담을 하며 노무자들의 가지치기 작업에 훈수를 두기도 했다.

20분 후 북측 경비단 장교 박철 중위가 나타나 작업중단을 요구했다. 잠시 후 11시 30분에는 30여명의 북한 경비병들이 증원되었다. 분위기가 험악했다. 박철은 보니파스에게 욕설을 하며 작업을 강행하면 죽여버리겠다고 위협했다. 보니파스는 박철과 직접 양자대화를 할 의사가 없었던 모양이다. 냉담하게 뒤로 돌아서서 나무를 쳐다보며 노무자들에게 작업을 계속하라고 지시했다. 그러자 박철은 시계를 벗어 손수건에 싸서 바지주머니에 넣었다. 북한 경비병들도 일제히 소매를 걷었다. 박철이 "죽여" 하고 소리치며 발차기로 보니파스 대위를 가격했고, 이를 신호로 북한 경비병들이 일제히 유엔사 경비병들에게 달려들어 주먹질과 발길질을 하고 곤봉을 휘둘렀다. 노무자들이 사용하던 도끼를 빼앗아 휘두르기도 했다. 4분가량 격투가 있었고, 보니파스 대위와 바렛(Mark Barrett) 중위, 두명의 미군장교가 심하게 맞아 사망했다.[1] 이 장면은 유엔군측이 설치해둔 카메라에 모두 찍혀 세계 언론에 보도되었다. 워싱턴의 키신저는 그 사진을 보고 장군들에게 유엔군 경비병들은 왜 휴대한 총기를 사용해서 대항하지 않았느냐고 나무랐다. 그는 격분해서 북한인들도 피를 보아야 한다고 했다.[2]

이 사건은 곧바로 백악관에 보고되었고, 한반도 위기상황을 발생시켰다. 일본으로부터 F-4 팬텀기들이 한반도에 날아왔고, 미국 본토에서 핵폭격이 가능한 F-111 전폭기 5개 편대 20대가 한국으로 이동했다. 항공모함 미드웨이호도 한반도로 향하였다.[3] 8월 19일 유엔사는 한반도의 데프콘(DEFCON) 등급을 한단계 상향조정하여, 데프콘 3을 발동했다.[4] 휴전 이후 데프콘 등급이 상향조정된 것은 이때가 처음이었다고 한다. 그러자 김일성은 같은 날 저녁 인민군 전부대와 '로동적위대' '붉은 청년근위대' 전체 대원에게 전투태세에 돌입하라는 명령을 내렸다.[5] 남쪽 텔레비전에는 김일성의 명령을 받고 총을 들고 뛰어나가는 북한사람들의 모습이 담긴 영상이 반복적으로 방영되었다. 어렸을 때 일이지만 필자도 저녁밥을 먹다가 이런 영상을 본 기억이 난다.

1976년 8월 21일 유엔군사령관 스틸웰(Richard A. Stilwell)은 북의 위협에 굴복하지 않겠다는 단호한 의지를 보여주기 위해 문제의 미루나무를 송두리째 절단하는 작전을 개시했다. 이날 오전 7시 유엔군 경비대 병력과 한국군 공수부대, 미국 공병단이 공동경비구역에 진입했다. 군사작전에 나무 절단이라는 것이 있는지 모르겠으나, 이는 한반도를 절단나게 할 수도 있는 작전이었다. 공동경비구역 주변에는 미군과 한국군 수색대가 촘촘히 배치되었고, 하늘에는 언제든지 대응 가능하도록 중무장한 병력을 태운 헬기가 맴돌았다. 유엔사 헬기 한대가 군사분계선을 실수로 넘어갔는데 북한군이 사격을 가해왔다. 다행히 헬기는 꼬리 날개 부분만 파손되고 추락하지는 않았다. 끔찍한 순간이었다. 최전방의 포병부대들은 일제히 대비태세를 갖추고 목표물을 겨누었다. 북한군이 무력으로 대응하면 즉각 개성지역의 인민군 막사들(현재 개성공단 지역에 위치해 있었음)을 포격하기로 결정되어 있었다.[6] 당시 만약 북한이 무력으로 대응했다면 유엔사는 개성을 탈환하고, 연백평야 깊숙이 진출할 예정이었다는 증언도 있다.[7] F-4와 F-111, 한국공군의 F-5 전폭기가 일제히 출격하여 한반도 남쪽 하늘을 선회하였다. 괌에서 출발한 B-52 중폭격기들은 동해 상공을 북상하여 원산 앞바다까지 갔다가 유엔군 경비병들이 공동경비구역에 투입되는 순간 기수를 90도로 꺾어 서쪽으로 향했다. 여차하면 평양으로 날아갈 태세였다.[8] 이날 오전 11시 김일성이 다급했는지 도끼살해 사건에 대한 유감을 표명하였다.

이 작전은 미국의 전설적인 나무꾼의 이름을 따서 '폴 버니언(Paul Bunyan) 작전'이라 명명되었다. 그러나 미국 공병대는 나무 자르기 훈련은 많이 하지 않았던 모양이다. 여름날 한창 물이 오른 나무를 절단하는 것은 전기톱으로도 쉽지 않았다. 예상보다 시간이 많이 지체되어 40분 만에 미루나무가 잘려 쓰러졌다. 한반도를 둘러싼 군사적·외교적 갈등이 애꿎은 미루나무에 이전되는 순간이었다. 이 나무는 자신을 자르기 위해 상상을 초월하는 군대와 무기가 동원된 사실을 아는지 모르는지, 한반도의 수천만 주민의 위태로운 목숨을 대변하듯 세계적으로 주목을 받으면서 잘려나갔다. 미루나무에 죄가 있다면 단지 그곳에 있었다는 것뿐이었다. 마치 2차 세계대전 직후 미소의 경계선이 될 만한 지역에 한반도가 있어 분단된 것처럼.

한반도는 이런 곳이다. 나무 가지치기 작업이 엄청난 전쟁의 위기로 돌변할 수 있는 변덕스럽고 유동적인 상황이 존재하는 그런 곳이다. 1968년 1·21사건 및 푸에블로호 사건이 발생한 지 3년 만에 남북대화가 시작되었다. 1972년 베이징에 닉슨이 나타났고, 서울에 북한 사람들이 나타났다. 이번에는 무기를 들고 엿과 오징어를 먹으며 야밤에 시속 10km 속도로 달리며 산을 타고 오지 않았다. 술병(선물)을 들고 시민들의 관심과 환영을 받으며 나타났다. 한반도에도 데땅뜨의 기운이 완연했다. 그러나 이도 잠시, 1973년 8월 남북대화가 중단되었고, 그러고 나서 3년 만에 판문점 도끼살해 사건이 발생했다. 푸에블로호 사건 후 8년 만에 한반도에는 또다시 제2의 한국전쟁이 우려되는 전쟁위기가 재연된 것이다. 이 사건으로 1970년대 전반 한반도의 데땅뜨 기류는 확실히 바닥을 쳤다. 남북대화가 재개될 가능성도, 한반도 평화를 위해 의미있는 외교적 협상이 이루어질 가능성도 일단은 모두 사라졌다.

1. 남북대화의 교착과 중단

남북대화의 교착

남북대화는 1973년에 접어들면서 교착되기 시작했다. 연초부터 남북적십자 본회담, 남북조절위원회 회담이 수차례 진행되었으나 양측은 단 하나의 합의문도 작성하지 못하였다.

1973년 3월 12일에서 16일까지 평양에서 2차 남북조절위원회 회담이 개최되었다. 남측 대표단을 맞이하는 평양의 분위기는 확연히 달라져 있었고, 김일성은 더이상 남측 조절위원회 대표단을 만나주지 않았다.[9] 2차 남북조절위 회담에서 북측은 5개항의 군사 제안을 하고, 이것이 선결적으로 해결되어야 한다고 주장했다. 그 내용은 ① 남북의 무력증강 및 군비경쟁 중지 ② 남북 군대 10만 이하 감축 ③ 외부로부터의 일체 무기와 장비 반입 중지 ④ 주한미군을 포함한 모든 외국군대 철수 ⑤ 남북평화협정 체결이었다.[10] 이제 공식적으로도 군사 문제의 우선적 해결을 선행조건으로 강조하기 시작한 것이다.

5개항의 제안 중 핵심은 남북평화협정 체결이었다. 북은 1970년대 초 대외적으로 남북한 사이의 평화협정 체결을 주장했지만, 정작 남북대화 과정에서는 평화협정에 대해 거의 언급하지 않았다. 1972년 10월 12일 판문점에서 열린 제1차 남북조절위원회 공동위원장 회의에서 박성철이 평화협정을 거론하였지만, 이는 북의 입장을 일반적으로 나열하는 과정에서 나온 것으로, 정식으로 제안한 것도, 여기에 특별히 강조점을 두어 말한 것도 아니었다.[11] 1972년 11월 3일 평양에서 열린 2차 남북조절위원회 공동위원장 회의 때도 김일성은 이후락을 만나 여러 제안을 했으나 평화협정 이야기는 없었다.[12] 물론 이 점은 당시 남북대화의 진척상황이 평화협정 문제를 거론할 만한 상태로까지 가지 못했기 때문이라고 볼 수도 있다. 그러나 대외적으로는 평화협정을 대단히 강조하면서도 정작 남북대화 과정에서는 이를 그다지 강조하지 않은 북의 태도는 아무튼 다소 의외라 할 수 있다. 2차 남북조절위원회 회담이 열리기 직전인 1972년 3월 1일 이후락은 하비브 대사를 만나 남북대화에 대해 이야기를 나누었다. 이때 하비브 대사가 평화협정 문제에 대해 질문하자 이후락은 "평양은 공식적으로 평화협정 제안을 남측에 하지 않았다"고 답변하며 여기에 큰 관심을 두지 않았다.[13]

남북대화의 진행상황으로 볼 때 북의 5개항의 군사 제안은 다분히 돌출적으로 나온 것이었다. 즉 남측과 사전에 공식·비공식적으로 충분한 의견교환을 하고 제시한 것이 아니었다. 또한 5개항의 내용도 문제였다. 일년여 전인 1972년 1월 김일성의 『요미우리신문』 인터뷰에서는 선평화협정 후미군철수를 제안하여 과거보다 좀더 유연하고 타협적인 모습을 보였다. 그러나 이때 북이 남측에 제안한 5개항에는 이 점도 명확하지 않았다. 5개항의 나열순서를 볼 때 이는 과거 선미군철수 후남북평화협정 주장에 더 가까웠다.

더구나 북측 대표 박성철은 3월 15일 만찬 연설에서 회담 중에 제안한 5개항의 군사 제안 내용을 공표해버렸다.[14] 당시 남북조절위원회 회담은 비공개로 열렸고, 양측이 합의한 내용 외에는 일체 공표하지 않기로 합의를 본 상태였다. 그런데 박성철이 이러한 합의를 깨고 회담내용을 공개해버린 것이다. 이러한 상황은 북이 5개항의 군사 제안을 남북조절위원회에서 진지하게 협상하고 타협하기 위해 제출했다기보다는 대외적인 선전공세를 강화하기 위해 제기한 것으로 해석될 수밖에 없었다.

회의를 마치고 서울로 돌아온 이후락은 하비브 대사에게 남북대화 전망에 대해 지극히 회의적인 견해를 피력했다. 그는 남측은 정치소위원회는 혹시 수용할 수 있을지 몰라도, 군사소위원회는 최종단계에서나 가능할 것이라고 했다. 한국정부의 입장에서 군사문제를 지금 논의하는 것은 거의 불가능하다는 것이었다. 하비브는 이날 이후락에게 토의를 하는 것과 합의를 하는 것은 다르다고 지적하면서 북측이 제안한 문제에 대해 토의를 시작하는 것은 가능하지 않겠느냐고 했지만 이후락은 반응을 보이지 않았다.[15]

북이 이처럼 군사문제를 선결조건으로 강조하고, 나아가 선전전을 벌인 것은 북에 강경파 또는 강경기류가 1973년에 접어들면서 강하게 대두하고 있음을 보여준 것이었다. 회담을 이어나가기 위해서는 남측도 군사 문제에 대한 토론 자체를 거부하기보다는 나름대로 군사 문제와 관련된 의제를 개발하여 역제안을 하는 등의 조치가 필요했다. 예컨대 비무장지대의 실질적인 비무장화 같은 문제를 북의 5개안의 제안과 결부지어 제안하거나, 박대통령이 후일 실제 제안하게 되지만 남북불가침협정 체결 같은 역제안을 할 수도 있었을 것이다. 그러나 당시 남측은 역시 단계론적 입장에서 남북교류가 선행되지 않으면 군사 문제는 논의할 수 없다는 태도를 보였고, 회담은 교착될 수밖에 없었다.

적십자회담도 마찬가지로 1973년 들어 더욱 교착되었다. 2차 남북조절위원회 회담 직후인 1973년 3월 21일 평양에서 5차 남북적십자 본회담이 있었지만 역시 아무것도 합의되지 않았다. 이후 1973년

5월 9일 서울에서 열린 6차 본회담에서 북은 더욱 강경하게 나왔다. 북은 3차 본회담 때부터 이산가족상봉을 위한 법률적·사회적 조건의 개선을 이야기해왔지만 구체적으로 법률 명칭을 특정해서 말하지는 않았다. 그러나 6차 본회담부터는 '국가보안법'과 '반공법'을 구체적으로 언급해가면서 두 법률의 폐지를 주장하고 나왔다.[16] 또한 적십자 사업의 취지를 설명하기 위해 각 동(리)마다 각기 1명씩 '요해해설인원'을 파견해야 한다고 주장하였다. 남측의 언론들은 북의 요구를 그대로 수용하면 3만명이 넘는 북한 적십자 요원들이 남쪽을 누비게 될 것이라고 우려했다.[17] 남측은 물론이고 북측도 사실상 실행하기 어려운 제안이었다.

설상가상으로 1973년 3월 '윤필용 사건'이 발생해 남북대화에 더욱 부정적인 영향을 미쳤다. 1973년 3월 9일 수도경비사령관 윤필용과 휘하 장교 10여명이 갑자기 군수사기관에 구속되는 사건이 발생했다. 이들은 개인적인 비리혐의로 재판을 받았지만, 이것이 실질적인 이유는 아니었다. 윤필용 소장이 사적인 술자리에서 박대통령은 이미 노쇠했으니 이후락 부장이 후계자가 되어야 한다고 말했다는 소문이 박대통령에게 전달된 것이 화근이었다. 윤필용 소장을 비롯하여 처벌받은 장교들은 소문은 사실이 아니고, 이후락 및 윤필용을 견제하려는 세력이 모함을 한 것이라고 주장했지만 소용이 없었다. 이 사건은 이후락과 박대통령의 관계가 크게 소원해지는 계기가 되었다. 이후락 부장은 이 사건 전까지만 해도 거의 매일 박대통령과 만났으나 그후 박정희와 만나는 것 자체가 힘들어졌다.[18] 이후락과 중앙정보부에 의해 추진되던 남북대화도 타격을 받을 수밖에 없었다. 게다가 '6·23선언'은 남북대화를 심각하게 더 꼬이게 만들었다.

'6·23선언'과 '조국통일 5대 강령'

'6·23선언'의 남북한 유엔 동시가입 제안은 한국정부 입장에서는 더 현실적이고 유연한 대외정책을 수립한다는 차원에서 나온 결정이었다. 남측으로서는 정말 쉽지 않은 결정이었다. 그러나 6·23선언, 특히 유엔 동시가입 제안은 남북대화에 부정적으로 작용하였다.

당시 북한 수뇌부는 남북대화 과정에서 이미 여러차례 '두개의 한국론'과 '남북한 유엔 동시가입'에 반대한다는 입장을 남측에 일관되고 명확하고 강력하게 전달해왔었다. 1972년 11월 3일 이후락과의 만남에서도 김일성이 직접 남북한 유엔 동시가입 주장을 반대한다고 분명하게 말했다.[19] 그러나 당시 한국 정부요인들은 북이 유엔 동시가입 제안에 대해 겉으로는, 또한 처음에는 반대하겠지만 곧 수용하게 될 것이라 낙관하였다. 남측 관리들은 북이 당시 보여준 외교 행태로 보았을 때 겉으로 '하나의 조선'을 강조하지만 현실적으로는 '두개의 한국'을 사실상 인정해가고 있다고 보았다. 1973년 1월 한국 외무부 방교국장은 미국무부 한국과장 레나드와의 대화에서 북한이 겉으로는 '두개의 한국'을 반대한다고 하나, 아프리카 등 실제 외교 현장에서 한국과 이미 수교한 국가들과 접촉하는 과정에서는 "두개의 한국을 팔고 다닌다"고 했다.[20] 1973년 6월 4일 박대통령도 하비브와의 대화에서 북한이 유엔 동시가입에 대해 겉으로는 반대할 것이나 이는 그들의 진정한 의사를 드러낸 것으로 보지 않는다고 했다. 나아가 박대통령은 소련, 중국도 남북 유엔 동시가입이 바람직하다고 생각하고 북한에 촉구할 것이라고 보았다.[21] 그러나 이는 너무 낙관적인 전망이었다. 특히 중국의 태도에 대한 예측은 후술하겠지만 완전히 빗나갔다.

북한은 한반도의 현상변경을 원했고, 북의 체제는 민족해방혁명

논리에 크게 의존하고 있었다. 특히 유일체제가 한층 강화되던 당시 시점에서는 더욱 그러했다. 한반도의 두 국가의 실체를 공식적으로 인정하게 되면 민족해방 논리는 손상을 입을 수밖에 없다. '남조선혁명'도 문제지만 북의 유일체제와 정부, 조선로동당의 중요한 존립 근거였던 민족해방혁명론, 그리고 전체 '조선혁명의 완수' 논리도 존립의 근거가 약화된다. 또한 북한체제의 속성상 김일성이 남북한 유엔 동시가입에 반대한다고 명확하게 남측 대표와 북의 관리들이 있는 자리에서 이야기했는데, 이를 뒤집는 것도 대단히 어렵다. 유엔 동시가입론은 남쪽에서도 분란을 일으켰지만, 북쪽에서는 상대적으로 더 큰 분란과 파문을 일으킬 수밖에 없었다.

당시 한국정부가 유엔 동시가입을 국제사회에서 외교적 공세를 벌이기 위한 선전적 목적이 아니라, 실제 실행 가능한 정책으로 추진할 계획이었다면 당연히 북한과 미리 이 문제에 대해 합의를 하거나 사전에 충분히 의견교환을 할 필요가 있었다. 이는 동서독 사례를 보아도 쉽게 알 수 있다. 동서독은 정상회담과 기본합의서 채택 과정에서 사전에 유엔 문제를 조율하였다. 이러한 상호 합의를 바탕으로 1973년 동서독은 유엔가입을 신청했고, 이는 유엔에서 아무런 논쟁의 여지 없이 만장일치로 가결되었다.[22]

그러나 6·23선언의 유엔 동시가입 주장은 남북 사이에 상호 합의는커녕 제대로 된 의견교환도 없이 국제사회에 일방적으로 제안하는 방식으로 이루어졌다. 1973년 3월 1일 하비브는 이후락과의 대화에서 유엔 문제를 북한과 논의해보았느냐고 물었다. 그러자 이후락은 유엔 문제를 남북조절위원회에서 토론할 의사가 없다며 일축했다.[23] 당사자와 충분한 사전논의 없이 남북한 유엔 동시가입을 제안하고, 이를 곧바로 유엔에 가져가는 것은 국제사회에서 분쟁을 해결하기보다는 또다른 갈등과 분쟁을 불러일으킬 소지가 컸다.

실제 남북의 합의 없이 제안된 유엔 동시가입론은 국제사회 및 유엔에서도 논란을 일으켰다. 서방측 국가들도 모두 여기에 선뜻 지지를 보낸 것은 아니었다. 1973년 28차 유엔총회 과정에서 미국과 한국은 서방측의 결의안에 유엔 동시가입 제안을 명시하였다. 그러나 일부 서방국가들은 남북이 먼저 합의해야 유엔에 요청할 수 있는 문제라며 이의를 제기했다.[24] 남한의 중요 동맹국 일본도 서방측 국가들 간의 내부 협의과정에서 한반도 결의안에 유엔 동시가입 제안은 삭제하자고 주장하기도 했다.[25] 28차 유엔총회에서 서방측 결의안의 채택이 쉽지 않아 보이자 당시 미국 관리들은 남북한 유엔 동시가입 문제를 결의안에서 삭제하면 호주 등 8개국의 찬성표를 더 얻을 수 있다고 보고했다.[26] 남북한 유엔 동시가입 문제는 이처럼 서방측 국가 사이에서도 분란의 씨앗이었다.

6·23선언은 발표 직전인 당일 오전 판문점을 통해 북한에 미리 전달되었다.[27] 어쩌면 북은 이미 중국으로부터 6·23선언의 내용을 전달받아 알고 있었을 가능성도 있다. 어찌되었건 북한에게 유엔 동시가입 문제는 생각해볼 필요도 없는 이야기였다. 김일성은 같은 날 저녁 곧바로 후일 이른바 '조국통일 5대 강령'으로 명명되는 5개항의 통일방안을 발표했다. 김일성은 여기서 군사적 문제의 우선적 해결, 각 정당·사회단체 대표들로 구성되는 '대민족회의' 소집, '고려연방공화국'이라는 단일 국호하에 남북연방제 실시 등을 제안하였다. 그리고 '두개의 조선 정책'과 남북 유엔 동시가입에 반대하면서 '고려연방공화국'이라는 국호를 갖는 단일국가로 유엔에 가입하자고 역제안을 했다.[28]

남의 6·23선언은 북의 입장에서는 남측이 넘지 말아야 할 선을 넘은 것이었다. 그런데 북의 5개항의 통일방안도 남쪽 입장에서는 마찬가지로 북이 넘지 말아야 할 선을 넘어간 것이었다. 이후락은 1972년 5월 처음으로 평양에 갔을 때부터 남북대화가 진행되는 동안 줄곧 북측 인사에게 대외적으로 일방적인 통일방안을 발표해서는 안 된다고 거듭 강조하였다.[29] 남측은 애초 남북공동성명 문안에 일방적인 통일제안을 하지 않겠다는 구절을 명시하려고까지 했다. 서로 대화를 하는데 협상장 밖에서 대외적으로 일방적인 제안을 공표하며 선전공세를 하는 것은 협상에 도움이 안되기 때문이었다. 북은 남북대화 기간 동안 이러한 요청을 의식했는지 이미 발표된 허담 8개항 이외에 새로운 통일방안을 제안하지는 않았다. 그러나 김일성의 5개항 통일방안 공표로 이와같은 암묵적인 합의가 완전히 깨져버렸다. 일방적인 통일공세가 다시 시작된 것이다. 이러한 맥락에서 볼 때 1973년 6월 23일을 기하여 남북대화는 교착상태를 넘어 실질적인 파국을 맞이했다고 해도 과언이 아니었다. 서로 일방적인 행동에 나선 것이다. 북에서는 이미 1973년 초 5개항의 군사 문제 우선해결 제안에서 나타나듯 강경론이 대두하고 있었는데, 6·23선언은 북의 강경파를 더욱 자극하는 결과를 가져왔던 것이다. 이러한 면에서 남의 6·23선언은 외교정책과 남북관계에 대한 정책을 조율하는 데 실패한 사례라 할 수 있을 것이다.

북한의 대화중단 선언

마침내 1973년 8월 28일, 북은 김대중 납치사건과 '6·23선언'을 비난하며 이후락과 더이상 대화할 수 없다며 남북대화를 일방적으로 중단한다는 성명서를 발표했다. 이 성명서에서 북은 김대중 납치사건에 대해 자세히 언급하며 이를 대화중단의 중요한 명분으로 삼왔다. 그러나 이것이 실제 중요한 이유는 아니었다. 역설적으로 북이 크게 반발한 남북한 유엔 동시가입 주장을 1970년대 초 제일 먼저 주장한 정치인이 김대중이었다.

북이 대화중단 선언을 한 배경에는 여러가지 복합적인 요인이 있었다. '6·23선언'이 일단 불만이었다. 6·23선언은 북이 대화중단 책임을 남쪽에 미루면서, 한반도 분단 영구화를 추구하는 것이라 비난하며 일방적인 통일공세에 나설 수 있는 빌미를 주었다. 또한 주한미군 문제도 있었다. 북은 남측과 대화를 하며 남북대화가 주한미군의 추가적 감축 또는 철수에 유리한 국면을 조성할 것이라 기대했다. 그러나 1972년, 1973년에도 주한미군의 추가적 감축은 없었다. 나아가 1974년에도 주한미군이 감축될 조짐이 보이지 않았다. 앞서 언급한 것처럼 미국정부는 1974 회계연도에도 주한미군의 수준을 그대로 유지하기로 1973년 초에 결정하였다. 그리고 이같은 결정은 외부로 알려졌다. 북한의 회담 중단선언 이틀 전인 1973년 8월 26일 미국방장관 슐레진저(James Schlesinger)는 기자회견에서 "남북한이 향후 1년 또는 1년 6개월 안에 동서독과 같은 안정된 관계를 합의할 것으로 전망되는데 그때까지 한국에 주둔하는 4만여 미군병력을 계속 주둔시킬 계획이다"라고 말했다. 이는 당연히 27일 남측 언론에 크게 보도되었다.[30]

또한 북의 입장에서는 주한미군철수, 언커크 해체, 유엔군사령부 해체 등 자신의 주장을 달성하려면 우선적으로 유엔에서 한반도 문제가 토론되고, 이것이 국제적으로 쟁점화되면서 미국을 압박해야 했다. 북한은 1973년 유엔총회에서는 한반도 문제 토론을 반드시 성사시키려 했다. 그러기 위해서 남북대화를 일시적으로 중단할 필요도 있었을 것이다. 또한 남북대화 중단은 1974년 북미평화협정 제안을 설명하며 자세히 분석하겠지만 북한이 미국과의 직접 대화를 추진하는 정책과도 무관하지 않았다. 공교롭게도 남북대화 중단선언은 베이징에서 북미 외교관의 최초 접촉이 있은 다음날 발표되었다.

한가지 주목할 것은, 8월 28일 북한의 대화 중단선언의 요지는 "이후락 및 중앙정보부 사람들과는 더이상 대화할 수 없다"는 거였다는 점이다. 남북대화 자체가 이제는 불필요하고 무의미하다면서 대화의 가능성 자체를 닫아버린 것은 결코 아니었다.[31] 8·28성명 이후에도 남북 적십자 및 조절위원회의 실무자 차원의 접촉은 계속되었다. 당시 남측도 유엔총회가 끝나면 남북대화가 재개될 가능성이 있다고 보았다. 1973년 11월 남측 적십자 대표 이범석은 북이 실무자 차원의 접촉을 지속하려 하고 있고, 적십자 본회담 개최에 대해서도 완전히 반대하는 것은 아니라면서 회담 재개 가능성을 낙관하였다.[32] 한편 국무총리 비서관 한상국(韓相國)이 주한미국대사관에 전한 바에 따르면 북한은 1973년 5월과 6월, 외유 중인 김종필 총리에게 접촉을 시도하였다고 한다. 김총리는 이를 거절하였다. 북은 이때부터 이후락이 아닌 한국정부 수뇌부와 연결될 수 있는 다른 채널을 탐색하고 있었던 것이다. 한상국은 남북조절위원회 공동위원장 이후락과 김영주를 모두 교체하는 방식으로 서로 체면을 세워주는 조치가 필요할 것이라 했다.[33] 이렇듯 8·28성명 이후에도 남북대화의 끈은 이어져 있었다. 남북조절위원회 위원들이 교체되는 선에서 다시 남북대화가 재개될 가능성이 여전히 남아 있었던 것이다. 그러나 1973년 가을과 겨울, 한반도 내외적 상황은 남북대화 재개를 더욱 어렵게 만드는 방향으로 흘러갔다.

2. 언커크의 해체와 북한의 서해 5도 해역 분쟁화

미중 사이의 한반도 문제 논의의 퇴조

1973년 2월 15일 키신저가 다섯번째로 베이징을 방문했다. 그 직전인 2월 11일 북한의 허담 외교부장이 베이징을 방문하여 저우언라이를 만났다. 허담은 중국측에 키신저를 만나면 북미 접촉의 가능성을 타진해달라고 부탁하였다. 북한은 1973년에 접어들면서 일부 서방국가와도 수교하는 등 국제사회에서 자신의 입지를 강화해가고 있었다. 그 여세를 몰아 미국과의 직접 접촉과 협상을 시도한 것이었다. 저우언라이는 이 문제에 대해 측면에서 타진해보겠다고 약속했다.[34]

1973년 2월 18일 저우언라이는 키신저와의 만남에서 한반도 문제와 관련하여 언커크 문제를 주로 거론했다. 저우언라이는 이날 점진적인 미군철수 방침을 수긍하고, 통일 문제에 대한 점진적 접근을 강조하는 발언을 했다. 그러나 평화협정 문제는 거론하지 않았다.[35] 키신저는 미국은 남북한 사이의 정치적 대화를 적극 격려하고 있다고 하면서, "남북대화에 특히 어려운 부분이 무엇인지를 중국측에서 이야기해준다면 미국이 어디에서 영향력을 발휘할 수 있을지 알 수 있을 것이다"라고 하였다. 그러나 저우언라이는 더이상의 대화를 회피했다.[36] 중국도 남북대화에 직접 관여할 의도가 없었던 것이다.

당시 미국 정부관리들은 7·4공동성명이 발표되고 남북대화도 진전되었으니 중국이 한반도 문제를 최고의 의제(prime topic)로 제기할 것이라고 예측했었다.[37] 그러나 1973년 2월 회담에서 저우언라이는 의외로 과거보다 훨씬 더 약하게 한반도 문제를 거론했다. 미중 사이의 한반도 문제 토의는 언커크, 유엔사 등 유엔 관련 쟁점을 제외하고는 거의 마무리 국면에 들어가는 모습이었다. 이렇듯 미중관계가 진척될수록 양자의 한반도 문제 토의는 언커크 해체 등을 통해 한반도 분단 문제를 내재화 또는 한반도화하면서 분단상태의 현상유지에 공조하는 방향으로 갔다.

그런데 미중이 이러한 방식으로 공조를 하게 될 때 북한과 중국의 사이는 어떻게 될까? 북중관계는 무조건 친밀하기만 한 것은 아니었다. 두나라 사이에는 갈등도 존재했다. 1970년대 초 북중 동맹관계는 어느 때보다 돈독했지만, 이때에도 북한은 중국을 완전히 신뢰하는 상황은 아니었다. 특히 1970년대 초는 북한에서 주체사상과 유일체제를 한층 강화해나가는 시점이었다. 북한은 실질적으로 동맹국인 중국 및 소련과도 이념 및 정서 면에서 거리를 넓혀가고 있었다. 당시 남북적십자회담 수석대표 이범석은 평양에 직접 가보니 "북한은 예상했던 것보다 더 고립되어 있으며, 자주와 독립에 대한 결단 때문에 중국과 소련에 대해서도 상당히 냉담한 것 같다"고 관찰하였다.[38]

북이 허담을 통해 저우언라이에게 북미접촉 가능성을 타진해달라고 부탁하였지만, 현재 공개된 미국 정부자료에는 저우언라이가 키신저에게 북미접촉 문제에 대해 언급한 내용은 보이지 않는다. 반면 중국측 기록은 저우언라이가 키신저에게 '조미(朝美)접촉 문제'를 거론했고, 키신저는 "조미접촉 문제에 대해서는 아직 고려한 바가 없다"고 이야기한 것으로 되어 있다. 또한 키신저가 가고 난 후 2월 20일 저우가 허담에게 이러한 사실을 통보한 것으로 되어 있다.[39] 미국 정부의 대담비망록도 모든 대화내용을 다 기록하지는 않았을 것이다. 그러나 저우언라이가 북미접촉 문제에 대해 미국에게 비중있게 이야기했다면 그 어디엔가는 흔적이 남았을 것이다. 저우는 북미접촉 문제에 대해 키신저에게 거론을 하지 않았거나, 했더라도 힘주어 강조하지 않았을 가능성이 크다.

또한 북한이 북미접촉 가능성을 미국에 타진해달라고 부탁한 것이 무엇을 의미하는지도 생각해볼 필요가 있다. 사실상 이는 북한이 지금까지는 중국을 매개로 미국에 자신의 주장을 전달했지만 이제부터는 미국과 직접 담판하겠다는 의도를 내비친 것이었다. 그런 만큼 중국도 과거처럼 미국에 한반도 문제를 적극적으로 거론할 이유가 없었을 것이다. 중국이 1973년 2월 회담 때부터 한반도 문제를 미국이 예측했던 것보다 훨씬 적은 비중으로 언급한 것은 이러한 맥락도 작용하였던 것이다. 북중관계에도 이상징후가 나타나기 시작한 것이다.

언커크 해체와 북중 갈등

언커크 해체는 이미 1972년 2월 닉슨의 베이징 방문 때부터 미중 사이에 한반도 관련 핵심 의제였다. 1972년은 미국의 대통령선거가 있는 해였다. 키신저는 언커크 문제의 해결을 1년만 유보해줄 것을 중국에 요청했고, 유엔에서 한반도 문제에 대한 토론은 1971년에 이어 1972년에도 2년 연속 연기되었다. 중국이 미국에 암묵적으로 협조했기 때문에 가능한 일이었다. 북한은 물론 1972년 27차 유엔총회 때에도 한반도 문제 토론을 성사시키려고 적극적으로 노력하였다. 유엔 주재 유고슬라비아 대표가 미국대표 부시(George H. W. Bush)에게 알려준 바에 의하면 중국의 경우 북한의 주장에 겉으로는 동조하지만, 실제로는 북한을 위해 적극적으로 로비를 하지는 않는다고 했다.[40] 당시 유엔본부에서 취재를 했던 남한 기자들도 중국이 한반도 문제를 상정하기 위해 적극적으로 움직이지 않는다는 인상을 받았다.[41] 취재를 했던 남쪽 기자들이 이러한 인상을 받았을 정도이니 북쪽 사람들도 물론 이를 알았을 것이다.

그후 1973년에 접어들면서 언커크 해체 문제에 대한 미국과 중국의 본격적인 물밑협상이 전개되었다. 미국은 언커크가 사라져도 상관없다고 보았지만, 그동안의 언커크 활동에 대한 정당성 문제로 유엔총회에서 논란이 일어나는 것을 원치 않았다. 이에 미국은 1973년 3월 17일 중국측에 언커크의 회의를 "무기한 연기"(adjourn sine die)하는 방식으로 자연스럽게 언커크 활동을 정지하는 방안을 제안했다. 중국정부는 이 제안을 거절했다.[42] 1973년 6월 19일 키신저는 마침내 주미 중국 연락사무소 소장 황젠(黃鎭)에게 1973년에 언커크의 활동을 "종결"(termination)하고, 1974년에는 유엔군사령부를 종결할 의사가 있다고 좀더 명확하게 시한을 설정해서 제안을 했다. 그리고 당시 준비되고 있던 '6·23선언'의 내용도 미리 알려주었다.[43]

그런데 중국은 남북한 유엔 동시가입 주장에 강하게 반발했다. 28차 유엔총회 개막 직후인 1973년 9월 26일 중국 유엔대표 황화는 한국정부의 유엔 동시가입 정책에 강한 불만을 피력했다. 황화는 키신저에게 남북한 유엔 동시가입 정책은 '분단의 영구화'를 의미하는 것이며, 남북한 사이의 합의(7·4공동성명)에도 어긋난다고 했다. 그러면서 한국이 공개적으로 두개의 한국 정책을 포기한다면 미국의 언커크, 유엔사 분리 처리 제안을 연구해보겠다고 했다.[44] 중국이 언커크, 유엔사 문제와 남북한 유엔 동시가입 주장의 폐기를 연계시키자, 키신저는 10월 3일 뉴욕에서 중국 외무차관 차오관화를 만나 한반도 문제 때문에 미중이 서로 대립하지 말자고 거듭 말하며, 중국이 언커크 해체에 협조해주면 미국은 남북한 유엔 동시가입 문제를 금번 유엔총회에서 강하게 주장하지 않겠다고 약속했다.[45]

당시 중국이 남북한 유엔 동시가입을 반대한 것은 북한의 주장도 작용했지만 그보다는 '하나의 중국'을 주장하는 자신들의 신념과 입장에 배치되기 때문이었다. 1973년 11월 키신저가 방한하였을 때 박대통령은 중국이 남북한 유엔 동시가입에 대해 겉으로는 반대하지만 동서독 유엔 동시가입에 찬성했던 것으로 보아 내심으로는 찬성할 것이라고 말했다. 그러자 키신저는 박대통령에게 중국은 내심으로도 강력하게 남북한 유엔 동시가입에 반대하는 것 같다고 전했다. 그러면서 키신저는 동서독의 경우 두 독일이 합의를 했지만 한반도는 이러한 합의가 없었기 때문에 양자의 경우는 다르다고 지적했다.[46] 한국정부의 유엔 동시가입 주장은 남북대화에 부정적인 영향을 미쳤을 뿐만 아니라, 미중의 한반도 문제에 대한 공조도 오히려 어렵게 만든 측면이 있었다. 한반도에서 두개의 국가를 공식화하는 방향으로 가는 남북한 유엔 동시가입론은 남북한 사이에도, 국제적으로도 갈등과 분란을 야기시켰던 것이다.

28차 유엔총회 개최 직전인 1973년 8월 30일 언커크는 서울에서 모임을 갖고 자진해체를 건의하는 보고서를 총회에 제출하기로 결정했다.[47] 유엔총회에서 이 보고서가 채택되면 언커크는 자진해체되는 방식으로 사라지게 되는 것이다. 문제는 유엔총회에서 이것이 커다란 논쟁이나 표대결 없이 조용히 이루어지느냐 그렇지 못하느냐였다.

1973년 9월 21일 유엔총회는 한반도 문제에 대한 토론을 의제로 상정하기로 결정했다. 또한 10월 1일 유엔총회 정치위원회는 토론 없이 만장일치로 남북한 대표 동시 초청안을 채택하였다. 이에 한국 대표와 아울러 북한대표 권민준(權敏俊)도 사상 처음으로 유엔총회에 참석해서 발언을 했다.[48]

언커크 문제는 1973년 11월 11일 키신저의 6차 베이징 방문 과정에서 저우언라이와의 담판을 통해 해결되었다. 두사람은 유엔에 상정된 한반도 문제에 대해서는 양측이 표대결을 하지 않고, 만장일치로 언커크 해체만을 합의하여 공표하는 방식으로 조용히 해결하기로 했다. 1973년에 언커크를, 1974년에는 유엔군사령부를 해체한다는 미국의 단계적 해결안을 막판에 중국측이 수용한 것이었다. 그런데 저우언라이는 북한이 이러한 방향으로 가기 위해 다른 제3세계 후원국들을 설득하기 위해서는 시간이 필요하다면서 조금 더 시간을 달라고 했다. 키신저는 이를 수락하였다.[49]

이와같은 미중의 물밑타협과 공조 속에서 1973년 11월 21일 유엔총회 정치위원회(제1위원회) 의장은 동서 양측의 의견을 중재하여 의장성명을 냈다. 한반도 문제에 관해 이미 제출된 양측의 결의안에 대해 표결하지 않으며, 유엔총회는 언커크를 즉시 해체하기로 결의한다는 내용이었다.[50] 유엔군사령부, 주한미군에 대해서는 물론 언급이 없었다. 의장성명은 토론 없이 만장일치로 통과되었다. 이로써 언커크는 역사 속으로 사라졌다. 언커크의 해체는 1948년 이후 한반도에 파견된 가장 기본적이고 중요한 유엔기구의 소멸을 의미하는 것이었다. 그리고 이는 한반도 분단 문제가 유엔이 책임져야 하는 국제적 문제에서 남북한 당사자가 풀어야 할 문제로 내재화·한반도화되는 중요한 전환점이었다.

1973년 언커크의 해체는 미중 공조로 조용히 처리되었으나 한편으론 시끄러운 파열음을 발생시켰다. 1970년대 초 북한과 중국의 협조적인 분위기는 이 사건을 계기로 크게 손상될 수밖에 없었다. 북한의 『로동신문』은 언커크 해체에 대해 북한 외교의 승리라고 자찬하였다.[51] 그러나 북한에게 28차 유엔총회 결과는 결코 만족스러운 것이 될 수 없었다. 언커크가 유엔군사령관, 주한미군 문제와 완전히 분리되고, 여기에 대해 표결도 논쟁도 없이 조용히 해체되는 것에 대해 북한은 당연히 불만이 클 수밖에 없었다. 애당초 북한은 28차 유엔총회에서 공산권 국가들도 당황할 정도로 비타협적으로 자신의 주장을 관철하려 했다고 한다.[52] 그러다 유엔총회 막바지 국면에서 중국의 권유로 어쩔 수 없이 타협을 수용했던 것이다. 이때부터 북중관계에는 균열이 나타나기 시작했다. 이로부터 4개월 후 북한은 북미평화조약 체결을 제안했다. 이제 중국을 거치지 않고, 직접 미국과 담판에 나서겠다는 것이었다. 북중관계의 균열은 한반도 문제에 대한 미국과 중국의 공조 및 남북대화의 재개 전망에도 여러모로 부정적인 영향을 미칠 수밖에 없었다.

북한의 서해 5도 해역 분쟁화

서해 5도 주변 해역은 현재 남북한 사이의 최대 분쟁지역이다. 최근에도 수차례 남북의 해군이 충돌하는 사태(서해교전)가 있었고, 다수의 사상자가 발생했다. 2010년에는 천안함 사건, 연평도 포격 사건이 잇달아 발생하면서 심각한 군사적 긴장이 감돌기도 했다. 그런데 이 지역을 북한이 본격적으로 분쟁지역화한 것은 1973년 12월부터였다. 현재까지 발표된 서해 5도 해역 영유권 관련 연구에서는 그다지 주목하지 않았지만 이는 당시 데탕트, 남북대화 국면과 관련이 있다.

휴전협정은 육상의 경계선은 세밀하고 정확하게 확정해놓았지만 해상분계선은 명확하게 확정하지 못했다. 백령도, 연평도 등 서해 5도는 모두 38선 이남에 위치해 있어 한국전쟁 전에는 남쪽의 미군정이 관할했고, 이후 대한민국정부가 관할하였다. 심지어 서해 5도는 한국전쟁 중에도 북한 인민군에 의해 점령되지 않았다. 전쟁 중 유엔군이 제공권과 제해권을 완전히 장악했기 때문에 전쟁기간에는 오히려 신의주 앞바다에 있는 섬조차 모두 유엔군이 점령해서 통제하던 형편이었다. 휴전회담 때 섬의 영유권 문제는 한국전쟁 전의 상태로 복귀하는 것으로 합의를 보았다. 서해 5도는 당연히 유엔군사령부측이 통제하는 것으로 결론이 났고, 이는 휴전협정에 명시되었다.[53] 그러나 그 주변 해역의 관할권 문제는 휴전협정에 명문화된 규정이 없었다.

유엔군사령관은 휴전 직후 북방한계선(NLL)을 설정하여 자신의 통제하에 있는 군 선박 및 어선 들 모두 그 이남에서만 활동하도록 했다. 북방한계선이 설정될 때 북한은 여기에 반발하거나 이의를 제기하지 않았다. 1959년에 북한에서 발행된 『조선중앙연감』은 북방한계선을 남북 양측의 경계선으로 표기한 지도를 수록하기도 했다.[54] 그런데 28차 유엔총회에서 한반도 문제 토론이 언커크의 조용한 해체로 일단락된 직후인 1973년 12월 1일, 북한은 갑자기 제346차 군사정전위원회에서 서해 5도 주변 해역이 자신의 관할이라고 선포하고 남측이 이 해역을 통과하여 서해 5도에 접근하려면 북의 허가를 받아야 한다고 주장하였다. 북한이 서해 5도 해역에 대해 공식적으로 자신의 관할임을 주장한 것은 이것이 처음이었다.[55] 당연히 이는 남북한 사이에 군사적 긴장을 조성할 수밖에 없었다. 박대통령은 12월 2일 국방부장관에게 북의 NLL 침범을 한두번은 용인하되 그 이상하면 강력하게 대처하라고 지시하였다.[56]

서해 5도 해역이 분쟁화되는 상황은 1973년에 접어들면서 남북간의 군사적 긴장이 다시 고조되는 현상과 맞물려 있었다. 1970년대 초 남북대화가 시작되면서 한반도의 군사적 긴장상태는 크게 완화되었다. 대표적인 예로, 남북대화가 한창이던 1972년에는 남북간의 무력분쟁으로 인한 사망자가 단 한명도 발생하지 않았다. 1968년 한 해동안 500명 이상의 사망자가 발생하던 상황과는 크게 달라진 것이었다. 남북대화가 사람을 살린 것이다. 그런데 1973년 3월에 접어들면서 군사적 긴장감이 다시 고개를 드는 조짐을 보였다. 1973년 3월 7일 비무장지대에 투입된 남측 국군 수색대가 북한의 초소로부터 사격을 받아 국군 2명이 사망하는 사건이 벌어졌다.[57] 이에 1972년에는 사망자가 전혀 없었지만 1973년에는 두명의 사망자가 기록되었다. 또한 군사훈련 문제도 쟁점화되기도 했다.

또 한가지 주목할 사실은, 북한의 서해 5도 해역 관할권 선언이 유엔에서 언커크가 해체된 직후에 이루어졌다는 점이다. 언커크가 해체되었으니 1974년부터는 유엔군사령부 문제가 본격적으로 쟁점이 될 수밖에 없었다. 유엔군사령관은 휴전협정에 서명하고 그 이행을 담보하는 당사자이다. 그러므로 유엔군사령관이 사라지면 휴전협정은 개정되거나 또는 평화협정으로 대체되는 등의 조치가 필요하다. 이런 점에서 볼 때 서해 5도 해역 관할권 문제를 쟁점화하여 이 지역이 분쟁상태에 빠지게 되면 유엔군사령부를 철폐하고, 휴전협정을 평화협정으로 대체하자는 북의 주장이 더 힘을 얻을 수 있었다.

북한은 푸에블로호 사건 때부터 북미 직접접촉에 엄청난 관심을 보였다. 북이 미국과의 접촉 및 대화를 성사시키는 방법은 두가지가 있었다. 하나는 남북대화를 하고 중국과 공조하면서 데땅뜨 분위기를 이어가는 가운데 타협적이고 외교적으로 접근하는 방식이고, 또 하나는 북미관계의 '이상한 공식'에 따라 군사적 갈등과 긴장을 고조시키는 것이다. 서해 5도 지역의 분쟁화는 북한에서 강경한 기류가 더 확산되고 있음을 잘 보여주는 사건이었다.

한편 서해 5도 지역은 옛날부터 중국어선도 조업을 하던 곳이고, 중국과 대단히 가까운 지역이다. 이 지역에서 분쟁이 일어나면 중국도 당연히 크게 긴장한다. 북한의 서해 5도 해역 관할권 선언은 남한과 미국을 겨냥한 행위이기도 했지만, 중국을 겨냥한 행동일 수도 있었다. 미중의 공조로 언커크가 조용히 해체됨에 따라 이 무렵 북한은 미국에게도 불만이었지만, 중국에게도 많은 불만이 있을 수밖에 없었다.

북한이 서해 5도 해역의 분쟁화를 시도하자 한국과 미국은 문제해결의 책임을 서로 미루는 모습을 보였다. 북한의 서해 5도 관할권 선언이 있던 다음날인 12월 2일, 윤석헌 외무차관은 언더힐 주한미국대사관 부공관장과 이 문제를 두고 대화를 나눴다. 이날 윤차관은 미국이 중국, 소련과 접촉하여 북한이 "위험한 장난"을 치지 않도록 압박해달라고 부탁했다. 그리고 서해 5도 해역 문제는 휴전협정과 관련된 문제이니 남북대화가 아니라 군사정전위원회에서 풀 문제라고 했다. 반면 언더힐은 한국정부가 왜 남북 직통전화(핫라인)를 통해 북한과 이 문제를 상의하지 않느냐고 했다. 언더힐은 이 문제는 남북두 나라 사이의 영해분쟁과 관련된 문제이니 남북조절위원회를 다시 가동해서 풀어야 한다고 했다.58 미국은 서해 5도 해역 분쟁에 대해 그 시초부터 이렇듯 조금이라도 연루되지 않기 위해 발을 빼는 모습을 보였다. 지금까지도 미국은 유엔군사령관이 NLL을 설정했음에도 불구하고, 이것의 성격과 해역의 관할권 문제에 대해 남북한이 처리해야 할 문제라고 하면서 침묵을 지키고 있다.

한국정부는 북한의 관할권 선언이 발표된 이틀 후인 12월 3일, 이후락을 중앙정보부장과 남북조절위원회 공동위원장직에서 경질하는 인사조치를 단행했다. 앞서 언급한 대로 한국정부는 남북 모두 조질위원회 대표를 교체하는 선에서 남북대화가 재개되기를 희망하였다. 그러나 남북조절위원회에서 서해 5도 해역 문제를 논의할 의사는 없었다. 그렇게 되면 남북대화가 군사·정치적 문제에 대한 토론으로 가는 물꼬를 트게 될 것이었다. 반면 북측도 미국과의 접촉과 대화를 추구해가는 마당에, 이 문제를 남측과 논의할 의사가 없었다. 1973년 12월 5일 판문점에서 남북조절위원회 부위원장들 사이의 회담이 있었지만, 남북 모두 서해 5도 해역 문제를 거론하지 않았다.[59] 남북 조절위원회와 적십자 본회담은 결국 재개되지 못했다.

1974년부터 미중관계도 정체상태를 맞게 되었다. 저우언라이가 암에 걸려 일선에서 물러나고 덩샤오핑(鄧小平)이 키신저의 상대역이 된 데 이어, 1974년 8월 닉슨 대통령이 워터게이트 사건으로 사임하게 된 것이 큰 이유였다. 이후 포드행정부 시절 미중관계는 거의 진척을 보지 못했다. 그러나 뒤로 뒷걸음질치지는 않았고 계속 우호적인 상태를 유지했다. 그러나 남북관계는 더욱 벌어지고, 돌아서는 방향으로 갔다. 마침내 한반도에서는 다시 불꽃이 튀기까지 했다.

3. 북미평화협정 제안과 북한의 대미접촉 시도

북미평화협정 제안

1974년 1월 18일 박정희 대통령은 연두기자회견에서 남북불가침협정을 제안했다.[60] 그러나 이는 기존 휴전체제의 변함없는 유지를 전제로 했고, 유엔군사령부 문제에 대해서도 아무런 언급이 없었다. 북한의 주장과 의견차이를 좁히기는 어려웠다.

1974년 3월 25일 북한은 최고인민회의 제5기 3차 회의에서 허담

부총리 겸 외교부장의 제안 보고를 받아들여 곧바로 북미평화협정 체결을 공식 요청하는 「미국의회에 보내는 서한」을 채택하였다. 북미평화협정 제안은 북한이 공식적으로 직접적인 대미 접촉 및 협상을 표명하는 전환점이 되었다.

허담이 제안한 내용은 북미 사이에 평화협정을 체결하되, 그 내용에는 ① 북미간의 불가침선언 ② 한반도 외부로부터의 작전장비와 군수물자의 반입 중지 ③ '남조선'에 있는 외국군대는 '유엔'의 모자를 벗어야 하며 가장 빠른 기간 내에 일체의 무기를 가지고 모두 철거하도록 할 것 ④ 외국군대가 철거한 후 '조선'은 그 어떤 외국의 군사기지나 작전기지로 되지 않을 것 등이 반드시 포함되어야 한다는 것이었다.[61] 결국 이 제안을 실행순서대로 다시 나열한다면 북미간의 평화협정 체결→군비증강 중단→가장 빠른 기간 내에 미군철수라 할 수 있었다. 과거 김일성이 『요미우리신문』과의 인터뷰에서 했던 선평화협정 후미군철수의 맥락과 비슷했다. 다만 평화협정 체결 주체가 남북한이 아니라 북한과 미국으로 바뀐 것이 큰 차이였다. 북은 현재까지도 군사적 문제는 남북대화가 아니라 미국과 논의할 문제라고 주장하고 있다.

일년 전 1973년 4월 6일에도 북한 최고인민회의는 세계 각국에 보내는 서한을 공표한 적이 있다. 이 무렵 남북조절위원회에서 제안했던 5개항의 군사 제안을 선전하는 서한이었다. 이때 최고인민회의는 미군철수와 언커크 해체 주장을 담은, 미국의회에 보내는 서한을 별도로 작성하여 공표하기도 했다.[62] 이때부터 미국과 직접협상으로 한반도 군사 문제를 풀겠다는 조짐을 보였던 것이다. 그러다가 미국과의 직접 결판을 촉구하는 강경기류가 득세함에 따라 1973년 말 서해 5도 해역을 분쟁화하고, 1974년에 접어들어 북미평화협정 체결을 제안한 것이었다.

　남북평화협정을 제안하다가 북미평화협정으로 주장을 변경하였으니 북은 그 이유를 설명해야 했다. 이에 남북대화로는 평화협정 문제가 왜 해결될 수 없는지를 강조해야 했다. 허담은 남북대화에 임하는 남측의 태도를 극렬하게 비난하고, 남북대화는 더이상 무의미하다고 선언했다. 북미평화협정 제안은 결국 1973년 8월부터 중단된 남북대화를 재개하지 않겠다는 명백한 의사표시였다. 그러나 북미관계를 미중관계, 남북관계와 연계시켜 보았던 미국으로서는 기본적으로 수용하기 어려운 제안이었다.

대미접촉을 위한 북한의 다각적인 시도

　북한은 북미평화협정을 제안한 이후 더욱 본격적으로 미국과 접촉하기 위해 모든 노력을 경주했다. 가능한 모든 수단을 다 동원했다. 집요하고, 처절했다. 뉴욕 유엔본부에서 북한 옵서버 대표부 사람들은 미국대표부와 접촉해서 북미평화협정을 제안하는 최고인민회의 서한을 미국정부에 직접 전달하려 시도했다. 미국정부는 서한의 접수 자체를 거부했다.[63] 직접 전달할 길이 막히자 북한은 루마니아 사람들을 통해서라도 이 서한을 전달하려 했다. 그 결과, 1974년 5월 16일 루마니아의 최고지도자 차우세스쿠는 백악관에 북한과 루마니아의 입장을 전달하기 위해 특사를 파견할 의향이 있다고 알려왔다.[64] 또한 그해 6월엔 유엔 북한 옵서버 대표부 외교관들이 워싱턴에서 열리는 식품 수출입 문제와 관련된 국제회의에 참석하겠다고 하면서 미국정부에 여행허가 신청서를 제출하였다. 유엔본부에 파견된 각국의 대표들은 유엔본부로부터 25마일 지점까지는 자유롭게 다닐 수 있지만, 그 이상을 여행할 경우 미국정부의 사전 승인이 필요했다. 당시 북한대표들이 미국에 식품을 수출하는 데 큰 관심이 있을 리 없었다. 미국정부는 북한대표들의 워싱턴 방문 목적은 북미평화협정 제안과 관련하여 미국 의원 또는 언론인과 접촉하기 위한 것이라 보았다.[65] 또다른 사례로, 같은 달 북한대표부 사람들은 컬럼비아대학에서 미의회도서관 한국과장 양기백(梁基伯)을 만나, 북한 최고인민위원회가 보낸 서한이 실제로 미국의회에 전달되었는지 확인할 수 있는 문서를 자신들에게 보내줄 수 있는지 문의하였다. 미국무부는 양기백에게 의회 문서를 절대로 북한대표들에게 보내지 말라고 했다.[66]

1974년 10월 키신저는 뉴욕에서 차오관화를 만나 북한사람들이 미국정부와 접촉하려고 다각적으로 시도하고 있음을 알렸다. 루마니아를 통해서는 물론이거니와 이집트인을 통한 간접적인 접근도 있었고, 북한 유엔 옵서버 대표부 사람들이 미국재계의 유력인사 데이비드 록펠러(David Rockefeller)와도 접촉을 시도했다고 했다.[67] 1975년 10월 키신저는 8차로 베이징을 방문하여 덩샤오핑과 회담하였다. 대화 중간에 덩샤오핑이 키신저에게 왜 미국은 뉴욕 유엔본부에 있는 북한대표(권민준)와 대화를 해보지 않느냐고 묻자 키신저는 "그는 극단적으로 활동적이며, 그는 데이비드 록펠러가 미국을 운영한다고 생각하고 있다. 그래서 나는 주기적으로 그의 소식을 듣게 된다"며 냉소하였다.[68]

1975년에도 북한 유엔 옵서버 대표부 대사 권민준은 유엔사무총장 발트하임(Kurt Waldheim)을 만나 북한과 미국의 직접접촉을 알선해줄 것을 요청하였다. 발트하임은 권민준의 요청을 키신저에게 서한으로 전달하였다. 키신저는 발트하임에게 보낸 답장에서 북한사람들과 대화할 용의는 있지만 "남한의 참가 없이 우리가 어떻게 대화를 할 수 있는지 잘 모르겠습니다"라고 하면서 북한과의 양자 대화를 한마디로 거절했다. 그리고 발트하임과 주고받은 서한들을 한국 정부에 그대로 전달해주었다. 그래서 이 서한은 한국 외교부가 공개한 문서에 첨부문건으로 붙어 현재 공개되어 있다.[69]

북미 양자관계에 대한 미국과 북한의 시각

미국은 왜 이토록 북한과의 직접접촉에 냉담한 반응을 보였고, 북한은 그럼에도 불구하고 미국과의 접촉에 왜 그토록 집착하였을까?

앞서 언급한 대로 1973년 초부터 미국정부는 「NSSM 154」를 작성하는 등 새로운 대한반도 정책의 연구·검토작업을 진행하였다. 북미관계 개선에 대해서도 관심을 두고 검토했다. 그러나 미국정부에게 북미관계는 어디까지나 미중관계, 남북관계와 연계된 것일 뿐이었다. 미국이 북한과 어떤 독립적인 양자관계를 구축한다는 것 자체가 미국정부로서는 상정하기 어려운 것이었다. 예컨대 「NSSM 154」에는 다음과 같은 문구가 있다.

미국의 대북정책은 이것이 남한에 미칠 영향에 의해서 단순하게 결정되어서는 안되고, 이것이 남북대화에 전반적으로 미칠 영향과 전반적인 동북아시아 지역에 있어서 조성되는 역관계에 미칠 영향에 의해서 결정되어야 한다. 남한을 지원할 목적에서 북한을 보는 종래의 입장에서 오직 미국과 북한의 관계라는 차원에서 북한을 보는 입장으로 변화하는 것은 특히 불행한 일이다. 미국은 북한 그 자체와 오직 양자적인 이유만으로 관계를 개선할 커다란 이해관계를 갖고 있지 않다. 그러나 미북관계는 남북관계에 중요한 영향을 미치고, 다른 나라들과 두 한국의 관계에 중요한 영향을

미치며, 이러한 두 부분에 가능한 영향을 반드시 고려해야 한다.[70]

미국정부는 이렇듯 자신이 북한과 양자관계를 맺을 만한 고유한 이해관계 자체가 없다고 보았다. 간단하게 말해서 미중관계, 남북관계와 연계되지 않는다면, 미국이 북한과 직접 접촉해서 얻을 수 있는 이익이 없다고 본 것이다. 협상에는 서로 주고받는 것이 있어야 하는데 미국은 북한으로부터 양자적 차원에서는 받을 만한 것이 없다는 이야기이다. 북베트남의 경우 미국과 전쟁을 하고 있으니 주고받을 것이 있지만 한반도는 그러한 상황이 아니었다. 푸에블로호 사건 때처럼 선원들을 돌려받아야 하는 상황도 아니었다. 또한 북한이 중국처럼 소련을 견제할 만한 국제정치적 영향력을 갖고 있거나 미국경제에 활로를 열어줄 수 있는 거대한 시장을 가진 것도 아니었다. 나아가 인구나 경제력, 국제정치적 비중 등 모든 면에서 북이 남을 압도하는 것도 아니었다. 미국이 남한과의 동맹관계를 손상하면서 북에 접근할 이유는 현실적으로 그 어디에도 없었다. 따라서 미국에게 북미관계는 미중관계, 이와 연동된 남북관계와 연계되어 있을 때만 의미가 있을 따름이었다. 오직 적대적인 위기상황만이 대화를 가능케 하는 북미관계의 '이상한 공식'은 기본적으로 이러한 맥락에서 출현한 것이었다.

한편 닉슨 대통령은 미국·소련·중국·유럽·일본 등 5대 강대국이 중요 행위자가 되는 다극적인 국제질서를 추구하고 있었다. 즉 5대 강국이 다극적 세력균형을 통해 국제질서를 안정적으로 관리해간다는 이른바 '5극체제'(pentapolar system) 구상이었다.[71] 닉슨과 키신저의 외교행태는 다극적이고 유연했으나 기본적으로 강대국 중심이었다. 그 배경에는 미국은 전세계적인 패권국이므로 모든 약소국 문제를 양자적 차원에서 개별적으로 처리하게 되면 너무 복잡해진다는 측면이 깔려 있었다. 베트남 같은 작은 나라의 문제에 직접 뛰어들었다가 낭패를 본 경험이 이를 더욱 기피하게 만들었다. 닉슨은 약소국 문제가 강대국들 사이의 타협과 공조로 관리되는 것, 즉 5대 강대국을 중심으로 지역질서를 관리해나가는 것을 선호했다. 이는 강대국들이 그 주변의 약소국들의 일에 관여하고, 영향력과 통제력을 발휘할 때 달성될 수 있다. 따라서 북한에 관련된 문제는 미국이 직접 나서기보다는 미중의 타협과 공조 속에서, 중국이 북한에 영향력을 발휘하고, 여기에 상응하여 미국이 남한에 영향력을 발휘하는 방식으로 해결하려 했다. 미국과 중국은 강대국이기 때문에 이러한 협상과정에서 서로 주고받을 것이 있었다. 그러나 북한과는 양자적 차원에서는 서로 주고받을 것이 없었다. 물론 미국이 평화체제 구축이든, 통일이든 한반도 분단 문제의 근본적 해결을 당면의 정책목표로 추구했다면 미국과 북한 사이에는 주고받을 것이 있었을 것이다. 그러나 당시 미국의 정책은 현상유지였기 때문에 이러한 것들이 당면한 정책목표일 수는 없었다.

미국의 정책기조는 현재 북한 핵문제를 둘러싼 한반도 주변 국제관계에도 그대로 관철된다. 미국은 북한과 양자 대화를 할 현실적인 이해관계가 없다고 생각하기 때문에, 북한은 그것을 만들 수밖에 없다. 이후 북한은 독자적인 핵개발을 추진하여 미국과 주고받을 수 있는 것을 만들었다. 북한은 여전히 미국과의 양자 대화에 집착하고, 미국은 6자회담 같은 것을 주장하며 중국, 남한, 나아가 러시아와 일본도 여기에 끌어들이려 한다. 이러한 게임이 언제 어떻게 끝날지 아직 그 결과가 나오지 않았으므로 알 수 없는 형편이다.

그러면 미국의 냉담한 반응에도 불구하고 북한이 미국과의 양자관계에 이토록 집착하는 이유는 무엇일까? 1974년 북한이 북미평화협정을 제안하게 된 맥락은 실질적으로 평화협정을 위해 미국과의 양자 대화를 제안했다기보다는 미국과의 직접접촉을 위해 평화협정이라는 의제를 활용했다고 보아야 할 것이다. 즉 북한에게 미국과의 접촉과 대화는 어떤 목적(평화협정, 미군철수) 달성을 위한 수단이라기보다는 그것 자체가 목적일 수도 있다.

북한이 대미접촉에 집착하는 것은 물론 북의 정권과 체제를 수호하기 위해서이다. 북의 지도부가 미국을 가장 큰 위협세력으로 인식하고 있다는 것은 두말할 필요가 없다. 김일성은 남북대화를 하면서도 남한의 의도와 행동 뒤에는 미국의 영향력이 존재한다고 믿고 있었다. 그는 1972년 5월 쏠즈베리와의 인터뷰에서 미국정부가 상하이 공동성명에서 "대한민국정부가 긴장완화를 추구하고, 한반도의 상호 소통을 증진하려는 모든 노력을 지원할 것이다"라고 말한 것을 거론하면서 "이와 관련하여 미국이 남조선에 대하여 어떤 영향력을 발휘하는가 하는 것은 앞으로 두고 보아야 할 것입니다"라고 언급했다.[72] 북한 집권세력의 논리구조에서는 이러한 인식이 나올 수밖에 없었다. 북한은 미국이 자신을 인정하고 적대시하지 않으면 남한도 결국 같은 길로 갈 수밖에 없을 것이라 생각했을 것이다.

또한 미국이 북한을 인정하게 되면, 이는 내부 정치적으로도 큰 효과를 발휘한다. 재일교포로 태어나 '북송'되어 살다가 다시 탈북하여 남한에 정착한 김수행(金秀幸)은 "북쪽 지도부는 스스로를 미제국주의자와 적대관계에 있는 '대국'으로 규정하고, 인민을 그 막강한 제국주의 권력에 온몸으로 '맞서는' 존재로 부각시킨다. 인민들은 그런 측면에서 대단한 자부심을 가진 신민(臣民)으로 되는 것이다"라고 했다.[73] 즉 북의 지배집단은 강대한 '제국주의' 국가 미국과 맞서 싸운다는 묘한 자부심을 '인민'들에게 심어놓았다는 것이다. 따라서 미국이 북한이라는 나라를 인정하게 되면, 북한 지배집단은 이를 자신들의 승리라고 주장하며 자신들과 국가의 위상을 높이는 데 활용할 수 있다. 미국도 이를 잘 알고 있기 때문에 북한과의 양자 대화를 더욱 꺼리게 되는 것이다.

나아가 미국이 북한이라는 나라를 인정하는 것은 단순한 외교적인 승리가 아니라, 북한 정권과 체제의 기본이념인 '민족해방혁명' 자체의 승리 또는 일단락으로 이야기될 수도 있었다. 1971년 7월 키신저가 베이징을 처음 방문했을 때 예젠잉 장군이 2박3일간의 일정을 마치고 돌아가는 그를 공항까지 배웅했다. 예젠잉은 키신저를 배웅하면서 솔직하게 자신의 감회를 털어놓았다. 그는 키신저에게 자신들이 "대장정에 나섰을 때 그 누구도 우리들 생애 동안 승리를 보게 될 것이라고 꿈꾸지 못했다"고 했다. 자신들은 다음 세대를 위해 투쟁했다는 것이다. 그러면서 예젠잉은 키신저에게 "여기 우리가 있고, 여기 당신이 있소!"라고 말했다. 이제 세계적인 패권국 미국이 중화인민공화국을 인정하고 베이징에 미국 대통령 특사를 보냈으니 자신들의 투쟁은 예상 밖으로 자기 세대 안에 마침내 일단락되었다는 이야기였다. 이 이야기를 키신저는 당시 닉슨 대통령에게 제출한 보고서 및 후일 발행한 자신의 회고록에서 모두 인상적인 일로 적어놓았다.[74]

북한의 집권세력도 중국의 집권세력과 마찬가지로 민족해방운동 과정에서 공산주의 이념을 수용한 아시아 공산주의자들이었다. 생각과 정서, 논리가 기본적으로 유사하다. 북한 지도부에게도 미국과의 관계 개선은 자신들의 민족해방투쟁이 일단락됨을 의미할 것이다. 단순한 외교적 승리 이상의 의미가 있는 것이다.

민족해방론은 물론 북한을 비롯한 아시아 국가사회주의 나라들의 지배집단이 자신들의 정권과 체제를 유지하는 수단으로 활용되었다. 그러나 어느 나라든지 지배층과 대중을 완전히 이분법적으로 구분하기는 어렵다. 어떤 형태의 지배든 단지 강권력과 통제로만 유지되는 것이 아니라 그 권력에 대한 대중의 동의와 지지도 있어야 유지가 된다. 식민지였던 나라에서 민족해방론이 대중적으로 지지와 동의를 형성하는 상황은 전혀 어색한 것이 아니다. 이러한 측면은 남쪽도 마찬가지다. 예컨대 '조국근대화론'은 박정희정권과 남한의 체제유지에 활용된 이념이라 할 수 있다. 그러나 이는 또한 가난한 나라 사람들의 잘살아보려는 열망과 욕망을 반영한 것이기도 했다.

중국은 1970년대 초 미국과 관계 개선을 하고, 마침내 카터행정부 때인 1979년 1월에 수교를 했다. 또한 미국과 국제사회로부터 하나의 중국 논리를 인정받음으로써 타이완 문제를 해결했다. 이에 대다수의 중국인들은 민족해방의 과제가 일단락된 것으로 생각할 수 있게 되었고, 그러고 난 후에 국가적 의제는 다른 방향, 잘사는 중국을 건설하는 방향으로 갈 수 있었다. 1980년대부터 중국은 개혁개방 정책에 나섰다.

북한도 마찬가지 상황이 아닐까? 북쪽의 주민들이 반제국주의 민족해방론에 집착하는 상황을 타개하려면 그들 스스로가 이제 민족해방의 과업은 일단락되었다고 믿게 할 필요가 있어 보인다. 미국과의 관계 개선, 남한과의 통일 문제에 대한 합의 같은 것들이 북의 주민들에게는 이를 믿게 해주는 요소가 될 것이다. 그래야 북한 주민들도 좁은 민족해방 논리에서 벗어나 새롭고 다양한 사회적 의제와 지향점을 추구할 수 있을 것이다. 북한 지배층의 폐쇄적인 민족해방 논리가 지금도 유지되고, 그것이 먹혀들어가는 기본적 이유는 그것이 일단락되었다고 믿거나 느낄 수 있는 여건이 아직도 형성되지 못했기 때문이라 할 수 있다.

4. 유엔군사령부 해체 문제와 유엔에서의 외교적 대결

미국의 유엔군사령부 해체안: 「NSDM 251」

미국은 제28차 유엔총회에 대비하는 과정에서 1973년에는 언커크를, 1974년에는 유엔군사령부의 종결을 추진하겠다고 중국측에 약속했다. 그러다보니 1974년에 접어들면서 유엔군사령부 문제가 국제적 논란의 초점이 될 수밖에 없었다.

유엔군사령부는 한국전쟁 직후인 1950년 7월 7일 유엔 안전보장이사회 결의 84호에 의해 설립되었다. 유엔군사령부는 북한의 침략을 격퇴하기 위해 회원국들이 보낸 군대들을 통합하여 통솔하는 사령부로, 미국이 그 사령관을 지명하도록 되어 있었다. 때문에 역대 유엔군사령관들은 모두 미군 장성이었다. 지금까지도 그러하다. 유엔군사령관은 휴전협정을 체결한 당사자이고 그 이행을 책임지는 역할을 한다. 당시엔 한국군의 작전통제권도 갖고 있었다. 또한 미군 및 유엔사 업무와 관련된 제3국의 군대가 일본 내 기지를 이용하는 법적인 문제와도 관련이 있었다. 미국정부는 1971년부터 언커크와 함께 유엔군사령부의 존폐 문제를 연구 검토해왔다. 당시 미국 관리들의 의견은 휴전협정의 이행과 유지가 담보된다면 유엔군사령부도 폐지될 수 있다는 것이었다.[75] 한국정부는 물론 유엔군사령부가 변함없이 유지되기를 희망했다. 또한 미국과 마찬가지로 유엔군사령부가 해체된다 하더라도 휴전체제는 그대로 유지되는 것을 선호했다.

1973년 11월 16일 키신저가 베이징 방문을 마치고 미국으로 돌아가는 길에 한국을 방문했다. 당일치기 방문이었지만, 박정희 대통령은 이날 키신저를 만나 중요한 이야기를 나누었다. 박대통령은 북한이 평화협정으로 공세를 벌이고 있으니 한국과 미국도 여기에 대응하는 제안이 있어야 한다고 했다. 그러면서 아직 정책으로 확정한 것은 아니라고 전제하며, 남북이 불가침협정을 맺고 휴전협정의 유효성을 확인하며, 유엔군사령부의 권한을 한국군이 인계받는 형식으로 유엔군사령부를 해체하면 어떻겠느냐고 제안하였다.[76] 요컨대 휴전협정의 이행을 맡은 유엔군사령관의 권한과 책임을 한국군사령관이 인계받는 방식으로 휴전협정은 그대로 유지하면서 유엔사는 해체하자는 안이었다. 다만 한가지, 작전지휘권 문제가 모호하게 남았다. 만약 한국군사령관이 유엔군사령관을 대체한다면 한국군의 작전통제권도 이제는 한국군사령관이 행사하겠다는 것인지 아닌지에 대한 언급은 없었다. 키신저도 이를 물어보지 않았다. 키신저는 일단 호의적인 반응을 보이면서, 미국도 유엔사 문제를 연구해보아야 한다며 향후 긴밀한 협의를 하자고 약속했다. 앞서 언급한 대로 박대통령은 1974년 1월 12일 기자회견 과정에서 남북이 불가침협정을 맺을 것을 제안하였다. 이는 북의 평화협정 공세와 관련된 제안이었지만, 또한 유엔군사령부 문제와도 관련이 있는 제안이기도 했다.

1974년 초 미국정부는 휴전협정을 유지하면서 유엔군사령부를 해체할 수 있는 대안을 마련하기 위해 연구작업을 시작했다. 이 작업은 1974년 3월 29일 「NSDM(National Security Decision Memorandum) 251」의 채택으로 마무리되었다. 「NSDM 251」의 요지는 새로 만들어질 한미연합사령관이 유엔군사령관의 지위와 기능을 대체하는 방식으로 휴전협정이 부분 개정된다면 유엔군사령부를 해체할 수 있다는 것이었다. 이와 아울러 남북한 사이의 상호 불가침협정이 체결되고, 중국과 북한이 주한미군의 임시적 주둔을 수용해준다면 미국은 상하이 공동성명의 타이완 조항과 같은 방식으로 주한미군의 궁극적 철수 약속을 공표할 수 있다는 것이었다.[77] 즉 휴전체제를 기본적으로 유지하는 차원에서 유엔군사령부의 해체를 추구하는 것이었다.

「NSDM 251」과 박대통령의 제안을 비교하면 남북불가침협정 같은 것은 그대로 반영되었다. 그러나 유엔군사령관의 지위를 대체하여 휴전협정의 유지를 담보할 사령관의 국적은 달랐다. 박대통령은 한국군사령관이 유엔군사령관의 지위를 이어받는 것으로 상정했지만, 미국의 최종결론은 한미연합사령부를 만들고 그 사령관이 유엔군사령관을 대체하는 것이었다. 여기서 한미연합사령관은 미군 장성이 맡는 것이었고, 이는 「NSDM 251」에 명시되어 있었다. 미국으로서는 작전지휘권 문제를 쉽게 포기할 수 없었던 것이다. 즉 유엔군사령관이 폐지되어도 한미연합사령관을 미군 장성이 맡으면서 한국군의 작전지휘권은 계속 미국이 행사하기를 원했던 것이다. 유엔군사령부 해체 문제를 검토한 1971년 미국무부 동아시아국 문서에는 "유엔군사령부 해체를 고려하는 데 있어서 그 출발점은 작전지휘권 문제"라고 했다.[78] 미국이 60만 군대의 작전통제 권한을 쉽게 포기할 이유는 없었던 것이다. 유엔군사령부는 지금도 존속하고 있다. 그러나 1978년 11월 한미 합의하에 한미연합사령부가 창설되었고, 그후에는 한미연합사령관(미군 장성)이 한국군의 작전통제권을 행사하게 되었다.[79]

미국의 유엔군사령부 해체안을 보면 미국이 추구하는 '한반도화'라는 것이 결코 미국이 한국에 대한 영향력을 포기하거나 축소하는 것이 아니라는 것을 잘 보여준다. 한반도화를 추구하여 한국에게 책임을 부여하지만, 미국의 실질적인 영향력과 권한은 가급적 그대로 유지하는 것이 미국이 원하는 바였다.

이는 중국에 대해서도 마찬가지였다. 당시 미국은 중국이 한반도 휴전체제에서 완전히 발을 빼는 상황을 원치 않았다. 당시 미국 관리들은 "중국이 한반도 문제에 개입하게 하고, 북한이 직접 미국과 접촉하지 않도록 하는 것이 미국의 이해관계이다"라고 했다.[80] 이는 5대 강대국이 지역 내 약소국 일에 관여하고 통제하며, 강대국 사이의 세력균형과 협력체제를 이룩한다는 닉슨의 외교전략에서 당연한 이야기였다.

당시 미국 관리들은 유엔사 해체안을 실현시키기 위해 두개의 트랙에서의 협상이 병행되어야 한다고 보았다. 첫번째 트랙은 남한과 평양이 「NSDM 251」의 틀대로 유엔군사령부 해체를 위한 대체적 조치에 합의하는 것이고, 또 하나의 트랙은 미국이 중국·소련·일본 등 강대국과 접촉하여 이러한 조치를 승인하도록 하는 것이었다.[81] 말하자면 지금 6자회담에서 이야기되는 2(남북한)+2(미국·중국)+2(일본·소련)의 구도와 비슷한 것이었다.

당시 미국 관리들은 첫번째 트랙의 협상, 즉 남북간의 협상이 1차적인 것이 되어야 하고, 주변 강대국의 협상은 2차적인 것이 되어야 한다고 했다. 즉 남한과 북한이 주된 협상의 당사자로 등장해 일을 처리하면, 강대국은 이를 추인하며 따라간다는 것이었다. 그러나 이는 어디까지나 형식적으로 그리고 표면적으로 그렇게 보이도록 한다는 것이었다. 말하자면 닉슨 대통령이 일방적으로 주한미군 감축 결정을 해놓고 박대통령이 이를 먼저 제안하고 공표해주기를 요청한 것과 같은 것이었다.

실제 협상이 남북의 주도로 이루어지는 것은 사실상 불가능했다.

일단 이와같은 방침(「NSDM 251」)은 남한이 만든 것도 아니고, 남북이 합의해서 만든 것도 아니었다. 미국정부가 만들어 남한에 동의를 구하고, 중국에도 동의를 구해 실질적인 협상이 진행되는 수순이었다. 또한 남북이 유엔사 해체에 대해 대화를 하기 위해서는 미국과 중국이 남북대화가 성사될 수 있도록 각자의 한반도 내 동맹국을 유도하거나 영향력을 발휘해야 했다. 남북대화가 표면적으로 1차적 역할을 한다 하더라도 실제 협상의 진행은 미중이 배후에서 중요한 결정을 하며 공조하는 가운데 남북이 앞장서는 방식, 즉 미중협상이라는 트랙이 남북대화의 상위에 위치하거나, 남북대화를 내포하는 방식이 될 수밖에 없었다.

유엔군사령부 해체를 위한 외교협상

미국정부는 일단 1974년 4월 9일 「NSDM 251」에 담긴 유엔군사령부 해체안을 한국 외무장관 김동조에게 전달하며, 이의 실행을 위해 북한과 협상에 나서줄 것을 요청하였다.[82] 한국정부는 「NSDM 251」의 내용에 대해 반발하거나 반대하지는 않았다. 그러나 적극적으로 나서서 북한과 협상을 하려 하지도 않았다. 한국정부의 입장은 유엔사 해체가 유엔 등 국제무대의 역학 변화로 아주 불가피해질 경우 그것을 수용하고 새로운 대안을 모색해보자는 것이었지, 능동적이고 적극적으로 나서서 유엔사 해체를 주도할 생각은 없었다.

한국 외무부는 '6·23선언' 발표 직후 이를 실현할 제반 대책 및 조치사항을 담은 지침을 마련했다. 이 지침은 한국의 안보태세를 실질적으로 강화하되, "우리 안보의 탈유엔화 즉 완전 내국 문제화 방지"라고 명시하였다.[83] 책임을 떠안게 되면, 그만큼 부담이 있게 마련이었다. 유엔사가 해체되는 등 한반도 문제의 완전한 내재화는 당연히 궁극적으로 미국의 대한(對韓) 군사지원을 약화시키고, 주한미군의 감축 또는 철수로 연결될 수 있었다. 그러면서도 엄연한 분단상황 하에서 한국이 모든 책임을 지는 만큼 모든 권한을 갖는 것도 사실상 불가능했다. 1974년 5월 주한미국대사 하비브는 미국무부에 보낸 전문에서 한국정부는 중국이 미국의 유엔군사령부 해체안(「NSDM 251」)을 수용할 것이라는 암시를 받기 전에는 평양과 이 문제를 해결하기 위해 접촉하는 것을 대단히 꺼릴 것이라고 보고했다.[84] 서해 5도 문제와 마찬가지로 한미간에 서로 먼저 나설 것을 종용하는 상황이 다시 발생했던 것이다.

1974년 6월 13일 미국정부는 워싱턴에 있는 중국 연락사무소를 통해 미국의 유엔군사령부 해체안을 중국에 전달했다. 중국에 전달된 해체안의 내용은 「NSDM 251」의 내용과 같았다. 다만 "중화인민공화국은 휴전협정과 이를 실현하기 위한 기구에 머물러 있어야 한다"라는 구절이 추가된 것만 달랐다. 미국은 중국이 한반도 문제에서 발을 빼면 안된다고 못박았던 것이다.[85]

미국이 중국에게 유엔군사령부 해체에 대한 제안을 전달한 직후인 1974년 6월 21일 당시 주한미국대사였던 함병춘이 미국무부 정책기획국장 윈스턴 로드를 만났다. 그 직전에 미국무부 관리는 중국과 협상이 진행 중이니 유엔군사령부 해체 문제를 함병춘과의 대화에서 제기하지 말라고 윈스턴 로드에게 요청했다.[86] 미국에게 실질적으로 1차적이고 중요한 협상대상은 중국이지 남한은 아니었던 것이다.

중국은 미국의 제안을 받고 오랫동안 침묵을 지켰다. 1974년 6월 말 북한은 미군철수와 휴전협정을 평화협정으로 대체하는 것 없이 유엔군의 깃발만 내리려는 것은 기만책에 불과하다고 규탄하는 성명을 연이어 발표했다. 유엔군사령부 해체 문제가 평화협정과 나아가 주한미군철수와 연계되기를 희망했던 북한은 당연히 여기에 반발할 수밖에 없었다. 한편 이는 중국이 미국의 제안을 북한에 알려주었다는 신호로 인식되었다.[87]

중국은 결국 1974년 7월 31일 워싱턴 중국 연락사무소를 통해 미국의 유엔군사령부 해체안에 반대한다는 답변을 문서로 전해왔다. 미중 사이에 이 문제로 몇차례 대화가 있었지만 끝내 타협점을 찾지는 못했다.[88] 이에 1973년 언커크가 해체될 때와는 달리 1974년 29차 유엔총회에서는 한반도 문제 처리에 대한 미중의 공조는 결국 성사되지 못했다.

중국이 1974년 29차 유엔총회에서 한반도 문제에 대해 미국과 공조하지 못한 것은 북한의 강경한 태도가 중요한 원인이었다. 중국의 경우 미국의 유엔사 해체안에 타협할 의도가 전혀 없지는 않았던 것으로 보인다. 미국 정부기록에 의하면 중국 외교부 고위관리들은 베이징 주재 호주 외교관에게 자신들은 "유엔군사령부하에서 외국군대가 주둔하는 것과 양자적인 조약(한미상호방위조약)하에서 외국군대가 주둔하는 것의 차이를 잘 알고 있다"고 말했다고 한다. 즉 "유엔의 깃발을 내리는 문제와 외국군대가 철수하는 문제는 별개의 것일 수 있다"는 것이었다.[89] 중국은 미국의 유엔사 해체 제안과 같이 휴전체제와 한미동맹관계가 그대로 유지된 상태에서 유엔군사령부가 해체되어도, 공산측은 나름대로 얻는 것이 있다고 생각하였던 것이다. 당시 중국의 정책이 점진적인 미군철수를 수용하고, 일본을 의식해서 한반도에 너무 급격한 군사적 변동이 일어나는 것을 회피하는 것이었음을 고려해볼 때 이러한 반응은 충분히 예측 가능했다. 1974년 11월 미국정부가 파악한 바에 의하면 중국도 유엔총회에서 북한이 완고한 태도로 나오는 것을 좋아하지 않는다고 했다. 북한의

입장을 지지하는 국가들조차 북한의 강경책에 당황해 하는 기색이라는 것이었다.[90]

유엔총회에서의 대결

1974년 유엔총회에서 양측은 결국 표대결로 갔다. 1974년 12월 9일 유엔총회 정치위원회에서 북한을 지지하는 국가들이 제출한 결의안은 찬성표와 반대표가 똑같이 나와 아슬아슬하게 부결되었다. 한국을 지지하는 국가들의 결의안은 찬성 61, 반대 42로 가결되었다.[91] 한국과 미국이 표결에서 결과적으로 승리한 것이다.

1975년 30차 유엔총회에서도 접전이 예상되었다. 당시 미국은 1975년에도 중국과 유엔군사령부 해체 문제를 논의하고자 했다. 그러나 중국 관리들은 "중국이 한반도 사람들을 위해 이 문제를 논의할 위치에 있지 않다"[92]라고 하면서 발을 뺐다. 그러면서 미국이 북한과 직접 접촉해서 이야기해보라고 나왔다.

1975년에 접어들면서 유엔군사령부 해체 문제는 평화협정 문제와 맞물렸다. 당시 미국정부는 평화협정 논의는 남북한과 중국, 미국이 참가하는 4자회담 구도가 바람직하다고 보았다.[93] 이에 키신저는 9월 22일 유엔총회 연설에서 한반도 휴전협정의 유지와 긴장완화를 위해 4자회담을 하자고 제안하였다.[94]

북한의 외무성 차관은 유엔총장에게 북미평화협정을 주장하면서 남한도 여기에 포함될 수는 있다고 하며 3자회담 구도를 내비쳤다. 이에 유엔 주재 일본대표는 미국 관리에게 미국이 북한과 비공식적으로 접촉해서 사전 정지작업을 하고, 남한·북한·미국 사이의 3자회담을 통해 유엔군사령부의 해체와 평화협정 체결을 달성하는 것이 좋겠다고 미국정부에 권고하기도 했다.[95] 그러나 미국무장관 키신저는 중국이 한반도 문제에 대해 "그렇게 상관없이 있도록 내버려둘 수는 없다"고 하면서 일본의 3자회담 제안을 거부했다. 또한 당시 미국 관리들은 미국이 평화협정을 위해 북한과 접촉하는 것을 반대했고, 그 가능성도 심각하게 고려하지 않았다.[96]

결국 1975년 30차 유엔총회에서도 양측은 서로 다른 결의안을 제출하고 표대결로 갔다. 당시 서방측은 "휴전협정에 직접 관련된 모든 당사국들(all the parties directly concerned)이 협의하여 휴전협정의 유지를 위한 대안적 조치를 마련한다면 1976년 1월 1일까지 유엔군사령부가 해체되기를 희망한다"는 내용의 결의안을 내놓았다. 이는 기본적으로 휴전체제를 유지하는 선에서 유엔군사령부를 해체한다는 미국과 한국 정부의 입장을 반영하고 있었다. 반면 공산측 결의안은 유엔군사령부 철폐, 외국군 철수, "휴전협정의 진정한 당사자들(the real parties to the armistice agreement)의 협상으로 휴전협정을 평화협정으로 대체할 것" 등을 주장하는 결의안을 내놓았다.

동서 양측은 1975년 11월 18일 표대결에 들어갔다. 결과는 놀랍게도 성격을 달리하는 서방측과 공산측의 두가지 결의안이 모두 표결에서 다수표를 얻어 채택되는 이변을 발생시켰다.[97] 결국 이는 한 나라가 두 결의안에 대해 동시에 찬성표를 던진 경우도 존재했음을 의미했다. 이와같은 당황스러운 표결 결과는 그만큼 일반 유엔 회원국들이 지루하게 지속되는 유엔에서의 한반도 문제 토론에 사실상 큰 관심과 고민이 없었다는 것을 의미하였다. 그러나 아무튼 사상 최초로 북한의 입장을 지지하는 결의안이 유엔에서 통과된 것은 한반도 문제에 대한 토론이 유엔에서 중단되기를 바라는 미국과 한국으로서는 큰 타격이었다. 미국과 한국의 바람과는 달리 상황은 조용해지는 것이 아니라 더 시끄러워지는 양상이었다.

5. 종결자, 판문점 도끼살해 사건

유엔군사령부 해체를 위한 북한의 외교적 공세

북한은 1975년 유엔총회에서 자신의 입장을 지지하는 결의안이 통과되자 여기에 크게 고무되었다. 『로동신문』은 이에 대해 "국제무대에서 미제가 전횡을 부리던 시대는 지나갔다"고 했다.[98] 또한 1975년에는 남베트남 정부가 완전히 붕괴되어 베트남전쟁이 끝이 났다. 베트남이 공산화된 것이다. 북한은 여기에도 고무될 수밖에 없었다. 북한은 1976년에 접어들면서 그 여세를 몰아 비동맹회의, 유엔 등 각종 국제무대에서 유엔군사령부 철폐, 평화협정 체결을 촉구하는 국제여론을 조성하려 했다.

1975년 남베트남의 붕괴는 한국에 커다란 충격을 주었다. 박대통령은 긴급조치 9호를 발동하며 더욱 억압적인 통치를 강화하였다. 미국 관리들도 한국의 안보불안감을 해소하기 위해 거듭 북의 남침에 대해 단호하게 대처하겠다고 강조했다. 또한 한미 양국은 동부전선에서 대규모 팀스피리트 훈련을 최초로 실시했다.[99]

1976년 들어 북한은 미국과 남한이 한반도에서 전쟁도발을 획책하고 있다는 선전을 강화하였다. 이를 통해 주한미군이 한반도의 평화를 위협하는 가장 중요한 요소임을 부각시키려 했다. 한편 북한은 공동경비구역 안에서도 신경전을 벌였다. 1976년에 『로동신문』은 공동경비구역에서 벌어진 분쟁에 대해 상세한 보도를 거듭했다. 물론 그 내용은 유엔군측이 도발을 했고, 북한이 항의했다는 내용 일색이었다. 그런데 보도된 내용 자체는 중대한 '도발'이라기보다는 사소한 '시비'에 가까운 것이었다. 유엔사 경비병이 돌을 던졌다거나, 권총을 겨누는 등 위협적인 자세를 취했다거나, 위협적으로 북한 경비병 바로 옆으로 차를 몰았다는 것 등이었다. 심지어 북은 유엔군 차량이 북한 경비병들에게 일부러 배기가스를 뿜고 도망갔다고 항의하기도 했다.[100]

1976년 8월 5일 북한은 정부차원에서 한반도에 전쟁위기가 고조되고 있다는 특별성명을 냈다. 이 성명은 "미국과 남조선이 전쟁준비를 마치고 도화선에 불을 지르려 한다"고 성토했다. 한반도 상황에 대해 북한이 정부차원의 성명서를 낸 것은 북의 정권이 수립된 이후로 이것이 세번째라고 한다.[101] 정부성명 발표 직후인 8월 16일 북한의 입장을 지지하는 중국, 소련 등 24개국은 유엔군사령부 철폐와 외국군 철수, 휴전협정을 평화협정으로 대체할 것을 주장하는 결의안을 31차 유엔총회에 제출하였다.[102] 유엔에서의 외교적 대결의 시동을 걸었던 것이다.

북한이 이처럼 한반도의 긴장을 고조시킨 것은 대미 접촉 및 협상과도 물론 관련이 있었다. 8·18 판문점 도끼살해 사건이 발생하자 남한의 일부 전문가들은 북한이 분쟁을 일으켜 미국과 직접 대화창구를 개설하려 한다고 분석하기도 했다.[103]

또한 1976년 8월 16일부터 스리랑카의 콜롬보에서 비동맹 정상회담이 개최되었다. 북한은 1960년대 초반부터 나름대로 제3세계 국가들과 외교관계를 확대하기 위해 노력해왔다. 북한의 비동맹외교는 1970년에 접어들면서 한층 강화되었다. 1973년 9월 알제리에서 개최된 비동맹 정상회담에서는 북한의 입장을 지지하는 결의안이 통과되었고, 1975년 8월 리마에서 개최된 2차 비동맹 외상회의에서 북한은 비동맹회원국으로 정식 가입하였다.[104] 북한은 콜롬보 비동맹 정상회담을 계기로 유엔군사령부 철폐, 주한미군철수를 위한 국제적 지지를 확보하려 했다. 비동맹국가들의 지지를 획득하는 것은 유엔 총회의 표대결에서 승리하기 위해 필수불가결한 일이기도 했다.

한편 1976년은 미국의 대통령선거가 있는 해였다. 특히 민주당 대통령후보 카터는 선거운동 과정에서 주한미군철수를 공약으로 주장하였다. 판문점 사건이 일어난 때는 대통령후보 지명을 위한 공화당 전당대회가 진행되던 상황이었다.

한반도 데땅뜨의 몰락

1976년 8월 18일 판문점 공동경비구역에서 북한 경비병들이 미군 장교 2명을 구타해서 죽이는 사건이 발생했다. 이 사건이 발생했을 때 대부분의 미국 고위관리들은 북한이 이를 계획적으로 일으켰다고 의심했다.[105] 어찌되었건 판문점 도끼살해 사건은 당시 유엔사 철폐를 위한 북한의 외교공세에 다방면으로, 또한 치명적으로 부정적인 영향을 미쳤다. 북한은 엄청난 손해를 보았고, 큰 댓가를 치렀다.

판문점 사건 직후 거의 모든 세계언론은 북한사람들의 거친 행동에 경악했다. 공산국가들도 북한의 행위를 적극적으로 옹호해줄 수 없었다.[106] 판문점 사건은 당시 북한이 추진했던 대미 접촉 및 협상 시도에도 완전히 찬물을 끼얹었다. 당시 미국언론들은 8·18사건에 대해 나름대로 차분하게 보도했고, 무력보복보다는 자제된 행동을 강조했다. 그러나 이 사건은 미군장교가 구타당하는 참혹한 사진과 함께 대서특필되었다.[107] 이는 대다수 미국인들에게 북한사람들은 비합리적이고 야만적이며, 설명하기 어려운 야수적 집단이라는 인상을 강하게 남겼다.[108] 그러니 북미관계에 진전이 있을 리 만무했다.

판문점 사건은 북한의 비동맹외교에도 대단히 불리하게 작용했다. 이 사건이 비동맹 정상회담이 열리던 콜롬보에 알려진 것은 회의가 폐막되던 8월 19일이었다. 따라서 이 사건은 콜롬보회의 그 자체에는 어떤 직접적인 영향을 미치지 않았다. 그러나 콜롬보회의에서부터 북한의 강경한 외교정책에 대한 비동맹국가의 지지는 이미 흔들리고 있었다. 김일성도 후일 일본인 작가와의 회담에서 콜롬보회의에서 북한의 입장을 지지하는 결의안에 대해 제3세계 국가의 지지가 적었다는 점을 인정했다.[109]

판문점 사건 발생 이후 북한에 대한 국제여론이 악화되자 비동맹국들의 태도는 북한에 대해 더 냉담해졌다. 판문점 사건 이후에도 북한은 이미 유엔에 제출된 유엔군사령부 철폐, 외국군철수 결의안을 지지하는 국가들을 더 많이 확보하기 위해 노력을 기울였다.[110] 그러나 악화된 국제여론 때문에 비동맹국가들의 지지를 확보하는 것이 어려워졌다. 결국 31차 유엔총회 개최 직전인 9월 21일 북한의 입장을 지지하는 결의안은 이례적으로 이 안을 제출한 당사자들에 의해 철회되었다.[111] 결의안 통과의 가망성이 없다고 판단한 것이었다. 한국정부와 미국은 공산측이 결의안을 제출하자, 여기에 대응하기 위해 서방측 결의안을 제출해놓고 있는 상태였다. 그러나 공산측이 결의안을 철회하자 서방측도 자신의 결의안을 바로 그 다음날 철회시켜버렸다.[112]

31차 유엔총회에서는 한반도 문제가 토의되지 않았고, 그후에도 북한은 위와 같은 결의안을 유엔에 제출하지 못했다. 결국 판문점 사건을 계기로 연례행사처럼 유엔총회에서 한반도 문제가 토론되었던 상황이 종결되었다. 더이상 유엔총회에서 한반도 분단 문제를 둘러싸고 동서 양진영이 표대결을 벌이는 상황은 재연되지 않았다. 이는 정말 미국과 한국이 바라던 바였다. 북한으로서는 완전히 기회를 놓친 셈이었다. 판문점 사건은 그 당시 북한이 추진하던 외교공세에 전반적으로 또한 여러 차원에서 심각하게 부정적인 결과를 가져다주었던 것이다.

한반도 분단의 내재화

판문점 사건으로 유엔총회에서는 한반도 문제가 더이상 토론되지 않았다. 이로써 중국과 공조하여 한반도 분단 문제를 국제분쟁의 문제에서 남북한 당사자 사이의 문제로 내재화하려 했던 미국의 정책은 일단 성공한 것처럼 보였다. 그러나 미국은 판문점 사건으로 한반도에서 한바탕 심각한 군사적 위기사태를 겪어야 했다. 더욱이 미루나무 절단 작전에 투입된 한국 특수부대는 무기를 휴대하지 말라는 유엔사의 명령을 준수하지 않았다. 이들은 무기를 휴대했고, 애초 작전지시와는 달리 북한군의 초소를 파괴하고, 북한 경비병들에게 휴대한 무기를 보여주며 그들을 자극하는 행동을 했다.[113] 미국은 또다시 자신이 원하지 않는 군사적 분쟁에 연루될 가능성을 우려해야 했다. 한반도 분단의 내재화는 일단 성공한 것처럼 보였으나 한반도를 안정화시켜 미국의 개입을 축소하려고 했던 의도는 완전히 성공하지는 못했던 것이다. 미국은 한반도 분단 내재화를 추구하며 한반도 문제에 직접 연루되는 것을 피하려고 했지만, 자신의 한반도에 대한 영향력은 그대로 유지하려 했다. 또한 중국이 한반도에서 완전히 발을 빼는 것을 용납할 수도 없었다. 미국의 분단 내재화 정책 자체가 사실상 이러한 모순 속에서 끊임없이 동요할 수밖에 없는 측면이 있었다.

중국은 한반도 분단의 내재화를 위해 미국과 실질적으로 공조하였으나 역시 여기에 반대하는 동맹국 북한의 입장을 의식하지 않을 수 없었다. 또한 중국은 소련과의 경쟁관계 때문에, 그리고 자체의 이해관계 면에서도 북한과 완전히 갈라서는 태도를 보일 수 없었다. 1975년 10월 21일 키신저는 8차로 베이징을 방문하여 병색이 완연한 마오쩌둥을 만났다. 이날 마오쩌둥은 한국전쟁 때 중국을 침략자로 규정한 유엔의 결의안이 아직도 취소되지 않았다는 사실을 상기시켰다. 그러면서 그는 "우리는 침략자라는 모자를 아직도 쓰고 있다. 나는 그것이 어떠한 것도 더할 수 없는 가장 큰 명예라고 생각한다"고 말했다. 마오는 이날 명확하게 키신저에게 자신은 한국전쟁 때 중국을 침략자로 규정한 결의안이 취소되기를 바라지 않는다고 했다.[114] 이러한 발언은 중국이 약소국 북한을 돕기 위해 참전한 것을 후회하지 않으며, 그러한 사실 자체를 명예롭게 생각한다는 것이었다. 중국이 제3세계 국가의 대변자로 그들을 결집하여 소련에 대항하거나 국제적 영향력을 유지하는 명분은 '민족해방론'이었다. 그렇기 때문에 미국과 서방에 맞서싸우는 과정에서 생긴 침략자라는 '모자'는 중국에게 명예로운 것이 될 수 있었던 것이다.

키신저는 자신의 과거 회고록은 물론 최근에 발간된 중국사에 대한 저서에서도 미중 사이에 거론된 한반도 문제 토의에 대해서는 거의 언급하지 않았다. 다만 마오의 이러한 언급만은 최근 발간된 자신의 저서에 그대로 인용하면서 인상적인 발언으로 소개하고 있다. 키신저는 1975년 10월 베이징 방문을 결산하여 포드 대통령에게 보낸 보고서에서 이러한 발언은 1930년대 대장정을 이끌었던 마오가 현재의 마오와 동일인물임을 연상시켜주었다고 말했다.[115]

중국도 자체의 내외적 이해관계를 위해서 이렇듯 민족해방 논리를 여전히 유지하려 했다. 한편으로 한반도 분단의 내재화를 위해 미국과 공조하지만, 이러한 공조가 북한과의 관계를 완전히 손상시켜 중국이 북한에 대한 영향력을 상실하는 것을 원하지 않았던 것이다.

미중이 추구하는 한반도 분단의 내재화는 결국 한반도 분단유지의 책임을 남북한에 전가시키지만 자신들 강대국의 영향력은 그대로 유지하는 것이었다. 그러나 남북한 당사자들도 자신의 이해관계가 있기 때문에 꼭 여기에 무조건 협조하거나 동조하는 것은 아니었다. 한반도 분단의 내재화는 그안에 이와같은 모순성을 내포하고 있었고, 그렇기 때문에 안정적 상황을 창출하기보다는 계속 갈등하며 동요하는 상황을 창출할 수밖에 없었다. 이와같은 유동적인 상황은 미중 두 강대국에도 부담이 되는 위기상황을 가끔 발생시키기도 하지만, 기본적으로 미중 두 강대국이 서로 암묵적으로 공조하면서 한반도에 대한 영향력을 유지하는 데 유리한 측면도 있었다.

때문에 한반도의 분단상황은 전쟁도 평화도 아닌 휴전상태가 장기지속되고, 남북이 통일이 되는 것도 완전히 갈라서는 것도 아니며, 한반도 분단문제가 완전히 국제화되거나 내재화되는 것도 아닌, 어정쩡하고 변덕스러운 상태로 머물렀다. 이러한 변덕스러운 상황은 어떤 방식으로든 한반도를 둘러싼 국제관계와 남북관계에 안정된 질서가 들어서는 것을 끊임없이 훼방하였다. 또한 한반도 내외에 크고 작은 변동과 사건이 발생할 때마다 관련 주체들이 히스테리한 반응을 보이며 주기적으로 심각한 군사적·외교적 긴장과 갈등, 위기가 반복되는 상태가 지속되었다. 이같은 변덕스러움과 유동성은 최근의 북한 핵위기, 천안함·연평도 사건에서 보이듯 지금도 계속되고 있다.

아직도 6자회담, 4자회담, 양자회담, 미중관계, 남북관계, 한미관계, 한중관계, 북미관계, 북중관계가 어지럽게 교차하며, 연평해전, 미사일 발사, 핵실험, 위조지폐, 이름도 들어보지 못한 방코델타아시아은행의 북한계좌 동결 등 온갖 종류의 더이상 다채로울 수 없는 사건들이 연달아 발생하고 있다. 그럴 때마다 네나라의 수뇌부와 외교관 들이 동분서주, 우왕좌왕하고 강온 기류를 반복적으로 타면서 웃고 악수하다가, 외면하다가, 논쟁하다가, 윽박지르다가, 가끔씩 유엔에 한반도 문제를 가져갔다가, 싸우다가, 다시 악수하며 회담을 하고, 새로운 성명서들을 발표하고, 미소 짓고, 사진 찍고, 실행과정에서 다시 문제가 생기곤 한다. 한반도 분단상황은 여전히 변덕스러운 얼굴을 내보이며 한반도의 평화와 안정을 방해하고 있다.

결론

드러나는 한반도 분단의 얼굴

1. 한반도 데땅뜨의 흥망

1960년대 말 한반도에는 심각한 군사적 긴장상태가 조성되었다. 한해에 수백명의 사망자가 발생했고, 이는 베트남전쟁과 관련이 있었다. 한편 북한은 푸에블로호 위기를 활용하여 미국으로부터 국가적 실체를 승인받는 사례를 만들려고 했다. 위기를 고조시켜야 협상이 시작된다는 북미관계의 '이상한 공식'은 이때부터 출현하였다. 또한 남한과 미국은 군사적 위기 과정에서 연루와 방기라는 동맹관계의 딜레마를 경험하였다. 군사적 위기상황에서 나타난 남북한과 주변 강대국의 행태와 갈등은 1970년대 전반 데땅뜨, 남북대화 국면에도 그대로 이어지는 양상이었다.

한국전쟁 때 한반도에서 격돌했던 미국과 중국이 1970년대 초 관계 개선에 나섰다. 한반도 문제는 양국 사이에 하나의 의제를 형성하였다. 미국은 현상유지를, 중국은 현상변경을 주장했다. 그러나 두 강대국은 평화정착이든 남북통합이든 한반도 분단 문제를 근본적으로 개선하려 하지는 않았다. 다만 미중 두 강대국은 동아시아의 긴장완화와 미중관계 개선을 위해 한반도의 긴장이 완화되고, 자신들이 한반도의 분쟁에 다시 연루되어 또다시 격돌하는 상황을 방지하는 데 주력했다. 두 강대국은 남북대화가 진행되는 데 긍정적인 영향력을 발휘하였지만 한반도 분단 문제를 국제적 분쟁이 아니라 남북한 사이의 문제로 내재화하는 데 공조하였다. 또한 두 강대국은 한반도 분단 문제를 내재화하는 방식으로 한반도에서 자신들의 개입을 축소하고 분단유지의 책임을 남북한으로 전가하였지만, 자신들의 한반도에 대한 영향력 자체는 계속 유지하려 하는 모순적인 모습을 보였다.

미중관계 개선과 맞물려 남북대화도 시작되었다. 한반도 분단의 내재화는 남북을 막론하고 한반도 사람들의 자기결정권을 강화해주는 측면이 존재했다. 그러나 분단 문제의 근본적 개선이 없다면 이는 분단유지의 책임과 비용이 남북한에 전가되는 것을 의미한다. 또한 한반도 분단을 둘러싼 기본 대립구도가 동서 진영대결에서 남북의 체제경쟁으로 이행되는 것을 의미했다. 미중관계 개선과 남북대화는 새로운 화해국면을 열었고 한반도 평화유지에 보탬이 되었지만 오히려 그 과정에서 남북의 체제경쟁은 더욱 심해지는 양상이었다. 남북은 자신의 관점에서 상대방을 타자화하는 체제우월성 경쟁과 자신의 제체를 상대방 지역으로 확산하려는 체제확산 경쟁을 동시에 진행하였다. 남북간의 외교적 경쟁도 치열해졌다.

남북의 체제경쟁은 결국 남북의 집권세력이 각자의 정치체제를 더욱 억압적인 방향으로 개악하는 데 활용되었다. 남북의 집권세력 모두 미중관계 개선, 데탕트로 조성된 유동적인 상황을 위기로 규정하였다. 이를 활용하여 남쪽에서는 유신체제가 수립되고, 북쪽에서는 사회주의헌법이 공포되고 후계체제가 확립되었다. 남북의 집권세력은 일면 데땅뜨 상황에 부응하여 남북대화를 진행하지만, 한편으로는 체제경쟁을 격화시키고, 데땅뜨를 위기국면으로 규정하면서 자신의 권력을 강화해가는 모순적인 행태를 보였던 것이다.

남북의 치열한 외교경쟁 과정에서 1973년 남측은 '6·23선언'으로 남북한 유엔 동시가입을 주장하였다. 이는 한반도에서 두개의 국가의 존재를 공식화해가는 흐름으로 인식되었다. 그러나 이러한 움직임은 남북관계에 부정적으로 작용했을 뿐만 아니라 국제적으로도 더 많은 분란과 갈등을 발생시켰다. 중국은 남북한 유엔 동시가입 제안에 강력히 반발했고, 서방국가들도 이를 무조건 지지한 것은 아니었다. 한편 북한은 1973년 8월 남북대화를 중단하고, 중국과의 공조도 사실상 파기하면서 1974년 3월부터는 북미평화협정을 제안하며 미국과 직접 담판에 나서겠다는 의도를 드러냈다. 북한에게 미국과의 관계 개선은 어떤 수단이라기보다는 그것 자체가 목적이었다. 이는 세계적인 패권국가 미국이 자신을 인정하게 만들어 안보를 확보하고 국제적 고립을 타파하며, 나아가 '반제국주의 민족해방운동'이 일단락되거나 승리한 것처럼 보이도록 만드는 작업이었다. 그러나 미국에게 대북한 관계는 기본적으로 미중관계, 남북관계와 연계된 것이었다. 당시 미국은 북한과의 양자적 관계를 통해 미국이 얻을 것은 없다고 생각했다.

남북대화는 결국 이러한 상황 속에서 재개되지 못하였고, 유엔에서 한반도 문제를 둘러싼 외교적 대결이 다시 치열하게 전개되었다. 한편 1973년 12월 북한이 서해 5도 해역 관할권을 주장하고 나와 다시 군사적 긴장이 조성되었다. 나아가 1976년 8월 판문점 도끼살해 사건으로 말미암아 한반도 데땅뜨 분위기는 확실하게 바닥을 쳤다.

1970년대 전반에 벌어진 일련의 상황들을 볼 때 남북대화는 한반도 주변 강대국관계, 강대국과 남북한의 관계, 또한 남북한 내부 정치적 관계 등 여러 관계들이 중첩되어 복잡하게 얽히면서 진행되는 양상이었다. 이러한 관계들이 모두 선순환적으로 잘 작동해야 남북대화도 진전될 수 있었다. 그러나 이처럼 복잡한 관계망을 구축하고 있는 주체, 즉 미국과 중국, 남북한의 행동은 서로 모순적이었다. 이러한 모순적인 관계와 행태 때문에 1970년대 전반 한반도에서 발생한 남북화해, 데땅뜨 분위기는 한동안 진척되다가 중단되는 양상을 보였던 것이다.

2. 드러나는 분단체제

1970년대 전반 한반도 내외에서 벌어진 상황들은 한반도 분단체제의 얼굴을 노골적으로 보여준 것이었다. 데땅뜨의 훈풍이 냉전기간 얼어붙었던 빙산의 일부를 녹이면서 분단체제의 감추어졌던 얼굴이 들추어지는 양상이었다. 또한 미중관계 개선 과정에서 한반도 분단이 국제적 분쟁에서 남북한 사이의 분쟁으로 더 확실하게 내재화되는 과정은 그만큼 한반도 분단이 더 원숙한 형태로 체제화되는 과정이라 할 수 있다. 즉 한반도 분단을 발생시킨 제반 역관계들이 한반도 내부로 더 깊숙이 스며들어 내면화되고, 구조화되었음을 의미한다.

한반도 분단체제는 1953년 한국전쟁이 휴전으로 일단락되고, 분단고착화가 진행되면서 형성되기 시작했다. 1960년 4월혁명과 그 직후에 일어난 통일운동은 분단체제가 고착화되는 과정에서 일어난 진통이었다. 그러나 이는 5·16쿠데타라는 반격을 받아 진압되었다. 군사정권하에서 한일관계가 개선되고 베트남 파병으로 한미동맹이 새로운 국면에 접어들면서 개발독재체제가 수립되었다. 북한도 1960년대 초 국가사회주의체제를 완성하였고, 소련 및 중국과 군사동맹 조약을 맺었다. 이에 분단체제가 진통 끝에 더욱 고착화되는 방향으로 갔고, 남북의 체제경쟁도 이때부터 본격화되었다. 그 와중에 베트남전쟁은 분단체제에 또다른 차원의 동요를 가져왔다. 분단체제는 한반도에서 평화도 전쟁도 아닌 현상태를 유지하는 체제라 할 수 있다. 1960년 4월혁명이 분단상태에서 통일로 가는 추동력이 발생하여 나타난 동요였다면, 1960년대 말 한반도의 군사적 위기는 베트남전쟁이라는 특수국면에서 다른 극단의 지점에서 휴전상태가 전쟁상태로 갈 가능성을 우려하게 만든 동요라 할 수 있다.

그러나 1970년대 초 미중관계 개선과 데땅뜨라는 새로운 세계사적 국면 속에서 분단체제는 새로운 전환점을 맞이하였다. 미중이 한반도 분단을 내재화하는 방식으로 한반도의 안정을 추구함에 따라 분단체제는 보다 완숙한 형태로 자리잡았다. 한편 남북의 집권세력은 데땅뜨와 남북대화로 말미암은 유동성 국면을 활용하여 위기의식을 고취시켰다. 이에 남쪽에서는 유신체제가 수립되고, 북쪽에서는 유일체제와 후계체제가 확립되었다. 분단체제가 훨씬 숙성되면서 그것이 남북 두 분단국가의 정치체제의 변동으로 확연히 발현되어 그 얼굴을 드러낸 것이다. 이에 백낙청은 분단체제의 역사적 전개과정을 개괄하면서 1970년대 전반을 분단체제가 "한층 강화되면서, 그 부작용과 불안요인도 훨씬 커진 시기"로 보았고, 서중석(徐仲錫)도 이 시기를 분단체제 및 극우반공체제가 완전히 뿌리를 내린 시기

로 보았다.[1]

이처럼 1970년대 전반은 한반도 분단의 내재화로 한반도 분단체제가 완숙한 형태로 완성되고, 그 정점에 도달하여 그 얼굴을 적나라하게 드러낸 시기라 할 수 있다. 이러한 과정에 대한 구체적인 분석을 통해 한반도 분단체제가 작동하는 양상을 정리해보고, 그것이 지닌 의미를 탐색해보자면 다음과 같다.

변덕(volatility)

한반도 분단체제가 작동하는 방식은 변덕, 즉 고도의 유동성을 일단 보여준다. 한반도 분단체제는 항상 변덕스럽고, 유동적인 상황을 만들어낸다. 이는 여기에 관여된 주체들을 히스테리컬하게 만든다. 분단체제는 남북 두 분단국가 및 주변 강대국의 복잡한 역관계 속에서 작동하기 때문에 위기는 계속 발생하지만 이것이 쉽게 전쟁으로 가지는 않는다. 서로 견제하고, 제약하는 바가 있기 때문이다. 그러나 이는 또한 완전한 평화의 정착도 대단히 어렵게 만든다. 전쟁과 평화 사이에 있는 '휴전'이라는 애매한 상황 속에서 군사적 위기와 적대적 대치국면 속의 현상유지를 빈번하게 오가며 요동치는 양상을 보인다.

또한 한반도 분단 문제는 완전히 주변 강대국 사이의 국제적 분쟁으로 존재하는 것도 아니고, 이것과는 무관한 남북한만의 갈등으로 내재화되는 것도 아닌 어정쩡하고 유동적인 상황을 창출한다. 미국과 중국은 한반도 분단의 내재화를 통해 한반도에서 벌어지는 분쟁에 연루되지 않으려고 했지만, 여전히 자신의 영향력은 유지하려 했다. 남북한은 미중관계 개선 국면에서 나름대로 남북대화를 추진하며 자기결정권을 강화하려고 했다. 모두 '자주'와 '자립'을 내세웠다.

그러나 분단의 내재화로 말미암아 남북의 체제경쟁은 오히려 더 격화되었고, 이에 남북 모두 기존의 동맹관계에 더욱 의존할 수밖에 없는 모순적 상황에 직면하였다.

한편 한반도에 존재하는 두 분단국가는 통합되는 것도 아니고 그렇다고 완전히 갈라서는 것도 아닌 상태를 유지하며 남북화해 국면과 위기 국면을 변덕스럽고 분주하게 오고간다. 한반도 분단체제는 복잡한 관계망을 갖기 때문에 문제가 폭발하기도 어렵고, 반대로 문제가 해결되기도 어렵다. 단지 두 극단 사이에서 동요하면서 극히 유동적인 상황을 계속 창출할 따름이다. 즉 변덕이 일상화되는 체제이다. 남북대화가 가다 서다를 반복하는 것도 아직까지 남북의 화해와 통합을 추진하는 힘이 이와같은 분단체제를 완전히 제어하지 못했기 때문에 나타나는 현상이라 할 수 있다.

한반도의 변덕스러운 상황은 한반도 주민의 삶을 계속 불안하게 만들고, 자결권을 끊임없이 위협한다. 남북 두 분단국가의 주도세력들은 이러한 분단상황을 활용하여 자신의 통제력을 강화하고, 기득권을 유지해간다. 한편 이와같은 유동적 상황 때문에 남북한은 모두 강대국과의 비대칭적 동맹관계에서 쉽게 벗어나지 못하며, 강대국은 이를 활용하여 한반도에 영향력을 유지하고 있다.

강대국 갈등의 이전과 증폭

한반도 분단체제는 강대국 사이의 갈등을 한반도 두 분단국가의 갈등으로 이전시키고 증폭하는 작용을 한다. 강대국간 갈등의 이전과 증폭은 사실상 이미 한반도 분단의 형성과정에서부터 나타났던 현상이다. 2차 세계대전 직후 동아시아를 둘러싼 미소의 패권 대립은 한반도에 38도선을 긋게 만들었다. 북에는 소련군이, 남에는 미군이 진주하였다. 이와같은 분할점령 상태는 한반도 사람들의 좌우대립을 격화시켰고, 결국 두 분단국가의 출현을 가져왔다. 강대국 사이의 패권을 둘러싼 갈등이 한반도 내 정통성을 경쟁하는 두 분단국가 사이의 갈등으로 이전되었던 것이다. 그후 38선은 미소 양군이 아니라 남북의 군대에 의해 관리되고, 미군과 소련군은 일단 철수하였다. 그러나 한반도에 조성된 군사적 긴장은 더욱 격화되어갔다. 서로 다른 국가가 어떤 이해관계를 놓고 다투는 것과 민족 내부의 두 집단이 정통성을 놓고 다투는 상황은 차이가 있다. 후자의 갈등이 더욱 감정적이고 충동적이며 잔인한 방식으로 진행된다. 미군과 소련군은 38선에 초소와 도로차단기 정도만 만들었지만, 남북한이 38선을 관할하게 되자마자 양측은 고지(高地)에 올라가 진지를 구축하였다.[2] 결국 1950년 6월 25일 북한군의 선제공격으로 전쟁이 발발하였다. 이 전쟁은 시작부터 국제전적 내전, 내전적인 국제전이 될 수밖에 없었고, 다시 미군 및 중국군 등 외국군대가 대거 참전하여 격전이 벌어졌다. 강대국은 남북한에 모든 것을 넘기고 일단 나갔지만 다시 돌아와 전쟁을 하게 되었던 것이다.

1953년 휴전이 성립되었지만, 1958년에 중국군이 철수한 것을 제외하고는 1970년대 초까지 커다란 상황변화는 없었다. 1970년대 초 한국전쟁 때 격돌했던 미국과 중국이 관계 개선에 나섰다. 미중은 상호 공조하에 한반도 분단의 내재화를 추구하였다. 그러나 한반도 분단 내재화 정책은 미중 사이의 갈등은 해소시킬 수 있었지만, 강대국 간의 갈등이 한반도에 이전되고 증폭되어 남북의 체제경쟁을 그야말로 다방면적으로 더욱 격화시켰다. 이를 활용하여 남북 두 분단국가는 모두 과거보다 더 억압적이고 통제적인 정치체제를 수립하였다. 이에 미중관계는 유지되었지만, 남북화해 국면은 오래 지속되지 못하고 중단되었으며, 다시 전쟁위기가 발생해 미국과 중국이 계속해서 연루될 수밖에 없는 상황을 창출하였다. 한반도 분단체제는 이처럼 강대국 사이에 조성된 갈등이 한반도로 이전되어 두 분단국가의 정통성 경쟁, 체제경쟁을 통과하며 증폭되고, 이것이 다시 강대국에게 돌아가는 구조를 내장하고 있다.

강대국이 창출한 갈등이 약소국으로 전가되는 양상은 세계체제의 작동방식과도 관련이 있다. 자본주의 세계체제의 전개과정에서 강자가 조성한 모순과 갈등이 약자에게 이전되는 것은 일반적으로 나타나는 양상이다. 19세기 말 20세기 초 자본주의의 발전으로 발생한 서구 국가 내부의 극심한 사회적 불평등 문제는 식민지의 획득으로 해소되는 양상이었다. 즉 제국주의 국가 내부의 계급갈등이 제국주의와 식민지 사이의 남북갈등으로 이전되며, 다시 이것이 식민지 내의 식민통치에 협력했던 집단과 여기에 반발했던 집단 사이의 갈등으로 이전되는 양상이었던 것이다. 강자들은 냉전시기에도 '긴 평화'를 누렸는지 몰라도 약소한 나라들에서는 끊임없이 강자 사이의 갈등과 연관된 전쟁, 분쟁, 테러사태, 정치적 불안정이 발생하였다. 베트남과 한반도는 그 대표적인 경우다.

강자가 조성한 갈등이 약자에게 이전되는 것은 국가와 국가 사이에도 발생하지만 한 국가 내부에서도 발생한다. 부자들이 만들어낸 사회적 불평등이 범죄를 발생시키지만, 범죄는 주로 빈민가에서 가난한 사람들 사이에 발생한다. 가부장적인 가정에서 싸움은 주로 시어머니와 며느리 즉 여성들 사이에서 발생한다. 약하고 가난한 사람들은 쉽게 총소리를 듣는다. 한반도 분단체제는 세계체제와 두 분단국가를 매개하면서 이처럼 강자가 조성한 모순과 갈등이 약자에게 이전되어 증폭되는 것을 용이하게 해주는 체제라 할 수 있다.

갈등의 방치와 책임의 전가, 권력의 무책임성과 식민성

한반도 분단체제는 여기에 관련된 제반 주체들이 문제해결을 방치하거나 그 책임을 서로에게 전가하는 구조 속에서 유지되는 양상을 보여준다. 즉 어느 한 주체가 분단문제 해결을 전적으로 가로막아 문제가 해결되지 못하는 것이 아니라 서로 방치하고 책임을 전가하는 과정에서 분단이 유지되는 양상이다. 1970년대 전반 미국과 중국은 한반도 문제를 논의하였고, 남북대화가 진행되는 과정에도 일정한 영향력을 발휘하였다. 그러나 미중은 한반도 분단 문제를 근본적으로 해결하거나 개선할 해법을 논의한 것이 아니라 기본적으로 양자의 국가적 이해관계가 본질적으로 침해되지 않는 한도 내에서 한반도 분단의 현상유지를 추구하였다. 그리고 한반도 분단유지의 책임을 남북한에 전가하였다.

또한 미국과 중국은 책임은 남북한에 넘기면서도 자신들의 한반도에 대한 영향력은 변함없이 계속 유지하려 했다. 닉슨 대통령은 주한미군을 감축하면서도 "요점은, 우리가 지금 찾는 바는 한국에서 물러나오는 방법이 아니라 장기적으로 실행 가능한 태세로 그곳에 머물게 하는 방법이다"라고 했다. 주한미군이 감축되고 휴전선 전체를 방위하는 책임은 한국군이 맡았지만 한국군에 대한 작전통제권은 미군 사령관이 그대로 보유하려 했다. 미국이 추구한 유엔군사령부 해체안 같은 것은 이 점을 잘 보여주고 있다.

중국은 한반도에 군대를 주둔시키지 않았기 때문에 미국과 다른 방식으로 행동했다. 그러나 사실상 맥락은 마찬가지였다. 중국은 미국과의 대화과정에서 북한의 요구사항들을 전달해주고, 중요한 고비가 있을 때마다 저우언라이가 평양을 방문하여 미중관계에 대해 직접 설명해주는 등 '친절한 강대국'으로서의 행보를 보였다. 그후 중국은 북한과 관계가 틀어지는 상황에서도 공식적으로는 북한의 입장을 지지하였다. 또한 북한에 일정한 군사적·경제적 지원을 했다. 이러한 행보는 사실상 중국이 북한에 대해 영향력을 유지하려는 의도와 무관할 수 없었다. 중국은 미국과 여러가지 측면에서 조건이 달랐기 때문에 미국과는 다른 방식으로 북한에 대한 영향력을 유지하려 했던 것이다.

남북한은 강대국의 이러한 행태를 알고, 때로는 여기에 반발하기도 하지만 남북의 체제경쟁과 갈등 때문에 남북대화 국면에서도 강대국과의 동맹관계에 더욱 집착할 수밖에 없었다. 그리고 남북대화를 했지만 이를 통해 문제를 해결하기보다는 남북대화를 동맹국과의 관계에 활용하고, 남북대화로 조성된 유화적 분위기를 활용해 상대방의 동맹국에 접근하였다. 이러한 측면에서 남북대화는 서로 곁눈질을 하는 대화, 쳐다보지 않는 대화였다. 북한은 남북대화를 했지만 남한과 '평화협정' 같은 중요한 문제를 성의있게 이야기하려 하지 않았다. 때로는 중국을 통해, 때로는 미국과 직접 접촉하고 담판해서 문제를 해결하려 했다. 남한은 기능주의 단계론을 내세우며 핵심적인 군사·정치적 문제에 대한 북한과의 대화를 애초부터 회피했다. 더욱이 남북의 집권세력은 데땅뜨, 남북대화로 조성된 유동성을 빌미로 위기의식을 조장하고, 이를 활용하여 자신의 권력을 강화했다. 겉으로는 통일을 이야기하나 분단문제의 해결에 대해 제대로 책임지지 않으면서 통일담론을 활용하여 권력을 강화하는 그러한 상황이었다.

결국 강대국과 남북한은 한반도 분단 문제 해결에 대한 책임을 서로 미루는 양상이었다. 이는 북한이 서해 5도 해역을 분쟁지역화했을 때 미국은 한국정부에게 남북대화로 이 문제를 풀라고 하고, 한국은 유엔군사령관이 군사정전위원회에서 문제를 해결하라고 주장하며 서로 책임을 미루는 상황에서 잘 드러난다. 한편 남한과 북한은 통일과 평화정착이 되지 않는 원인으로 서로 상대방의 탓을 하며 책임을 전가해왔다. 분단은 어떤 장벽 같은 것이 문제해결을 가로막아 유지되는 것이 아니라 문제를 해결해야 할 주체들이 이를 방치하고, 책임을 타자에게 서로 전가하는 과정을 통해 유지되는 양상을 띤다.

한반도 분단체제가 장기지속하는 기본 원인은 책임지지 않는 권력 때문이다. 분단체제는 이러한 권력의 무책임함을 계속해서 발생시키는 구조를 갖고 있었다. 그런데 책임지지 않는 권력이란 사실상 '식민성'(coloniality)의 문제와 관련이 있다. 식민성은 과거 제국주의-식민지 관계에서 가장 뚜렷하게 나타나지만 여기에 한정되지 않고, 이와 유사한 권력관계 및 사회관계를 넓게 지칭하는 것이라 할 수 있다.[3] 식민지 권력의 기본 특징은 책임지지 않는 권력이다. 일제 식민지시대 조선총독은 한반도를 통치하였으나 한반도 주민들은 물론이고, 일본 내각이나 의회에 대해서도 책임을 지지 않았으며, 오직 천황에 대해서만 책임을 졌다.[4] 2차 대전 이후 제국, 식민지 질서는 붕괴되었지만 세계체제의 불균등성은 지속되었다. 이와같은 세계체제의 불균등성은 항상 권한과 책임이 불일치하는 상황을 창출한다.

특히 최근 지구화(globalization)가 심화된 이후 권한과 책임의 조응 문제가 더욱 복잡해지는 양상이다. 자본은 지구화되었지만 그로 인해 생겨난 문제는 대부분 국민국가가 책임지고 처리해야 한다. 세계금융, 세계무역과 관련된 국제기구들은 전지구적으로 엄청난 권력을 행사하지만 이들 조직의 수장들과 간부들은 그 어떤 시민에 의해서도 선출되지 않는다. 실질적으로 책임을 물을 수가 없다. 한반도의 분단체제는 세계체제가 지닌 이와같은 권력의 무책임성과 식민성을 상당히 극단적인 형태로 실현시키는 체제라 할 수 있을 것이다.

분단상태하의 평화공존은 답이 아니다

일부 사람들은 분단상태하의 남북의 평화공존을 남북통합에 선행하는 것으로 생각하거나 남북통합과 평화공존 중 어느 하나를 택일해야 하는 것으로 생각하는 것 같다. 그러나 분단체제의 드러난 얼굴을 볼 때 상황은 그렇지 않아 보인다.

평화에도 그안에 여러 질적 수준이 있다. 단순히 전쟁이 재발되지 않는 상태가 평화의 가장 낮은 단계라면, 국가들 사이의 적대감이 해소됨은 물론 그것의 원인이 되었던 정치·사회집단 또는 민족·인종 사이의 적대감도 사라지는 단계가 평화의 가장 높은 단계라 할 수 있다. 분단상태에서 달성될 수 있는 평화공존은 두 지점 중 중간 정도가 아니라 대체로 가장 질 낮은 단계의 평화를 겨우 달성한 상태에, 그것도 안정적으로가 아니라 항상 유동성을 내포하는 상태로 머무를 수밖에 없다. 한반도 분단체제가 항상 변덕스러운 유동성을 창출하고, 평화의 정착을 방해하는 훼방꾼으로 존재하기 때문이다.

이 책에서 분석한 1970년대 상황을 보면 미중관계는 정체되는 때는 있었지만 계속 관계가 개선되는 방향으로 돌아갔다. 그러나 남북관계는 가다가 서고, 다시 위기가 발생하는 상황으로 갔다. 양자는 틀림없이 서로 맞물려 돌아갔지만 미중관계가 돌아가는 방향과 남북관계가 돌아가는 방향은 일치하지 않았다. 미중관계는 당시 세계체제의 변동 속에서 양자의 이해관계에 따라 일정한 방향을 정립하고 관계 개선으로 움직여갔으나, 한반도에는 화해국면과 위기국면이 수직적으로 오르내리고, 국제적 데땅뜨 기운이 오히려 위기의식을 조장하며 남북한 내부 정치체제가 더욱 억압적인 방향으로 나아가는 복잡한 운동양상을 보였다. 이는 세계적 차원의 움직임과 남북한 내부의 움직임이 그대로 맞물려 돌아가는 것이 아니라 양자 사이에 이를 매개하고, 운동방향을 왜곡하거나 변경하는 별개의 장치 또는 체제가 존재함을 보여준다. 그것이 바로 세계체제와 남북 두 분단국가의 체제 사이에 존재하고 이를 매개하는 분단체제라 할 수 있다.

한반도에 두 분단국가가 존재하는 한 분단체제의 작용을 피하기는 어렵다. 항상 변덕스럽고 유동적인 상황이 조성되고, 이러한 상황 속에서 강대국의 갈등이 남북한에 교묘하게 이전되고 증폭되며, 갈등의 해결을 서로 미루면서 방치하고, 권력의 무책임성과 식민성을 조장하는 행태를 피하기 어려운 것이다. 따라서 평화가 달성되어야 남북통합이 달성되는 것이 아니라 남북통합이 되어야 이에 상응해서 달성될 수 있는 평화의 질도 높아지는 것이라 할 수 있다. 평화공존이 남북통합에 선행되는 것이 아니라 남북통합의 수준과 평화의 수준을 높이는 작업은 기본적으로 병행하는 것이라 할 수 있다. 남북통합도 하나의 과정으로 존재하고, 평화도 역시 하나의 과정으로 존재하는 것이다.[5]

평화가 남북의 분리가 아니라 통합 속에서 모색되는 것이 더 바람직하다는 것은 일민족 일국가를 추구하는 민족주의 입장 때문은 아니다. 적대하던 집단이 함께 공존하며 평화롭게 살려면 분리보다는 통합이 더 근본적인 해결책이기 때문이다.『오리엔탈리즘』의 저자 에드워드 싸이드(Edward W. Said)는 팔레스타인 문제를 해결할 방법으로 팔레스타인인(人)이 독립국가를 건설해서 유대인들이 주도하는 이스라엘과 공존하는 2민족 2국가를 주장했다. 그러나 그는 1993년 팔레스타인해방기구와 이스라엘이 외교권과 국방권이 없는 팔레스타인의 과도자치정부를 수립하기로 합의한 오슬로평화협정 이후 생각을 바꾸었다. 그는 1999년부터 팔레스타인인과 유대인이 하나의 국가로 통합되어야 한다는 '2민족 1국가론'을 주장하기 시작한다. 이스라엘 지역이든 팔레스타인 자치정부 지역이든 실제 유대인과 팔레스타인 사람들은 섞여 살고 있으며, 보통의 사람들은 서로 싸웠던 과거에도 불구하고 우호적이고 평화롭게 살기를 희망하기 때문이다. 또한 팔레스타인인 국가와 이스라엘이 서로 적대적으로 존재하는 한 각각은 상대에게 위협받고 있다는 의식으로 인하여 평화의 문제도, 양측 주민의 진정한 자결권도 확보되기 어렵다고 보았기 때문이다.[6]

남북한은 오랜 역사적 경험을 공유한 단일민족이라 하지만 엄청나게 큰 싸움을 했고, 오랫동안 적대감을 유지해왔다. 따라서 같은 민족이니까 통합하자는 일민족 일국가를 강조하는 통합논리가 갖는 설득력은 기본적으로 한계가 있다. 더욱이 현재는 외국인노동자의 유입과 국제결혼 등으로 남쪽의 민족과 인종의 지도도 복잡해졌다. 향후 이러한 추세는 더욱 확대될 것이다. 민족주의가 고양되는 남북통합은 이들을 소외시키게 될 것이 명확하다. 그러나 남북이 서로 다른 길을 걸어왔고, 실제로 다른 정체성을 갖고 있으며, 심지어 다른 민족과 인종도 이 땅에 살고 있다고 해도, 통합은 불가능한 것이 아니다. 한반도의 안정과 평화를 방해하고, 그럼으로써 한반도 사람들의 안전하고, 자유롭고, 민주적이며, 자결적인 삶을 왜곡하고 방해하는 훼방꾼인 분단체제에서 근본적으로 벗어나기 위해 남북통합이 필요한 것이다. 남북의 분리보다는 통합이 더 질 좋은 평화와 사회통합을 달성하는 길이 될 것이다.

3. 역사의 무한한 가능성

1970년대 전반 미중관계 개선과 남북대화가 맞물려 전개되는 상황은 한반도 분단체제의 존재와 그것이 작동되고 유지되는 양상을 잘 드러내주었다. 이를 직접 체험했던 당시의 지식인들도 한반도 내외의 역관계와 관련되어 분단이 하나의 체제로 이미 형성되어 있고, 이것이 한반도 주민들의 민주주의와 개혁에 대한 열망을 제약하고 있음을 이미 자각하고 있었다고 생각한다.

예컨대 장준하(張俊河)는 7·4공동성명 직후 발표한 「민족주의자의 길」이라는 글에서 한반도 '분단체제'에 대해 이렇게 언급했다.

세계사의 이와같은 새로운 모순(동서 냉전체제)이 우리 민족에게 무엇을 의미하는가. 그것이 새로운 외세에 의한 민족의 양분이란 것을 분명히 깨닫지 못하고, 이를 권력장악의 조건으로 이용한 일부 신생권력층에 의하여 안에서, 밖에서 **강요한 양분체제**에 대응하였다. 통분스러운 일이지만 이렇게 민족은 양분되었고, 통일을 갈망한 민중의 염원은 현실적인 힘을 얻지 못하고 **내외가 상응한 분단체제**에 묶여 들어가지 않을 수 없었다.[7] (강조는 필자)

위의 글에서 강조된 부분에서 보이듯 여기서 "양분체제" "분단체제"는 한반도의 안과 밖의 문제가 상응하여 조성된 어떤 체제를 의미하는 것으로 사용되고 있다. 여기서 '밖[外]'이라 함은 냉전체제를 의미하나 장준하는 이 문제를 동서 이념대립의 문제라기보다는 "외세에 의한 민족의 양분", 즉 강대국과 약소국의 대립으로 표출되는 남북문제, 즉 불균등한 세계질서와 관련된 문제로 보고 있다. 그리고 '안〔內〕'에 해당되는 문제는 분단상황을 "권력장악의 조건으로 이용한 일부 신생권력층", 즉 남북의 지배집단이 분단상황을 활용하여 권력을 강화하는 문제로 보고 있다. 장준하는 어렴풋하게나마 한반도의 '분단체제'를 불균등한 세계체제 속에서 작동하는 '외세'와 분단국가를 주도하는 '신생권력층'이 교묘하게 결합되어 작동하는 것으로 보았던 것이다. 그렇기 때문에 장준하는 "우리 민족의 양분, 무력대결은 휴전선의 튼튼한 철조망을 의미하는 것이 아니라 민족 또는 개인 한사람 한사람의 모든 것의 파괴와 왜곡을 뜻한다"고 했다. 분단이 그안에 사는 모든 개인들의 삶에 영향을 미친다는 것은 그만큼 분단이 체제화되었음을 의미한다고 할 수 있다. 이에 장준하는 "통일은 지배층에게만 필요한 것이 아니라 민중에게 더욱 절실히 요구되는 것"이라고 했다. 또한 "통일은 처음부터 끝까지 민주의 일이다"라고 규정하고 "우리가 하루하루 사는 생활과 직결된 것이다"라고 했다. 그리고 구체적 개념을 제시하지는 못했지만 "복합국가" 또는 "복합적 사회체제"에 대해서도 언급하였다.[8]

여기에 나오는 "모든 통일은 좋은가? 그렇다"라는 구절 때문에 장준하가 쓴 이 글이 통일지상주의를 대표하는 글로만 해석되는 것은 참으로 안타까운 일이다. 이는 그야말로 맥락을 제대로 이해하지 못하고 문자 그대로 사료를 해석하기 때문에 나타나는 현상이다. 최근 한국사회에서 유행하는 '담론' 연구라는 것은 잡지에 수록된 글들을 주로 문자 그대로 해석하면서 이리저리 논지를 전개하는 경우가 대부분이다. 이러한 '말'이 나오게 된 당시의 내외적 구조와 상황, 그리고 역관계, 그속에서 이를 발화한 주체 및 그와 관련된 집단들의 행동을 심층적으로 분석함 없이 그야말로 문자 그대로, 표피만으로 사료를 해석하여 역사서술을 하는 것이다.

한반도 분단체제가 단지 국토의 양단이라는 차원만을 의미하는 것이 아니라 한반도 주민 개개인의 삶을 규정하고, 제반 개혁을 가로막는 실체라는 것을 감지한 것은 장준하만은 아니었다. 이 무렵 문익환(文益煥)은 "집권층은 언제나 현상유지를 원한다. 탈이데올로기적 물결이 일어난 것은 집권층에서 일어난 것이 아니라 백성의 압력 때문에 집권층이 궤도수정을 한 것"이라고 평가하였다. 한편 김도현(金道鉉)은 "통일의 과정은 개혁의 과정"이라 전제하면서 "통일은 대화와 교류를 통해서가 아니라 통일반대 체제를 통일지향적 체제로 개혁해야" 한다고 주장하였다.[9] 강만길(姜萬吉)이 역사학의 현실대응을 강조하면서 해방 후 한국현대사를 "분단시대"로 규정한 것도 바로 이 무렵이었다.[10] 분단체제가 완숙하게 그 모습을 드러내는 바로 그 시점에 분단체제의 극복을 추구하는 힘의 '원형(原型)' 또한 형성되고 있었던 것이다.

1970년대 전반 분단체제가 그 정점에서 완숙한 형태로 자신의 실체를 드러내자 그것을 목격하면서 분단체제에 도전하는 세력들도 저항의 자세를 잡아가고 있었던 것이다. 이후 분단체제를 유지하려는 세력과 그것을 극복하려는 세력 사이에 치열하고도 팽팽한 대치국면이 조성되었다. 이와같은 대치국면을 통과하여 1987년 6월항쟁을 전환점으로 한반도 분단체제는 그 정점에서 마침내 하향곡선을 그리기 시작했다고 할 수 있다.

물론 6월항쟁 이후에도 남북의 화해와 통합을 모색하는 흐름은 가다 서다의 순환주기를 반복했다. 그러나 역사의 진행과정은 반복되어 보인다 하더라도 항상 같은 자리를 맴도는 것은 아니다. 순환주기가 지속된다 하더라도 일종의 나선형(스프링 모양)으로 진행되면서 변화가 나타난다. 실제로 한반도에 계속해서 위기국면이 반복되었으나 남북한 사이의 무력충돌이 1968년 국면만큼 심했던 적은 없었다. 그후 한반도의 상황은 역시 군사적 위기와 평온한 적대적 국면을 오르내렸지만 그 진폭은 1960년대 말 70년대 초만큼 크지는 않았다. 그러한 면에서 한반도 분단체제는 여전히 존재하기는 하지만 그 규정력은 약화되는 추세라 할 수 있다.

역사는 단선적으로 발전하는 것도 아니고, 미리 결정된 길을 가는 것도 아니다. 그안에 다양한 세력들이 서로 다른 가능성을 제시하며 경합하는 더 복잡하고 역동적인 구불구불한 길을 간다. 역사의 특정 국면에서 다양한 정치·사회집단들은 각자의 이해관계와 희망 속에서 다양한 가능성을 제시하고 서로 경합한다. 이중 어느 특정집단이 우세한 힘을 얻어 자신들이 주장했던 가능성을 실현시키면 나머지 가능성들은 희생된다. 그런데 역사를 이야기하면서 이렇게 실현된 것, 승리한 것만 놓고 그것을 필연적인 것으로 합리화하고 나머지 가능성을 무시하게 되면 우리의 역사의식은 협소해질 수밖에 없다.[11] 이것이야말로 승자 중심의 역사인식, 결과소급적 역사인식이 되는 것이다.

남북대화 국면에서도 마찬가지다. 모든 사람들이 애초부터 적십자회담 등을 바라보며 인도주의와 정치를 분리시키고, 기능주의적 단계론의 관점을 확실하게 갖고 있었던 것은 아니었다. 오히려 남북대화 초기에는 남쪽에서도 훨씬 다양한 의견들과 남북관계 개선의 다양한 가능성들이 표출되었다. 따라서 이 시기에 벌어진 남북대화도 다른 결과를 가져올 가능성이 여전히 있었다고 할 수 있다. 그러나 남북대화가 진행되고 체제경쟁이 심화되면서 인도주의와 정치를 분리하는 담론이, 기능주의적 단계론이 권력의 작용 속에서 유일한 것으로 확정되고 다른 의견들을 압도하거나 말살해갔다.

1970년대 전반의 정치사회적 상황도 마찬가지다. 1971년의 교련 반대 운동과 인상적인 대통령선거, 유신체제 수립 전후의 민주화운동을 볼 때 이 시기는 한국에서 민주화를 이루고 남북관계를 개선하며, 새로운 역사발전을 기약할 전환점이 될 가능성도 있었다.[12] 실제 많은 사람들이 당시 집권세력과는 달리 미중관계 개선과 데땅뜨를 기회로 인식하였다. 그러나 그들이 제시한 가능성은 실현되지 못했다. 역사공부는 어쩌면 이처럼 희생된 가능성, 버려진 가능성을 캐내어 우리의 인식과 상상력을 보다 풍부하게 만드는 과정이라 할 수 있다. 많은 사람들이 현실을 직시하자고 하지만 현실은 이미 결정된 결과만을 보여주기 쉽기 때문에 다양한 가능성의 상상을 제약하는 측면이 있다. 오히려 과거에 희생되었던 가능성, 실패한 가능성도 함께 보아야 미래의 다양한 길을 상상할 힘이 나올 수 있다.

한반도의 역사에서 남북의 통합과 평화의 정착은 아직도 실패하고 희생된 가능성으로 남아 있다. 한반도는 아직까지 여러 갈래로 매듭이 진 상태로 묶여 있고, 아직도 전쟁도 평화도 아닌, 분쟁이 국제화된 것도 내재화된 것도 아닌, 남북이 통합되는 것도 완전히 갈라서는 것도 아닌, 변덕스러운 유동성 속에서 동요하며 가끔 불꽃까지 튄다. 이는 대단히 짜증스러운 현실임에 틀림이 없다. 그러나 어쩌면 한반도에서 분단극복은 오랫동안 묻어두어 숨겨져 축적된 보배와 같은 가능성일 수도 있다. 한반도 주민들이 분단체제하에서 나름대로 지금 이만큼의 성취를 이룩했다면, 또 앞으로 분단체제가 극복된다면 더 많은 것을 얻을 가능성이 여전히 남아 있기 때문이다. 한반도 분단은 동아시아와 세계에도 많은 영향을 미쳐왔는데 만약 분단체제가 극복된다면 세상 전체가 좋아지는 방향으로 가는 데 보탬이 될 수도 있을 것이다. 그런 면에서 한반도는 여전히 희망이 많은 곳이다.

●문서 약칭
　-주에서 언급되는 문서들은 다음과 같은 약칭으로 표기하였다.

DDS Files. Declassified Documents System Files.

FRUS 1964~1968, Vol. XXIX. Department of State, Foreign Relations of the United States 1964~1968, Vol. XXIX Part 1 Korea, Washington D.C.: United States Government Printing Office 1999.

FRUS 1969~1976, Vol. XIX. Department of State, Foreign Relations of the United States 1969~1976, Vol. XIX Part 1 Korea, 1969~1972, Washington D.C.: United States Government Printing Office 2010.

FRUS 1969~1976, Vol. XVII. Department of State, Foreign Relations of the United States 1969~1976, Vol. XVII China 1969~1972, Washington D.C.: United States Government Printing Office 2006.

FRUS 1969~1976, Vol. XVIII. Department of State, Foreign Relations of the United States 1969~1976, Vol. XVIII China 1973~1976, Washington D.C.: United States Government Printing Office 2007.

Korean Crisis Files. Executive Secretariat, Korean Crisis Files 1968(Pueblo), RG 59, National Archives at College Park.

NA. National Archives at College Park.

NEIKR 1971~1972, NKIDP. James Person ed., New Evidence on Inter-Korean Relations 1971~1972(Document Reader), North Korea International Documentation Project, Woodrow Wilson International Center 2009.

Nixon, National Security Council Files. National Security Council Files, The Record of the Nixon Presidential Materials Project, National Archives at College Park.

Oberdorfer Files. Oberdorfer Files, National Security Archive, Washington D.C.: George Washington University.

RFDKP 1970~1974, NKIDP. Christian F. Ostermann and James F. Person eds., The Rise and Fall of Detente on the Korean Peninsular 1970~1974(Document Reader), North Korea International Documentation Project, Woodrow Wilson International Center 2010.

Subject-Numeric Files 1967~1969. Subject-Numeric Files 1967~1969, RG 59, National Archives at College Park.

Subject-Numeric Files 1970~1973. Subject-Numeric Files 1970~1973, RG 59, National Archives at College Park.

Winston Lord Files. Policy Planning Staff, Director's Files(Winston Lord), RG 59, National Archives at College Park.

서론

1 한반도에 존재하는 두 분단국가의 명칭 표기 문제는 종종 논란거리가 된다. 일부 사람들은 당사자들이 사용하는 용어를 존중해주자는 취지에서 '한국'과 '조선'이라는 용어를 각기 사용하자고 한다. 그러나 이는 남북을 전혀 상관없는 별개의 국가로 호칭하는 것 같아 보이는 난점이 있어, 이 글에서는 '남한'과 '북한'이라는 용어를 사용하기로 한다. 이 책에서 한반도는 남북한 모두를 포함하는 용어로 사용했다. 반면 '한국' 및 한미관계, 한일관계라고 할 때의 '한'은 모두 대한민국을 의미한다.

2 백낙청 「분단체제와 참여정부」, 『한반도식 통일, 현재진행형』, 창비 2006, 46면. 한편 백낙청은 "분단체제를 세계체제의 한 하위체제로 본다는 것은 민족문제에 대한 전지구적 시각으로의 전환을 뜻하기도 한다. 단일민족이기 때문에 단일국가를 이루고 살아야 된다는 민족주의적 발상이 아니라, 한반도의 분단이 세계체제의 어떤 국면에서 어떤 경위로 이루어졌으며 그 현재적 기능은 어떤 것인지를 구체적으로 살피는 가운데서 그 종식의 당위성과 가능성을 발견하는 자세이다"라고 주장한다(백낙청 「한반도 평화통일을 위한 새 발상」, 같은 책 81면).

3 분단체제론의 문제의식과 논리를 집약한 글로는 다음 글들을 참조할 수 있다. 백낙청 「분단체제의 인식을 위하여」, 『분단체제 변혁의 공부길』, 창작과비평사 1994; 「개혁문화와 분단체제」, 『흔들리는 분단체제』, 창작과비평사 1998; 「분단체제와 참여정부」, 「다시 지혜의 시대를 위하여」, 「통일작업과 개혁작업」, 『한반도식 통일, 현재진행형』, 창비 2006.

4 남북의 적대적 의존관계에 대해서는, 이종석 『분단시대의 통일학』, 한울아카데미 1998, 33~37면; 박명림 「분단질서의 구조와 변화: 적대와 의존의 대쌍관계 동학,

1945~1995」,『국가전략』제3권 1호, 세종연구소 1997 참조.

5 안병직「대한민국의 성취를 토대로 해야만 통일도 실현 가능해진다」,『한국논단』제 216호, 2007.

6 홍석률「대한민국 60년의 안과 밖, 그리고 정체성」,『창작과비평』2008년 봄호, 64~66 면.

7 윌리엄 마틴「세계체제론에 대한 전망」,『발전주의 비판에서 신자유주의 비판으로』, 권현정 옮김, 공감 1998, 36~37면; 유재건「역사적 실험으로서의 6·15시대」,『창작과 비평』2006년 봄호, 277면.

8 내인론과 외인론 논쟁에 대해서는 다음 글을 참조. 이완범「해방 3년사의 쟁점」, 『해방전후사의 인식』6, 돌베개 1989;「해방 직후 국내 정치세력과 미국의 관계, 1945~1948」,『해방전후사의 재인식』2, 책세상 2006, 58~62면.

9 정병준『한국전쟁』, 돌베개 2006, 75~86면.

10 이완범, 앞의 글(2006) 58~62면.

11 최장집『민주주의의 민주화』, 후마니타스 2006, 216~19면.

12 1948년 4월 14일 당시 저명한 지식인들이었던 '문화인 108인'은「남북협상을 성원 함」이라는 성명서를 발표하였다. 이 성명서는 다음과 같이 분단 이후 발생하게 될 전 쟁 가능성에 대해 정확하게 경고하고 있었다.

"그후로 오는 사태는 저절로 민족 상호의 혈투(血鬪)가 있을 뿐이니 내쟁(內爭) 같은 국제전쟁(國際戰爭)이요 외전(外戰) 같은 동족전쟁이다. 동포의 피로써 맞서는 동포의 상잔(相殘)만이 아니라, 동포의 상식(相食)만이 아니라, 실로 어부(漁父)의 득(得)을 위 하야 우리 부자(父子)의, 숙질(叔姪)의, 자매의, 피와 살과 뼈를 바수어 바치는 혈제(血 祭)의 참극(慘劇)일 뿐이니 이 어찌 있을 수 있는 일이겠는가?"(『새한민보』1948년 4 월 하순호[제2권 9호], 정병준, 앞의 책 81면에서 재인용)

13 가라타니 고진『세계공화국으로』, 조영일 옮김, 도서출판b 2007, 220~36면.

14 복합국가는 국가간의 결합체로서 근대 국민국가를 완전히 벗어난 것은 아니지만 그 폐쇄성과 단일성을 일정부분 개조한 '국민국가의 자기전환'을 의미한다. 복합국가 구 상이 한반도 분단 문제 해결과 더 나아가 동아시아 공동체 형성에서 갖는 의미에 대 해서는, 백영서「연동하는 동아시아, 문제로서의 한반도」,『창작과비평』2011년 봄호 참조.

15 백낙청「한반도의 통일시대와 한일관계」, 앞의 책(2006) 36~37면.

16 탈민족주의론의 대표적인 저작은 다음과 같다. 임지현『민족주의는 반역이다』, 소나 무 1999; 윤해동『식민지의 회색지대: 한국의 근대성과 식민주의 비판』, 역사비평사 2003; 윤해동·천정환·허수·황병주·이용기·윤대석 엮음「머리말: 한국 근대인식의

새로운 패러다임을 위하여」,『근대를 다시 읽는다』1, 역사비평사 2006.

17 홍석률「1960년대 한국 민족주의의 분화」,『1960년대 한국의 근대화와 지식인』, 선인 2004;「민족주의 논쟁과 세계체제, 한반도 분단문제에 대한 대응」,『역사비평』 2007년 가을호 참조.

18 홍성주「민족주의에 관한 탈근대적 접근의 함의와 한계」,『역사와현실』제56호, 2005. 홍성주는 이 글에서 "탈민족론은 민족주의를 공격하는 레토릭으로 존재하지 역사분석의 방법론으로 아직 실체를 형성했다고 보기 어렵다"고 진단했다.

19 최장집은 "한국 민족주의운동의 특징의 하나는 압도적인 이념적 위력을 가지기보다 분단체제라는 현실 때문에 정권의 지도부가 앤더슨이 말하는 의미에서 공식적 민족주의를 표방할 수 없는 구조적 한계를 가졌다는 사실이다"라고 주장했다. 그는 한국사회에서 사회개혁과 민주화를 가로막는 주된 힘은 민족주의가 아니라 북한의 쇼비니즘적인 유일사상과, 파시즘적인 양태를 드러냈던 남한의 반공주의라고 지적한다(최장집「한국 민족주의의 특성」,『민족주의, 평화, 중용』, 까치 2007, 40면).

20 장경섭『가족·생애·정치경제: 압축적 근대성의 미시적 기초』, 창비 2009; 홍석률「1971년 대통령선거의 양상: 근대화 정치의 가능성과 위험성」,『역사비평』2009년 여름호.

21 임지현「다시, 민족주의는 반역이다」,『창작과비평』2002년 가을호, 200면.

22 조한혜정「분단과 공존」,『탈분단시대를 열며』, 삼인 2000, 346면.

23 한모니까「유엔군사령부의 '수복지구' 점령정책과 행정권 이양」,『역사비평』2008년 겨울호.

24 존 루이스 개디스『역사의 풍경』, 강규형 옮김, 에코리브르 2004, 87~112면.

25 마크 쎌던「동아시아 지역주의의 세 시기: 16~21세기의 정치경제와 지정학」,『창작과비평』2009년 여름호.

26 이영일『분단시대의 통일논리』, 태양문화사 1981; 길영환『남북한 비교정치론』, 이원웅 옮김, 문맥사 1988; 김학준「1970년대 남북대화의 재조명」,『남북한 관계의 갈등과 발전』, 평민사 1985;「1970년대의 통일논의: 국제정치학적인 평가」,『민족통일론의 진개』, 형성사 1986; 양영식『통일정책론』박영사 1997.

27 우승지「남북화해와 한미동맹관계의 이해, 1969~1973」,『한국정치외교사논총』제26집 1호, 2004; 박건영·박선원·우승지「제3공화국 시기 국제정치와 남북관계: 7·4공동성명과 미국의 역할을 중심으로」,『국가전략』제9권 4호, 2003; 우승지「박정희 시기 남북화해 원인에 관한 연구」, 정성화 엮음『박정희 시대와 한국현대사』, 선인 2006.

28 FRUS 1969~1976, Vol. XVII; FRUS 1969~1976, Vol. XVIII.

29 이종석『북한·중국관계 1945~2000』, 중심 2001; 최명해『중국·북한 동맹관계』, 오름 2009; 이상숙「북한·중국의 비대칭적 관계에 대한 연구: 베트남·중국의 관계와의 비

교」, 동국대학교 대학원 북한학과 박사학위논문 2008.

30 강인덕·송종환 외 『남북회담: 7·4에서 6·15까지』, 극동문제연구소 2004; 김지형 『데 탕트와 남북관계』, 선인 2008.

31 브루스 커밍스 「70년간의 위기와 오늘의 세계정치」, 『창작과비평』 1995년 봄호, 63 면.

32 *FRUS 1969-1976*, Vol. XIX.

33 Christian F. Ostermann and James F. Person eds., *Crisis and Confrontation on the Korean Peninsula 1968-1969* (Document Reader), North Korea International Documentation Project, Woodrow Wilson International Center 2008; *RFDKP 1970-1974*, NKIDP.

제1장 불꽃 튀는 한반도, 불타는 베트남

1 김신조 『나의 슬픈 역사를 말한다』, 동아출판사 1994, 51~66면; 조갑제 『박정희의 결 정적 순간들』, 기파랑 2009, 440~54면.

2 『조선일보』 1968년 1월 23일.

3 김신조, 앞의 책 69~71, 196~97면.

4 중앙정보부 『북한대남공작사』 2, 광명출판사 1973, 459~60면; 김신조, 앞의 책 159~64면.

5 중앙정보부, 앞의 책 460~72면.

6 『경향신문』 1968년 1월 26일.

7 마이클 매클리어 『베트남, 10,000일의 전쟁』, 유경찬 옮김, 을유문화사 2002, 335~57 면.

8 "Intention of North Korea," Jan. 23, 1968, Box 2, Korean Crisis Files.

9 "Memorandum for Deputy Secretary of Defense," undated, Box 1, Korean Crisis Files.

10 "#243, Notes of Meeting," Jan. 29, 1968, *FRUS 1964-1968*, Vol. XXIX; "Measures Taken in Korea," Apr. 10, 1968, DDS Files.

11 마이클 매클리어, 앞의 책 359~92면.

12 Marilyn B. Young, *The Vietnam Wars 1945-1990*, New York: HarperCollins Pub. 1991, 216~31면.

13 1968년 5월의 경우 북한의 대남 침투활동은 1967년 같은 달에 비해 40%나 감소하였 다. "The Embassy in Korea to the Department of State," Jun. 10, 1968, POL 23-7 KOR S, Subject-Numeric Files 1967~1969.

14 "INR, Intelligence Note-Seaborne Infiltrations in the ROK," Nov. 8, 1968, POL 23-7

KOR S, Subject-Numeric Files 1967~1969.

15 "Telegram from the Embassy in Korea to the Department of State," Nov. 14, 1968, POL 23-7 KOR S, Subject-Numeric Files 1967~1969; 중앙정보부, 앞의 책 469~72면; 황일호 「울진·삼척 공비침투사건의 진상」, 『월간중앙』 1993년 7월호.

16 "Telegram from the Embassy in Korea to the Department of State," Nov. 5, 1968, POL 23-7 KOR S, Subject-Numeric Files 1967~1969.

17 이문항 『JSA-판문점(1953~1994)』, 소화 2001, 42~44면; 『동아일보』 1968년 12월 30일.

18 "#165, Telegram from the Commander in Chief, Pacific (Sharp) to the Chairman of the Joint Chiefs of Staff (Wheeler)," Feb. 9, 1968, *FRUS 1964-1968*, Vol. XXIX.

19 "Memorandum for the Korean Working Group," Feb. 8, 1968, Vance Mission to Korea 1968, Box 16, Executive Secretariat Briefing Books 1958~1976, RG 59, NA.

20 같은 문서; "The Embassy in Korea to the Department of State," Sep. 5, 1967. POL 23-7 KOR S, Subject-Numeric Files 1967~1969; "#180, Notes of the President's Meeting with Cyrus R. Vance," Feb. 15, 1968, *FRUS 1964-1968*, Vol. XXIX.

21 이문항, 앞의 책 373면 '북한측의 적대행위와 무장침투에 의한 유엔사(한/미)측 사상자 통계표' 참조.

22 김성호 『우리가 지운 얼굴』, 한겨레출판 2006, 292면.

23 "#217, Summary Minutes of Meeting," Jan. 24, 1968 (10:30~11:45 a.m.); "# 220, Minutes of Meeting," Jan. 24, 1968 (6p.m.); "#226, Notes of Meeting," Jan. 24, 1968 (6:30~7:45 p.m.), *FRUS 1964-1968*, Vol. XXIX.

24 Sergey S. Radchenko, *The Soviet Union and the North Korean Seizure of the USS Pueblo: Evidence From the Russian Archives*, Attached Documents, Working Paper #47, Cold War International History Project, Woodrow Wilson International Center 2005 참조; "#237, Telegram from the Department of State to the Embassy in Korea," Jan. 28, 1968, *FRUS 1964-1968*, Vol. XXIX.

25 최명해 『중국·북한 동맹관계』, 오름 2009, 236~37면.

26 "Memorandum for the President," undated, DDS Files.

27 조진구 「중소대립, 베트남전쟁과 북한의 남조선 혁명론, 1964~68」, 『아세아연구』 제 46권 4호, 229~40면.

28 "#218, Notes of Meeting," Jan. 24, 1968, *FRUS 1964-1968*, Vol. XXIX.

29 김일성 『현정세와 우리 당의 과업: 조선로동당대표자회에서 한 보고』, 조선로동당출판사 1966.

30 전재성 「1965년 한일 국교정상화와 베트남 파병을 둘러싼 미국의 대한(對韓) 외교정

책」,『한국정치외교사논총』제26집 1호, 한국정치외교사학회 2004, 82면.

31 조진구, 앞의 글 229면.

32 심융택 엮음『자립에의 의지: 박정희 대통령 어록』, 한림출판사 1972, 339~42면.

33 2008년 9월 우드로윌슨센터에서 1968년 한반도 위기사태에 대해 주평양 동독대사 브리를 비롯하여, 한국 및 미국의 당시 관리들이 모여 당시 상황에 대해 구술하는 학술모임이 있었다. 이때 참석한 남한, 동구권, 미국 관리 모두 당시 자신들은 북한이 긴장을 고조시키기는 했지만 실제 전면전쟁을 할 의도는 없었던 것으로 보았다고 일치된 증언을 했다. Christian F. Ostermann and James F. Person eds., *Crisis and Confrontation on the Korean Peninsula 1968~1969* (Minutes of Critical Oral History Conference, Sep. 8~9, 2008), North Korea International Documentation Project, Woodrow Wilson International Center 2011, 17~38면.

34 유영구『남북을 오고간 사람들』, 글 1993, 259~330면; 중앙정보부, 앞의 책 442~48 면; 김민희『쓰여지지 않은 역사』, 대동 1992, 194~224면.

35 "Intelligence Notes-North Korea Unification Plan," Feb. 2, 1968, POL 32-4 KOR N, Subject-Numeric Files 1967~1969.

36 Bernd Schaefer, *North Korean 'Adventurism' and China's Long Shadow 1966~1972*, Attached Documents, Working Paper #44, Cold War International History Project, Woodrow Wilson International Center 2004, 12면.

37 이종석『조선로동당 연구』, 역사비평사 1995, 301면.

38 같은 책 303~11면; 이태섭『김일성의 리더십 연구』, 들녘 2001, 428~36면.

39 유영구, 앞의 책 314면.

40 이종석, 앞의 책 317면.

41 "Telegram from the Embassy in Korea to the Department of State," Jun. 12, 1967, POL 23-7 KOR S; "Telegram from the Embassy in Korea to the Department of State," Jun. 13, POL 14 KOR S; "Country Team Report," Jun. 22, 1967, POL 23-7 KOR S, Subject-Numeric Files 1967~1969.

42 정병준『한국전쟁』, 돌베개 2006, 479~514면.

43 "#225, Notes of Meeting," Jan. 25, 1968, *FRUS 1964~1968*, Vol. XXIX.

44 "#212, Telegram from the Department of State to the Embassy in the Soviet Union," Jan. 23, 1968; "#213, Notes of Meeting," Jan. 23, 1968, (12:58~2:30 p.m.), *FRUS 1964~1968*, Vol. XXIX.

45 제성호「한국휴전협정의 이행실태」, 한국정치외교사학회 엮음『한국전쟁과 휴전체제』, 집문당 1998.

46 이문항, 앞의 책 18~20면.

47 "#232, Telegram from the Embassy in Korea to the Department of State," Jan. 27, 1968, *FRUS 1964~1968*, Vol. XXIX.

48 같은 문서 각주 4.

49 이문항, 앞의 책 29~30면; "#247 Editorial Note," *FRUS 1964~1968*, Vol. XXIX.

50 "#235, Attachment," Jan. 28, 1968, *FRUS 1964~1968*, Vol. XXIX.

51 "#5, Telegram from GDR Embassy in Pyongyang to the Ministry of Foreign Affairs," Jan. 29, 1968, Bernd Schaefer, 앞의 책 57면 수록.

52 앞의 문서 "#213, Notes of Meeting," Jan. 23, 1968 (12:58~2:30 p.m.); 앞의 문서 "#217, Summary Minutes of Meeting," Jan. 24, 1968 (10:30~11:45 a.m.).

53 "Political Planning Staffs in State Department to the Deputy Secretary of Defence," Jan. 30, 1968, Box 3, Korean Crisis Files.

54 "CIA, Intelligence Information Cable," Feb. 2, 1968, DDS Files. 푸에블로호 사건 직후 2월 10일 미국에서 실시한 여론조사에서 미국 국민 57%는 북한과의 전쟁에 반대하였으며, 76%가 협상을 통한 사태해결을 선호했다(김상도·정운현「다시 쓰는 한국현대사」,『중앙일보』 1995년 10월 18일).

55 "Minutes of the Second Meeting," Feb. 4, 1968, Box 6, Korean Crisis Files.

56 "Minutes of the 4th Meeting," Feb. 7, 1968, Box 6, Korean Crisis Files.

57 "Minutes of the 5th Meeting," Feb. 10, 1968, Box 6, Korean Crisis Files.

58 이문항, 앞의 책 31면.

59 "Telegram from the Department of State to the Embassy in Korea," Feb. 7, 1968, Box 4, Korean Crisis Files.

60 Selig S. Harrison, "The United States and the Future of Korea," Wonmo Dong ed., *The Two Koreas and the United States*, New York: M.E. Sharpe 2000.

61 「첨부문건 3: 푸에블로 사과문」1968. 12. 23, 729.55. 1968~68 v.2(분류번호), 2663(등록번호), 외무부문서, 대한민국외교사료관.

62 베트남 파병과 관련된 한미관계의 자세한 상황은, 홍석률「위험한 밀월: 박정희·존슨행정부기 한미관계와 베트남전쟁」,『역사비평』 2009년 8월호 참조.

63 Glenn H. Snyder, "The Security Dilemma in Alliance Politics," *World Politics* Vol. 36 No. 4, 1984. 안보 딜레마 문제를 한미관계에 적용시켜 설명한 글로는, 신욱희『순응과 저항을 넘어서: 이승만과 박정희의 대미정책』, 서울대학교 출판문화원 2010; 조동준「미·중 대화에서 나타난 적수게임과 동맹게임: 한반도 사례와 베트남 사례 비교연구」,『북한체제의 형성과 한반도 국제정치』, 서울대학교출판부 2006 참조.

64 "#214, The United Nation Commander to the Pacific Commander," Jan. 23, 1968, *FRUS 1964~1968*, Vol. XXIX.

65 "The Embassy in Korea to the Department of State," Jan. 24, 1968, Box 7, Korean Crisis Files.

66 "The Embassy in Korea to the Department of State," Oct. 11, 1967, POL 23-7 KOR S, Subject-Numeric Files 1967~1969.

67 「사설: 미국의 결연한 태도를 촉구한다」, 『동아일보』 1968년 2월 5일.

68 "President Johnson to President Park," Feb. 3, 1968; "President Park to President Johnson," Feb. 5, 1968, Box 11, Executive Secretariat, Presidential and Secretary of State Correspondence with Head of State 1961~1971, RG 59, NA.

69 "President Johnson to President Park," Feb. 7, 1968; "President Park to President Johnson," Feb. 9, 1968, Box 11, Executive Secretariat, Presidential and Secretary of State Correspondence with Head of State 1961~1971, RG 59, NA.

70 조갑제 『내 무덤에 침을 뱉어라』 8권, 조갑제닷컴 2001, 162~63면; Christian F. Ostermann and James F. Person eds., 앞의 책 54면.

71 "Letter from Kim, Sung-eun," Feb. 2, 1968, POL 23-7 KOR S, Subject-Numeric Files 1967~1969.

72 "Letter from Porter to McGeorgy Bundy," Feb. 27, 1968, Box 6, Korean Crisis Files.

73 "Vance Mission Final Report," undated, 1968, Box 4, Korean Crisis Files, 9면.

74 "Vance's Meeting with President Park," Feb. 12, 1968, Box 4, Korean Crisis Files.

75 「공동성명서」 1968. 2. 15, 729.55. 1968~69 v.8, 2669, 외무부문서, 대한민국외교사료관.

76 "Memorandum of Vance," Feb. 15, 1968, Box 4; "The Embassy in Korea to the Department of State," Feb. 2, 17, 1968, Box 7, Korean Crisis Files.

77 "#244, Notes of Meeting," Jan. 29, 1968, *FRUS 1964-1968*, Vol. XXIX.

78 "#19, Telegaram from GDR Embassy in Pyongyang to the Ministry of Foreign Affairs," July 29, 1968, James Person ed., *Limits of the 'Lips and Teeth' Alliance: New Evidence on SINO-DPRK Relations 1955-1984* (Document Reader), North Korea International Documentation Project, Woodrow Wilson International Center 2009, 51면.

79 밴스 특사는 존슨 대통령에게 "박대통령은 재떨이를 그의 부인에게 던지고, 참모들에게도 던진 적이 있다"고 말하기까지 했다. "#180, Notes of the President's Meeting with Cyrus R. Vance," Feb. 15, 1968, *FRUS 1964-1968*, Vol. XXIX.

80 "#182, Letter from the Ambassador in Korea to the Assistant Secretary for East Asian and Pacific Affairs," Feb. 27, 1968, *FRUS 1964-1968*, Vol. XXIX.

81 "#201, Paper Prepared by the Policy Planning Council of the Department of State: U.S. Policy Toward Korea," Jun. 15, 1968, *FRUS 1964-1968*, Vol. XXIX.

82 마상윤 「미완의 계획: 1960년대 전반기 미 행정부의 주한미군 철수논의」, 『한국과 국제정치』 제19권 2호, 2003.

83 조갑제, 앞의 책 197~99면.

제2장 미국과 중국의 관계개선, 한반도는?

1 헨리 A. 키신저 『키신저 회고록: 백악관시절』, 문화방송·경향신문 1979, 234~35면.

2 "#139, Memorandum of Conversation: Chou En-lai and Kissinger," Jul. 9, 1971, *FRUS 1969-1976*, Vol. XVII 363면; 헨리 A. 키신저, 앞의 책 240~41면.

3 "#192, Conversation Between President Nixon and His Assistant for National Security Affairs," Feb. 14, 1972, *FRUS 1969-1976*, Vol. XVII, 663면.

4 Henry A. Kissinger, *On China*, New York: The Penguin Press 2011, 118~20면.

5 James Mann, *About Face*, New York: Random House 2000, 18면.

6 이동원 『대통령을 그리며』, 고려원 1992, 143~49면. 닉슨은 1969년 8월 박정희와 정상회담을 했다. 이때 닉슨은 박대통령을 서부의 백악관이라고 불렸던 쌔크라멘토에 초청하지 않고, 쌘프란시스코 호텔에서 정상회담을 했다. 닉슨은 마중도 나오지 않고 호텔방 안에서 박대통령을 맞이하였으며, 만찬 때에는 자기의 고향친구들도 불러다 앉혀놓는 등 홀대를 했다고 한다.

7 Richard M. Nixon, "Asia After Vietnam," *Foreign Affairs* Vol. 46, Oct. 1967.

8 헨리 A. 키신저, 앞의 책 56면.

9 같은 책 62면.

10 Wang Zhongchun, "The Soviet Factor in Sino-American Normalization," William C. Kirby, Robert S. Ross, and Gong Li eds., *Normalization of U.S.-China Relations*, Cambridge: Harvard University Asia Center 2005, 154면.

11 Henry A. Kissinger, 앞의 책 208~12면.

12 Li Danhui, "Vietnam and Chinese Policy Toward the United States," William C. Kirby, Robert S. Ross, and Gong Li eds., 앞의 책 183면.

13 Henry A. Kissinger, 앞의 책 220면.

14 Robert Accinelli, "In Pursuit of a Modus Vivendi," William C. Kirby, Robert S. Ross, and Gong Li eds., 앞의 책 14~17면.

15 헨리 A. 키신저, 앞의 책 212~15면.

16 같은 책 217~27면.

17 Wang Zhongchun, 앞의 글 149~51면.

18 Henry A. Kissinger, 앞의 책 208~14면.

19 "#81, Memorandum of Conversation," Dec. 2, 1970, *FRUS 1969~1976*, Vol. XIX, 215면.

20 조반니 아리기 『장기 20세기: 화폐, 권력 그리고 우리 시대의 기원』, 백승욱 옮김, 그린비 2008, 503~40면.

21 Henry A. Kissinger, 앞의 책 214면.

22 스티븐 E. 앰브로즈 『국제질서와 세계주의』, 권만학 옮김, 을유문화사 1996, 278~82면.

23 1974년부터 미국은 중소 국경지역의 소련군 배치상황 등 소련 군사 관련 정보를 중국에 제공해주었다. 또한 포드행정부 때인 1975년과 1976년엔 군사 정보 및 기술까지 제공하였다(James Mann, 앞의 책 56~73면).

24 Li Jie, "China's Domestic Politics and the Normalization of Sino-U.S. Relations 1972~1979," William C. Kirby, Robert S. Ross, and Gong Li eds., 앞의 책 70면.

25 Vitaly Kozyrev, "Soviet Policy Toward the United States and China, 1969~1979," 같은 책 267~75면.

26 James Mann, 앞의 책 13면.

27 Wang Zhongchun, 앞의 글 184면.

28 James Mann, 앞의 책 15면.

29 마이클 매클리어 『베트남 10,000일의 전쟁』, 유경찬 옮김, 을유문화사 2002, 538~57면; James Mann, 앞의 책 50면.

30 앞의 문서 "#139, Memorandum of Conversation: Chou En-lai and Kissinger," Jul. 9, 1971, 362면.

31 같은 문서 390면.

32 같은 문서 391면.

33 "#140, Memorandum of Conversation," July 10, 1971, *FRUS 1969~1976*, Vol. XVII, 403~406면.

34 같은 문서 419면.

35 원래 한국에 주둔했던 미 1군단은 미 7사단과 미 2사단으로 편성되었다. 그러나 주한미군 감축으로 7사단이 철수하자 미 1군단은 나머지 미군 사단에다가 한국군 사단을 합하여 한미혼성군단인 제1군단으로 개편되었다. 한미합동군단인 제1군단의 창설식은 1970년 7월 3일 거행되었다(『경향신문』 1971년 7월 3일; 서울신문사 편저 『주한미군 30년』, 행림출판사 1979, 371~73면).

36 "#143, Memorandum of Conversation," July 11, 1971, *FRUS 1969~1976*, Vol. XVII, 449~50면.

37 "Memorandum from Kissinger to President Nixon," Jul. 14, 1971, Miscellaneous

Memoranda Relating to Hak Trip to PRC (July 1971), Box 1033, Nixon, National Security Council Files.

38 이원덕『한일 과거사 처리의 원점』, 서울대학교출판부 1996, 217~19면.

39 빅터 D. 차『적대적 제휴: 한국, 미국, 일본의 삼각 안보체제』, 김일영·문순보 옮김, 문학과지성사 2004, 69~106면.

40 "Joint Statement by President Nixon and Prime Minster Eisaku Sato," Nov. 21, 1969 (www. Nirikanai.wwma.net/pages/archive/sato69.html, 2011년 2월 21일).

41 빅터 D. 차, 앞의 책 137~38면.

42『경향신문』1971년 5월 30일; 리영희『전환시대의 논리』, 창작과비평사 1974, 249면.

43 허은「1969~1971년 국내외 정세변화와 학생운동세력의 현실인식」,『한국근현대사 연구』2009년 여름호, 150~53면.

44 리영희, 앞의 책 20면.

45 "Memorandum of Conversation," Oct. 22, 1971, Hak visit to PRC October 1971 Memocons, Box 1035, Nixon, National Security Council Files, 10면.

46 "#80, National Intelligence Estimate," Dec. 2, 1970, *FRUS 1969~1976*, Vol. XIX, 208면.

47 빅터 D. 차, 앞의 책 121면.

48 개번 매코맥『종속국가 일본』, 이기호·황정아 옮김, 창비 2007, 26~70면.

49 "#3, Memorandum of Conversation," Mar. 19, 1969, *FRUS 1969~1976*, Vol. XIX, 6~7면.

50 빅터 D. 차, 앞의 책 160면.

51 같은 책 212면.

52 "National Policy Paper: The Republic of Korea," Nov. 9, 1965, Korea, Box 305, Policy Planning Staff, Subject and Country Files 1965~1969, RG 59, NA.

53 "(draft) National Policy Paper: Peninsular of Korea," Apr. 30, 1968, Korea, Box 305, Policy Planning Staff, Subject and Country Files 1965~1969, RG 59, NA, 52~53면.

54 "Telegram from the Embassy in Korea to the Department of State (cover letter)," Jun. 3, 1968, Korea, Box 305, Policy Planning Staff, Subject and Country Files 1965~1969, RG 59, NA.

55 앞의 문서 "(draft) National Policy Paper: Peninsular of Korea," Apr. 30, 1968, 17~22면.

56 같은 문서 59~62면.

57 배긍찬「1970년대 전반기의 국제환경 변화와 남북관계」,『1970년대 전반기의 정치 사회변동』, 백산서당 1999, 11~17면; 신욱희·김영호「전환기의 동맹: 데탕트 시기의 한미안보관계」, 한국정치학회 '한국정치사' 기획학술회의 발표문 2000, 8~11면.

58 척 다운스『북한의 협상전략』, 송승종 옮김, 한울아카데미 1999, 223~26면; 이문항 『JSA-판문점(1953~1994)』, 소화 2001, 47~51면.

59 1969년 한미정상회담 비망록은 현재 한국정부가 작성한 것과 미국정부가 작성한 것이 모두 공개되어 있다. 양쪽 기록 모두 닉슨이 주한미군 감축은 없을 것이라고 이야기한 것으로 서술되어 있다. 「정상회담 회의록」 1969. 8. 21, 724.11. US. 1969, 3017, 외무부문서, 대한민국외교사료관, 204면; "#35, Memorandum of Conversation," Aug. 21, 1969, *FRUS 1969~1976*, Vol. XIX, 101면.

60 "#45, Memorandum from President Nixon to Kissinger," Nov. 24, 1969, *FRUS 1969~1976*, Vol. XIX.

61 "#55, Draft Minutes of National Security Council Meeting," Mar. 4, 1970, *FRUS 1969~1976*, Vol. XIX.

62 "#56, National Security Decision Memorandum 48," Mar. 20, 1970, *FRUS 1969~1976*, Vol. XIX.

63 신욱희·김영호, 앞의 글 4~5면.

64 "Memorandum of Conversation: Johnson and Park Chung-hee," May 17, 1965, Korea, Box 10, Executive Secretariat, Presidential and Secretary of State Correspondence with Head of State 1961~1971, RG 59, NA.

65 "Letter from Park Chung-hee to Nixon," Apr. 20, 1970; "Letter from Nixon to Park Chung-hee," May 26, 1970, Box 20, Executive Secretariat, Presidential and Secretary of State Correspondence with Head of State 1961~1971, RG 59, NA.

66 "#59, Telegram from the Embassy in Korea to the Department of State," May 29, 1970, *FRUS 1969~1976*, Vol. XIX.

67 앞의 문서 "Memorandum of Conversation," Oct. 22, 1971, 10면.

68 주한미군 감축을 둘러싼 협상에 대한 자세한 사정은, 신욱희 『순응과 저항을 넘어서: 이승만과 박정희의 대미정책』, 서울대학교 출판문화원 2010, 71~104면 참조.

69 「대통령 각하와 애그뉴 미 부통령 면담요록 II」 1970. 8. 25 (오전 10:08~오후 15:55), 724.12. US. 1970, 3541, 외무부문서, 대한민국외교사료관.

70 『동아일보』 1970년 8월 27일.

71 "Memorandum from Kissinger to Nixon," Aug. 31, 1970, Box 333, Winston Lord Files.

72 앞의 문서 "#143, Memorandum of Conversation," Jul. 11, 1971, 447면.

73 서울신문사 편저, 앞의 책 365~70면.

74 "Telegram from the Embassy in Korea to the Department of State," Jul. 6, 1971, POL 27-14 KOR-UN, Subject-Numeric Files 1970~1973.

75 "Memorandum from Starr to Kriebel," Aug. 28, 1971; "Telegram from UNC to JCS," Jun. 14, 1971, POL 27-14 KOR-UN, Subject-Numeric Files 1970~1973.

76 같은 문서.

77 한국정치외교사학회 엮음 『한국전쟁과 휴전체제』, 집문당 1998, 246면.

78 "Telegram from the Embassy in Korea to the Department of State," Feb. 25, 1970, POL 27-14 KOR-UN, Subject-Numeric Files 1970~1973.

79 "Telegram from the Embassy in Korea to the Department of State," Feb. 18, 1971, POL KOR N- KOR S, Subject-Numeric Files 1970~1973.

80 "Memorandum of Conversation: Porter and Kim, Hyung-uk," Dec. 29, 1969, POL KOR S-US, Subject-Numeric Files 1967~1969.

81 "Memorandum of Conversation," Feb. 2, 1970, POL KOR N-KOR S, Subject-Numeric Files 1970~1973.

82 "Memorandum of Conversation: Winthrop Brown and Ko Hueung-mun," Feb. 27, 1970, POL 12 KOR S; "Memorandum of Conversation: Winthrop Brown and Kim, Dae-jung," Mar. 3, 1970, POL KOR S, Subject-Numeric Files 1970~1973.

83 "Telegram from the Embassy in Korea to the Department of State: Increased Display of U.S. Interest in Dialogue between ROK and North Korea," Feb. 18, 1971, POL KOR N-KOR S, Subject-Numeric Files 1970~1973.

84 "Telegram from the Embassy in Korea to the Department of State," Jun. 11, 1970, POL 32-4 KOR-UN, Subject-Numeric Files 1970~1973.

85 "Policy Analysis Resource Allocation(PARA) Paper Korea, FY 1973," Mar. 14, 1972, POL 1 KOR S-US, Subject-Numeric Files 1970~1973.

86 「Korea PARA」와 비슷한 시기에 CIA를 비롯한 여러 미국기관이 합동으로 작성한 한반도 국가정보평가에서도 미국 관리들은 한반도 주변 4대 강국이 모두 전술적으로 두개의 한국을 수용해왔으며, 결과적으로 통일에 대한 생각은 폐기해왔다고 보았다. 그러나 4대 강국은 한반도 문제에 대한 인식과 명분(morality)에서 차이가 있기 때문에 협상을 통해 한국의 분단을 완전히 공식화하는 것은 어렵다고 판단했다("#139, National Intelligence Estimate," May 11, 1972, FRUS 1969-1976, Vol. XIX).

87 남북대화의 진행에 대한 미국의 입장과 정책에 대한 자세한 사항은, 홍석률 「박정희 정부기 남북대화와 미국」, 한국학중앙연구원 엮음 『박정희시대 한미관계』, 백산서당 2009, 325~32면 참조.

88 이문항, 앞의 책 372면 참조.

89 유석렬 「남북대화: 과거, 현재 그리고 미래──평양의 전략」, 『한국과 국제정치』 제3권 1호(1987), 245면.

90 이상숙 「북한·중국의 비대칭적 관계에 대한 연구: 베트남·중국의 관계와의 비교」, 동국대학교 대학원 북한학과 박사학위논문 2008, 143면.

91 최명해 『중국·북한 동맹관계』, 오름 2009, 272~73면.

92 "INR, Research Studies–USSR and North Korea: Relations Plagued by Conflicting Interests, Mutual Suspicions," Feb. 8, 1971, *RFDKP 1970~1974*, NKIDP, 320면.

93 「주은래의 평양방문」 1970. 4. 15, 725.32. CP. 1970, 3598, 외무부문서, 대한민국 외교 사료관.

94 최명해, 앞의 책 273면.

95 저우언라이는 키신저와의 대화과정에서 한국전쟁의 경험을 이야기하며 미국도 캐나다나 멕시코가 타국 군대로부터 점령당하는 상황이 발생하면 이들 나라들을 도와줄 수밖에 없을 것이라고 이야기하기도 했다. "#232, Memorandum of Conversation," Jun. 21, 1972, *FRUS 1969~1976*, Vol. XVIII.

96 사익현 『신중국 외교이론과 원칙』, 정재남 옮김, 아세아문화사 1995, 287~90면.

97 "#164, Memorandum from Kissinger to Nixon," Nov. 1971, *FRUS 1969~1976*, Vol. XVII.

98 "Memorandum for the President from General Haig: Summary of Foreign Reaction to Your Trip to China, Mar. 23, 1972, China–General–November 1971," Feb. 26, 1972, Box 1036, Nixon, National Security Council Files.

99 앞의 문서 "Memorandum of Conversation," Oct. 22, 1971, 13면.

100 방수옥 『중국의 외교정책과 한중관계』, 인간사랑 2004, 170, 173면.

101 앞의 문서 "Memorandum of Conversation," Oct. 22, 1971, 15~16면.

102 "#57, Memorandum of Conversation," Feb. 18, 1973, *FRUS 1969~1976*, Vol. XVIII, 371면.

103 "Discussion of Substantive Policy Issues During Nixon's Visit to China," Feb. 1976, Box 378, Winston Lord Files.

104 "#146, Memorandum of Conversation," Jun. 22~23, 1972, *FRUS 1969~1976*, Vol. E–13, Documents on China, 1969~1972 (http://history.state.gov/historicaldocuments/frus1969-76ve13에서 출력, 2011년 3월 30일).

105 Chen Jian, *Mao's China and Cold War*, Chapel Hill: The University of North Carolina Press 2001, 90~91면.

106 이상숙, 앞의 글 152, 155면.

107 "#148, Paper Prepared in CIA," Jun. 1976, *FRUS 1969~1976*, Vol. XVIII, 934면.

제3장 미중관계와 남북관계의 맞물림

1 「평양 방문 전 이후락 중앙정보부장 심경피력」 1972. 5. 1, 국토통일원 『남북대화사료집』 제7권 '남북조절위원회', 국토통일원 1987, 83면 수록.

2 김진룡「최초공개 김일성·이후락 평양밀담 전문」,『월간중앙』1989년 3월호, 282~85면.

3 홍석률『통일문제와 정치·사회적 갈등: 1953~1961』, 서울대학교출판부 2001.

4 이산가족 면회소 설치 결의안은 국회에서 처리되지 못하고 제6대 국회 임기가 만료되면서 자동폐기되었다. 이주봉「1960년대 정치세력의 통일논의 전개와 성격」, 고려대학교 사학과 석사학위논문 2009, 15~21면.

5 같은 글 31~41면.

6 김학준「대한민국 국회에 있어서의 통일논의」,『남북한 관계의 갈등과 발전』, 평민사 1985.

7 양영식『통일정책론』, 박영사 1997, 159면.

8 신태환 초대 국토통일원 원장은 미국대사 포터와의 만남에서 통일원의 설치는 국회가 주도하고, 정부는 마지못해 한 것이라고 했다. "Telegram from the Embassy in Korea to the Department of State," Mar. 3, 1970, POL 15-1 KOR S, Subject-Numeric Files 1970~1973.

9 국토통일원『남북대화백서』, 국토통일원 1984, 299~306면.

10 강인덕·송종환 외『남북회담: 7·4에서 6·15까지』, 극동문제연구소 2004, 460면.

11 국제연합과「대북괴정책천명방안」1970. 8. 8, 726.11. 1970, 3604, 외무부문서, 대한민국외교사료관.

12 강인덕·송종환 외, 앞의 책 460면.

13 강인덕「8·15 평화통일구상 선언의 입안과 발표경위」, 국토통일원『70년대 남북대화 성립 비사』, 국토통일원 1989, 16~19면; 강상욱·강인덕·정홍진「좌담: 남북한 체제경쟁 선언 비화」,『신동아』2003년 8월호.

14 "Memorandum of Conversation: Porter and Kim, Hyung-uk," Dec. 29, 1969, POL KOR S-US, Subject-Numeric Files 1970~1973.

15 강인덕·송종환 외, 앞의 책 462면.

16 홍석률「1971년 대통령선거의 양상: 근대화 정치의 가능성과 위험성」,『역사비평』2009년 여름호, 474~75면.

17 "Memorandum of Conversation: Yi, Hu-rak and Winthrop Brown," Jul. 14, 1971, POL 32-4 KOR-UN, Subject-Numeric Files 1970~1973.

18「8·15해방 15주년 경축대회에서 한 김일성의 연설」1960. 8. 14, 국토통일원『남북한 통일제의 자료총람』, 국토통일원 1985, 439~49면.

19 김일성「당 중앙위원회 사업총화 보고」1961. 9, 편집부 엮음『북한 '조선로동당' 대회 주요 문헌집』, 돌베개 1988, 225~26면.

20 조동준「미·중 대화에서 나타난 적수게임과 동맹게임: 한반도 사례와 베트남 사례 비교연구」,『북한체제의 형성과 한반도 국제정치』, 서울대학교출판부 2006, 246면.

21 김일성「당 중앙위원회 사업총화 보고」1970. 11, 편집부 엮음, 앞의 책 321면.

22 "INR, Research Studies-USSR and North Korea: Relations Plagued by Conflicting Interests, Mutual Suspicions," Feb. 8, 1971, *RFDKP 1970-1974*, NKIDP, 320면.

23 「면담요록, 외무부장관과 포터 주한미국대사」1970. 10. 13, 722.1. US. 1970, 3442, 외무부문서, 대한민국외교사료관.

24 "INR, Intelligence Note-North Korea: Party Congress Postponed Again," Oct. 23, 1970, *RFDKP 1970-1974*, NKIDP, 158면 수록.

25 김지형『데탕트와 남북관계』, 선인 2008, 70면.

26 "Telegram from the Hungarian Embassy in North Korea to the Foreign Ministry," Dec. 12, 1970, *RFDKP 1970-1974*, NKIDP, 245면.

27 「최고인민회의 제4기 5차 회의에서 한 허담 외무상 보고」1971. 4. 12, 이한 엮음『북한의 통일정책 변천사』하권, 온누리 1988, 361~63면.

28 같은 글 361면.

29 헨리 A. 키신저『키신저 회고록: 백악관시절』, 문화방송·경향신문 1979, 248~49면.

30 王泰平 主編『中華人民共和國外交史 1970~1978』3卷, 北京: 世界知識出版社 1999, 40면.

31 "#9, Note on a Conversation with the 1st Secretary of the USSR Embassy, Comrade Kurbatov, on 10 March 1972 in the GDR Embassy," *NEIKR 1971-1972*, NKIDP.

32 김일성「미제를 반대하는 아세아 혁명적 인민들의 공동투쟁은 반드시 승리할 것이다」1971. 8. 6,『김일성 저작집』26권, 조선로동당출판사 1984, 225면.

33 "INR, Intelligence Note- North Korea: Pyongyang Moves Closer to Peking in Support of DPRK Objectives in the South," Sep. 22, 1971, *RFDKP 1970-1974*, NKIDP, 570~74면.

34 "Telegram from the Embassy in Korea to the Department of State," Mar. 10, 1972, POL CHICOM-KOR N, Subject-Numeric Files 1970~1973.

35 정리근『민족의 단합과 조국통일을 위한 위대한 령도』, 백과사전출판사 1990, 153면.

36 「주미대사가 대통령에게 보낸 전문 요약전」1971. 7. 16, 727.4. CP/US. 1971, 4298, 외무부문서, 대한민국외교사료관. 주미한국대사는 닉슨 대통령이 자신에게 직접 전화를 걸어 베이징 방문 선언에 대해 알려준 것으로 보고했으나 과연 그러했을지 의문이다. 만약 닉슨이 직접 전화를 했다면 한국은 아주 특별한 대접을 받은 것이다. 일본이나 타이완의 경우 로저스 국무장관이 워싱턴에 있는 두 나라 대사들에게 발표 직전 통보하는 형식으로 닉슨의 베이징 방문 선언이 전달되었다.

37 김정렴『아, 박정희』, 중앙M&B 1997, 144면. 그런데 하비브 대사가 한국에 부임한 것은 1971년 10월이었고, 닉슨의 베이징 방문 선언이 발표될 당시 미국대사는 포터였다. 아마 착오가 있었던 모양이다.

38 빅터 D. 차『적대적 제휴: 한국, 미국, 일본의 삼각 안보체제』, 김일영·문순보 옮김,

문학과지성사 2004, 433면 주 37.

39 William C. Kirby, Robert S. Ross and Gong Li eds., *Normalization of U.S.-China Relations*, Cambridge: Harvard University Asia Center 2005, 218면.

40 윤홍석 「8·15 평화통일구상 선언」, 강인덕·송종환 외, 앞의 책 51면.

41 "Telegram from the Embassy in Korea to the Department of State," Aug. 7, 1971, POL KOR N-KOR S, Subject-Numeric Files 1970~1973.

42 "Memorandum of Conversation: Chou En-lai and Kissinger," Oct. 22, 1971 (4:15~8:28 p.m.), Hak visit to PRC MEMOCONS, Box 1035, Nixon, National Security Council Files.

43 이종석『북한·중국관계 1945~2000』, 중심 2001, 255면.

44 王泰平 主編, 앞의 책 40면; "#164, Memorandum from Kissinger to Nixon," Nov. 1971, *FRUS 1969-1976*, Vol. XVII, 546면.

45 앞의 문서 "Memorandum of Conversation: Chou En-lai and Kissinger," Oct. 22, 1971 (4:15~8:28 p.m.), 7~9면.

46 같은 문서 9~10면.

47 같은 문서 11면.

48 같은 문서 12면.

49 같은 문서 13~19면.

50 "Memorandum of Conversation," Oct. 26, 1971, *FRUS 1969-1976*, Vol. E-55, Documents on China, 1969~1972 (http://history.state.gov/historicaldocuments/frus1969-76ve13에서 출력, 2011년 3월 30일).

51 "#165, Memorandum from Kissinger to Nixon," undated, Tab A, *FRUS 1969-1976*, Vol. XVII, 567~68면.

52 김지형, 앞의 책 151~56면.

53 『남북대화사료집』 제7권, 26~27면.

54 최명해『중국·북한 동맹관계』, 오름 2009, 291~92면.

55 이종석, 앞의 책 257면.

56 『남북대화사료집』 제7권, 27~32면.

57 "Telegram from the Embassy in Korea to the Department of State," Dec. 2, 1971, *FRUS 1969-1976*, Vol. XIX, 598면.

58 김정렴, 앞의 책 145면.

59 "Letter from Park Chung-hee to Nixon," Sep. 16, 1971, *RFDKP 1970-1974*, NKIDP, 547~48면.

60 "Telegram from the Department of State to the Embassy in Korea," POL 1 KOR S-US, *FRUS 1969-1976*, Vol. XIX, 279면.

61 최용호 『통계로 본 베트남전쟁과 한국군』, 국방부 군사편찬연구소 2007, 55~57면.

62 "#115, Letter from Nixon to Park," Nov. 29, 1971, *FRUS 1969~1976*, Vol. XIX, 293면.

63 "Telegram from the Embassy in Korea to the Department of State," Dec. 1, 1971, POL 1 KOR S-US; "Telegram from the Department of State to the Embassy in Korea," Dec. 6, 1971; "Telegram from the Embassy in Korea to the Department of State," Dec. 13, 1971, Subject-Numeric Files 1970~1973.

64 "Telegram from the Embassy in Korea to the Department of State," Feb. 7, 1972, POL KOR N-KOR S, Subject-Numeric Files 1970~1973.

65 "#125, Memorandum from Holdridge to Kissinger," Feb. 12, 1972, 각주 4, *FRUS 1969~1976*, Vol. XIX.

66 「참고자료(미중관계)」 1971. 6. 23, 727.4. CP/US. 1971, 외무부문서, 대한민국외교사료관.

67 「주영대사가 대통령에게 행한 보고」 1971. 8. 17, 727.4. CP/US. 1971, 외무부문서, 대한민국외교사료관.

68 "#106, Memorandum of Conversation," Sep. 1, 1971, *FRUS 1969~1976*, Vol. XIX, 273면.

69 같은 문서 275면.

70 "Telegram from the Department of State to the Embassy in Korea," Sep. 3, 1971, POL KOR N-KOR S, Subject-Numeric Files 1970~1973.

71 "Telegram from the Department of State to the Embassy in Korea," Sep. 2, 1971, POL CHICOM- KOR S, Subject-Numeric Files 1970~1973.

72 "Telegram from the Embassy in Korea to the Department of State," Sep. 3, 1971, POL CHICOM-KOR S, Subject-Numeric Files 1970~1973.

73 "#110, Memorandum of Conversation," Sep. 28, 1971, *FRUS 1969~1976*, Vol. XIX.

74 「주일대사가 외무부장관에게 보낸 전문」 1972. 1. 12, 726.22, 5095, 외무부문서, 대한민국외교사료관.

75 "Telegram from the Embassy in Japan to the Department of State," Feb. 18, 1972, POL KOR N-KOR S, Subject Numeric Files 1970~1973.

76 「면담요록, 외무차관과 주한미대사관 Underhill 공사」 1972. 1. 31, 722.1. US. 1972, 4878, 외무부문서, 대한민국외교사료관.

77 한편 소련 외교관이 획득한 정보에 의하면 김일성도 2월 초 베이징을 다녀갔다고 한다. 그러나 김일성의 방문은 중국측 기록에서는 확인되지 않는다. Bernd Schaefer, *North Korean 'Adventurism' and China's Long Shadow 1966~1972*, Attached Documents, Working Paper #44, Cold War International History Project, Woodrow Wilson International Center 2004, 36~37면.

78 헨리 A. 키신저, 앞의 책 269면.

79 같은 책 266~69면.

80 "#194, Memorandum of Conversation," Feb. 21, 1972, *FRUS 1969-1976*, Vol. XVII, 678~80면.

81 같은 문서 680~83면.

82 "#197, Memorandum of Conversation," Feb. 23, 1972, *FRUS 1969-1976*, Vol. XVII, 732~33면.

83 같은 문서 733면.

84 같은 곳.

85 "#199, Memorandum of Conversation," Feb. 24, 1972, *FRUS 1969-1976*, Vol. XVII, 798~99면.

86 "#203, Joint Statement," Feb. 27, 1972, *FRUS 1969-1976*, Vol. XVII, 812~16면.

87 James Mann, *About Face*, New York: Random House 2000, 48면.

88 헨리 A. 키신저, 앞의 책 294면.

89 앞의 문서 "#194, Memorandum of Conversation," Feb. 21, 1972, 683면.

90 "#127, Telegram from the Embassy in Korea to the Department of State," Mar. 2, 1972, *FRUS 1969-1976*, Vol. XIX.

91 "Telegram from the Embassy in Korea to the Department of State," Mar. 3, 1972, POL 7 US-Nixon, Subject-Numeric Files 1970~1973.

92 「외신요약」 연도미상(72년 3월경), 725.1. US. 5074, 외무부문서, 대한민국외교사료관.

93 "#134, Memorandum of Conversation," Apr. 14, 1972, *FRUS 1969-1976*, Vol XIX.

94 "Winthrop Brown to Marshall Green," May 29, 1972. POL 7 US-Kissinger, Subject-Numeric Files 1970~1973.

95 『로동신문』 1972년 2월 29일.

96 王泰平 主編, 앞의 책 41면.

97 "#233, Memorandum of Conversation," Jun. 22, 1972, *FRUS 1969-1976*, Vol. XVII, 987~88면.

98 같은 문서 990면.

99 "Memorandum for the President from Kissinger," Jun. 27, 1972, *FRUS 1969-1976*, Vol. E-147, Documents on China, 1969~1972.

100 「정홍진·김영주 1차 면담록」 1972. 3. 28, 『남북대화사료집』 제7권, 48면.

101 「미 CIA 통보 1차」 1972. 4. 18, 같은 책 74~75면.

102 "#138, Memorandum from John H. Holdridge to Kissinger," May 3, 1972. *FRUS*

1969~1976, Vol. XIX.

103 「이후락·김영주 1차 회담」1972. 5. 2; 「이후락·김영주 2차 회담」1972. 5. 3, 『남북대
화사료집』제7권, 86~102면.

104 「이후락·김일성 1차 회담」1972. 5. 4, 같은 책 102~108면.

105 「이후락·김일성 2차 회담」1972. 5. 4. 같은 책 108~13면.

106 "Telegram from the Embassy in Korea to the Department of State," July 28, 1972, POL
KOR N-KOR S, Subject-Numeric Files 1970~1973.

107 "Telegram from the Embassy in Korea to the Department of State," Sep. 19, 1972, NOR
N-KOR S, *RFDKP 1970~1974*, NKIDP, 994면.

108 강인덕·송종환 「7·4남북공동성명과 남북조절위원회 회의」, 강인덕·송종환 외, 앞
의 책 203면.

109 "#146, Memorandum from Froebe, Jr. to Kissinger," Jun. 12, 1972, *FRUS 1969~1976*,
Vol. XIX.

110 「박정희·박성철 회담」1972. 5. 31, 『남북대화사료집』제7권, 160~64면.

111 「이후락·박성철 회담」1972. 5. 20, 같은 책 157면.

112 "#147, Telegram from the Embassy in Korea to the Department of State," *FRUS
1969~1976*, Vol. XIX.

113 「정홍진·김덕현 실무접촉」1972. 6. 21, 『남북대화사료집』제7권, 213~16면.

114 같은 책 233~43면.

115 같은 책 282~88면.

116 "151, Memorandum from Kissinger to Nixon," July 27, 1972, *FRUS 1969~1976*, Vol.
XIX.

117 『남북대화사료집』제7권, 245~53면.

118 『동아일보』1972년 7월 4~5일.

119 『남북대화사료집』제7권, 253~61면.

120 Gong Li, "The Difficult Path to Diplomatic Realtions: China's U.S. Policy, 1972~1978,"
William C. Kirby, Robert S. Ross, and Gong Li eds., *Normalization of U.S.-China Relations*,
Cambridge: Harvard University Asia Center 2005, 117면.

제4장 대화 있는 대결: 남북대화와 체제경쟁

1 "INR, Intelligence Note-Talks between North and South Korean Red Cross Societies:
Prospect, Motives, and Problems," Dec. 3, 1971, *RFDKP 1970~1974*, NKIDP, 631면.

2 "#104, Telegram from the Embassy in Korea to the Department of State," Aug. 31, 1971, *FRUS 1969~1976*, Vol. XIX, 268면.

3 "#150, Telegram from the Embassy in Korea to the Department of State," July 7, 1972, *FRUS 1969~1976*, Vol. XIX, 371~72면.

4 같은 문서; "Telegram from the Department of State to the Embassy in Korea," Sep. 1, 1972, POL KOR N - KOR S, Subject-Numeric Files 1970~1973.

5 한국정부가 핵무기 개발을 논의하기 시작한 것은 주한미군 감축 직후인 1971년 여름부터였고, 실제 추진에 나선 것은 1972년 초부터였다. 미국은 1974년 말부터 한국의 핵무기 개발이 심각한 단계에 왔다고 판단하고, 이를 저지하려고 했다. 홍성걸 「박정희의 핵개발과 한미관계」, 『박정희시대 연구의 쟁점과 과제』, 선인 2005; 신욱희 「데탕트와 박정희의 전략적 대응: 박정희는 공격적 현실주의자인가」, 서울대학교 국제문제연구소 엮음 『데탕트와 박정희』, 논형 2001, 58~59면.

6 "Telegram from the Embassy in Korea to the Department of State," Jul. 24, 1972, DEF 19 US-KOR S, Subject-Numeric Files 1970~1973.

7 "Memorandum from INR Paul M. Popple to Marshall Green," Jul. 7, 1972, POL 1 KOR S - US, Subject-Numeric Files 1970~1973.

8 "Letter from Nixon to Park Chung-hee," May 19, 1972, POL 1 KOR S - US, Subject-Numeric Files 1970~1973.

9 "Policy Analysis Resource Allocation Paper(PARA): Korea, FY 1973," Mar. 14, 1972, POL 1 KOR S - US, Subject-Numeric Files 1970~1973.

10 "#170, Airgram from the Embassy in Korea to the Department of State: U.S Policy in Korea-Country Team Message," Dec. 10, 1972, *FRUS 1969~1976*, Vol. XIX, 441면.

11 "NSSM 154: United States Policy Concerning the Korean Peninsula," Apr. 3, 1973, The Record of NSC, RG 273, NA. 이 문서의 첨부문건 "Annex A: United States Military Presence in Korea"에는 1974 회계년도까지 주한미군이 현수준에서 유지될 것임을 한국정부에 통보했다고 되어 있다. 그러나 이러한 통고가 언제 이루어졌는지는 확인하지 못했다. 아마도 1973년 초에 이루어졌을 것으로 보인다.

12 박원곤 「미국의 대한정책 1974~1975: 포드 행정부의 동맹정책 전환」, 서울대학교 국제문제연구소 엮음, 앞의 책.

13 "#26, Telegram from Bulgarian Embassy in Pyongyang to the Ministry of Foreign Affairs," Aug. 16, 1972, *NEIKR 1971~1972*, NKIDP.

14 이종석 『북한·중국관계 1945~2000』, 중심 2001, 253면.

15 "Report from the Embassy of Hungary in North Korea to the Foreign Ministry," Nov. 22, 1973, *RFDKP 1970~1974*, NKIDP, 1450면.

16 "Letter from Park Chung-hee to Nixon," Sep. 16, 1971, *RFDKP 1970-1974*, NKIDP, 547~48면.

17 김성진 『한국정치 100년을 말한다』, 두산동아 1999, 337면.

18 앞의 문서 "#150, Telegram from the Embassy in Korea to the Department of State," July 7, 1972.

19 "#80, National Intelligence Estimate," Dec. 2, 1970, *FRUS 1969-1976*, Vol. XIX.

20 "#140, Memorandum from Froebe to Kissinger," May 12, 1972, *FRUS 1969-1976*, Vol. XIX.

21 『경향신문』 1972년 2월 4일(『남북대화사료집』 제6권 '남북적십자회담 반응', 국토통일원 1987, 312~13면 수록).

22 『남북대화백서』, 국토통일원 1984, 71~72면; 『남북대화사료집』 제6권, 325~50면.

23 『조선일보』 1972년 6월 17일; 같은 책 379면.

24 『조선일보』 1972년 8월 3일; 같은 책 469면.

25 『남북대화백서』, 79면.

26 "Telegram from GDR Embassy in Pyongyang to the Ministry of Foreign Affairs," Jun. 9, 1972, *NEIKR 1971-1972*, NKIDP.

27 "Telegram from the Embassy in Korea to the Department of State," July 7, 1972, POL KOR N-KOR S, *RFDKP 1970-1974*, NKIDP, 854면.

28 「인간미 아쉬웠던 평양회담」, 『조선일보』 1972년 9월 1일; 이진희 「평양을 다녀와서: 공산 북한사회는 일정한 규격품을 만드는 거대한 공장 같은 인상」, 『세대』 1972년 10월호.

29 남한의 모든 언론들은 북한대표단의 연설을 인도주의와 민족주의에 반하는 '정치연설'로 규정하고, 이를 일제히 질타하였다. 「정치연설로 외면당한 적십자정신」, 『경향신문』 1972년 9월 14일; 「빗나간 북적의 정치선전」, 『조선일보』 1972년 9월 14일; 『남북대화사료집』 제6권, 599~609면.

30 김지형 『데탕트와 남북관계』, 선인 2008, 143~45면.

31 이진희, 앞의 글.

32 "#27, Telegram from GDR Embassy in Pyongyang to the Ministry of Foreign Affairs," Sep. 15, 1972, *NEIKR 1971-1972*, NKIDP.

33 『남북대화백서』, 121~24면.

34 같은 책 127~28면.

35 "Telegram from the Embassy in Korea to the Department of State," Sep. 16, 1972, KOR N-KOR S, *RFDKP 1970-1974*, NKIDP, 991면.

36 「공동위원장 1차 회의」 1972. 10. 12, 『남북대화사료집』 제7권, 317~52면.

37 「제2차 공동위원장 회의 1차 회담」 1972. 11. 2;「제2차 공동위원장 회의 2차 회담」 1972. 11. 3, 같은 책 372~96면.

38 「김일성과의 회담」 1972. 11. 3, 같은 책 401~11면; "Telegram from the Embassy in Korea to the Department of State," Nov. 9, 1972, POL KOR N–KOR S, *RFDKP 1970–1974*, NKIDP, 1110~114면; "#36, Telegram from GDR Embassy in Pyongyang to the Ministry of Foreign Affairs," Nov. 8, 1972, *NEIKR 1971–1972*, NKIDP.

39 앞의 문서 "Telegram from the Embassy in Korea to the Department of State," Nov. 9, 1972, 1111면.

40 「김일성과의 회담」 1972. 11. 3, 『남북대화사료집』 제7권, 408면.

41 앞의 문서 "Telegram from the Embassy in Korea to the Department of State," Nov. 9, 1972, 1111면.

42 김지형, 앞의 책 233면.

43 "Telegram from the Embassy in Korea to the Department of State," Nov. 10, 1972, POL KOR N–KOR S, *RFDKP 1970–1974*, NKIDP, 1115면.

44 "#168, Telegram from the Embassy in Korea to the Department of State," Nov. 24, 1972, *FRUS 1969–1976*, Vol. XIX.

45 "Telegram from the Embassy in Korea to the Department of State," Nov. 22, 1972, POL KOR N–KOR S, Subject–Numeric Files 1970~1973.

46 「제1차 남북조절위원회 회의 1차 회담」 1972. 11. 30;「제1차 남북조절위원회 회의 2차 회담」 1972. 12. 1, 『남북대화사료집』 제7권, 493~517면.

47 「박정희 대통령 예방」 1972. 12. 1, 같은 책 517~20면.

48 "#39, Telegram from GDR Embassy in Pyongyang to the Ministry of Foreign Affairs," Dec. 12, 1972, *NEIKR 1971–1972*, NKIDP.

49 『동아일보』 1972년 7월 25일.

50 『한국외교 60년』, 외교통상부 2009, 136면; 『동아일보』 1975년 11월 27일.

51 "Telegram from the Embassy in Korea to the Department of State," July 8, 1972, POL KOR N– KOR S, Subject–Numeric Files 1970~1973.

52 「정홍진, 김덕현 실무접촉 회담록」 1973. 1. 24;「정홍진, 김덕현 실무접촉 회담록」 1973. 2. 10, 『남북대화사료집』 제7권, 550~55면.

53 「북과 남의 쌍방 적십자회담은 인민들의 념원에 부합되게 진행되어야 한다」, 『로동신문』 1972년 11월 24일, 『남북대화사료집』 제6권, 675면.

54 진철수「북한은 어떻게 달라졌나」, 『신동아』 1972년 10월호.

55 김영준·박동운·신상초 외「대담: 남북교류의 환상과 현실」, 『세대』 1971년 10월호의 김영준(국방대 교수)의 발언.

56 "Telegram from the Embassy in Korea to the Department of State," Sep. 26, 1972, POL KOR N - KOR S, Subject-Numeric Files 1970~1973.

57 『로동신문』 1972년 9월 14일.

58 리성복 「서울에 가보고: 남조선은 사대망국사상이 활개치고 외세가 득실거리는 사회」, 『로동신문』 1972년 9월 24일.

59 리성복 「서울에 가보고: 범람하는 양풍과 왜색양풍」, 『로동신문』 1972년 9월 25일.

60 권근술 「남북적십자회담의 의의」, 『신동아』 1971년 11월호, 200면.

61 노재봉 외 「남북적 본회담을 점검한다: 제2차 서울회담을 마치고 좌담회」, 『신동아』 1972년 11월호, 93, 95면.

62 "Telegram from the Embassy in Korea to the Department of State," Sep. 20, 1972, POL KOR N-KOR S, Subject-Numeric Files 1970~1973.

63 "INR, Intelligence Note," Dec. 18, 1972, POL KOR N-KOR S, Subject-Numeric Files 1970~1973.

64 이완범 『한국해방 3년사』, 태학사 2007, 164면.

65 「김일성·이후락 회담」 1972. 5. 4(오후 1시~2시 10분), 『남북대화사료집』 제7권, 110~12면.

66 앞의 문서 "#140, Memorandum from Froebe to Kissinger," May 12, 1972.

67 "Telegram from the Embassy in Korea to the Department of State," Nov. 9, 1972, POL KOR N-KOR S, Subject-Numeric Files 1970~1973.

68 "INR, Intelligence Note," Apr. 20, 1973, POL KOR N-KOR S, Subject-Numeric Files 1970~1973.

69 「김일성·이후락 등 회담록」 1972. 11. 3, 『남북대화사료집』 제7권, 410~11면.

70 "Telegram from the Embassy in Korea to the Department of State," Nov. 29, 1972. *RFDKP 1970-1974*, NKIDP, 1131면.

71 "#28, Minutes of Conversation between Nicolae Ceausescu and the Economic Delegation from the Democratic People's Republic of Korea," Sep. 22, 1972, *NEIKR 1971-1972*, NKIDP.

72 "Telegram from the Embassy in Korea to the Department of State," Nov. 22, 1972, POL KOR N - KOR S, Subject-Numeric Files 1967~1969.

73 Christian F. Ostermann and James F. Person eds., *The Rise and Fall of Detente on the Korean Peninsula 1970-1974* (Minutes of Critical Oral History Conference, July 1~2, 2010), Woodrow Wilson International Center 2011, 10, 12면.

74 함석헌·신상초 「민족통일을 위한 대담」, 『씨알의 소리』 1972년 9월호.

75 「특수출장인허원」 1972. 4. 24, 『남북대화사료집』 제7권, 80~81면.

76 「특수지역 출장에 관한 박정희 대통령 훈령」 1972. 4. 26, 같은 책 82면.

77 김지형, 앞의 책 127면.

78 「김일성·이후락 등 회담록」 1972. 11. 3, 『남북대화사료집』 제7권, 407면.

79 김준원·박동운·신도성·장덕순·주요한·신영철 「좌담: 남북대화 점검」, 『정경연구』 1971년 9월호.

80 존 루이스 개디스 『새로 쓰는 냉전의 역사』, 박건영 옮김, 사회평론 2002, 24면.

81 『동아일보』 1972년 3월 30일.

82 『동아일보』 1971년 8월 10일.

83 『경향신문』 1972년 7월 4일.

84 정구영·유진오 「남북공동성명을 어떻게 볼 것인가」, 『월간중앙』 1972년 8월호.

제5장 데땅뜨는 위기였다: 유신체제와 유일체제

1 헨리 A. 키신저 『키신저 회고록: 백악관시절』, 문화방송·경향신문 1979, 265~66면.

2 조갑제 『박정희』 10권, 조갑제닷컴 2007, 141면.

3 Chen Jian, *Mao's China and Cold War*, Chapel Hill: The University of North Carolina Press 2001, 270~71면.

4 전재성 「세계적 차원에서 데탕트의 기원과 전개」, 김세균 외 『북한체제의 형성과 한반도 국제정치』, 서울대학교출판부 2006.

5 Andreas Wenger and Jeremi Suri, "At the Crossroads of Diplomatic and Social History: The Nuclear Revolution, Dissent and Detente," *Cold War History* Vol. 1 No. 3(2001), 5, 8면.

6 「기자회견록」 1970. 1. 9, 심융택 엮음 『자립에의 의지: 박정희 대통령 어록』, 한림출판사 1972, 350면.

7 「국방대학원 졸업식 유시(諭示)」 1971. 7. 20, 『박정희 대통령 연설문집』 4권 '제7대편', 대통령비서실 1973, 10~11면.

8 "Telegram from the Embassy in Korea to the Department of State," Apr. 6, 1972, POL KOR N - KOR S, Subject-Numeric Files 1970~1973.

9 「예비군관계자 중앙회의 유시」 1972년 1월 21일, 『박정희 대통령 연설문집』 4권, 136면.

10 "#149, Memorandum from John H. Holdridge of the National Security Council Staff to Kissinger," July 4, 1972, *FRUS 1969~1976*, Vol. XIX.

11 "Telegram from the Embassy in Korea to the Department of State," Nov. 11, 1970, *RFDKP 1970~1974*, NKIDP, 190면.

12 "Telegram from Secretary of Defence to the Embassy in Korea," Jun. 27, 1972, Box 31, Subject Files of the Office of the Assistant Secretary of State for East Asian and Pacific Affairs 1961~1974, RG 59, NA.

13 「국군의 날 유시」 1972. 10. 1, 『박정희 대통령 연설문집』 4권, 287~88면.

14 「대통령 특별선언」 1972. 10. 17, 같은 책 297면.

15 "Telegram from the Embassy in Korea to the Secretary of the Department of State," Oct. 17, 1972, POL 23-9 KOR S, Subject-Numeric Files 1970~1973.

16 리왈권 「미제의 '새 아시아 정책'과 조선에서 새 전쟁을 도발하려는 미일침략자들의 책동」, 『로동신문』 1971년 3월 3일; 「미제는 내리막길을 걷고 있으며 그 종국적 멸망이 불가피하다」, 『로동신문』 1971년 3월 29일; 안병권 「미제의 새전쟁 도발책동에 피묻은 칼을 빼들고 뛰어드는 일본군국주의자들」, 『로동신문』 1971년 6월 25일.

17 「사설: 력사의 흐름은 거역할 수 없다」, 『로동신문』 1971년 8월 8일.

18 리왈권 「'닉슨주의'는 침략과 전쟁의 교리」, 『로동신문』 1971년 9월 12일.

19 "Telegram from Hungary Embassy in Pyongyang to the Ministry of Foreign Affairs," Dec. 20, 1971, *RFDKP 1970-1974*, NKIDP, 656면.

20 "#25, Telegram from GDR Embassy in Pyongyang to the Ministry of Foreign Affairs," July 20, 1972, *NEIKR 1971-1972*, NKIDP.

21 "#1, Minutes of Conversation, Kim Il-sung and Nicole Ceausescu," Jun. 10, 1971, *NEIKR 1971-1972*, NKIDP.

22 앞의 문서 "Telegram from Hungary Embassy in Pyongyang to the Ministry of Foreign Affairs," Dec. 20, 1971, 656면.

23 앞의 문서 "#1, Minutes of Conversation, Kim Il-sung and Nicole Ceausescu," Jun. 10, 1971.

24 "#28, Minutes of Conversation between Nicole Ceausescu and the Economic Delegation from the Democratic People's Republic of Korea," Sep. 22, 1972, *NEIKR 1971-1972*, NKIDP.

25 "#23, Telegram from GDR Embassy in Bulgaria to the Ministry of Foreign Affairs," Jun. 18, 1975, *NEIKR 1971-1972*, NKIDP.

26 "Telegram from Hungary Embassy in Pyongyang to the Ministry of Foreign Affairs," Jul. 10, 1972, *RFDKP 1970-1974*, NKIDP, 872면.

27 "Telegram from Hungary Embassy in North Vietnam to the Ministry of Foreign Affairs," Oct. 25, 1971, *RFDKP 1970-1974*, NKIDP, 595면.

28 "Telegram from Hungary Embassy in North Vietnam to the Ministry of Foreign Affairs," July 12, 1972, *RFDKP 1970-1974*, NKIDP, 873면.

29 「김일성 수상님께서 내놓으신 남북 사이의 경제와 문화교류를 남녘 인민들은 누구나 다 환영하고 지지한다」, 『로동신문』 1972년 11월 28일.

30 리성복 「통일에 대한 뜨거운 념원의 표시」, 『로동신문』 1972년 11월 29일.

31 『로동신문』 1972년 12월 23일.

32 노재봉 외 「남북적 본회담을 점검한다: 제2차 서울회담을 마치고 좌담회」, 『신동아』 1972년 11월호의 임희섭(고려대 교수) 발언 참조.

33 "#27, Telegram from GDR Embassy in Pyongyang to the Ministry of Foreign Affairs," Sep. 15, 1972, *NEIKR 1971~1972*, NKIDP.

34 한홍구 「한국현대사의 그늘, 남파공작과 비전향장기수」, 『역사비평』 2011년 봄호 참조.

35 이문항 『JSA-판문점(1953~1994)』, 소화 2001, 44면.

36 적대적 의존관계에 대해서는, 박명림 「분단질서의 구조와 변화: 적대적 의존의 대쌍관계 동학, 1945~1995」, 『국가전략』 제3권 1호, 세종연구소 1997; 이종석 『분단시대의 통일학』, 한울아카데미 1998, 33~41면 참조.

37 「김달술 남북적십자 본회담 대표 증언」, 강인덕·송종환 외 『남북회담: 7·4에서 6·15까지』, 극동문제연구소 2004, 477면.

38 권근술 「평양에서 열린 남북적 본회담」, 『신동아』 1972년 10월호.

39 "Telegram from the Embassy in Korea to the Department of State," Aug. 31, 1971, *RFDKP 1970~1974*, NKIDP, 523면.

40 Christian F. Ostermann and James F. Person eds., *The Rise and Fall of Detente on the Korean Peninsula 1970~1974* (Minutes of Critical Oral History Conference, July 1~2, 2010), Woodrow Wilson International Center 2011, 34~35면.

41 이동복 『통일의 숲길을 열어가며』 2, 삶과 꿈 1999, 52면.

42 『남북대화사료집』 제7권, 57면.

43 같은 책 77면.

44 이동복, 앞의 책 52~53면; 『로동신문』 1972년 9월 27일.

45 "Telegram from the Embassy in Korea to the Department of State," Oct. 22, 1971, POL KOR N-KOR S, *RFDKP 1970~1974*, NKIDP, 592면.

46 Juan J. Linz, "An Authoritarian Regime: Spain," Erik Allardt and Stein Pokkan eds., *Mass Politics Studies in Political Theory*, New York: The Free Press 1970, 259~60면.

47 1971년 대선에서 공화당이 했던 '사랑방 좌담회' 같은 선거운동 방식은 대중의 탈정치화를 권위주의 통치에 활용하는 측면을 잘 보여주고 있다(홍석률 「1971년 대통령선거의 양상: 근대화 정치의 가능성과 위험성」, 『역사비평』 2009년 여름호, 465~68면).

48 Emily S. Rosenberg, "Consumer Capitalism and the End of the Cold War," *The Cambridge History of the Cold War* Vol. III, Cambridge: Cambridge University Press 2010 참조.

49 이상우 『박정권 18년: 그 권력의 내막』, 동아일보사 1986, 198면.

50 "From Winthrop G. Brown to William P. Bundy, Assistant Secretary of State for Far Eastern Affairs," Aug. 17, 1966, Box 17, Subject Files of the Office of the Assistant Secretary of State for East Asian and Pacific Affairs 1961~1974, RG 59, NA.

51 이경재 『유신 쿠데타』, 일월서각 1986, 70~71면.

52 조갑제, 앞의 책 112면.

53 박정희와 김대중의 안보인식과 논리에 대한 심층적인 비교는, 마상윤 「데탕트의 위험과 기회: 1970년대 초 박정희와 김대중의 안보인식과 논리」, 서울대학교 국제문제연구소 엮음 『데탕트와 박정희』, 논형 2011 참조.

54 마상윤 「안보와 민주주의, 그리고 박정희의 길: 유신체제 수립원인 재고」, 『국제정치논총』 제43집 4호, 2003.

55 중앙선거관리위원회 『대한민국선거사』 제1집, 보진재 1973, 1340~42면.

56 "INR: Research Study," Jul. 21, 1971, POL 14 KOR S, Subject-Numeric Files 1970~1973.

57 이상우, 앞의 책 203면.

58 이경재, 앞의 책 165~67면.

59 같은 책 171~75면.

60 김정렴 『아, 박정희』, 중앙M&B 1997, 156~60면.

61 "Telegram from the Embassy in Korea to the Secretary of State," Apr. 17, 1972, POL 15-5 KOR S, Subject-Numeric Files 1970~1973.

62 "Telegram from the Embassy in Korea to the Department of State," Apr. 4, 1972, POL KOR N- KOR S, *RFDKP 1970-1974*, NKIDP, 746면.

63 "Telegram from the Embassy in Korea to the Secretary of the Department of State," Apr. 10, 1972, POL 15-1 KOR S, Subject-Numeric Files 1970~1973.

64 강인덕 「박정희는 왜 김일성의 정상회담 제의를 거절했나」, 『신동아』 1993년 1월호, 376면.

65 「이동복 전 남북조절위원회 대변인 증언」, 강인덕·송종환 외, 앞의 책 486면.

66 당시 대통령 공보담당 비서였던 김성진은 자신이 유신 선포를 위한 특별선언 초안과 헌법개정안의 골자를 받아본 것이 1972년 8월 무렵이었다고 증언하고 있다. 김성진 『한국정치 100년을 말한다』, 두산동아 1999, 348~49면.

67 "Telegram from the Embassy in Korea to the Secretary of the Department of State," Oct. 31, 1972 POL 23-9 KOR S, Subject-Numeric Files 1970~1973. 반면 조갑제는 청와대

대통령 면담일지 기록을 바탕으로 10월 10일 박대통령 주재하에 열린 회의에서 계엄령 선포 날짜가 정해지고, 14일의 회의는 이를 실행하기 위한 최종점검 회의라고 했다(조갑제, 앞의 책 172~73면). 면담일지에는 회담 일시와 참석자는 정확히 기록되어 있을 것이나 논의내용은 자세하게 기록되기 어렵다. 또한 계엄령 선포 날짜를 완전히 확정하려면 국방부와 외무부 관계자들의 참여가 필수적이다. 그러나 조갑제가 제시한 회담참여자 서술에 의하면 10일 회의에는 외무부와 군 관련자의 참여가 없었다.

68 "Telegram from the Embassy in Korea to the Secretary of the Department of State," Oct. 25, 1972, POL 23-9 KOR S, Subject-Numeric Files 1970~1973.

69 「공동위원장 1차 회의」 1972. 10. 12, 『남북대화사료집』 제7권, 317~53면; "#31, Telegram from Bulgaria Embassy in Pyongyang to the Ministry of Foreign Affairs," Oct. 19, 1972, *NEIKR 1971-1972*, NKIDP.

70 「공동위원장 1차 회의」 1972. 10. 12, 『남북대화사료집』 제7권, 346~50면.

71 앞의 문서 "#31, Telegram from Bulgaria Embassy in Pyongyang to the Ministry of Foreign Affairs," Oct. 19, 1972 참조. 10월 16일과 18일 정홍진과 김덕현이 판문점에서 만났다는 사실은 남측 기록에서도 확인된다. 물론 정말 이러한 대화가 오갔는지에 대해서는 남측 기록에서는 확인되지 않는다.

72 "Telegram from the Embassy in Korea to the Department of State," Oct. 23, 1972, KOR N-KOR S, Subject-Numeric Files 1970~1973.

73 "INR, Intelligence Note," Dec. 18, POL KOR N-KOR S, Subject-Numeric Files 1970~1973.

74 『동아일보』 1972년 10월 18일.

75 『대한민국선거사』 제1집, 1385면.

76 "Telegram from the Embassy in Korea to the Secretary of State," Dec. 5, 1972, POL 15 KOR S, Subject-Numeric Files 1970~1973.

77 홍석률 「유신체제의 형성」, 안병욱 외 『유신과 반유신』, 민주화운동기념사업회 2005, 95~96면.

78 "INR, The Triangle: Interaction among China, Russia, and the United States," Dec. 12, 1974, Box 347, Winston Lord Files.

79 "Telegram from the Department of State to the Embassy in Korea," Oct. 26, 1972, POL 23-9 KOR S, Subject-Numeric Files 1970~1973.

80 "From Winston Lord to Secretary of State-Highlights of the 19th U.S.-Japan Planning Talks and My Trip to Korea," July 31, 1974, Box 350, Winston Lord Files.

81 김갑식 「북한의 헌법상 국가기관체계 변화」, 『북한연구학회보』 제6권 2호(2002), 66~67면.

82 법원행정처『북한의 헌법』, 중앙D&P 2010, 40면.

83『로동신문』1972년 10월 27일.

84『로동신문』1972년 12월 16일.

85『로동신문』1972년 12월 23일.

86『로동신문』1972년 12월 26일.

87 김영주를 대리하여 남북조절위원회 회담을 이끌었던 박성철과 남북적십자회담에 참여한 윤기복도 최고인민회의에서 헌법안 토론 연설을 하였지만 모두 통일문제에 대해서는 한두마디 짧게 언급하였다. 천도교청우당을 대표한 박신덕과 김중린 대의원이 통일문제를 주된 주제로 하여 헌법안 지지 토론 연설을 했다. 그러나『로동신문』에 정리된 연설 요지는 주로 자주적 평화통일에 헌법개정이 도움을 줄 것이라는 이야기였다(『로동신문』1972년 12월 27일).

88『로동신문』1972년 12월 28일.

89 "INR: Research Study," Mar. 5, 1973, POL KOR N-NOR S, Subject-Numeric Files 1970~1973.

90 앞의 문서 "#31, Telegram from Bulgaria Embassy in Pyongyang to the Ministry of Foreign Affairs," Oct. 19, 1972.

91『로동신문』1972년 11월 9일; 11월 11일.

92『로동신문』1971년 12월 15일; 1972년 1월 7일.

93 장명봉「북한헌법 40년과 그 동향」,『북한법률행정논총』제8집(1990), 22~23면.

94 서동만『북조선 사회주의체제 성립사』, 선인 2005, 925~33면.

95 1980년 10월 10일 조선로동당 6차 당대회에서 대회 집행부위원 명단이 발표되었는데 여기에 김정일의 실명이 처음 나왔다. 다음날『로동신문』은 김정일의 실명을 처음으로 보도하였다(이찬행『김정일』, 백산서당 2001, 474~75면).

96 황장엽『회고록: 나는 역사의 진리를 보았다』, 시대정신 2006, 149~50면.

97 정영철『김정일 리더십 연구』, 선인 2005, 148~49면.

98 이찬행, 앞의 책 259면 참조.

99 같은 책 253, 283면.

100 정창현『곁에서 본 김정일』, 김영사 2000, 113면.

101 같은 책 105~106면.

102『로동신문』1972년 10월 26일; 11월 1일; 11월 3일; 11월 4일; 11월 8일; 11월 16일.

103 이찬행, 앞의 책 344면.

104 같은 책 354, 1082면; 이종석『새로 쓴 현대북한의 이해』, 역사비평사 2000, 500면.

105 이종석, 앞의 책 500~501면.

106 북한연구소 엮음『북한총람』, 북한학연구소 1983, 314면(이찬행, 앞의 책 319면에

서 재인용).

107 『동아일보』 1974년 10월 22일; 10월 24일.

108 『남북대화사료집』 제7권, 365면.

109 "#33, Note on a Conversation with the 1st Secretary of the USSR Embassy, Comrade Kurbatov, on 18 October 1972," Oct. 24, 1972, GDR Embassy in Pyongyang, *NEIKR 1971~1972*, NKIDP.

110 정창현, 앞의 책 118면.

111 같은 책 199면; 이찬행, 앞의 책 354면.

112 『위대한 령도자 김정일 장군 략력』 평양출판사 1996, 53면(이종석, 앞의 책 500면에서 재인용).

113 이찬행, 앞의 책 355, 1085면.

114 이종석, 앞의 책 42면.

115 정영철, 앞의 책 180면.

제6장 곁눈, 데땅뜨 외교와 남북 외교경쟁

1 "Telegram from Bruce to Kissinger," Aug. 23, 1973, Box 328, Winston Lord Files.

2 "Telegram from Kissinger to Bruce," Aug. 23, 1973, Box 328, Winston Lord Files.

3 "Telegram from Kissinger to Habib," Aug. 23, 1973, Box 328, Winston Lord Files.

4 "Telegram from Habib to Kissinger," Aug. 24, 1973, Box 328, Winston Lord Files.

5 "Telegram from Bruce to Kissinger," Aug. 28, 1973, Box 328, Winston Lord Files.

6 "Telegram from Kissinger to Bruce," Aug. 28, 1973, Box 328, Winston Lord Files.

7 "Memorandum of Conversation: Kissinger and Huang," Sep. 26, 1973, Box 374, Winston Lord Files.

8 특수지역과 「한국의 대공산권 외교 장기대책」 1973. 8. 28, 721.1 1973, 5738, 외무부문서, 대한민국외교사료관.

9 「연두기자회견」 1971. 1. 11, 『박정희 대통령 연설문집』 3권 '제6대편', 대통령비서실 1973, 920면.

10 1971년 2월 청와대 수출진흥확대회의에서 이낙선 상공부장관은 교역이 가능한 비적성 공산주의 국가로 동독, 체코슬로바키아, 불가리아, 폴란드, 헝가리, 유고슬라비아를 들었다(특수지역과, 앞의 문서).

11 "Telegram from the Embassy in Korea to the Department of State," Oct. 29, 1971, *RFDKP 1970~1974*, NKIDP, 599면.

12 "Telegram from Hungary Embassy in Yugoslavia to the Ministry of Foreign Affairs," Aug. 27, 1971, *RFDKP 1970~1974*, NKIDP, 520면.

13 외무부『한국외교 30년 1948~1978』, 신흥인쇄주식회사 1979, 243면.

14 특수지역과, 앞의 문서.

15 외무부, 앞의 책 244면.

16 "Telegram from the Embassy in Korea to the Department of State," Nov. 29, 1973, *RFDKP 1970~1974*, NKIDP, 1453면;『경향신문』1973년 8월 24일;『동아일보』1973년 8월 29일.

17 1973년 8월 17일 우루과이 주재 한국대사관은 그곳에 주재하는 폴란드대사가 최근 동구 공산권 국가들 사이에서 한국에 대한 승인 문제가 논의되고 있다고 말했다며 외무부에 보고했다. 구주과「중소의 대한정책과 이에 따른 대책」1974년 12월경, 721.3CP 1974, 6747, 외무부문서, 대한민국외교사료관.

18 같은 문서. 이 문서에서 외무부 구주과는 소련 지도층 특히 소련 공산당 중앙위원회 정치국 간부들은 두개의 한국 개념에 대해 이미 합의를 본 사항으로 간주하고 있다고 했다.

19『동아일보』1970년 1월 26일.

20 "Telegram from the Embassy in Korea to the Department of State," Feb. 2, 1971, POL KOR S-USSR, Subject-Numeric Files 1970~1973.

21『동아일보』1971년 9월 9일.

22 "Telegram from the Embassy in Korea to the Department of State," Nov. 2, 1971, Subject-Numeric Files 1970~1973.

23 1971년 11월 4일 미국무부는 주한미국대사관에 보낸 전문에서 미국정부는 한국정부가 소련과 접촉하는 것을 막을 이유는 없지만, 그렇다고 여기에 도움을 주는 등 관여할 필요도 없다고 했다. "Telegram from the Department of State to the Embassy in Korea," Nov. 4, 1971, POL 7 KOR S, *RFDKP 1970~1974*, NKIDP, 607면.

24 "Telegram from US Mission in Geneva to Department of State," Mar. 16, 1972; "Telegram from the Embassy in Japan to the Department of State," Feb. 14, 1973 POL KOR S - USSR, Subject-Numeric Files 1970~1973.

25「외무장관이 대통령에게 한 보고: 최근 소련의 한국에 대한 태도」1973. 3. 21, 721.3UR 1973, 5748, 외무부문서, 대한민국외교사료관.

26 "Telegram from the Embassy in Korea to the Department of State," Apr. 21, 1973, POL 7 KOR S, *RFDKP 1970~1974*, NKIDP, 1197면.

27 구주과「소련, 중공과 남북한의 관계 현황과 대중공 접근 방안」1973. 6. 30, 721.3 CP/UR 1973, 5747, 외무부문서, 대한민국외교사료관.

28 김학준 「한국휴전 이후 현재까지의 대한민국의 북방정책」, 『한국정치외교사논총』 제6집, 한국정치외교사학회 1990, 248면.

29 앞의 문서 "Telegram from the Embassy in Korea to the Department of State," Nov. 29, 1973, 1453면.

30 특수지역과, 앞의 문서 참조.

31 "Telegram from the Embassy in Korea to the Department of State," Aug. 18, 1973, *RFDKP 1970~1974*, NKIDP, 1347면.

32 고룡권 「북방정책과 대공산권 인식문제」, 『현대이념연구』 제3집(1988), 17~22면.

33 돈 오버도퍼 『두개의 코리아』, 중앙일보사 1998, 189면.

34 "Telegram from the Embassy in Korea to the Department of State," Mar. 31, 1972, POL CHICOM KOR S; "Telegram from the Embassy in France to the Department of State," Oct. 3, 1972, POL CHICOM KOR S, Subject-Numeric Files 1970~1973.

35 동남아1과 「바뀌는 정세하에서의 한·중공 관계」 1972. 10. 30, 721.1CP 1972, 외무부 문서, 대한민국외교사료관.

36 정재호 『중국의 부상과 한반도의 미래』, 서울대학교 출판문화원 2011, 42면.

37 동남아1과, 앞의 문서.

38 앞의 문서 "Telegram from the Embassy in Korea to the Department of State," Nov. 29, 1973, 1453면.

39 『동아일보』 1973년 3월 17일.

40 외무부, 앞의 책 246면.

41 이태환 「북방정책과 한중관계의 변화」, 『북방정책』, 서울대학교출판부 2003, 120~21면; 정재호, 앞의 책 43~45면.

42 陳峰君·王傳劍 『亞太大國與朝鮮半島』, 北京大學出版社 2002, 308~14면(이태환, 앞의 글 120면에서 재인용).

43 김계동 『북한의 외교정책』, 백산서당 2002, 262~63면.

44 정상천 「파리 주재 북한 민간무역대표부 설립(1968년)에 관한 연구」, 『한국정치외교사논총』 제27집 2호(2006); 정규섭 『북한외교의 어제와 오늘』, 일신사 1997, 55면.

45 1971년 봄 북한은 4명의 신문기자단을 영국, 이딸리아 및 북유럽 3개국에 보내 외교 담당 부서 관리들과 접촉하려고 하는 등의 활동을 했고, 한국정부도 이를 파악하고 주목하였다. 「주불대사가 외무부장관에게 한 보고」 1971. 5. 21, 725.1 1971, 4240, 외무부문서, 대한민국외교사료관.

46 "#33, Telegram from GDR Embassy in Pyongyang to the Ministry of Foreign Affairs," Oct. 24, 1972, *NEIKR 1971~1972*, NKIDP.

47 정규섭, 앞의 책 128면.

48 김계동, 앞의 책 144면.

49 정규섭, 앞의 책 137~38면.

50 같은 책 148면.

51 유석렬『북한정책론』, 법문사 1988, 235~38면; 박재규「북한의 대미국정책」, 고병철 외『북한외교론』, 경남대학교 극동문제연구소 1977.

52 윤용희「북한, 미국관계의 변화와 전망」,『국제정치논총』제33권 2호(1993), 141면.

53 "Memorandum from EA/K Donald L. Ranard to EA Marshall Green," Feb. 25, 1971; "Memorandum from Donald L. Ranrad to Winthrop Brown," Oct. 1, 1971 North Korea-U.S. Contacts, Box 5, Subject Files of the Office of Korean Affairs 1966~1974, RG 59, NA.

54『로동신문』1972년 6월 2일.

55 솔즈버리·카베이커, 레이,「평양시가의 우울한 표정 '대담'」,『세대』1973년 3월호.

56「외무부가 대통령에게 보낸 보고: 미국 뉴욕타임즈 기자의 북괴방문」1972. 6. 3, 725.32US. 1972~1973, 5089, 외무부문서, 대한민국외교사료관.

57 앞의 문서 "Memorandum from EA/K Donald L. Ranard to EA Marshall Green," Feb. 25, 1971.

58 "#149, Memorandum from John H. Holdridge of the National Security Council Staff to Kissinger," July 4, 1972, *FRUS 1969-1976*, Vol. XIX, 268면.

59 셀릭 해리슨「평양의 새 모습」,『신동아』1972년 9월호.

60「면담록, 외무부 구미국장과 주한미대사관 피터스 참사관」1972. 12. 18, 725.1US, 5074, 외무부문서, 대한민국외교사료관.

61 "Memorandum from Hummel to Department of State," Aug. 28, 1974, Box 376, Winston Lord Files.

62 유석렬, 앞의 책 240면.

63『동아일보』1978년 8월 2일.

64 신정화『일본의 대북정책 1945~1992』, 오름 2004, 115~16면.

65『로동신문』1972년 1월 25~26일;「주일대사가 외무부장관에게 보낸 전문」1972. 1. 25, 725. 32JA, 5087, 외무부문서, 대한민국외교사료관; 신정화, 앞의 책 133~34면.

66 같은 책 120면.

67 "Telegram from the Embassy in Japan to the Department of State," Nov. 5~6, 1972, POL 7 KOR N, Subject-Numeric Files 1970~1973.

68 "#154, Memorandum from Holdridge of the National Security Council Staff to Kissinger," Aug. 11, 1972, 각주 2, *FRUS 1969-1976*, Vol. XIX.

69 "Memorandum from Donald L. Ranard to Green," Aug. 28, 1972, International Relations with Japan, Box 6, Subject Files of the Office of Korean Affairs 1966~1974, RG 59, NA.

70 앞의 문서 "#154. Memorandum from Holdridge of the National Security Council Staff to Kissinger," Aug. 11, 1972, 각주 3.

71 "Memorandum for the Record," Jun. 10, 1971, Winthrop G. Brown. Memo for the Files, Box 24, Subject Files of the Office of the Assistant Secretary of State for East Asian and Pacific Affairs 1961~1974, RG 59, NA.

72 청사편집부 엮음 『칠십년대 한국일지』, 청사 1984, 95면.

73 "U.S. Policy Toward North Korea"('Korea PARA' 첨부문건), Mar. 24, 1972, POL 32-4 KOR - UN, Subject-Numeric Files 1970~1973.

74 "Memorandum from EA/K Robert F. Dorr to Winthrop Brown," Aug. 25, 1971, North Korea-U.S. Contacts, Box 5, Subject Files of the Office of Korean Affairs 1966~1974, RG 59, NA.

75 조세형 「박대통령의 단독결정이었는가: 1972년 남북대화를 보는 미국의 시각」, 『월간조선』 1989년 1월호.

76 「주미대사가 외무부장관에게 보낸 전문」 1972. 6. 29, 725. 1US, 5074, 외무부문서, 대한민국외교사료관; 조세형, 앞의 글.

77 "#146, Memorandum from Froebe to Kissinger," Jun. 12, 1972, *FRUS 1969-1976*, Vol. XIX, 361면.

78 "National Security Study Memorandum 154," Apr. 6, 1972, *RFDKP 1970-1974*, NKIDP, 1190면.

79 "NSSM 154: United States Policy Concerning the Korean Peninsula," Apr. 3, 1973, The Record of NSC, RG 273, NA.

80 같은 문서 'SUMMARY' 1면.

81 같은 문서 12면.

82 "Hummel to the Secretary of State," Oct. 6, 1973, Box 337, Winston Lord Files.

83 "Kenneth Rush to Kissinger," May 29, 1973, POL 32-4 KOR S, Subject- Numeric Files 1970~1973.

84 같은 문서 7면.

85 "Telegram from the Embassy in Korea to the Department of State," Jul. 6, 1972, POL KOR N - KOR S, Subject-Numeric Files 1970~1973.

86 "Telegram from the Embassy in Korea to the Department of State," Mar. 1, 1973, POL 32-4 KOR/UN, Subject-Numeric Files 1970~1973.

87 "#25, Telegram from GDR Embassy in Pyongyang to Ministry of Foreign Affairs," July 20, 1972, *NEIKR 1971-1972*, NKIDP.

88 민족통일연구원 『남북한 국력추세 비교연구』, 양동문화사 1993, 548면.

89 기획관리실 「북한의 외교공세 강화에 대한 중장기 대처방안」 1973. 4. 26, 721.5 1973, 5965, 외무부문서, 대한민국외교사료관; 정규섭, 앞의 책 128면.

90 지주선 「'8·12' 남북적십자회담 개최 제의의 배경과 입안과정」, 국토통일원 『70년대 남북대화 성립 비사』, 국토통일원 1989, 33~35면. 지주선은 당시 중앙정보부 국제국 과장이었다.

91 "Telegram from the Department of State to the Embassy in United Kingdom," Jun. 4, 1973, POL 1 KOR S, *RFDKP 1970~1974*, NKIDP, 1235면.

92 김용식 『희망과 도전』, 동아일보사 1987, 283면.

93 "Telegram from the Embassy in Korea to the Department of State," May 25, 1973, POL 1 KOR S, Subject-Numeric Files 1970~1973.

94 「대통령각하의 6·23 '평화통일외교선언'에 따른 제반 대책 및 조치사항에 관한 지침」 1973. 7. 5, 726. 11 1973~1974, 6051, 외무부문서, 대한민국외교사료관.

95 『동아일보』 1971년 11월 24일.

96 「연두기자회견」 1972. 1. 11, 『박정희 대통령 연설문집』 4권, 116면.

97 "INR, Intelligence Note," Mar. 17, 1972, POL 32-4 KOR - UN, Subject- Numeric Files 1970~1973.

98 "Telegram from the Embassy in Korea to the Department of State," Jul. 6, 1972, POL KOR N - KOR S, Subject-Numeric Files 1970~1973.

99 「공관장 회의 자료(유엔관계) 및 예비교섭 지침(제1차)」 1973. 1. 25, 731. 21. 1972~1974, 6142, 외무부문서, 대한민국외교사료관.

100 「외무부 구미국장과 미국무성 Ranard 한국과장과의 면담요록」 1973. 1. 23, 731. 21. 1972~1974, 6142, 외무부문서, 대한민국외교사료관.

101 "INR, Intelligence Note," Feb. 2, 1973, POL 32-4 KOR - UN, Subject- Numeric Files 1970~1973. 미국무부 정보조사국(INR)은 1972년 유엔총회 때 한반도 문제 토론 연기 안이 가결되기는 했지만 찬성표를 던진 상당수의 회원국들에게 오직 이번만 토론 연기에 찬성해달라고(only this time basis) 양해를 구한 상태라고 했다. 때문에 1973년에 도 토론 연기를 바라기는 어렵다고 분석했다.

102 방교국 국제연합과 「1973년도 대유엔정책 및 사업계획과 건의사항」 1972. 12. 16, 731. 21. 1972~1974, 6142, 외무부문서, 대한민국외교사료관.

103 "Telegram from the Embassy in Korea to the Department of State," May 30, 1973, POL 1 KOR S, Subject-Numeric Files 1970~1973.

104 "Telegram from the Department of State to the Embassy in Korea," Jun. 12, 1973, POL 32-4 KOR - UN, Subject-Numeric Files 1970~1973.

105 "Memorandum of Conversation: Kissinger and Huang Hua," May 27, 1973, Box 328, Winston Lord Files.

106 "Telegram from the Embassy in Korea to the Department of State," Jun. 7, 1973, POL 1 KOR S, Subject-Numeric Files 1970~1973.

107 "Telegram from the Embassy in Korea to the Department of State," Jun. 20, 1973, POL 1 KOR S, Subject-Numeric Files 1970~1973.

108 "Memorandum for Kissinger," Jun. 22, 1973, POL 32-4 KOR-UN, Subject-Numeric Files 1970~1973.

109 "Telegram from David Bruce to Kissinger," Jun. 26, 1973, Box 328, Winston Lord Files.

제7장 손잡는 미국과 중국, 돌아서는 남북한

1 Conrad A. Delateur, "Murder at Panmunjom: The Role of the Theater Commander In Crisis Resolution," Research Project, 29th Seminar, Foreign Service institute of Department of State, Rosslyn Virginia 1987; "Telegram from the Embassy in Korea to the Department of State," Aug. 19, 1976, Box 1, Oberdorfer Files.

2 "Minute of Washington Special Action Group Meeting," Aug. 18, 1976, Box 1, Oberdorfer Files; 돈 오버도퍼『두개의 코리아』, 중앙일보사 1998, 81면.

3 "Telegram from the Secretary of the Department of State to the U.S. Delegation in UN," Aug. 19, 1976. Box 1, Oberdorfer Files.

4 데프콘은 모두 5등급으로 되어 있다. 데프콘 1은 전쟁이 발발하여 교전이 진행중인 상태를 의미하며, 데프콘 5는 평화적인 일반상태를 의미한다. 한국은 휴전상태에 있기 때문에 평시에도 데프콘 5가 아니라 데프콘 4가 발동되어 있는 상태였다. 이것이 전투 직전의 상황을 의미하는 데프콘 3으로 상향조정된 것이다.

5 『로동신문』 1976년 8월 20일.

6 "From W. G. Hyland to Brent Scowcroft," Aug. 18, 1976, Box 1, Oberdorfer Files; "From W. G. Hyland to Brent Scowcroft," Aug. 19, 1976, Box 1, Oberdorfer Files; "Destruction of Korean People Army Border Guard Barrack Located in Joint Security Area," undated, Box 1, Oberdorfer Files 참조.

7 김정렴『한국 경제정책 30년사』, 중앙일보사 1990, 349면; 조성관「1976년 8월 21일 개성진격 작전계획」, 『월간조선』 1992년 10월호, 226~29면.

8 돈 오버도퍼, 앞의 책 83~84면; Conrad A. Delateur, 앞의 글 19~20면.

9 강인덕·송종환「7·4남북공동성명과 남북조절위원회 회의」, 강인덕·송종환 외『남북

회담: 7·4에서 6·15까지』, 극동문제연구소 2004, 178~79면.

10 『남북대화백서』, 국토통일원 1984, 104면.

11 『남북대화사료집』 제7권 '남북조절위원회', 국토통일원 1987, 322면. 박성철이 평화협정을 거론한 발언 내용은 다음과 같다. "민족적 대단합을 이룩하고 남북이 단합된 힘으로 조국의 자주적 평화통일을 촉진시키고자 하면 우선 외세의존을 끝내며, 반공을 그만두고, 비상사태를 해제하며 평화협정을 체결하며 남북 사이에 정치협상을 하는 등 몇가지 문제가 응당히 해결되어야 할 것입니다."

12 『남북대화사료집』 제7권, 387, 401~11면.

13 "Telegram from the Embassy in Korea to the Department of State," Mar. 1, 1973, POL 32-4 KOR-UN, Subject-Numeric Files 1970~1973.

14 『남북대화사료집』 제7권, 646면.

15 "Telegram from the Embassy in Korea to the Department of State," Mar. 28, 1973, POL 32-4 KOR S, Subject-Numeric Files 1970~1973.

16 정기웅 「남북적십자회담」, 강인덕·송종환 외, 앞의 책 124~25면.

17 김지형 『데탕트와 남북관계』, 선인 2008, 147~48면.

18 조갑제 『박정희』 10권, 조갑제닷컴 2007, 194~216면; 「진상 윤필용 사건」, 『월간조선』 1987년 10월호; 유영을 「백동림 증언: 윤필용사건 제보자는 전두환·노태우였다」, 『신동아』 1993년 9월호; 한기홍 「손영길 고백: 잘못 있으면 내 가슴에 칼 꽂아라」, 『월간중앙』 1993년 11월호.

19 『남북대화사료집』 제7권, 407면; "Telegram from the Embassy in Korea to the Department of State," Nov. 9, 1972, POL KOR N - KOR S, Subject-Numeric Files 1970~1973, *RFDKP 1970-1974*, NKIDP, 1110면 수록.

20 「외무부 구미국장과 미국무성 Ranard 한국과장과의 면담요록」 1973. 1. 23, 731. 21. 1972~1974, 6142, 외무부문서, 대한민국외교사료관.

21 "Telegram from the Embassy in Korea to the Department of State," Jun. 4, 1973, POL 1 KOR S - US, Subject-Numeric Files 1970~1973.

22 동서독의 경우 동독이 두개의 독일론에 입각해서 유엔 동시가입을 먼저 주장했고, 서독은 동서독 기본조약의 체결과정에서 이를 수용하였다. 데니스 L. 바크·데이빗 R. 그레스 『도이치 현대사 3권: 아 동방정책』, 서지원 옮김, 비봉출판사 2004, 116~21면.

23 앞의 문서 "Telegram from the Embassy in Korea to the Department of State," Mar. 1, 1973.

24 『동아일보』 1973년 9월 10일.

25 "Telegram from the Embassy in Korea to the Department of State," Aug. 25, 1973, *RFDKP 1970-1974*, NKIDP, 1358면.

26 "Arthur W. Humel to Secretary of State," Oct. 31, 1973, Box 370, Winston Lord Files.

27 "Telegram from the Embassy in Korea to the Department of State," Jun. 22, 1973, POL 1 KOR S, Subject-Numeric Files 1970~1973.

28 「체코당 및 정부대표단장 '후사크' 환영 평양시 군중대회에서 한 김일성 연설」 1973. 6. 23, 심지연『남북한 통일방안의 전개와 수렴』, 돌베개 2001, 307~17면 수록.

29 『남북대화사료집』 제7권, 111면.

30 김지형, 앞의 책 257~58면.

31 북한의 대화중단 선언에는 "우리는 회담을 앞으로도 계속할 필요가 있다고 인정하며 이를 위하여 쌍방이 다같이 공동의 노력을 기울일 것을 (…) 호소한다"라는 구절도 있었다(『로동신문』 1973년 8월 29일).

32 "Telegram from the Embassy in Korea to the Department of State," Nov. 30, 1973, *RFDKP 1970-1974*, NKIDP, 1459면.

33 "Telegram from the Embassy in Korea to the Department of State," Aug. 30, 1973, *RFDKP 1970-1974*, NKIDP, 1459면.

34 王泰平 主編『中華人民共和國外交史 1970~1978』3卷, 北京: 世界知識出版社 1999, 41면.

35 "#13, Memorandum of Conversation: Chou En-lai and Kissinger," Feb. 18, 1973, *FRUS 1969-1976*, Vol. XVIII, 168~71면.

36 같은 문서 172~73면.

37 "Memo from HAK to President," Mar. 2, 1973, Box 374, Winston Lord Files.

38 "Telegram from the Embassy in Korea to the Department of State," Sep. 9, 1972, POL KOR N – KOR S, Subject-Numeric Files 1970~1973.

39 王泰平 主編, 앞의 책 41면.

40 "Telegram from the USUN in New York to the Department of State," Oct. 20, 1972, POL 32-4 KOR, Subject-Numeric Files 1970~1973, *RFDKP 1970-1974*, NKIDP, 1058면 수록.

41 이승헌 「국제정치장에서의 남북한 외교절충: IPU와 제27차 유엔총회 결과를 중심으로」, 『정경연구』 1972년 10월호.

42 "Memorandum from Hwang Hua to Kissinger," Apr. 4, 1973, Box 329, Winston Lord Files.

43 "Memorandum of Conversation, Kissinger and Hwang Chen," Jun. 19, 1973, Box 328, Winston Lord Files.

44 "Memorandum of Conversation, Kissinger and Hwang Hua," Sep. 26, 1973, Box 374, Winston Lord Files.

45 "Memorandum of Conversation, Kissinger and Ch'iao Kuan-hua," Oct. 3, 1973, Box 328, Winston Lord Files. 이날 차오관화는 키신저의 제안에 확답을 하지 않았다. 단지

그는 김대중 사건에 대해 미국이 무언가 해줄 수 없느냐고 묻기만 했다.

46 "Memorandum of Conversation, President Park and Secretary Kissinger," Nov. 16, 1973, POL 7 US - Kissinger, POL KOR S-US, Subject-Numeric Files 1970~1973.

47 『동아일보』 1973년 8월 31일.

48 정용석 「제28차 유엔총회의 '남북한문제'」, 『신동아』 1973년 11월호.

49 "Memorandum of Conversation, Kissinger and Chou En-lai," Nov. 11, 1973, Box 372, Winston Lord Files.

50 『유엔한국문제결의집』, 외무부 1976, 453면.

51 『로동신문』 1973년 11월 24일.

52 "INR, Intelligence Note-Korean Question in the UN: Seoul Moves for Compromise," POL 32-4 KOR - UN, Subject-Numeric Files 1970~1973.

53 양태진 『NLL 국경선인가 분계선인가?』, 예나루 2011, 42~52면.

54 같은 책 61면.

55 이용중 「서해북방한계선(NLL)에 대한 남북한 주장의 국제법적 비교분석」, 『법학논고』 제32집, 경북대학교 법학연구원 2010, 545~48면.

56 『동아일보』 1973년 12월 3일.

57 "INR, Intelligence Note," Mar. 14, 1973, POL 23-7 KOR S, Subject-Numeric Files 1970~1973.

58 「윤석헌 외무차관과 언더힐 주한미대사 대리와의 면담기록」 1973. 12. 2, 729.55 1973~1974, 6128, 외무부문서, 대한민국외교사료관.

59 "Telegram from the Embassy in Korea to the Department of State," Dec. 12, 1973, *RFDKP 1970-1974*, NKIDP, 1473면.

60 「연두기자회견」 1974. 1. 18, 대통령비서실 『박정희 대통령 연설문집』 5권 '제8대편 상', 대한공론사 1976, 213~16면.

61 『로동신문』 1974년 3월 26일(심지연, 앞의 책 341~452면 수록).

62 『로동신문』 1973년 4월 7일.

63 "Memorandum from Solomon to Kissinger," Apr. 12, 1974, Box 371, Winston Lord Files.

64 "Memorandum from Solomon to Kissinger," May 31, 1974, Box 376, Winston Lord Files.

65 "Memorandum from Donald L. Ranard to EA Ingersoll," Jun. 6, 1974, North Korea-Trade 1973, Box 7, Subject Files of the Office of Korean Affairs 1966~1974, RG 59, NA.

66 "Memorandum Written by Ranard," Jun. 11, 1974, North Korea-Trade 1973, Box 7, Subject Files of the Office of Korean Affairs 1966~1974, RG 59, NA.

67 "#87, Memorandum of Conversation," Oct. 2, 1974, *FRUS 1969-1976*, Vol. XVIII.

68 "Memorandum of Conversation: Deng Xiaoping, and Kissinger," Oct. 22, 1975, Box 374,

Winston Lord Files.

69 북미1과·국제연합과 「북한의 대 미국 직접 평화협정 체결제의 및 대책」 1975년 월 일 미상, 726.22 1975, 8284. 외무부문서, 대한민국외교사료관.

70 "NSSM 154: United States Policy Concerning the Korean Peninsula"의 첨부문건 "Annex E: U.S. Relations with North Korea," Apr. 3, 1973, RG 273, NA, 2면.

71 제임스 E. 도거티·로버트 L. 팔츠그라프 『미국외교정책사: 루스벨트에서 레이건까지』, 이수형 옮김, 한울아카데미 1997, 353~56면.

72 『로동신문』 1972년 6월 2일.

73 조한혜정·김수행 「반공/반제 규율 사회의 문화/권력」, 『탈분단시대를 열며』, 삼인 2000, 140면.

74 "Memorandum from Kissinger to Nixon," July 14, 1971, HAK Trip to PRC July 1971, Box 1032, Nixon, National Security Council Files; 헨리 A. 키신저 『키신저 회고록: 백악관시절』, 문화방송·경향신문 1979, 245면.

75 "Telegram from the Embassy in Korea to the Department of State," Jun. 8, 1971, *RFDKP 1970-1974*, NKIDP, 430면 수록; "Memorandum from Kriebel to Ranard," Aug. 16, 1971, POL 32-4 KOR - UN, Subject-Numeric Files 1970~1973.

76 "Memorandum of Conversation, President Park and Secretary Kissinger," Nov. 16, 1973, POL 7 US - Kissinger, POL KOR S-US, Subject-Numeric Files 1970~1973.

77 "NSDM 251: Termination of the UNC," Mar. 29, 1974, Box 376, Winston Lord Files.

78 앞의 문서 "Memorandum from Kriebel to Ranard," Aug. 16, 1971.

79 유인택 『한반도 군사문제의 이해』, 법문사 1996, 14~22면.

80 "NSC Staff Solomon to Kissinger," May. 31, 1974, Box 376, Winston Lord Files.

81 앞의 문서 "NSDM 251: Termination of the UNC," Mar. 29, 1974.

82 "Memorandum from NSC Staff Solomon to Kissinger," Apr. 12, 1974, Box 371, Winston Lord Files.

83 「대통령각하의 6·23 '평화통일외교선언'에 따른 제반 대책 및 조치사항에 관한 지침」 1973. 7. 5, 726. 11 1973~1974, 6051, 외무부문서, 대한민국외교사료관.

84 앞의 문서 "NSC Staff Solomon to Kissinger," May. 31, 1974, Box 376, Winston Lord Files.

85 "Memorandum of Conversation, Winston Lord and Han Su," Jun. 13, 1974, Box 331, Winston Lord Files.

86 "Memorandum from Robert S. Ingersoll to Winston Lord," Jun. 20, 1974, Box 350, Winston Lord Files.

87 "Memorandum from NSC Staff Symyser to Kissinger," Jun. 29, 1974, Box 376, Winston

Lord Files.

88 미·중 사이의 유엔사 문제에 대한 논의과정은, 홍석률 「1970년대 전반 동북아 데탕트와 한국통일문제: 미·중간의 한국문제에 대한 비밀협상을 중심으로」, 『역사와 현실』 제42호, 한국역사연구회 2001, 231~34면 참조.

89 "From the Department of State to the US Delegation in UN," Oct. 2, 1974, Box 376, Winston Lord Files.

90 "The Third World Issue for Secretary Visit to Beijing," Nov. undated, 1974, Box 371, Winston Lord Files.

91 양호민 「남북대화의 원점과 원형」, 『평화통일을 위한 남북대결』, 소화 1996, 333면.

92 "Memorandum of Conversation, Kissinger and Hwang Hua," May 29, 1975, Box 331, Winston Lord Files.

93 국무부 정책기획참모국(PPS) 국장 윈스턴 로드는 1975년 8월 4자회담이 미국으로서는 가장 바람직한 안이라는 문서를 작성하여 키신저에게 보고했다("Memorandum from Winston Lord to Kissinger," Aug. 21, 1975, Box 354, Winston Lord Files).

94 『동아일보』 1975년 9월 23일.

95 "US Representative of the UN to Department of State," Nov. 7, 1975, Box 360, Winston Lord Files.

96 당시 국무부 정책기획참모국 국장이었던 윈스턴 로드는 북한과의 접촉에 대해 "왜 이 시기에 이를 결정할 필요가 있는지 모르겠다"고 했다("Telegram from Winston Lord to Kissinger," Nov. 10, 1975, Box 360, Winston Lord Files).

97 서방측 결의안은 찬성 59, 반대 51, 기권 29로 가결되었으며, 공산측 결의안은 찬성 54, 반대 43, 기권 42로 가결되었다(『동아일보』 1975년 11월 19일).

98 리용철 「국제무대에서 미제가 전횡을 부리던 시대는 지나갔다: 유엔총회 제30차 회의에 참가하고 나서」, 『로동신문』 1976년 1월 3일.

99 돈 오버도퍼, 앞의 책 80면.

100 『로동신문』 1976년 1월 5일; 1월 25일; 4월 21일; 5월 30일; 7월 9일; 7월 15일; 7월 31일; 8월 16일.

101 「조선민주주의 인민공화국 정부비망록」, 『로동신문』 1976년 8월 6일.

102 『로동신문』 1976년 8월 19일.

103 허경구 「북괴의 의도와 정치적 목표」, 『북한』 58호, 북한연구소 1976, 56~57면; 김남식 「북한의 속셈은 대미 협상인 듯」, 『동아일보』 1976년 9월 4일.

104 유석렬 「북한의 제3세계 외교정책과 실태」, 『안보연구』 제16호, 동국대학교 안보연구소 1986, 55~56면.

105 반면 유엔군사령관 스틸웰은 사건의 정황으로 볼 때 사건이 우발적으로 발생했을

가능성도 배제하지 않았다. 이 사건의 계획성 또는 우발성 문제에 대한 자세한 것은, 홍석률「1976년 판문점 도끼 살해사건과 한반도 위기」,『정신문화연구』제28권 4호 (2005), 284~87면 참조.

106 "Telegram from US Embassy in Tokyo to the Secretary of State," Aug. 26, 1976, Box 2, Oberdorfer Files.

107 Kim Hyun Kap, "Editorial Assertions on Panmunjom Crisis: Content Analysis of U.S. and South Korean Newspapers,"『한국언론학보』15권(1982), 24~27면.

108 돈 오버도퍼, 앞의 책 85면.

109 "Telegram from the Embassy in Japan to the Secretary of the Department of State," Dec. 3, 1976, Box 2, Oberdorfer Files.

110 『로동신문』은 1976년 8월 26일 적도기니, 탄자니아 등 7개 나라가 추가적으로 북한의 입장을 지지하는 유엔결의안의 공동발기국 성원이 되었다고 보도했다.

111 『로동신문』1976년 9월 23일.

112 『로동신문』1976년 9월 22일.

113 판문점 사건에 대한 한국정부의 대응과 미국과의 갈등은 홍석률, 앞의 글 290~96면.

114 "#124, Memorandum of Conversation," Oct. 21, 1975, *FRUS 1969-1976*, Vol. XVIII, 796면.

115 Henry A. Kissinger, *On China*, New York: The Penguin Press 2011, 310~13면.

결론: 드러나는 한반도 분단의 얼굴

1 백낙청「분단체제와 참여정부」,『한반도식 통일, 현재진행형』, 창비 2006, 46~47면; 서중석「분단체제 타파에 몸던진 장준하」,『역사비평』1997년 8월호.

2 정병준『한국전쟁』, 돌베개 2006, 267면.

3 백낙청「한반도에서의 식민성 문제와 근대 한국의 이중과제」,『창작과비평』1999년 가을호, 9면 참조.

4 이승렬「역대 조선총독과 일본군벌」,『역사비평』1994년 봄호.

5 임동원『피스메이커』, 중앙북스 2008, 733~42면.

6 고부응「에드워드 사이드의 팔레스타인 문제 해법: 이민족 일국가론」,『세계문학비교연구』2010년 여름호(제31집).

7 장준하「민족주의자의 길」,『씨알의 소리』1972년 9월호, 57면.

8 같은 글 59~63면.

9 문익환 「남북통일과 한국교회: 남과 북」, 『기독교사상』 1972년 10월호; 김도현 「7·4남
북공동성명과 민족통합의 제문제: 민족통일의 구상」, 『씨알의 소리』 1972년 8월호.

10 강만길은 1974년 쓴 천관우의 저서 『한국사의 재발견』에 대한 서평에서 '분단시대'
라는 용어를 처음으로 사용하였다. 그는 최근 자신의 회고록에서 유신체제의 수립으
로 말미암아 분단극복을 한국 현대사학의 핵심적 과제로 설정하였다고 했다(강만길
『역사가의 시간』, 창비 2010, 190~200면).

11 정창렬 「역사인식의 주제와 역사인식」, 『내일을 여는 역사』 2001년 봄호, 43~44면.

12 안병욱 「유신체제와 반유신 민주화운동」, 안병욱 외 『유신과 반유신』, 민주화운동기
념사업회 2005, 44~46면.

| 참고문헌 |

I. 자료

1. 한국 정부 자료

1) 외무부, 외교부 문서

대한민국 외무부문서 1968~1976, 대한민국외교사료관, 서울: 대한민국.

외교통상부 (2009)『한국외교 60년』.

외무부 (1976)『유엔한국문제결의집』.

_____ (1979)『한국외교 30년 1948~1978』, 신흥인쇄주식회사.

2) 통일 관련 부서

국토통일원 (1973)『대학생의 통일의식의 진단과 개선에 관한 연구』.

_____ (1974)『남북대화편람』.

_____ (1980)『북한연표(1962~1979)』.

_____ (1981) 『남북대화연표(1970~1980)』.

_____ (1984) 『남북대화백서』.

_____ (1985) 『남북한 통일제의 자료총람』.

_____ (1987) 『남북대화사료집』 제6권 '남북적십자회담 반응'.

_____ (1987) 『남북대화사료집』 제7권 '남북조절위원회'.

_____ (1987) 『남북적십자 본회담, 예비회담 회의록』.

_____ (1989) 『70년대 남북대화 성립 비사』.

_____ (1989) 『독립, 통일운동사료집』 II.

민족통일연구원 (1993) 『남북한 국력추세 비교연구』, 양동문화사.

통일부 (1999) 『통일부 30년사』.

3) 기타 기관

대통령비서실 (1973) 『박정희 대통령 연설문집』 3권 '제6대편'.

_____ (1973) 『박정희 대통령 연설문집』 4권 '제7대편'.

_____ (1976) 『평화통일의 대도(大道): 박정희 대통령 연설문집』, 광명인쇄공사.

대한적십자사 (1976) 『이산가족백서』.

박정희 (1971) 『민족의 저력』, 광명출판사.

법원행정처 (2010) 『북한의 헌법』, 중앙D&P.

심융택 엮음 (1972) 『자립에의 의지: 박정희 대통령 어록』, 한림출판사.

중앙선거관리위원회 (1973) 『대한민국선거사』 제1~2집.

중앙정보부 (1973) 『북한대남공작사』 1~2권, 광명출판사.

2. 미국 정부 자료

1) 국무부 외교문서집

Department of State (1999) *Foreign Relations of the United States 1964-1968*. Vol.

XXIX Part 1 Korea. Washington D.C.: United States Government Printing Office.

_____ (2006) *Foreign Relations of the United States 1969-1976*. Vol. XVII China 1969~1972. Washington D.C.: United States Government Printing Office.

_____ (2007) *Foreign Relations of the United States 1969-1976*. Vol. XVIII China 1973~1976. Washington D.C.: United States Government Printing Office.

_____ (2010) *Foreign Relations of the United States 1969-1976*. Vol. XIX Part 1 Korea, 1969~1972. Washington D.C.: United States Government Printing Office.

＊이상 모두 미국무부 웹사이트(http://history.state.gov/historicaldocuments)에서 열람 가능.

2) 국무부 Central Files

Subject-Numeric Files 1967~1969. RG 59. National Archives at College Park(이하 'NA'로 약칭).

Subject-Numeric Files 1970~1973. RG 59. NA.

3) 국무부 Lot Files

Bureau of East Asian affairs. Office of Regional Affairs 1948~1975. RG 59. NA.

Bureau of Intelligent and Research. Office of Soviet and East European Analysis. Intelligence Notes: Research Studies: NIS Committee Minutes 1965~1974. RG 59. NA.

Executive Secretariat. Conference Files 1966~1972. RG 59. NA.

Executive Secretariat. Visiting Files 1966~1970. RG 59. NA.

Executive Secretariat. Briefing Books 1958~1976. RG 59. NA.

Executive Secretariat. Historical Office Research Project 1969~1974. RG 59. NA.

Executive Secretariat. Korean Crisis Files 1968 (Pueblo). RG 59. NA.

Executive Secretariat. Presidential and Secretary of State Correspondence with Head of State 1961~1971. RG 59. NA.

General Files on NSC Matters. RG 59. NA.

National Security Action Memo Files 1961~1968. RG 59. NA.

Office of International Security Policy and Planning 1969~1971. RG 59. NA.

Policy Planning Staff. Director's Files (Winston Lord). RG 59. NA.

Policy Planning Staff. Records of the Planning Coordination Staff 1969~1973: Subject, Country and Area Files. RG 59. NA.

Policy Planning Staff. Subject and Country Files 1965~1969. RG 59. NA.

Records of Henry Kissinger 1973~1977. RG 59. NA.

Records of the Planning Coordination: Subject, Country and Area Files. RG 59. NA.

Records of the Policy Planning Council. National Security Council Files 1964~1976.

Subject Files of the Office of Korean Affairs 1966~1974. RG 59. NA.

Subject Files of the Office of the Assistant Secretary of State for East Asian and Pacific Affairs 1961~1974. RG 59. NA.

4) 기타 기관 문서철

Committee on International Relations U.S. House of Representatives (1978) *Investigation of Korean-American Relations*. Washington D.C.: U.S. Government Printing Office. (미하원 국제관계위원회 국제기구소위원회 엮음 『프레이저보고서』, 서울대학교 한미관계연구회 옮김, 실천문학사 1986)

Declassified Documents System Files.

National Security Council Files. The Record of the Nixon Presidential Materials Project. NA.

Oberdorfer Files. National Security Archive. Washington D.C.: George Washington University.

The Record of NSC. RG 273. NA.

5) 문서자료집

Burr, William ed. (1998) *The Kissinger Transcripts*. New York: The New Press.

Ostermann, Christian F. and James F. Person eds. (2008) *Crisis and Confrontation on the Korean Peninsula 1968-1969* (Document Reader). North Korea International Documentation Project. Woodrow Wilson International Center.

_____ (2010) *The Rise and Fall of Detente on the Korean Peninsular 1970-1974* (Document Reader). North Korea International Documentation Project. Woodrow Wilson International Center.

3. 북한 및 북한외교 관련 동구권 외교문서

1) 북한 정부

김일성 (1966) 『현정세와 우리 당의 과업: 조선로동당대표자회에서 한 보고』, 조선로동당출판사.

_____ (1983) 『김일성 저작집』 25권, 조선로동당출판사.

_____ (1984) 『김일성 저작집』 26권, 조선로동당출판사.

_____ (1984) 『김일성 저작집』 27권, 조선로동당출판사.

_____ (1984) 『김일성 저작집』 28권, 조선로동당출판사.

정리근 (1990) 『민족의 단합과 조국통일을 위한 위대한 령도』, 백과사전출판사.

조선로동당 중앙위원회 당력사연구소 (1979) 『조선로동당략사』. (『조선로동 당략사』 1~2, 돌베개 1989)

조선중앙통신사 (1970~1976) 『조선중앙년감』.

편집부 엮음 (1988) 『북한 '조선로동당' 대회 주요 문헌집』, 돌베개.

2) 북한외교 관련 동구권 자료

Person, James ed. (2009) *New Evidence on Inter-Korean Relations 1971-1972* (Document Reader). North Korea International Documentation Project. Woodrow Wilson International Center.

(http://www.wilsoncenter.org/publication-series/nkidp-document-readers)

_____ (2009) *Limits of the 'Lips and Teeth' Alliance: New Evidence on SINO-DPRK Relations 1955-1984* (Document Reader). North Korea International Documentation Project. Woodrow Wilson International Center.

(http://www.wilsoncenter.org/publication-series/nkidp-document-readers)

Radchenko, Sergey S. (2005) *The Soviet Union and the North Korean Seizure of the USS Pueblo: Evidence From the Russian Archives*. Attached Documents, Working Paper #47. Cold War International History Project. Woodrow Wilson International Center.

(http://www.wilsoncenter.org/publication-series/cwihp-working-paper-series)

Schaefer, Bernd (2004) *North Korean 'Adventurism' and China's Long Shadow 1966-1972*. Attached Documents, Working Paper #44. Cold War International History Project. Woodrow Wilson International Center.

(http://www.wilsoncenter.org/publication-series/cwihp-working-paper-series)

4. 중국자료

劉金質·楊准生 主編 (1994)『中國對朝鮮和韓國政策文件彙報』1~5권, 北京: 社會科學出版社.

王泰平 主編 (1999)『中華人民共和國外交史 1970~1978』3卷, 北京: 世界知識 出版社.

中共中央文獻硏究室 (2007)『周恩來年譜 1949~1976』上·中·下, 北京: 中央 文獻出版社.

5. 신문 및 잡지
1) 신문
『경향신문』
『동아일보』
『조선일보』
『로동신문』

2) 잡지기사
구영록 (1973)「한국외교의 현실논리: 평화통일외교와 유엔전략에 관련하 여」,『신동아』8월호.

권근술 (1971)「남북적십자 예비회담의 의미: 오늘의 맥박」,『신동아』11월호.

_____ (1971)「남북적십자회담의 의의」,『신동아』11월호.

_____ (1972)「한국문제 불상정의 유엔대책」,『신동아』9월호.

_____ (1972)「지연되는 남북적 본회담: 오늘의 맥박」,『신동아』9월호.

_____ (1972)「평양에서 열린 남북적 본회담」,『신동아』10월호.

권오기 (1973)「유엔군 철수 등 난제에 초점 '미국': 세계가 보는 한국의 유엔

외교」, 『신동아』 9월호.

길영환 (1973) 「닉슨독트린과 남북한관계」, 『정경연구』 9월호.

김경원 외 (1971) 「남북대화 점검」, 『정경연구』 9월호.

김달중 (1973) 「한국문제에 대한 주요 세력의 정책적 태도: 분단국과 유엔 특
　　집」, 『정경연구』 10월호.

김덕 (1973) 「중공의 대한반도 정책과 전망: 70년대의 남북한관계」, 『신동아』
　　2월호.

김도현 (1972) 「7·4남북공동성명과 민족재통합의 제문제: 민족통일의 구상」,
　　『씨알의 소리』 8월호.

김영준 외 (1971) 「남북교류의 환상과 현실: 남북교류에 들뜬 통일무드를 경
　　계하며 정담」, 『세대』 10월호.

김영준·박동운·신상초 외 (1971) 「대담: 남북교류의 환상과 현실」, 『세대』 10
　　월호.

김영희 (1973) 「유엔 전략에 이상없나」, 『월간중앙』 10월호.

김정명 (1970) 「중·소 대립과 북괴의 군사전략」, 『세대』 3월호.

김준원·박동운·신도성·장덕순·주요한·신영철(1971) 「좌담: 남북대화 점검」,
　　『정경연구』 9월호.

김진룡 (1989) 「최초공개 김일성·이후락 평양밀담 전문」, 『월간중앙』 3월호.

김택환 (1972) 「한국문제 불상정 정책과 유엔: 남북접촉의 가속화 문제가 제
　　기되면서」, 『정경연구』 8월호.

김학준 (1974) 「유엔의 '뜨거운 감자': 한국문제」, 『월간중앙』 9월호.

노재봉 외 (1972) 「남북적 본회담을 점검한다: 제2차 서울회담을 마치고 좌담
　　회」, 『신동아』 11월호.

라이샤워 (1972) 「삼극체제의 운명과 아시아」, 『월간중앙』 2월호.

로버트 A. 스칼라피노 (1971) 「북괴 호전성의 변화 가능성: 미국이 본 오늘의

한국」(미하원 외교위 '한미관계' 청문회 보고서), 『신동아』 8월호.

_____ (1973) 「중공의 한반도정책과 남북한관계」, 『정경연구』 9월호.

피영희 (1971) 「한국 유엔외교의 새 국면」, 『신동아』 11월호.

문익환 (1972) 「남북통일과 한국교회: 남과 북」, 『기독교사상』 10월호.

문창주 (1972) 「외곽적 변동과 남북접근: 민족의 재접근, 그 경과와 정향」, 『정 경연구』 10월호.

박동운 (1972) 「남북공동성명이 의미하는 것: 그 축조적 분석과 문제점의 전 망」, 『정경연구』 8월호.

박봉식 (1972) 「남북한 교류시대 정치의 특징적 상황: 한반도 평화통일의 신 단계」, 『정경연구』 11월호.

_____ (1972) 「신 미·중공관계 시각에서 본 한국과 유엔: 세계 격동과 도전 속 한국의 정향」, 『정경연구』 6월호.

박원기 (1972) 「어떻게 대화를 시작할 것인가, 남과 북: Walter G. Muelder 박 사와의 인터뷰」, 『기독교사상』 10월호.

성황용 (1972) 「일본의 한반도 개입정책과 대유엔 태도: 세계 격동과 도전 속 한국의 정향」, 『정경연구』 6월호.

셀릭 해리슨 (1972) 「평양의 새 모습」, 『신동아』 9월호.

솔즈버리·카베이커, 레이 (1973) 「평양시가의 우울한 표정 '대담'」, 『세대』 3 월호

솔즈베리·해리슨 E. 외 (1972) 「오늘의 북한을 가다: 7·4남북공동성명 이후 특집」, 『신동아』 9월호.

송건호 (1972) 「새 남북관계의 전개」, 『신동아』 8월호.

송규상 (1972) 「남북협상의 의미와 제조건」, 『정경연구』 6월호.

송민영 (1974) 「북한, 남북조절위 개편 제의의 배경과 저의: 남북대화에 있어 서 북한의 대남전술적 성격을 그 연혁 면에서 관찰한다」, 『정경연구』 3월호.

스미스 모톤 (1973)「동북아시아에서의 미국의 정책: 70년대의 남북한관계」, 『신동아』 2월호.

신상초 (1972)「새로운 대결 남북한의 대화」, 『월간중앙』 9월호.

_____ (1974)「침략도발과 '힘의 우위', 북괴의 남침도발: 한국적 현안문제」, 『세대』 8월호.

신상초 외 (1974)「최근 북괴 동향과 안보자세 좌담」, 『세대』 6월호.

신용순 (1973)「남북한 조정역을 자임 '일본': 세계가 보는 한국의 유엔외교」, 『신동아』 9월호.

신정현 (1973)「민족대화의 제안과 반응: 민족대화, 이대로 끝낼 수 없다」, 『정경연구』 12월호.

양호민 (1974)「한반도의 평화와 새 질서, 남북문제: 사강체제, 한국방위를 둘러싼 논의」, 『세대』 11월호.

오종식 (1972)「남북공동성명의 분석과 평가」, 『세대』 8월호.

유경현 (1974)「북괴의 대미 평화협정 제안의 속셈: 오늘의 맥박」, 『신동아』 5월호.

유근일 (1972)「남북적회담·세계의 여론: 세계신문에 나타난 남북적회담의 반응」, 『세대』 10월호.

유완식 (1972)「남북 통일문제에 대한 북한사회 변동의 전망: 북한사회의 특수성을 문제로 하여」, 『정경연구』 9월호.

_____ (1972)「유엔을 겨누는 북괴의 평화공세: 세계 격동과 도전 속 한국의 동향」, 『정경연구』 6월호

_____ (1974)「북괴의 통일전략과 테러리즘: 최근의 북괴 동향과 새로운 전략전술」, 『세대』 10월호.

유인호 (1971)「북권(北卷) 제국의 논리와 체질: 중공개입의 남북문제」, 『정경연구』 12월호.

유홍렬 (1971)「한미관계의 추이와 전망: 100년에 걸친 한미관계의 성격」,『세대』2월호.

윤근식 (1972)「남북내화 시내의 지도자상」,『세대』8월호.

이기원 (1973)「맨해턴에 상륙한 평양의 의중」,『월간중앙』10월호.

이기탁 (1973)「중소분쟁과 남북한관계: 70년대의 남북한관계」,『신동아』2월호.

이도형 (1972)「서울~평양길이 뚫리기까지: 남북적 예비회담의 결산」,『신동아』10월호.

이동복 (1975)「남북조절위원회 현황」,『통일정책』1권 1호, 평화통일연구소.

이명식 (1973)「소련의 대한반도정책이 미치는 영향: 70년대의 남북한관계」,『신동아』2월호.

이승헌 (1972)「국제기류의 변화와 남북접근」,『세대』8월호.

_____ (1972)「남북대화·유엔전략·헌정유신」,『세대』12월호.

_____ (1972)「국제정치장에서의 남북한 외교절충: IPU와 제27차 유엔총회 결과를 중심으로」,『정경연구』10월호.

_____ (1972)「서울·평양 정치회담이 투사하는 국제관계: 남북접촉과 국제적 역학관계」,『정경연구』8월호.

이시헌 (1971)「적십자 통한 남북교류의 모색: 오늘의 맥박」,『신동아』10월호.

이영호 (1972)「남북대화의 전개방식」,『세대』10월호.

이종대 (1972)「한국문제 불상정의 유엔대책」,『신동아』9월호.

이진희 (1972)「평양을 다녀와서: 공산 북한사회는 일정한 규격품을 만드는 거대한 공장 같은 인상」,『세대』10월호.

이호철·남정현·전덕용·이정수·조봉연·박오진 (1971)「지성은 살아있나?: 민주주의와 선거와 지성인」,『다리』6월호, 월간다리사.

장준하 (1972)「민족주의자의 길」,『씨알의 소리』9월호.

정구영·유진오 (1972)「남북공동성명을 어떻게 볼 것인가」,『월간중앙』8월호.

정용석 (1973)「제28차 유엔총회의 '남북한문제'」,『신동아』11월호.

정운학 (1971)「북괴의 해외 게릴라 수출 음모」,『신동아』6월호.

정종문 (1972)「일·북괴 각서무역 조인의 파문」,『신동아』3월호.

조광해 (1971)「인도주의와 일억의 눈물: 남북적십자회담」,『정경연구』9월호.

조규하 (1971)「남북의 대화 사반세기의 궤적」,『신동아』11월호.

중앙일보사 엮음 (1973)「남북조절위원회의 구성」,『월간중앙』1월호.

진덕규 (1971)「통일외교 향한 정치통합: 소위 안보논의의 전개를 중심으로」,
　　『다리』10월호.

진철수 (1972)「북한은 어떻게 달라졌나」,『신동아』10월호.

최광석 (1972)「북한은 어떻게 변했나」,『세대』9월호.

최정호 (1972)「7·4 '평화의 기습' 이후의 남북한관계: 단기적 전망과 장기적
　　전망이라는 시간적 차원에서」,『정경연구』8월호.

_____ (1972)「남북협상론」,『정경연구』7월호.

최종기 (1973)「국제무대에 있어서의 남북한 각축의 전망과 한국 대외정책의
　　발전」,『정경연구』7월호.

최혜성 (1972)「분단논리와 통일논리」,『씨알의 소리』9월호.

한국정경연구 엮음 (1973)「유엔 한국문제 토의중의 키신저 방한: 세계의 조
　　류」,『정경연구』12월호.

한기식 (1973)「중·소분쟁과 한국문제」,『월간중앙』10월호.

한완상 (1970)「남북통일의 제난점과 교회의 사명」,『기독교사상』12월호.

함병춘 (1971)「통일에의 접근과 주도권」,『통일논총』제2권 4호.

함석헌 (1971)「군인정치 10년을 돌아본다」,『씨알의 소리』10월호.

함석헌·신상초 (1972)「민족통일을 위한 대담」,『씨알의 소리』9월호.

허경구 (1976)「북괴의 의도와 정치적 목표」,『북한』58호, 북한연구소.

Nixon, Richard M. (1967) "Asia After Vietnam." *Foreign Affairs* Vol. 46(Oct.).

6. 회고록, 증언, 서사기

1) 회고록

강만길 (2010)『역사가의 시간』, 창비.

김경재 (1991)『혁명과 우상: 김형욱 회고록』1~3, 전예원.

김대중 (2010)『김대중 자서전』1~2, 삼인.

김동조 (2000)『냉전시대의 우리 외교』, 문화일보사.

김성진 (1999)『한국정치 100년을 말한다』, 두산동아.

김세원 (1993)『비트』상·하, 일과놀이.

김신조 (1994)『나의 슬픈 역사를 말한다』, 동아출판사.

김영삼 (2000)『김영삼 회고록: 민주주의를 위한 나의 투쟁』1~3, 백산서당.

김용식 (1987)『희망과 도전』, 동아일보사.

김정렴 (1990)『한국 경제정책 30년사』, 중앙일보사.

_____ (1997)『아, 박정희』, 중앙M&B.

박형규 (2010)『나의 믿음은 길 위에 있다』, 창비.

이동복 (1999)『통일의 숲길을 열어가며』2, 삶과 꿈.

이동원 (1992)『대통령을 그리며』, 고려원.

임동원 (2008)『피스메이커』, 중앙북스.

헨리 A. 키신저 (1979)『키신저 회고록: 백악관시절』, 문화방송·경향신문.
    (Henry A. Kissinger, *White House Years*, Boston: Little, Brown and Company
    1979의 번역본)

황장엽 (2006)『회고록: 나는 역사의 진리를 보았다』, 시대정신.

2) 증언 및 서사기

강상욱·강인덕·정홍진 (2003)「좌담: 남북한 체제경쟁 선언 비화」,『신동아』

8월호.

강인덕 (1993) 「박정희는 왜 김일성의 정상회담 제의를 거절했나」, 『신동아』 1월호.

＿＿＿ (1996) 「남북한 체제경쟁의 중간평가 보고서」, 『발굴 현대사 자료 125건』(『월간조선』 1996년 신년호 별책부록), 조선일보사.

김종환 (1992) 『맥도널드 증언: 막후에서 본 한미관계 47년』, 『월간조선』 9월호.

김진룡 (1989) 「최초 공개 김일성·이후락 평양밀담 전문」, 『월간중앙』 3월호.

유영을 (1993) 「백동림 증언: 윤필용사건 제보자는 전두환·노태우였다」, 『신동아』 9월호.

이흥환·정광호 (2000) 「미국이 작성한 한국 정치지도자들의 비밀화일」, 『신동아』 1월호.

조갑제 (1987) 「진상 윤필용 사건」, 『월간조선』 10월호.

조성관 (1992) 「1976년 8월 21일 개성진격 작전계획」, 『월간조선』 10월호.

조세형 (1989) 「박대통령의 단독결정이었는가: 1972년 남북대화를 보는 미국의 시각」, 『월간조선』 1월호.

한기홍 (1993) 「손영길 고백: 잘못 있으면 내 가슴에 칼 꽂아라」, 『월간중앙』 11월호.

황일호 (1993) 「68년부터 추진했던 '제2의 6·25' 작전」, 『월간중앙』 4월호.

＿＿＿ (1993) 「극비, 25년 만에 밝혀진 1·21 청와대 기습사건 전모」, 『월간중앙』 2월호.

＿＿＿ (1993) 「울진·삼척 공비침투사건의 진상」, 『월간중앙』 7월호.

Ostermann, Christian F. and James F. Person eds. (2011) *Crisis and Confrontation on the Korean Peninsula 1968-1969* (Minutes of Critical Oral History Conference, Sep. 8~9, 2008). North Korea International Documentation Project. Woodrow Wilson International Center.

_____ (2011) *The Rise and Fall of Detente on the Korean Peninsula 1970~1974*
    (Minutes of Critical Oral History Conference, July 1~2, 2010). North Korea
    International Documentation Project. Woodrow Wilson International Center.

7. 자료집 및 일지

국사편찬위원회 (2008) 『대한민국사연표』 1~3, 경인문화사.

노중선 엮음 (1996) 『남북한 통일정책과 통일운동 50년』, 사계절출판사.

동아일보사 안보통일문제조사연구회 (1971) 『안보통일문제 기본자료집』, 동
    아일보사.

북한연구소 엮음 (1983) 『북한총람』, 북한학연구소.

이흥환 편저 (2002) 『미국 비밀문서로 본 한국현대사 35장면』, 삼인.

청사편집부 엮음 (1984) 『칠십년대 한국일지』, 청사.

II. 연구성과

1. 저서

가라타니 고진 (2007) 『세계공화국으로』, 조영일 옮김, 도서출판b.

강만길 (1978) 『분단시대의 역사인식』, 창작과비평사.

_____ (1990) 『통일운동시대의 역사인식』, 서해문집.

강성철 (1988) 『주한미군』, 일송정.

강인덕·송종환 외 (2004) 『남북회담: 7·4에서 6·15까지』, 극동문제연구소.

개번 매코맥 (2007) 『종속국가 일본』, 이기호·황정아 옮김, 창비.

고병철 외 (1977) 『북한외교론』, 경남대학교 극동문제연구소.

구영록·배영수 (1982) 『한미관계: 1882~1982』, 서울대학교 미국학연구소.

국방군사연구소 (1996)『월남파병과 국가발전』, 국방군사연구소.

그레고리 핸더슨 (2000)『소용돌이의 한국정치』, 백행웅·이종삼 옮김, 한울.

기미야 다다시 (2008)『박정희 정부의 선택』, 후마니타스.

길영환 (1988)『남북한 비교정치론』, 이원웅 옮김, 문맥사.

김계동 (2002)『북한의 외교정책』, 백산서당.

김국후·박길용 (1994)『김일성 외교비사』, 중앙일보사.

김귀옥 (2004)『이산가족: '반공전사'도 '빨갱이'도 아닌』, 역사비평사.

김남식 (2004)『21세기 우리 민족 이야기』, 통일뉴스.

김민희 (1992)『쓰여지지 않은 역사』, 대동.

김성호 (2006)『우리가 지운 얼굴』, 한겨레출판.

김세균 외 (2006)『북한체제의 형성과 한반도 국제정치』, 서울대학교출판부.

김영명 (1992)『한국현대 정치사』, 을유문화사.

김영수 외 (1997)『김정일시대의 북한』, 삼성경제연구소.

김원모 (1979)『근대한미교섭사』, 홍익사.

김종엽 엮음 (2009)『87년체제론』, 창비.

김지형 (2008)『데탕트와 남북관계』, 선인.

김충식 (1992)『정치공작사령부 KCIA: 남산의 부장들』, 동아일보사.

김학준 (1979)『반외세 통일논리』, 형성사.

_____ (1985)『남북한 관계의 갈등과 발전』, 평민사.

김현아 (2002)『전쟁의 기억, 기억의 전쟁』, 책갈피.

김형아 (2005)『유신과 중화학공업, 박정희의 양날의 선택』, 일조각.

남정옥 (2002)『한미군사관계사 1971~2002』, 국방부 군사편찬연구소.

다나카 하키히코 (2002)『전후 일본의 안보정책』, 이원덕 옮김, 중심.

데니스 L. 바크·데이빗 R. 그레스 (2004)『도이치 현대사 3권: 아 동방정책』,
    서지원 옮김, 비봉출판사.

도널드 스턴 맥도널드 (2001)『한미관계 20년사(1945~1965)』, 한국역사연구회 1950년대반 옮김, 한울아카데미. (Donald Stone MacDonald, *U.S.-Koean Relations from Liberation to Self-Reliance*, Boulder: Westview Press 1992)

도진순 (1997)『한국민족주의와 남북관계』, 서울대학교출판부.

_____ (2001)『분단의 내일 통일의 역사』, 당대.

돈 오버도퍼 (1998)『두개의 코리아』, 중앙일보사. (Don Oberdorfer, *The Two Koreas: A Contemporary History*, New York: Basic Books 1997)

리영희 (1974)『전환시대의 논리』, 창작과비평사.

_____ (1977)『우상과 이성』, 한길사.

리영희·강만길 엮음 (1987)『한국의 민족주의운동과 민중』, 두레.

리챠드 W. 스티븐슨 (1998)『미소 데땅트론』, 이우형·김준형 옮김, 창문각.

마이클 매클리어 (2002)『베트남, 10,000일의 전쟁』, 유경찬 옮김, 을유문화사.

문정인 (2010)『중국의 내일을 묻다』, 삼성경제연구소.

민주화운동기념사업회 연구소 엮음 (2008)『한국민주화운동사』1권, 돌베개.

_____ (2008)『한국민주화운동사』2권, 돌베개.

박두복 편저 (2001)『한국전쟁과 중국』, 백산서당.

박래식 (2008)『분단시대 서독의 통일·외교정책』, 백산서당.

박상훈 (2009)『만들어진 현실』, 후마니타스.

박실 (1979)『한국외교비사』, 기린원.

_____ (1983)『박정희 대통령과 미국대사관』, 백양출판사.

박찬승 (2010)『마을로 간 한국전쟁: 한국전쟁기 마을에서 벌어진 작은 전쟁들』, 돌베개.

박태균 (2006)『우방과 제국, 한미관계의 두 신화』, 창비.

박현채 (1978)『민족경제론』, 한길사.

박형중 (1994)『북한적 현상의 연구: 북한 사회주의 건설의 정치경제학』, 연구사.

방수옥 (2004)『중국의 외교정책과 한중관계』, 인간사랑.

백경남 (1991)『독일, 분단에서 통일까지』, 강산.

백낙청 (1994)『분단체제 변혁의 공부길』, 창작과비평사.

_____ (1998)『흔들리는 분단체제』, 창작과비평사.

_____ (2006)『한반도식 통일, 현재진행형』, 창비.

_____ (2009)『어디가 중도며 어째서 변혁인가』, 창비.

백영서 (2000)『동아시아의 귀환』, 창작과비평사.

브루스 커밍스 (2001)『브루스 커밍스의 한국현대사』, 창비.

빅터 D. 차 (2004)『적대적 제휴: 한국, 미국, 일본의 삼각 안보체제』, 김일영·
   문순보 옮김, 문학과지성사.

사익현 (1995)『신중국 외교이론과 원칙』, 정재남 옮김, 아세아문화사.

서동만 (2005)『북조선 사회주의체제 성립사』, 선인.

서울대학교 국제문제연구소 엮음 (2011)『데탕트와 박정희』, 논형.

서울신문사 (1990)『북한인명사전』, 서울신문사.

서울신문사 편저 (1979)『주한미군 30년』, 행림출판사.

서중석 (1991)『한국현대민족운동연구』, 역사비평사.

송영우·소치형 (1992)『중국의 외교정책과 외교』, 지영사.

스티븐 E. 앰브로즈 (1996)『국제질서와 세계주의』, 권만학 옮김, 을유문화사.

신욱희 (2010)『순응과 저항을 넘어서: 이승만과 박정희의 대미정책』, 서울대
   학교 출판문화원.

신정화 (2004)『일본의 대북정책 1945~1992』, 오름.

심지연 (2001)『남북한 통일방안의 전개와 수렴』, 돌베개.

아마코 사토시 (2003)『중화인민공화국 50년사』, 임상범 옮김, 일조각.

안병욱 외 (2005)『유신과 반유신』, 민주화운동기념사업회.

양영식 (1997)『통일정책론』, 박영사.

양태진 (2011) 『NLL 국경선인가 분계선인가?』, 예나루.

양호민·이상우·김학준 공편 (1986) 『민족통일론의 전개』, 형성사.

역사문제연구소 엮음 (1995) 『분단 50년과 통일시대의 과제』, 역사비평사.

역사비평 편집위원회 엮음 (2010) 『갈등하는 동맹』, 역사비평사.

오진용 (2004) 『김일성시대의 중소와 남북한』, 나남.

오창헌 (2001) 『유신체제와 한국 현대정치』, 오름.

와다 하루끼 (1999) 『한국전쟁』, 서동만 옮김, 창작과비평사.

윌리엄 스툭 (2001) 『한국전쟁의 국제사』, 김형인 등 옮김, 푸른역사.

유석렬 (1988) 『북한정책론』, 법문사.

유영구 (1993) 『남북을 오고간 사람들』, 글.

유인선 (2002) 『새로 쓴 베트남의 역사』, 이산.

유인택 (1996) 『한반도 군사문제의 이해』, 법문사.

윤해동 (2003) 『식민지의 회색지대: 한국의 근대성과 식민주의 비판』, 역사비
    평사.

윤해동·천정환·허수·황병주·이용기·윤대석 엮음 (2006) 『근대를 다시 읽는
    다』 1·2, 역사비평사.

이경재 (1986) 『유신 쿠데타』, 일월서각.

이남주 엮음 (2009) 『이중과제론』, 창비.

이매뉴얼 월러스틴 (2005) 『세계체제 분석』, 이광근 옮김, 당대.

이매뉴엘 월러스틴·테렌스 K. 홉킨즈 외 (1999) 『이행의 시대: 세계체제의 궤
    적, 1945~2025』, 백승욱·김영아 옮김, 창작과비평사.

이문항 (2001) 『JSA-판문점(1953~1994)』, 소화.

이상우 (1986) 『박정권 18년: 그 권력의 내막』, 동아일보사.

_____ (1993) 『제3공화국』 1~2, 중원문화사.

이영일 (1981) 『분단시대의 통일논리』, 태양문화사.

이완범 (2007)『한국해방 3년사』, 태학사.

이원덕 (1996)『한일 과거사 처리의 원점』, 서울대학교출판부.

이재방·장덕환 (2005)『미중화해』, 법영사.

이종석 (1995)『조선로동당 연구』, 역사비평사.

_____ (1998)『분단시대의 통일학』, 한울아카데미.

_____ (2000)『새로 쓴 현대북한의 이해』, 역사비평사.

_____ (2001)『북한·중국관계 1945~2000』, 중심.

이찬행 (2001)『김정일』, 백산서당.

이태섭 (2001)『김일성의 리더십 연구』, 들녘.

이희진 (2007)『중화사상과 동아시아』, 책세상.

임영태 (1999)『북한 50년사』 1~2, 들녘.

임지현 (1999)『민족주의는 반역이다』, 소나무.

자오찬성 (2001)『중국의 외교정책』, 김태완 옮김, 오름.

장경섭 (2009)『가족·생애·정치경제: 압축적 근대성의 미시적 기초』, 창비.

장덕환 (1984)『중소대립과 한반도의 진로』, 대광서림.

장문석 (2007)『민족주의 길들이기』, 지식의 풍경.

전인권 (2006)『박정희 평전』, 이학사.

정규섭 (1997)『북한외교의 어제와 오늘』, 일신사.

정병준 (2006)『한국전쟁』, 돌베개.

정봉하 (2000)『북한의 대남정책 지속성과 변화, 1948~2004』, 한울아카데미.

정성화 엮음 (2005)『박정희 시대 연구의 쟁점과 과제』, 선인.

_____ (2006)『박정희 시대와 한국현대사』, 선인.

정성화·강규형 엮음 (2007)『박정희 시대와 한국현대사: 연구자와 체험자의 대화』, 선인.

정영철 (2005)『김정일 리더십 연구』, 선인.

정재호 (2011) 『중국의 부상과 한반도의 미래』, 서울대학교 출판문화원.

정창현 (2000) 『곁에서 본 김정일』, 김영사.

제임스 E. 도거티·로버트 L. 팔츠그라프 (1997) 『미국외교정책사: 루스벨트에서 레이건까지』, 이수형 옮김, 한울아카데미.

조갑제 (2001) 『내 무덤에 침을 뱉어라』 7~10권, 조갑제닷컴.

_____ (2007) 『박정희』 9~11권, 조갑제닷컴.

_____ (2009) 『박정희의 결정적 순간들』, 기파랑.

조너선 D. 스펜스 (1998) 『현대 중국을 찾아서』 I~II, 이산.

조르조 아감벤 (2009) 『예외상태』, 김항 옮김, 새물결.

조반니 아리기 (2008) 『장기 20세기: 화폐, 권력 그리고 우리 시대의 기원』, 백승욱 옮김, 그린비.

조반니 아리기 외 (1998) 『발전주의 비판에서 신자유주의 비판으로』, 권형정 외 옮김, 공감.

조희연 (2007) 『박정희와 개발독재시대: 5·16에서 10·26까지』, 역사비평사.

_____ (2010) 『동원된 근대화』, 후마니타스.

존 루이스 개디스 (2002) 『새로 쓰는 냉전의 역사』, 박건영 옮김, 사회평론.

_____ (2004) 『역사의 풍경』, 강규형 옮김, 에코리브르.

중앙일보 특별취재팀 (1998) 『실록 박정희』, 중앙M&B.

중앙일보사 동서문제연구소 (1990) 『북한인명사전』, 중앙일보사.

척 다운스 (1999) 『북한의 협상전략』, 송승종 옮김, 한울아카데미.

최명해 (2009) 『중국·북한 동맹관계』, 오름.

최성 (1997) 『북한정치사, 김정일과 북한의 권력엘리트』, 풀빛.

최소자 (1997) 『명청시대 중한관계사 연구』, 이화여자대학교출판부.

최영진 (1996) 『동아시아 국제관계사: 제2차 세계대전 이후 미중관계를 중심으로』, 지식산업사.

최용호 (2007) 『통계로 본 베트남전쟁과 한국군』, 국방부 군사편찬연구소.

최장집 (2006) 『민주주의의 민주화』, 후마니타스.

최장집·박상훈·박찬표 (2007) 『어떤 민주주의인가』, 후마니타스.

최진욱 편저 (2011) 『한반도 통일과 주변 4국』, 늘품플러스.

클라이브 크리스티 (2004) 『20세기 동남아시아의 역사』, 노영순 옮김, 심산.

하경근 외 (1979) 『제3세계의 이해』, 형성사.

한국정신문화연구원 엮음 (1999) 『1960년대의 대외관계와 남북문제』, 백산서당.

_____ (1999) 『1970년대 전반기의 정치사회변동』, 백산서당.

_____ (2002) 『박정희시대 연구』, 백산서당.

한국정치외교사학회 엮음 (1998) 『한국전쟁과 휴전체제』, 집문당.

한국학중앙연구원 엮음 (2009) 『박정희시대 한미관계』, 백산서당.

한배호 (1994) 『한국정치변동론』, 법문사.

해리 하딩 (1995) 『중국과 미국』, 안인해 옮김, 나남출판.

허은 (2008) 『미국의 헤게모니와 한국 민족주의』, 고려대학교 민족문화연구원.

홍석률 (2001) 『통일문제와 정치·사회적 갈등: 1953~1961』, 서울대학교출판부.

황의각 (1992) 『북한경제론: 남북한 경제의 현황과 비교』, 나남.

Barnds, William J. (1987) *The Two Koreas in East Asian Affairs*. New York
    University Press.

Chen Jian (2001) *Mao's China and Cold War*. Chapel Hill: The University of North
    Carolina Press.

Clough, Ralph N. (1975) *East Asia and U.S Security*. Washington, D.C.: Brookings
    Institution.

Dong, Wonmo ed. (2000) *The Two Koreas and the United States*. New York: M. E.
    Sharpe.

Grinker, Richard (1998) *Korea and Its Futures*. New York: St. Martin's Press.

Hwang In Kwan (1990) *United States and Neutral Reunified Korea*. Lanham: University Press of America.

Kihl, Young Whan (1994) *Korea and the World*. San Francisco: Westview Press.

Kim Hakjoon (1977) *The Unification Policy of South and North Korea, 1948~1976: A Comparative Study*. Seoul: Seoul National University Press.

Kirby, William C., Robert S. Ross and Gong Li eds. (2005) *Normalization of U.S.-China Relations*. Cambridge: Harvard University Asia Center.

Kissinger, Henry A. (2011) *On China*. New York: The Penguin Press.

Koo, Hagen ed. (1993) *State and Society in Contemporary Korea*. Ithaca: Cornell University Press.

Leffler, Melvyn P. and Odd Arne Westad eds. (2010) *The Cambridge History of the Cold War* Vol. I~III. Cambridge: Cambridge University Press.

Mann, James (2000) *About Face*. New York: Random House.

Olsen, Edward A. (1987) *U.S. Policy and The Two Koreas*. Boulder: Westview Press.

Park Tong Whan ed. (1998) *The U.S. and the Two Koreas*. London: Lynne Rienner Publishers.

Yahuda, Michael (1996) *The International Politics of the Asia-Pacific, 1945~1995*. London: Routledge.

Young, Marilyn B. (1991) *The Vietnam Wars 1945~1990*. New York: HarperCollins Pub.

李鍾元 (1996)『東アジア冷戰と韓米日關係』, 東京大學出版會.

2. 논문

강민 (1983)「관료적 권위주의의 한국적 생성」,『한국정치학회보』제17집.

강석률 (2008)「닉슨독트린과 데탕트 그리고 한미동맹: 억제의 추구와 동맹국

간의 갈등」, 서울대학교 외교학과 석사학위논문.

강성윤 (1987)「북한의 대일외교정책의 전개」, 민병천 편저『북한의 대외정책』, 대왕사.

고룡권 (1988)「북방정책과 대공산권 인식문제」,『현대이념연구』제3집.

고부응 (2010)「에드워드 사이드의 팔레스타인 문제 해법: 이민족 일국가론」,『세계문학비교연구』여름호(제31집).

권경희 (1996)「베트남·미국 관계정상화 과정에 관한 연구」,『국제정치논총』제36집 1호.

김갑식 (2002)「북한의 헌법상 국가기관체계 변화」,『북한연구학회보』제6권 2호.

김경일 (2009)「박정희 시기의 민족주의와 미국」,『박정희시대 한미관계』, 백산서당.

김난 (1986)「유신의 시말: 운명의 궁정동 밀실」,『월간조선』10월호.

김달술 (1988)「남북대화의 평가와 남북관계의 재정립」,『통일연구논총』10월호.

김동성 (1990)「박정희와 통일정책」,『현대사를 어떻게 볼 것인가』4, 동아일보사.

김수광 (2008)「닉슨·포드 행정부의 대한반도 안보정책 연구: 한국방위의 한국화정책과 한미연합방위체제의 변화」, 서울대학교 외교학과 박사학위논문.

김일영 (2006)「조국근대화론 대 대중경제론: 1971년 대선에서 박정희와 김대중의 대결」,『박정희 시대와 한국현대사』, 선인.

김태일 (1985)「권위주의체제 등장 원인에 관한 사례 연구」,『한국자본주의와 국가』, 한울.

김학준 (1985)「대한민국 국회에 있어서의 통일논의」,『남북한 관계의 갈등과 발전』, 평민사.

_____ (1985) 「1970년대 남북대화의 재조명」, 『남북한 관계의 갈등과 발전』, 평민사.

_____ (1986) 「1970년대의 통일논의: 국제정치학적인 평가」, 『민족통일론의 전개』, 형성사.

_____ (1990) 「한국휴전 이후 현재까지의 대한민국의 북방정책」, 『한국정치외교사논총』 제6집, 한국정치외교사학회.

김현철 (2004) 「1970년대 초 박정희의 한반도 평화구상과 자주·통일외교의 모색」, 『통일정책연구』 제13권 1호.

노명호 (2011) 「냉전시대 박정희의 한국 산업화 정책과 서독의 의미와 역할 1961~1967」, 『사림』 제38호.

랄프 클라크 (1986) 「북한과 미국」, 『북한의 대외정책』, 경남대학교 극동문제연구소.

류길재 (2003) 「1960년대 북한의 숙청과 술타니즘(Sultanism)의 등장」, 『국제관계연구』 제9권 1호.

_____ (2009) 「1960년대 말 북한의 도발과 한미관계의 균열」, 『박정희시대 한미관계』, 백산서당.

류동민 (2007) 「민족경제론이 대중경제론에 미친 영향」, 『기억과 전망』 통권 17호.

마상윤 (2003) 「미완의 계획: 1960년대 전반기 미 행정부의 주한미군 철수논의」, 『한국과 국제정치』 제19권 2호.

_____ (2003) 「안보와 민주주의, 그리고 박정희의 길: 유신체제 수립원인 재고」, 『국제정치논총』 제43집 4호.

_____ (2005) 「전쟁의 그늘: 베트남전쟁과 미국의 동아시아정책」, 『한국과 국제정치』 제21권 3호.

_____ (2011) 「데탕트의 위험과 기회: 1970년대 초 박정희와 김대중의 안보

인식과 논리」, 서울대학교 국제문제연구소 엮음『데탕트와 박정희』, 논형.

마상윤·박원곤 (2009) 「데탕트기의 한미갈등: 닉슨, 카터와 박정희」, 『역사비평』 봄호.

마인섭 (2000) 「유신정권의 통치행태와 중화학공업화: 정권의 사회적 기반과 통제메커니즘」, 『한국정치외교사논총』 제22집 2호.

마크 쎌던 (2009) 「동아시아 지역주의의 세 시기: 16~21세기의 정치경제와 지정학」, 『창작과비평』 여름호.

박건영·박선원·우승지 (2003) 「제3공화국 시기 국제정치와 남북관계: 7·4공동성명과 미국의 역할을 중심으로」, 『국가전략』 제9권 4호.

박명규 (2000) 「복합적 정치공동체와 변혁의 논리」, 『창작과비평』 봄호.

박명림 (1997) 「분단질서의 구조와 변화: 적대와 의존의 대쌍관계 동학, 1945~1995」, 『국가전략』 제3권 1호, 세종연구소.

_____ (2004) 「한국분단의 특수성과 두 한국: 지역냉전, 적대적 의존, 그리고 토크빌 효과」, 『역사문제연구』 제13호.

_____ (2008) 「박정희와 김일성」, 『역사비평』 봄호.

박민희 (2011) 「'열린 질문' 중국의 부상」, 『창작과비평』 봄호.

박원곤 (2011) 「미국의 대한정책 1974~1975: 포드 행정부의 동맹정책 전환」, 서울대학교 국제문제연구소 엮음『데탕트와 박정희』, 논형.

박재규 (1977) 「북한의 대미국정책」, 고병철 외『북한외교론』, 경남대학교 극동문제연구소.

박태균 (2005) 「1960년대 중반 안보위기와 제2경제론」, 『역사비평』 가을호.

배긍찬 (1999) 「1970년대 전반기의 국제환경 변화와 남북관계」, 『1970년대 전반기의 정치사회변동』, 백산서당.

백낙청 (1999) 「한반도에서의 식민성 문제와 근대 한국의 이중과제」, 『창작과비평』 가을호.

백영서 (2011) 「연동하는 동아시아, 문제로서의 한반도」, 『창작과비평』 봄호.

브루스 커밍스 (1995) 「70년간의 위기와 오늘의 세계정치」, 『창작과비평』 봄호.

서중석 (1997) 「분단체제 타파에 몸던진 장준하」, 『역사비평』 8월호.

신욱희 (2001) 「데탕트와 박정희의 전략적 대응: 박정희는 공격적 현실주의자
　　인가」, 서울대학교 국제문제연구소 엮음 『데탕트와 박정희』, 논형.

신욱희·김영호 (2000) 「전환기의 동맹: 데탕트 시기의 한미안보관계」, 한국정
　　치학회 '한국정치사' 기획학술회의 발표문.

신정현 (1987) 「미국과 남북한 관계」, 『한국과 국제정치』 제3권 1호.

신종대 (2002) 「한국정치의 북한요인 연구: 1961~72년을 중심으로」, 서강대
　　학교 정치학박사논문.

_____ (2005) 「남북한 관계와 남한의 국내정치」, 경남대학교 북한대학원 엮
　　음 『남북한관계론』, 한울아카데미.

_____ (2005) 「유신체제 수립 원인에 관한 재조명: 북한 요인을 중심으로」,
　　『사회과학연구』 제13집, 서강대학교 사회과학연구소.

_____ (2009) 「유신체제 출범과 한미관계」, 『박정희시대 한미관계』, 백산서당.

안병욱 (2005) 「유신체제와 반유신 민주화운동」, 안병욱 외 『유신과 반유신』,
　　민주화운동기념사업회.

안병직 (2007) 「대한민국의 성취를 토대로 해야만 통일도 실현 가능해진다」,
　　『한국논단』 제216호.

양성철·문정인 (1988) 「한미 안보관계의 재조명: 푸에블로호 사건의 위기 및
　　동맹관리를 중심으로」, 안병준 엮음 『한국과 미국』 I, 경남대학교출판부.

양승태 (2007) 「똘레랑스, 차이성과 정체성, 민족정체성, 그리고 21세기 한국
　　의 민족주의」, 『민족주의, 평화, 중용』, 까치.

양호민 (1996) 「남북대화의 원점과 원형」, 『평화통일을 위한 남북대결』, 소화.

오병헌 (1993) 「군부독재의 칼, 계엄령 연구」, 『신동아』 11월호.

오창헌 (2004) 「제3공화국 정치체제의 유형에 관한 연구」, 『한국정치학회보』
　　제38집 1호.

우승지 (2004) 「남북화해와 한미동맹관계의 이해, 1969~1973」, 『한국정치외
　　교사논총』 제26집 1호.

_____ (2006) 「박정희 시기 남북화해 원인에 관한 연구」, 정성화 엮음 『박정
　　희 시대와 한국현대사』, 선인.

윌리엄 마틴 (1998) 「세계체제론에 대한 전망」, 『발전주의 비판에서 신자유주
　　의 비판으로』, 권현정 옮김, 공감.

유석렬 (1986) 「북한의 제3세계 외교정책과 실태」, 『안보연구』 제16호, 동국
　　대학교 안보연구소.

_____ (1987) 「남북대화: 과거, 현재 그리고 미래―평양의 전략」, 『한국과
　　국제정치』 제3권 1호.

유재건 (2006) 「역사적 실험으로서의 6·15시대」, 『창작과비평』 봄호.

윤용희 (1993) 「북한, 미국관계의 변화와 전망」, 『국제정치논총』 제33권 2호.

이동기 (2009) 「'경계인'의 시간들: 분단 독일 초기(1949~1956) 국가연합 통
　　일안의 등장」, 『역사학보』 제202집, 역사학회.

_____ (2009) 「서독 68운동과 독일정책: 민족좌파로서의 신좌파?」, 『독일연
　　구』 제17호, 한국독일사학회.

이동복 (1975) 「남북조절위원회의 현황」, 『통일정책』 제1권 1호, 평화통일연구
　　소.

이병한 (2009) 「'두 개의 중국'과 화교정책의 분기: 반둥회의(1955) 전후를 중
　　심으로」, 연세대학교 사학과 석사학위논문.

이삼성 (1996) 「1965~80년 기간 국제환경의 변화와 남북한 통일정책」, 『평화
　　통일을 위한 남북대결』, 소화.

이상숙 (2008) 「북한·중국의 비대칭적 관계에 대한 연구: 베트남·중국의 관계

와의 비교」, 동국대학교 대학원 북한학과 박사학위논문.

이석호 (1989) 「한국북방정책의 변천과정과 결정요인」, 『국제정치논총』 제28
집 2호.

이승렬 (1994) 「역대 조선총독과 일본군벌」, 『역사비평』 봄호.

이영옥 (2011) 「조선, 청조의 조공관계와 외교질서: '중국역대조공제도연구'
의 비판적 분석」, 『인문과학연구』 제29집, 성신여자대학교 인문과학연구소.

이완범 (1989) 「해방 3년사의 쟁점」, 『해방전후사의 인식』 6권, 돌베개.

_____ (2000) 「중국의 한국전쟁 참전: 중국·러시아 자료의 비교를 중심으
로」, 『정신문화연구』 제23권 2호.

_____ (2006) 「해방 직후 국내 정치세력과 미국의 관계, 1945~1948」, 『해방
전후사의 재인식』 2, 책세상.

이용중 (2010) 「서해북방한계선(NLL)에 대한 남북한 주장의 국제법적 비교
분석」, 『법학논고』 제32집, 경북대학교 법학연구원.

이종석 (1995) 「북에서 본 한일협정과 조일회담」, 『역사비평』 봄호.

이주봉 (2009) 「1960년대 정치세력의 통일논의 전개와 성격」, 고려대학교 사
학과 석사학위논문.

이태환 (2003) 「북방정책과 한중관계의 변화」, 『북방정책』, 서울대학교출판부.

임상범 (2008) 「중국의 남한 정부 수립에 대한 인식」, 『사총』 67, 역사학연구회.

임지현 (2002) 「다시, 민족주의는 반역이다」, 『창작과비평』 가을호.

임혁백 (2004) 「유신의 역사적 기원: 박정희의 마키아벨리적인 시간」, 『한국
정치연구』 제13집 2호, 한국정치학회.

장노순 (1996) 「교환동맹모델의 비교환성: 비대칭적 한미안보동맹」, 『국제정
치논총』 제36권 1호.

장명봉 (1990) 「북한헌법 40년과 그 동향」, 『북한법률행정논총』 제8집.

전재성 (2004) 「1965년 한일 국교정상화와 베트남 파병을 둘러싼 미국의 대

한(對韓) 외교정책」, 『한국정치외교사논총』 제26집 1호, 한국정치외교사
학회.

_____ (2006)「세계적 차원에서 데탕트의 기원과 전개」, 김세균 외『북한체
제의 형성과 한반도 국제정치』, 서울대학교출판부.

정상천 (2006)「파리 주재 북한 민간무역대표부 설립(1968년)에 관한 연구」,
『한국정치외교사논총』 제27집 2호.

정상호 (2008)「정책이념(Policy Idea)으로서 대중경제론의 형성과정에 대한
연구」, 『기억과 전망』 통권 18호.

정용덕 (1983)「우리나라 규제정책의 평가: 8·3 긴급경제조치의 경우를 중심
으로」『한국행정학보』 제17집.

정창렬 (2001)「역사인식의 주제와 역사인식」, 『내일을 여는 역사』 봄호.

제성호 (1998)「한국휴전협정의 이행실태」, 한국정치외교사학회 엮음『한국
전쟁과 휴전체제』, 집문당.

조동준 (2006)「미·중 대화에서 나타난 적수게임과 동맹게임: 한반도 사례와
베트남 사례 비교연구」, 『북한체제의 형성과 한반도 국제정치』, 서울대학
교출판부.

조양현 (2008)「냉전기 한국의 지역주의 외교」, 『한국정치학회보』 제42집 1호.

조진구 (2003)「중소대립, 베트남전쟁과 북한의 남조선 혁명론, 1964~68」,
『아세아연구』 제46권 4호.

조한혜정 (2000)「분단과 공존」, 『탈분단시대를 열며』, 삼인.

조한혜정·김수행 (2000)「반공/반제 규율 사회의 문화/권력」, 『탈분단시대를
열며』, 삼인.

최동주 (1996)「한국의 베트남전쟁 참전동기에 관한 재고찰」, 『한국정치학회
보』 제30집 2호.

최용호 (1999)「1970년대 전반기의 경제정책과 산업구조의 변화」, 『1970년대

전반기의 정치사회변동』, 백산서당.

최장집 (2007) 「한국 민족주의의 특성」, 『민족주의, 평화, 중용』, 까치.

테싸 모리스-스즈끼 (2005) 「북송사업과 탈냉전기 인권정치」, 『창작과비평』 제129호.

한모니까 (2008) 「유엔군사령부의 '수복지구' 점령정책과 행정권 이양」, 『역사비평』 겨울호.

_____ (2009) 「한국전쟁 전후 수복지구 체제 변동과정: 강원도 인제군을 중심으로」, 가톨릭대학 대학원 국사학과 박사학위논문.

한배호 (1996) 「군부권위주의 정권의 형성과 변화」, 『한국현대정치론』 II, 오름.

한홍구 (2011) 「한국현대사의 그늘, 남파공작과 비전향장기수」, 『역사비평』 봄호.

허은 (2009) 「1969~1971년 국내외 정세변화와 학생운동세력의 현실인식』, 『한국근현대사연구』 여름호.

홍규덕 (1992) 「한국외교: 파병외교와 안보신드롬 ― 60년대 한국 외교정책의 평가」, 『국제정치논총』 제32권 2호.

_____ (1999) 「베트남전 참전 결정 과정과 그 영향」, 한국정신문화연구원 엮음 『1960년대의 대외관계와 남북관계』, 백산서당.

홍석률 (1994) 「한국전쟁 직후 미국의 이승만 제거계획」, 『역사비평』 여름호.

_____ (2001) 「1968년 푸에블로 사건과 남한·북한·미국의 삼각관계」, 『한국사연구』 제113호, 한국사연구회.

_____ (2001) 「1970년대 전반 동북아 데탕트와 한국통일문제: 미·중간의 한국문제에 대한 비밀협상을 중심으로」, 『역사와 현실』 제42호, 한국역사연구회.

_____ (2004) 「1960년대 한국 민족주의의 분화」, 『1960년대 한국의 근대화와 지식인』, 선인.

_____ (2005) 「1960년대 한미관계와 박정희 군사정권」, 『역사와 현실』 제56호.

_____ (2005) 「1976년 판문점 도끼 살해사건과 한반도 위기」, 『정신문화연구』 제28권 4호.

_____ (2006) 「민족주의의 경합과 탈민족주의 담론」, 『한국사론』 43, 국사편찬위원회.

_____ (2007) 「민족주의 논쟁과 세계체제, 한반도 분단문제에 대한 대응」, 『역사비평』 가을호.

_____ (2008) 「대한민국 60년의 안과 밖, 그리고 정체성」, 『창작과비평』 봄호.

_____ (2009) 「1971년 대통령선거의 양상: 근대화 정치의 가능성과 위험성」, 『역사비평』 여름호.

_____ (2009) 「박정희 정부기 남북대화와 미국」, 한국학중앙연구원 엮음 『박정희시대 한미관계』, 백산서당.

_____ (2009) 「위험한 밀월: 박정희·존슨 행정부기 한미관계와 베트남전쟁」, 『역사비평』 8월호.

_____ (2010) 「1970년대 초 남북대화의 종합적 분석: 남북관계와 미중관계, 남북한 내부 정치의 교차점에서」, 『이화사학연구』 제40집, 이화사학연구소.

홍성걸 (2005) 「박정희의 핵개발과 한미관계」, 『박정희시대 연구의 쟁점과 과제』, 선인.

홍성주 (2005) 「민족주의에 관한 탈근대적 접근의 함의와 한계」, 『역사와 현실』 제56호.

Brown, David E. (2000) "No Thanks Expected: America's Effort to Nurture a Soft Landing." Wonmo Dong ed. *The Two Koreas and the United States*. New York: M.E. Sharpe.

Delateur, Conrad A. (1987) "Murder at Panmunjom: The Role of the Theater Commander In Crisis Resolution." Research Project, 29th Seminar, Foreign

Service institute of Department of State, Rosslyn Virginia.

Handerson, Gregory (1987) "Time to Change the US-South Korea Military Relationship." *Far Eastern Economic Review* No. 138(Oct.).

Harrison, Selig S. (2000) "The United States and the Future of Korea." Wonmo Dong ed. *The Two Koreas and the United States*. New York: M.E. Sharpe.

Hong Seuk-ryule (2002) "Reunification Issues and Civil Society in South Korea: The Debates and Social Movement for Reunification during April Revolution Period, 1960~1961." *The Journal of Asian Studies* Vol. 61 No. 4.

Kim Hyun Kap (1982) "Editorial Assertions on Panmunjom Crisis: Content Analysis of U.S. and South Korean Newspapers."『한국언론학보』15권.

Linz, Juan J. (1970) "An Authoritarian Regime: Spain." Erik Allardt and Stein Pokkan eds. *Mass Politics Studies in Political Theory*. New York: The Free Press.

Rosenberg, Emily S. (2010) "Consumer Capitalism and the End of the Cold War." *The Cambridge History of the Cold War* Vol. III. Cambridge: Cambridge University Press.

Snyder, Glenn H. (1984) "The Security Dilemma in Alliance Politics." *World Politics* Vol. 36 No. 4.

Steinburg, David I. (2000) "The Dichotomy Pride and Vulnerability: South Korean Tensions in the U.S. Relationship." Wonmo Dong ed. *The Two Koreas and the United States*. New York: M.E. Sharpe.

Wenger, Andreas and Jeremi Suri (2001) "At the Crossroads of Diplomatic and Social History: The Nuclear Revolution, Dissent and Detente." *Cold War History* Vol. 1 No. 3.

| 찾아보기 |

분단의 히스테리
공개문서로 보는 미중관계와 한반도

초판 1쇄 발행 / 2012년 3월 30일
초판 2쇄 발행 / 2021년 9월 21일

지은이 / 홍석률
펴낸이 / 강일우
책임편집 / 박영신
펴낸곳 / (주)창비
등록 / 1986년 8월 5일 제85호
주소 / 10881 경기도 파주시 회동길 184
전화 / 031-955-3333
팩시밀리 / 영업 031-955-3399 편집 031-955-3400
홈페이지 / www.changbi.com
전자우편 / human@changbi.com

ⓒ 홍석률 2012
ISBN 978-89-364-8260-2 93910